21世纪经济学管理学系列教材

管理经济学

（第二版）

MANAGERIAL ECONOMICS

胡志强　何国华　张焱　肖卫国 / 编著

Wuhan University Press
武汉大学出版社

总　序

　　一个学科的发展，物质条件保障固不可少，但更重要的是软件设施。软件设施体现在三个方面：一是科学合理的学科专业结构，二是能洞悉学科前沿的优秀的师资队伍，三是作为知识载体和传播媒介的优秀教材。一本好的教材，能反映该学科领域的学术水平和科研成就，能引导学生沿着正确的学术方向步入所向往的科学殿堂。作为一名教师，除了要做好教学工作外，另一个重要的职能就是，总结自己钻研专业的心得和教学中积累的经验，以不断了解学科发展动向，提高自己的科研和教学能力。

　　正是从上述思路出发，武汉大学出版社准备组织一批教师在两三年内编写出一套《21世纪经济学管理学系列教材》，同时出版一批高质量的学术专著，并已和武汉大学商学院达成共识，签订了第一批出版合作协议，这是一件振奋人心的大事。

　　我相信，这一计划一定会圆满地实现。第一，合院以前的武汉大学经济学院和管理学院已分别出版了不少优秀教材和专著，其中一些已由教育部通过专家评估确定为全国高校通用教材，并多次获得国家级和省部级奖励，在国内外学术界产生了重大影响，对如何编写教材和专著的工作取得了丰富的经验。第二，近几年来，一批优秀中青年教师已脱颖而出，他们不断提高教学质量，勤奋刻苦地从事科研工作，已在全国重要出版社，包括武汉大学出版社，出版了一大批质量较高的专著。第三，这套教材必将受到读者的欢迎。时下，不少国外教材陆续被翻译出版，在传播新知识方面发挥了一定的作用，但在如何联系中国实际，建立清晰体系，贴近我们习惯的思维逻辑，发扬传统的文风等方面，中国学者有自己的优势。

　　《21世纪经济学管理学系列教材》将分期分批问世，武汉大学商学院教师将积极地参与这一具有重大意义的学术事业，精益求精地不断提高写作质量。系列丛书的出版，说明武汉大学出版社的同志们具有远大的目光，认识到，系列教材和专著的问世带来的不止是不小的经济效益，更重要的是巨大的社会效益。作为武汉大学出版社的一位多年的合作者，对这种精神，我感到十分钦佩。

2001 年秋于珞珈山

第二版前言

（2005 年）

在武汉大学研究生院、商学院和出版社的领导与同仁的关心和支持下，1998年我们出版了武汉大学研究生系列教材之一《管理经济学》。从 1998 年至今，这本教材印刷了三次，发行量超过了 1 万册，也被国内不少兄弟院校指定为教材和教学参考书，虽然随着武汉大学 MBA 以及研究生教学要求的不断提高，我们也经历了从选用国内其他院校的教材到自己编写教材，再到选用国外专家的教材，以至于最后使用国外的原版教材，但这本书一直受到同学们的欢迎，而且在使用过程中，同学们和兄弟院校的同仁也提出了有益的建议。《管理经济学》作为 MBA 教育中的核心课程和基础课程，本身也在不断发展和完善。因此我们一直有一个愿望，在原书的基础上进行修订和补充，力图反映《管理经济学》最新的要求，满足同学们学习新知识的愿望。

1999 年国务院学位办委托南开大学举办了《管理经济学》课程研讨会，我有幸参加了这次会议，并且参与了《管理经济学》课程教学大纲的修订，对该课程的基本内容与教学要求作了规定。同时，在每年一次国务院学位办举办的《管理经济学》教学研讨会上，有机会与国内的同行专家进行交流，探讨《管理经济学》的内容体系和教学方法，与他们的交流进一步完善了该课程内容与教学方法，特别是清华大学陈章武教授、天津大学李国津教授、复旦大学郁义鸿教授，每次会议都给我很多帮助和指导，对《管理经济学》的教学内容形成了共识。因此，在本次修订中除了保留原书内容简洁明了、注意把微观经济学的原理应用到企业决策实践中的风格以外，还增加了与企业决策紧密关联的新内容——博弈论与不对称信息理论，加强了运用统计和预测方法建立模型并且用 Excell 进行回归分析的方法，以提高同学们应用数理方法解决实际问题的能力。该书虽然在内容上作了上述补充，但是由于《管理经济学》本身的内容涉及面广、更新和发展速度快，因此，我们的着眼点是力求抓住基本内容和建立分析问题的框架。

本次教材的顺利修订与出版，得到了武汉大学教务部、商学院、出版社领导和同仁的热情鼓励和大力支持，也是武汉大学先后参与《管理经济学》课程教学各位老师的心血结晶，同时也凝聚着 MBA 同学们的关爱和鼓励。因此，本书是集体劳动的成果。本次修订由胡志强副教授负责全书的框架设计、组织协调与校订工作，具体分工为：胡志强编写第六章、第七章、第八章、第九章，胡志强、颜嫒嫒编写

第十一章；胡志强、刘岩编写第十二章；何国华教授编写导论、第五章、第六章、第十章；张焱副教授编写第十三章、第十四章；肖卫国副教授编写第二章、第三章、第四章。胡志强副教授对原书的部分章节进行了调整。

　　《管理经济学》修订版的出版，是我们多年的心愿，我们希望这本教材能给同学们有所帮助，能从中汲取更多的知识，共同提高《管理经济学》的教学水平。由于水平有限，修订版难免有缺点与错误，还望同行批评指正。

　　　　　　　　　　　　　　　　　　　　　　　　　　　　　　　作者

　　　　　　　　　　　　　　　　　　　　　　　　　2005 年 3 月于珞珈山

第一版前言

（1998 年）

　　MBA 教育，从 1910 年美国哈佛大学开始授予学生 MBA 学位算起，至今已有近 90 年的历史。我国的 MBA 教育则起步较晚，1991 年才开始在部分院校试点，至今只不过几年的时间。但由于 MBA 教育主要以培养工商企业管理人员和经理人员为目标，注重应用性和综合性，适应了我国建立社会主义市场经济体制及同国际经济接轨的需要，因而受到了社会的普遍欢迎。短短几年，我国的 MBA 教育得到了迅速发展。为了适应这一发展的需要，我们组织编写了 MBA 系列教材。

　　本系列教材的编写，立足于我国的社会经济环境，注重理论与实际相结合，借鉴与吸收国外 MBA 教育的成功经验和有关的研究成果，力求具有应用性、综合性、理论性、针对性。目的是通过本系列教材的出版，为建设一套具有中国特色的 MBA 教材体系和教学内容体系、提高 MBA 教育质量、促进我国 MBA 教育事业的发展，作出我们的一份贡献。

　　事实上，国外 MBA 的教学内容和教学方法，各院校也有所区别，各有侧重。在教材的编写和选用上也各不相同，有些问题仍在探索之中。我国 MBA 教育才刚刚起步，经验还不多，如何根据我国国情编好 MBA 教材，搞好 MBA 教育工作，则更需要在实践中不断探索、不断完善。本系列教材的出版，尚属尝试。诚望各界同仁不吝赐教。

武汉大学 MBA 教材编委会

1997 年 1 月 28 日

目　　录

第一章　导　　论

本章学习目的

在学完本章之后，你应该掌握以下内容：
1. 管理经济学的产生、发展和学习的意义；
2. 管理经济学的研究范围与研究方法；
3. 管理经济学与其他学科的关系。

第一节　什么是管理经济学

管理经济学是第二次世界大战以后发展起来的一门新兴学科，它主要研究在市场经济条件下，企业如何根据市场环境变化的要求进行决策的行为规律。正确认识这些行为规律，能够帮助企业的管理者在科学的基础上进行经营管理与经营决策，从而为企业谋求尽可能高的经济效益。

作为一门经济学科，管理经济学是从传统的西方理论经济学演化而来的。这里所说的西方理论经济学包括两大构成部分：（1）以单个经济主体即消费者个人（或家庭）和企业（或厂商）的经济行为作为考察对象的微观经济学；（2）以国民经济总体运行作为考察对象，着重研究总产出、价格总水平、经济波动等问题的宏观经济学。一般认为，微观经济学和宏观经济学共同构成了管理经济学的理论基础，但由于管理经济学侧重研究企业范围内的经营管理和决策，所以，它与微观经济学，尤其是与其中的厂商理论有着更为密切的理论渊源关系。

管理经济学的产生也得益于第二次世界大战后一系列新兴学科的兴起和发展。例如，在内容上，管理经济学包括理论和应用两个部分。如果说微观经济学为其提供了主要的理论基础，那么现代决策科学就为其提供了必备的分析方法和手段。事实上，管理经济学的基本方法——边际分析法与决策学的最优化技术是彼此相通的。此外，管理经济学也吸收融合了统计学、运筹学、市场学、管理学等学科的研究成果和方法。从这个意义上说，它也是一门交叉性学科。

第二节 管理经济学的研究范围和研究方法

管理经济学的主要研究对象是市场经济中的企业管理活动。所谓管理就是决策，这是因为，决策不仅贯穿于企业管理过程的一切环节和不同管理层次，而且决策正确与否还从根本上决定了企业的兴衰成败。从这个角度看，管理经济学也就是研究如何对可供选择的方案进行比较分析，从中找出最优方案的一门学科。企业管理中要决策的问题很多，如人事决策（包括人员配备、人才选拔和培训干部等）、组织决策（包括组织设计等）、财务决策（包括如何筹集资金等），以及销售决策（包括如何确定销售战略、建立销售渠道等）。管理经济学当然不可能涉及企业管理中所有的决策问题，它所涉及的只是经济决策事项，属于这方面的决策主要有：价格和产量决策、生产技术决策、长期投资决策，以及为了进行上述决策而必须进行的对一些经济函数的分析与估计，如需求分析和对需求函数的估计、生产分析和对生产函数的估计、成本利润分析和对成本函数的估计等。

管理经济学进行经济决策的基本方法是边际分析法。与边际分析法有关的是边际值，它是指当自变量额外发生一个单位的变化，会使因变量发生多大变化。例如，设 TR 为总收入，Q 为销售量，企业总收入的大小取决于企业销售量的大小，用公式表示即 $TR = f(Q)$。总收入的边际值就是总收入的变化率，即销售量 Q 的变化会怎样影响因变量 TR 的变化，用公式表示为：TR 的边际值 $= \Delta TR / \Delta Q$。如果边际值为正，说明因变量随着自变量的增加而增加，如果边际值是负值，说明因变量随着自变量的增加而减少。边际值为零时，说明因变量为极大或极小。

决策就是对上述这种函数关系寻求最优解，即在分析边际值的基础上寻求当因变量的值最大限度地满足目标时自变量的值。边际分析法则是寻求边际值最优解的一种分析方法。例如，企业在进行决策时，判断某项经济活动对企业有利还是有弊，不是根据它的全部成本，而是根据这项活动引起的边际收益（即每增加一单位的产品所引起的收入）和它的边际成本（即每增加一单位产品所引起的成本）相比较，若前者大于后者，就对企业有利；否则就对企业不利。这种分析方法就是边际分析法。

管理经济学在进行经济决策分析时，还注重于弹性分析方法的应用。这里所谓的弹性是指当经济变量之间存在函数关系时，一变量对另一变量变化的反应程度，通常用这两个变量变化的百分数之比来表示。弹性分析把定性分析和定量分析有机地结合起来。

需要指出的是：管理经济学在研究过程中，特别注意理论与实际相结合，注意企业经营管理决策的实践，并把这些实践与经济学的理论联系起来，如对企业定价实践、投资实践等问题的分析。

第三节 管理经济学与其他学科的关系

前已指出，管理经济学与微观经济学、宏观经济学、统计学、决策理论、运筹学等都有着十分密切的关系。同时，在实际知识的运用方面还与会计学、生产管理、市场学、财政金融理论、商业管理等学科相互交融。

在管理经济学体系中，广泛地使用着许多微观经济理论的概念与分析方法。如需求弹性、边际成本、短期与长期、市场结构等概念，都是管理经济学中最基本的概念。其他微观经济学中的理论模型如垄断价格模型、价格歧视模型等也是管理经济学中常用的理论模型。但是，管理经济学不是简单地借用微观经济学中一些现成的原理和结论，而主要是应用在推导这些原理和结论时所使用的经济分析方法。这是因为：

● 微观经济学研究的是抽象的企业，它所涉及的决策大多属于价格和产量决策。而在现实管理中，要决策的问题多种多样，如企业的生产技术、生产规模、产品组合、广告和投资等。显然，仅依靠微观经济学得出的用来研究抽象企业的现成原理和结论来解决如此众多的现实问题是很不够的。管理经济学在进行经济决策研究时，更重视应用微观经济学的基本方法，这就是边际分析方法。

● 微观经济学对企业行为的研究，是以企业的惟一目标是追求最大化利润为前提的。而现实的企业则不同，它的目标是多样化的，除了利润之外，还把扩大市场份额、发展新产品和承担社会责任等作为一定时期的目标，因为企业的经营活动不能离开股东、顾客、职工、政府和公众，如果企业不能适当满足这些人的要求，企业本身就会很难发展。所以，管理经济学在应用微观经济学的经济分析方法研究管理决策时，尽管首先也要以利润的多少作为决策的准则，但管理者在最后决策时，还必须兼顾其他目标和条件，这样作出的决策就可能是满意的利润，而不是最大化的利润。

● 微观经济学研究的企业是以它们所处环境的全部信息为已知的、确定的作为假设的，而管理经济学所研究的现实的企业则通常是在一个环境十分复杂、信息很不确定的情况下经营的。这种情况要求管理经济学在研究决策时，还要借用来自其他学科的各种分析工具和概念，以便收集必要的信息，并在不确定的条件下选择最优的方案。

管理经济学主要研究企业的经济活动，但是也要考虑企业的外部经济环境，特别是宏观经济活动与运行状态，直接影响着企业的外部条件。企业在进行决策时，特别是在制定长期投资与发展规划时，必须考虑到国家宏观经济政策的基本倾向、国家的利率政策、货币金融政策等，正是在这些领域，管理经济学应用了宏观经济学的理论研究成果。

在管理经济学的体系中，理论模型的建立主要是利用推理的思维方法，但这些理论模型最终要利用实际的数据进行验证，这就要借助统计学的方法。另外，企业在进行决策时，必须透彻地了解与决策有关的那些因素之间的因果关系，而且希望对这一类因果关系给出比较精确的数量表示，而统计方法恰恰是进行这类研究的基本方法。例如，可以应用统计学方法来实际估计需求函数、成本函数和生产函数，计算商品需求的价格弹性和收入弹性，根据实际估算的模型进行生产预测、成本预测、市场需求预测等。

运筹学与管理经济学之间的关系也是十分密切的。运筹学的许多方法都是寻求优化的方法，在运筹学的发展过程中，许多基本的概念和方法是与管理经济学同步发展的。一方面，许多经济管理中遇到的问题触发了运筹学中某一方面理论与模型方法的发展，如线性规划的理论与方法就是由于现实中配料问题、运输问题的提出而产生、发展起来的。另一方面，运筹学中的一些概念与理论又影响了管理经济学中的许多问题的研究，如线性规划中的对偶问题与管理经济学中的影子价格问题。运筹学与管理经济学的思想紧密联系，共同构成了现代管理者分析、处理管理问题的工具库。

第四节　学习管理经济学的意义

经济体制改革的目标是建立社会主义市场经济体制，使市场在国家宏观调控下对资源配置起基础性作用。这给我们提出了一系列新问题：市场经济到底是怎样运行的？市场经济条件下的企业经营环境与先前相比有什么不同？怎样重新认识企业的性质、地位和作用？怎样重新认识企业的经营目标和行为方式？随着企业从单纯的行政附属物转变为独立的市场行为主体，它们将在市场上面临什么样的决策事项？在各种经济决策中应遵循什么样的原则，采用哪些决策方法和技术工具？这些都可以通过管理经济学的学习寻求出一些有益的启示，从而有利于我们加深对市场经济的认识，有利于提高企业管理者的素质和决策的科学化水平。

应当指出的是，我们虽然提出学习管理经济学是必要的、有益的，但这并不意味着可以将其全盘照搬照用。这不仅因为管理经济学作为西方经济学体系的组成部分之一，不可避免地继承了传统西方经济理论的庸俗性和片面性，更重要的是，管理经济学作为一门相对比较年轻的学科，其本身还不够成熟、不够完善，许多内容还需要更新和充实。但是，我们认为，通过对西方管理经济学的学习，一定会有助于建立我国自己的管理经济学。

复习思考题

1. 管理经济学与其他学科的关系是什么？
2. 管理经济学要解决企业的哪些决策问题？
3. 如何学好管理经济学？

第二章　需求供给函数分析

本章学习目的

在学完本章之后，你应该掌握以下内容：

1. 市场供给与需求的一般原理；
2. 消费者行为的原则；
3. 需求弹性的原理以及在决策中的应用。

市场经济条件下，企业作为最重要的市场主体①，其全部经营活动必须面向市场。企业家或企业的经理者阶层作为企业的化身，其首要职责就是要通过对市场机制进行全面而深入的了解，作出使企业能够实现其既定经营目标的正确决策。

市场及其运行机制是由需求和供给两大经济力量综合作用而形成的。显然，企业的经营管理者应从供求两方面全面了解和深刻认识市场的特征、功能及其变化，以确保经营与管理决策的科学化。但在经济学分析中，需求是全部经济活动的出发点和归宿点，是决定市场结构及其发展趋势、生产者导向和生产规模的主导力量。在现实中，市场对一个企业的产品的需求状况，是决定企业盈利水平的主要因素，尤其是决定企业的经营成功与否的关键前提。

为此，本章从探讨市场供求的一般原理入手，着重分析市场运转的轴心和主导——需求方面。

第一节　市场供求的一般原理

一、需求

（一）需求的含义

经济学意义上的需求（Demand）具有非常严格的规定性，它是指在一定时期

---

① 市场主体是指市场上从事交易活动的组织或个人。它既包括自然人，也包括以一定组织形式出现的法人；既包括盈利机构，也包括非盈利机构。在通常情况下，市场主体包括企业、居民、政府和其他非盈利性机构。企业是最重要的市场主体，此外，市场主体还包括一些中介机构，如律师事务所、会计师事务所等。

内，某种商品（包括劳务）各种可能的价格与上述每一价格水平下消费者愿意并且能够购买的商品量之间的一种内在关系。因此，需求包括两个层面的含义：（1）需求产生于消费者对某种商品的欲望和偏好，是一种纯粹主观上的需要；（2）需求受制于消费者的收入预算，是一种有支付或购买能力的有效需求。如果消费者在一定价格水平下愿意购买一定数量的某种商品，但却没有相应的支付能力，或者有支付能力而无对该商品的购买意愿和偏好，均不构成需求。

值得指出的是，需求和需求量是两个既相互联系又相互区别的概念。需求量（Quantity Demanded）是指在一定时期内，消费者在某一特定价格水平下对某种商品愿意并能够购买的数量。而如前所述，需求是指某种商品价格与该商品需求量之间的关系，反映的是不同价格水平下商品的需求量。

需求有个人需求和市场需求之分。前者是指某个消费者对某种商品的需求；后者是指社会上所有消费者对某种商品的总需求。可见，个人需求的加总就是市场需求。在以后的分析中，除非有特别说明，否则，我们研究的是市场需求。

（二）需求法则与需求曲线

在需求一定的情况下，需求量可以随着需求价格的变化而变化。所谓需求价格，是消费者对一定数量的商品愿意支付的最高价格。它是影响需求量的最重要的因素。日常经验告诉我们：对于绝大多数商品而言，在其他条件不变的情况下，一种商品的价格越高，消费者对该商品的需求量就越少；反之，商品的价格越低，消费者的需求量就越大。简言之，需求量与需求价格呈反向变动关系，这就是经济学中著名的需求法则（Law of Demand）。

需求曲线（Demand Curve）可以形象直观地反映商品价格和需求量之间反向变动的关系。如图 2-1 所示，纵轴表示单位商品的价格，横轴表示商品的需求量，

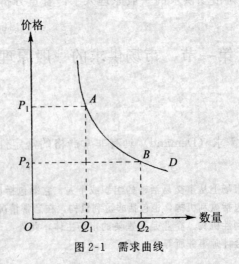

图 2-1　需求曲线

从左上方向右下方倾斜的曲线 D 即表示需求曲线。它是反映消费者在一定时间、一定市场，在各种价格水平下愿意且能够购买的某种商品的各种数量的曲线。

需求曲线上的任何一点都有一定的价格和在该价格水平下相对应的需求量。在图 2-1 中，在价格为 P_1 时，需求量为 Q_1；当价格下降至 P_2 时，需求量相应增加到 Q_2。需求曲线 D 显示了在各种价格水平下商品需求量的组合曲线斜率为负，反映了价格和需求量呈反向变动关系的需求法则。

在理解需求法则时还必须注意两点：（1）需求法则是在假定影响需求的其他因素不变的前提下，就商品本身的价格与需求量之间的关系而言的。惟其如此，需求法则才能成立。（2）需求法则适合于大千世界中的绝大多数商品，但也不乏例外。例如，用于显示人的身份和社会地位的炫耀性商品（Conspicuous Goods），如珠宝首饰、豪华轿车等，其价格下降时因不足以显示人的高贵身份和显赫地位，其需求量反而减少；又如某些商品在特定情况下，价格上升，需求量反而增加，如著名的"吉芬之谜"。①

（三）影响需求量的因素与需求函数

除了商品本身的价格之外，影响需求量的因素还有很多，主要有下列几种：

● 消费者的偏好或嗜好。消费者是根据各自的嗜好和社会时尚来选购各种商品的，因而嗜好的改变对需求的影响很大。一般而言，即使某种商品的价格没有变化，但消费者对该商品的嗜好增强或减弱，其需求量仍会相应增加或减少。

● 消费者的收入。收入的变化会改变消费者的需求心理和需求行为。若消费者收入增加，势必对消费水平提出更高要求。（1）过去一直在消费的商品现在可能增加消费量；（2）过去未敢问津的高档消费品现在也可能在购买之列。若消费者收入减少，消费者便会发现某些高档消费品的价格高出其支付能力，而对一直消费的某些商品则感到购买不起以前那么多的数量。所以，一般说来，收入和需求是呈正相关的，即人们收入越高，就会增加商品的需求量；反之，则会减少商品的需求量。但要注意的是，由于各种商品的性质和用途不同，它们对收入变化的反应也不会相同，对生活必需品的需求与收入的正相关较弱，而对高档品的需求与收入的正相关较强。另外，低档品的需求与收入是负相关的。

● 相关商品的价格。相关商品主要分为互补品（Complements）和替代品（Substitutes）。前者指经常结合在一起消费的商品，如汽油与汽车、录音机与磁带等；后者指那些在消费时可相互替代，满足消费者相同或相似欲望的商品，如苹果与柑橘、猪肉与牛肉等。一般而言，一种商品的需求量与其互补品的价格呈反向变

---

① 19 世纪英国经济学家吉芬（Robert Giffen）在 1855 年爱尔兰发生大饥荒时，研究了土豆这种低档品的需求量与其价格关系，结果发现，其需求量与价格出现了反常现象，即价格越高，其需求量反而越大。这类商品因而被称为"吉芬商品"（Giffen's Goods）。

动关系，而与其替代品的价格呈同向变动关系。

● 对收入和价格的预期。如果消费者预期其收入会增加（或减少），则即使某种商品价格未变，消费者也会扩大（或抑制）对该商品的购买；如果消费者预期某种商品的价格将上涨（或下跌），则会增加（或减少）对该商品的现时消费。

另外，消费者的数量和结构、时间变化、广告宣传、消费者信贷的利息率、政府政策乃至社会制度、风俗习惯、地域等因素亦会对商品需求量产生不同程度的影响。

综合以上分析，我们可以归纳出需求函数（Demand Function）的表达式：

$$Q_d = f(P, T, I, P_c, P_s, I_e, P_e, \cdots) \tag{2.1.1}$$

式中：

Q_d——某种商品的需求量；

P——该商品本身的价格；

T——消费者嗜好；

I——消费者收入；

P_c——互补品的价格；

P_s——替代品的价格；

I_e——预期收入；

P_e——预期价格；

……——其他未列出的相关因素。

可见，需求函数是商品需求量与决定或影响其需求量诸因素之间的一种多维关系。需求函数模型中涉及的诸多经济变量可分为两大类：（1）可直接测定出或假定为既定或已知的变量，称外生变量（Exogenous Variable）；（2）必须通过模型求解才能计算出的变量，称内生变量（Endogenous Variable）。为此，我们必须分清需求量的变动和需求的变动。如果假定影响需求的其他因素不变，由商品本身的价格变化引起的需求量的变化，称需求量的变动。它表现为沿着固有需求曲线上点的移动。如在图2-1的需求曲线 D 中，我们仅考虑了需求量和价格之间的关系。曲线上各点的移动均属需求量的变动。其中，沿需求曲线向右下方移动（如 $A \to B$），表示需求量增加；沿需求曲线向左上方移动（如 $B \to A$），表示需求量减少。如果假定商品本身价格不变，由其他因素所引起的需求量的变化，称需求的变动，它表现为原有需求曲线的位置移动，如图 2-2 中，需求曲线由 D_0 右移至 D_1，表示需求增加，说明在任一相同价格水平下，消费者的需求量均较以往增加了；需求曲线由 D_0 左移至 D_2，称需求减少，表示在任一相同价格水平下，消费者的需求量均比以前减少了。

需求函数是市场预测的一个重要理论基础，它可以为企业的生产决策提供依据。一般而言，需求函数多用于长期规划决策，因为准确估计需求对各种非商品价格因素变化的敏感度，有助于提高企业预测未来发展前景和编制长期规划的能力。

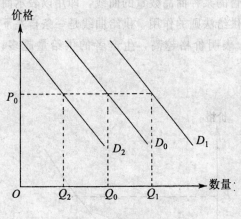

图 2-2　需求的变动

而需求曲线或简化了的需求函数 $D=f(P)$ 多用于短期经营决策，企业通过了解和把握价格变动对需求的影响状况，可以及时制定正确的价格和产量策略。

二、供给

（一）供给的含义

供给（Supply）是同需求相对称的概念。经济学意义上的供给是指在一定时期内，生产者在每一价格水平下愿意并且能够出售的商品数量。作为供给，亦必须同时具备两个基本条件：一是有出售商品的愿望；二是有供应商品的能力。两者缺一不可。

供给与供给量的关系类似于需求与需求量的关系。供给量（Quantity Supplied）是指在一定时期内，生产者在某一特定价格水平下愿意且能够向市场提供的商品的数量，而供给所反映的是商品价格与其相对应的商品供给量之间的关系，表示生产者在各个不同价格水平下商品的供给量。

供给也可分为单个供给和市场供给。前者系指在一定时期内单个企业在每一价格水平下愿意且能够提供的某种商品出售量；后者是指在一定时期内，市场上所有企业在每一价格水平下愿意且能够提供的某种商品出售量。市场供给可从单个供给的加总求和得出。除经特别说明，以后我们所要研究的是指市场供给。

（二）供给法则与供给曲线

供给法则（Law of Supply）是定性反映商品本身价格与其供给量之间关系的法则。其基本内容是：对绝大多数商品而言，在其他条件不变的情况下，供给量随着商品价格的上升而增加，随着商品价格的下降而减少。简言之，某种商品的供给量同其本身价格之间呈同方向变动关系。

　　供给曲线（Supply Curve）是反映生产者在一定时间、一定市场，在各种价格水平下愿意且能够出售的某种商品数量的曲线，即用以表示商品价格和供给量关系的曲线。显然，由于供给法则的作用，供给曲线是一条自左下方向右上方倾斜的曲线（如图2-3所示），表明价格越高，生产者的供给量越多；价格越低，供给量越少。

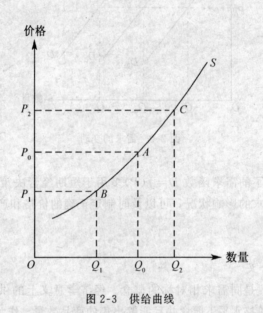

图 2-3　供给曲线

　　在图2-3中，纵轴表示价格，横轴表示供给量，S表示供给曲线。供给曲线上的任何一点都代表一定价格水平下的供给量。如当价格为P_0时，其相应的供给量为Q_0；当价格由P_0下降至P_1时，其供给量相应减少到Q_1；当价格由P_0上升到P_2时，其供给量相应增加到Q_2。供给曲线S的斜率为正，反映了价高量增、价低量减的供给法则。

　　需要强调的是，理解供给法则时必须注意以下两点：（1）供给法则的前提条件是"其他条件不变"，即撇开影响供给量的其他因素或假定这些因素是既定的，专门研究商品本身价格与供给量之间的关系。所以，我们必须把握供给法则赖以存在的前提和基础。（2）供给法则适合于绝大多数商品，但也有例外，如某些珍稀商品（如古董、名人字画等）的供给量是固定且不受价格影响的；又如劳动的供给曲线，工资水平较低时一般遵循供给法则，但在工资水平相当高后可能不遵循供给法则，即工资上涨到一定程度后，劳动的供给量反而随工资的进一步提高而减少。

　　（三）影响供给量的因素与供给函数

　　除了商品本身的价格之外，供给量还深受下列因素的影响：

● 生产成本。成本的增加将导致企业利润的减少，影响企业生产积极性，从而减少生产和供给量；反之，成本的降低会导致企业利润的增加，从而刺激生产和增加供给量。生产成本的变化主要来自两方面的因素：（1）生产要素价格的变化，生产要素价格提高（或降低），势必使生产成本相应上升（或下降），从而导致供给量的减少（或增加）。（2）技术状况的变化。技术进步通常会带来生产成本的降低或产量的提高，这相当于在每一价格水平下，生产者均会扩大商品供给量；反之，技术的停滞与倒退，意味着成本上升，生产缩减，供给量减少。

● 相关商品的价格。这里所说的相关商品是指生产者利用相同或相似的生产设备、生产技术和生产工艺等生产要素可生产的多种不同的商品。如果某商品的相关商品价格上升了，那么，生产者有可能被吸引到相关商品的生产中去，在一定价格水平下，会减少对该商品的生产和供给。反之亦然。

● 价格预期。生产者对商品未来价格的预期对商品供给量有重大影响。如果预期未来价格上涨，尽管生产者可能扩大该商品的生产，但大多会囤积居奇，尽量减少该商品的现时供给以待价而沽。

此外，时间的长短、自然条件的变化、政府鼓励或抑制生产的政策等亦对商品供给有重要影响。

如果我们把影响供给量的因素作为自变量，把供给作为因变量，则可以用函数关系来表示影响供给的因素与供给量之间的关系，这种函数即为供给函数（Supply Function），其表达式是：

$$Q_s = f(P, C, P_r, P_e, \cdots) \tag{2.1.2}$$

式中：

Q_s——某种商品的供给量；

P——该商品本身的价格；

C——生产成本；

P_r——相关商品的价格；

P_e——对该商品的价格预期；

$\cdots$——其他未列出的相关因素。

在上述供给函数的经济模型中，如果假定影响供给的其他因素既定，由商品本身价格变化引起的商品供给量的变化，称供给量的变动，它表现为在原有供给曲线上点的位置移动。如图 2-3 所示的供给曲线上，从任何一点（如 A 点）到其他各点的移动均是供给量的变动。其中，沿曲线向右上方移动（如移至 C 点），属供给量的增加；沿曲线向左下方移动（如移至 B 点），属供给量的减少。

如果假定商品本身的价格既定，由商品本身价格以外的因素所导致的商品供给量的变化，称供给的变动，它表现为原有供给曲线的位置移动。如图 2-4 中，供给曲线由 S_0 向其他曲线的位置移动，均属供给的变动。其中，由 S_0 左移至 S_1，表示供给减少，说明在任一相同价格水平下，生产者的商品供给量均较以前减少了；由 S_0 右移至 S_2，表示供给增加，说明在任一相同价格水平下，生产者的商品供给量均较以前增加了。

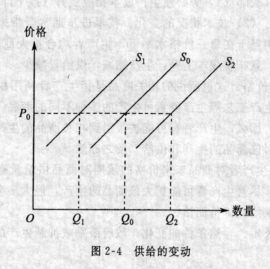

图 2-4　供给的变动

三、市场均衡与供求法则

（一）市场均衡及其形成

如前所述，需求和供给是市场上两种相反的力量。如市场上某种商品价格越低，消费者的需求量就越多，而企业的供给量却越少；反之亦然。所以，在绝大多数价格水平下，消费者的需求量和生产者的供给量是不相等的，要么是供大于求，要么是求大于供。只有在一种价格水平下，即需求量恰好等于供给量，我们才把这种状况称为市场均衡，即市场需求和市场供给两种相反的力量处于一致或平衡的状态。如果我们把代表消费者主观意愿的需求曲线 D 和代表生产者主观意愿的供给曲线 S 放在一起，则两条曲线的交点所决定的市场状态即为市场均衡。如图 2-5 所示，市场供给曲线 S 与市场需求曲线 D 相交于 E，即均衡点；E 点对应的价格 P_0 称均衡价格，即市场供给等于市场需求时的价格；E 点对应的数量 Q_0 称均衡数量，即在均衡价格下决定的商品数量。图 2-5 展示市场均衡状况①。

市场均衡一经决定，只要没有外力的作用使供给曲线和需求曲线发生移动，价格数量就不会有进一步变动的趋势。事实上，市场均衡的形成是市场上两种相反的

---

① 市场均衡：供给曲线和需求曲线的交点决定均衡价格和均衡数量；对均衡点价格任何偏离，都会导致超额供给或超额需求。

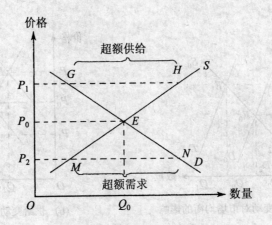

图 2-5　市场均衡状况

力量即供求双方自发调节的结果。在图 2-5 中，如果市场价格高于均衡价格，如 P_1，则市场需求量为 P_1G，市场供给量为 P_1H，GH 为超额供给（Excess Supply）。由于供大于求，市场价格必然下降，从而导致供给量减少而需求量增加，直至回复到市场均衡为止。如果市场价格低于均衡价格，如 P_2，则市场上出现 MN 段的超额需求（Excess Demand）。由于求大于供，市场价格必然上升，从而导致需求量减少而供给量增加，直至回复到市场均衡为止。由此可见，只要市场价格高于均衡价格，市场上就会存在着使这种价格向下的压力；同样，只要市场价格低于均衡价格，市场上便会有一种使价格向上的冲动。所以现实生活中，尽管市场价格与均衡价格同一的情形极为罕见，但由于市场上供给和需求的相互作用与自发调节，市场价格总会围绕均衡价格上下波动，使背离均衡价格的市场价格向均衡价格复归，并进而趋向于市场均衡。

（二）市场均衡的变动与供求法则

在前述市场均衡的分析中，我们假定影响市场供求的其他因素不变或已知，而仅考察价格和数量之间的关系。如果价格以外的诸多因素发生变化，需求曲线和供给曲线就会移动，从而原有市场均衡就会发生相应变动，在新的环境下达到新的市场均衡。

一般说来，当供给不变时，需求增加会使均衡价格上升，均衡数量增加；需求减少会使均衡价格下降，均衡数量减少。如图 2-6（a）所示，原有的需求曲线 D_0 与既定的供给曲线 S_0 交于均衡点 E_0，市场均衡价格和均衡数量分别为 P_0 和 Q_0。当需求由 D_0 增加到 D_1 时，D_1 与 S_0 交于新的均衡点 E_1，相应地，新的均衡价格随之上升为 P_1，均衡数量增加到 Q_1；反之，当需求由 D_0 减少到 D_2 时，新的均衡点沿

供给曲线左移至 E_2，相应地，新的均衡价格下降到 P_2，而新的均衡数量减少到 Q_2。

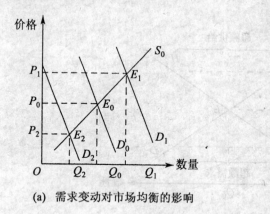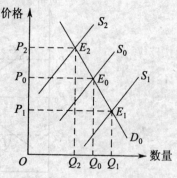

(a)　需求变动对市场均衡的影响　　　　　　(b)　供给变动对市场均衡的影响

图 2-6　供需变动对市场均衡的影响

　　与上述情形相反，如果需求不变，则供给增加会使均衡价格下降，均衡数量增加；而供给减少会使均衡价格上升，均衡数量减少，如图 2-6（b）所示，S_0 为最初的供给曲线，它与既定的需求曲线 D_0 相交于 E_0，决定了均衡价格为 P_0，均衡数量为 Q_0。假定由于生产技术的改进使成本下降，供给曲线由 S_0 右移至 S_1（即供给增加），S_1 与 D_0 相交于新的均衡点 E_1，决定了新的均衡价格下降至 P_1，而新的均衡数量却增加到 Q_1。假定由于生产要素价格上升使成本增加，供给曲线由 S_0 左移至 S_2（即供给减少），S_2 与 D_0 相交于新的均衡点 E_2，决定了新的均衡价格上升至 P_2，而新的均衡数量却减少到 Q_2。

　　如果市场供求同时发生变动，则新的供、求曲线的交点决定新的均衡价格和均衡数量。至于均衡价格和均衡数量究竟如何变动，则取决于需求和供给变动的方向和相对幅度。如图 2-7 所示，原有需求曲线 D_0 与供给曲线 S_0 相交于均衡点 E_0，决定均衡价格和均衡数量分别为 P_0 和 Q_0。当需求曲线由 D_0 右移至 D_1，而同时供给曲线由 S_0 右移至 S_1 时，D_1 与 S_1 的交点 E_1 决定新的均衡价格为 P_1，新的均衡数量为 Q_1。显然，在需求和供给同时增加时，均衡数量肯定是增加的，但均衡价格变动方向具有不确定性。若需求曲线和供给曲线的斜率为既定，则均衡价格的变动方向取决于需求和供给增加的相对幅度。如果需求增加幅度小于供给增加幅度，则均衡价格下降（图 2-7 即为此类情形）；反之则反是。若供求增加幅度相等，则均衡价格不变。

　　其他供求同时变动情况可依此类推。

　　综上所述，我们不难得出经济学中著名的供求法则：（1）需求的变动引致均衡

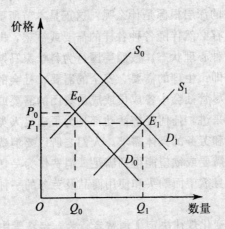

图 2-7　供求同时变动对市场均衡的影响

价格和均衡数量同方向变动。即需求增加，导致均衡价格上升，均衡数量增加；需求减少，导致均衡价格下降，均衡数量减少。（2）供给的变动引致均衡价格反向变动，但引致均衡数量同方向变动。即供给增加，导致均衡价格下降，均衡数量增加；供给减少，导致均衡价格上升，均衡数量减少。供求法则可用表 2-1 表示如下：

表 2-1　　　　　　　　　　　　　　**供 求 法 则**

供求变动	均衡价格	均衡数量
需求增加	上升	增加
需求减少	下降	减少
供给增加	下降	增加
供给减少	上升	减少

第二节　消费者行为

一、需求与消费者行为

　　如前所述，需求是消费者在一定时间内，在各种可能的价格水平下对某种商品愿意并且能够购买的数量；需求与其最直接、最重要的影响因素即商品本身的价格之间呈反向变动的关系；需求曲线通常是具有负斜率的、向右下方倾斜的曲线。那么，上述特定关系存在的深层根源是什么呢？这正是本节所要考察的内容。

我们知道，人类生存必然伴随各种各样的需要或欲望，即人们对某种东西想要得到而又没有得到的一种心理状态。按照美国行为科学家马斯洛的观点，人类的需要可划分为五大层次，即：生理的需要、安全的需要、社会的需要、受尊重的需要以及自我实现的需要。尽管社会中各成员或成员集团的需要或欲望因时、因地、因人而异，但从整个社会来讲，任何经济活动都是为了满足人类的需要或欲望，并由此必然产生人们对商品和劳务的具体需求。人们之所以要消费商品和劳务，正是因为从消费中他们的一些需要或欲望能得到满足。消费作为一切经济活动的出发点和归宿，是人们为满足自身欲望而购买和使用商品及劳务的一种经济行为，需求的实现就是消费。

由此可见，需求的变化规律决定了消费者行为。经济学中的消费者行为是指在一定收入和价格水平下，消费者为了获得最大满足对各种商品和劳务的购买作出的一种理性选择，故又称消费者选择。一般说来，任何一个消费者的行为均取决于两方面的因素：（1）消费者的主观态度，即消费者对商品和劳务的偏好程度或欲望强度；（2）消费者的客观能力，即消费者用既定收入购买一定价格水平下的商品和劳务的能力。

经济学中对消费者行为的分析是从效用概念出发，层层深入地探究消费者在追求最大满足程度过程中如何决定各种商品的均衡需求量。其具体分析方法有两个：一是传统的基数效用分析法；二是现代较流行的序数效用分析法。

二、基数效用分析

（一）效用、总效用与边际效用

所谓效用（Utility），是指消费者从商品或劳务的消费中所感受到的欲望满足程度。对特定消费者而言，一种商品或劳务是否有效用以及效用的大小，取决于消费者对该商品或劳务是否具有欲望以及该商品或劳务满足欲望的能力大小。简言之，效用的有无、大小取决于消费者对某消费对象的一种主观心理感受。如果消费者感到某种商品能满足其欲望，则对他而言，该商品就有效用，满足程度越高，则效用越大；反之，就没有效用或效用不大。由于人们的偏好和主观感受千差万别并不断变化，同一商品对不同的消费者就具有不同的效用而不能简单比较，而且即使是对同一消费者而言，同一商品的效用也会因时、因地而异。因此，我们仅能比较不同的商品对一个人在同一时间的不同效用。正如美国著名经济学家保罗·A·萨缪尔森所说："效用是个抽象的概念……它不同于任何物理学家可以衡量的电子流量。确切地说，效用是一种简单的分析结构，它可以被用来解释有理性的消费者如何把有限的收入分配在能给他们带来满足或效用的各种物品上。"[1]

在经济学说史上，效用理论经历了基数效用论和序数效用论两个发展阶段。所谓基数效用（Cardinal Utility），是指效用可以像基数（1，2，3，…）那样计量、比较大小并加总求和，它假定每个消费者能通过"内省"的方法即主观心理感受，准确地知道并说出某种商品给他带来的效用，其效用单位为"尤特尔"（Util）。所谓序数效用（Ordinal Utility），是指效用不可计量和加总，只能像序数（第一、第二、第三……）那样来表示人们从各种不同的商品消费中所获得效用的相对大小。这两种形式的消费者行为理论尽管在理论基础和分析方法上有所差异，但所要回答的问题及其实质是一样的：即消费者在价格和收入既定的情况下，如何购买各种商品使自身满足程度达到最大化。

基数效用论者将效用分为总效用（Total Utility，简称 TU）和边际效用（Marginal Utility，简称 MU）。前者是指消费者在一定时间内从消费一定量的某种商品或劳务中所获得的总的满足程度或效用单位的总和。总效用是消费者所消费的商品量的函数，其大小随商品消费量的多少而变化。如果消费者只消费一种商品且其数量为 Q，则总效用函数为一元函数：

$$TU = f(Q) \tag{2.2.1}$$

如果消费者消费多种商品，则总效用函数为多元函数：

$$TU = f(Q_1, Q_2, \cdots, Q_n) \tag{2.2.2}$$

式中：$Q_1, Q_2, \cdots, Q_n (n=1,2,3,\cdots)$ 分别表示消费者消费第一种、第二种……第 n 种商品的数量。

所谓边际效用，是指消费者在一定时间内从增加一个单位的商品的消费中所获得的效用增量，或者说从最后一个单位商品的消费中所获得的效用。它等于总效用的变化量与商品消费量的变化量之比。即

$$MU = \frac{总效用的变化量}{商品消费量的变化量} = \frac{\Delta TU}{\Delta Q} \tag{2.2.3}$$

如果总效用函数是连续的，则边际效用函数可以用总效用函数的一阶导数表示，即

$$MU = \lim_{\Delta Q \to 0} \frac{\Delta TU}{\Delta Q} = \frac{d\,TU}{dQ} \tag{2.2.4}$$

在消费者行为理论中，边际效用是一个非常重要的概念。边际效用有一个明显的变化趋势，即在一定时间内，当消费者连续追加同一种商品的消费时，他（她）从商品消费增量中获得的边际效用或总效用增量具有递减的趋势。边际效用的上述

---

[1]　[美] 保罗·A·萨缪尔森、威廉·D·诺德豪斯：《经济学》（第12版），中国发展出版社 1992 年版，第 675 页。

重要特征被称为边际效用递减规律（Law of Diminishing Marginal Utility）。基数效用论者认为，消费者可通过内省法确实感受边际效用递减规律的存在，而无需理论证明。

边际效用递减规律告诉我们，边际效用一般是商品消费量的递减函数，即随着商品消费量的增加，边际效用反而减少，且在现实生活中，边际效用实际上不可能为负值。① 所以，总效用一般是商品消费量的增函数，即随着商品消费量的增加，总效用亦随之增加。当边际效用大于零时，总效用是不断增加的，但由于边际效用递减规律的作用，总效用增加幅度会越来越小；当边际效用为零时，则总效用达到最大值。

边际效用递减规律以及边际效用与总效用的关系亦可用数学语言表述：

$$\text{MU} = \frac{\mathrm{d\,TU}}{\mathrm{d}Q} \geqslant 0 \ \text{和} \ \frac{\mathrm{d^2\,TU}}{\mathrm{d}Q^2} < 0 \tag{2.2.5}$$

总效用函数的一阶导数，即边际效用大于或等于零，表示随着商品消费量的增加，总效用也相应增加；总效用函数的二阶导数小于零，则表明随着商品消费量的增加，边际效用递减。

值得注意的是，作为一般等价物的特殊商品——货币的边际效用与一般商品或劳务的边际效用是既相互联系又相互区别的。货币的边际效用是指消费者增加一单位货币所获得的货币总效用增量。从理论上讲，货币的边际效用也是递减的，即随着消费者收入的增加，货币持有量的增多，每增加一单位货币给消费者带来的满足程度会越来越低。但基数效用论者认为，由于消费者购买每一种商品所支出的货币量只占其全部货币量的很小部分，货币的边际效用的变化可以忽略不计。所以，在货币收入一定的情况下，每元钱对消费者的满足程度应是一样的，因而货币的边际效用是一个固定的常数。经济学分析中，一般均假定消费者收入是既定的，因此，货币的边际效用被认为是相等的。

（二）消费者均衡

基数效用论分析消费者行为时有三个基本假定：（1）消费者的货币收入是既定的；（2）商品的价格也是既定的；（3）消费者完全了解各种商品对其效用的大小。

所谓消费者均衡（Consumer's Equilibrium），是指消费者在货币收入和价格既定的情况下，购买一定数量的某种商品或劳务而获得的最大满足状态。在基数效用论者看来，用货币购买商品即是用货币的效用交换商品的效用，是等量效用的交换，即消费者购买商品得到的效用与因支付货币而失去的效用应相等。因此，消费者均衡的条件是：消费者为了把有限的货币收入用于价格既定的各种商品或劳务的

_____

① 从理论上讲，边际效用可出现负值；但实际上，当一种商品的边际效用趋近于零时，消费者势必会变更其消费方式，去满足其他欲望，以提高效用。

购买以求满足最大化，一定会使他购买一单位商品或劳务所获得的边际效用正好等于他为此支付货币所失去的效用。用公式表示为：

$$MU = P \cdot MU_m \qquad (2.2.6)$$

式中：

MU——购买一单位某种商品所获得的边际效用；

P——该商品的价格；

MU_m——单位货币的边际效用；

$P \cdot MU_m$——消费者因得到一单位商品的边际效用而失去的货币的效用。

显然，当 $MU > P \cdot MU_m$ 时，消费者认为有利可图，会继续追加商品购买量；当 $MU < P \cdot MU_m$ 时，消费者则感到得不偿失，会减少商品购买量；只有当 $MU = P \cdot MU_m$ 时，消费者认为所得才等于所失，获得最大满足状态。

由于单位货币的边际效用 MU_m 被假定为常数，可用 λ 表示，则消费者均衡条件可表示为：

$$\frac{MU}{P} = MU_m = \lambda \qquad (2.2.7)$$

（2.2.7）式的经济含义在于：对消费者而言，一种商品的边际效用与其价格之比等于单位货币的边际效用。换言之，消费者用一单位货币购买商品所得到的边际效用正好等于单位货币对消费者的边际效用。

如果消费者购买两种商品 X 和 Y，其价格分别为 P_X、P_Y，其边际效用分别为 MU_X 和 MU_Y，则消费者均衡条件为：

$$\frac{MU_X}{P_X} = \frac{MU_Y}{P_Y} = MU_m = \lambda \qquad (2.2.8)$$

如果消费者购买 $X, Y, \cdots, N$ 种商品，其价格分别用 $P_X, P_Y, \cdots, P_N$ 表示，其边际效用分别用 $MU_X, MU_Y, \cdots, MU_N$ 表示，则消费者均衡条件为：

$$\frac{MU_X}{P_X} = \frac{MU_Y}{P_Y} = \cdots = \frac{MU_N}{P_N} = \lambda \qquad (2.2.9)$$

（2.2.9）式的经济含义是：对消费者而言，任何一种商品的边际效用与价格之比，都等于货币的边际效用。换言之，每一单位货币不论购买什么商品，所得到的边际效用均相等，且都等于该单位货币的边际效用。

（三）需求曲线的求取

运用消费者均衡的条件以及边际效用递减规律，我们就不难理解为什么需求曲线是具有负斜率的、向右下方倾斜的曲线。根据（2.2.9）式的消费者均衡条件可知，在货币的边际效用为常数的情况下，商品需求价格的高低取决于该商品对消费者边际效用的大小，即如果某商品的边际效用越小，消费者愿意支付的价格就越低，反之亦然。而随着消费者购买某种商品数量的增加，该商品的边际效用将递减，这样，消费者愿意支付的价格就将下降。因此，消费者对商品的需求量与价格呈反向变动的关系。这样，我们就解释清楚了为什么一种商品的价格提高（或降低）会减少（或增加）消费者对该商品的最优消费量。

图 2-8 描述了需求曲线的求取过程。

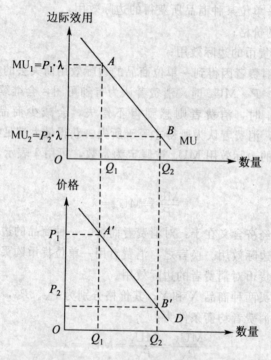

图 2-8 需求曲线的求取

在图 2-8 中，横轴均表示商品的均衡需求量；在图 2-8 上半部，纵轴表示边际效用，MU 曲线为边际效用曲线；在图 2-8 下半部，纵轴表示商品的需求价格。当均衡需求量为 Q_1 时，对应于边际效用曲线上的 A 点，可知边际效用为：$MU_1 = P_1 \cdot \lambda$。P_1 是与 Q_1 相对应的价格，且 $P_1 = \dfrac{MU_1}{\lambda}$，将 P_1 在图 2-8 的下半部描述出来，则 A' 点显然是需求曲线上的点。现假定均衡需求量增加到 Q_2，对应于边际效用曲线上的 B 点可知，边际效用减少至 $MU_2 = P_2 \cdot \lambda$，P_2 为与 Q_2 相对应的价格，且 $P_2 = \dfrac{MU_2}{\lambda}$。由于 λ 为常数，$MU_1 > MU_2$，所以 $P_2 < P_1$。将 P_2 在图 2-8 的下半部描述出来，则 B' 点亦是需求曲线上的点。连接 A'、B'，则得到一条具有负斜率的，向右下方倾斜的需求曲线 D。它表示在不同的价格水平下消费者所愿意购买的商品数量，需求曲线上的任何一点均表示以基数效用论为基础的消费者效用最大或满足最大时的均衡点。

三、序数效用分析

（一）消费者偏好和无差异曲线

序数效用分析是比基数效用分析更为现代的有关消费者行为理论。序数效用论者认为，消费者不能确切地感知商品效用的绝对数值，因而效用难以计量和加总；消费者只能根据自己的偏好给不同商品组合的效用排序，并据此对不同商品组合的相对效用水平进行比较和选择。事实上，现实生活中的消费者的偏好是千差万别的，要说明不同消费者的特殊偏好就甚为困难。为此，序数效用论者撇开各种非本质因素，对"理性"的消费者的偏好所具有共同特征作了三点基本假定：（1）偏好的次序性，即消费者可根据各种商品组合所提供的满足程度排列出对各种商品组合偏好的先后次序。如消费者对任意两种商品 X 和 Y 的任意两个组合 A（如 $2X$ 和 $3Y$）和 B（如 $3X$ 和 $2Y$）进行选择时，消费者可明确说出自己的偏好程度：对 A 的偏好大于、小于或等于对 B 的偏好，三者必居其一且仅居其一。（2）偏好的传递性，即消费者的偏好是可以传递的。假定消费者在对 X 和 Y 两种商品的任意三种组合 A、B 和 C 中，如果对 A 的偏好大于（小于或等于）对 B 的偏好，对 B 的偏好又大于（小于或等于）对 C 的偏好，则消费者对 A 的偏好必定大于（小于或等于）对 C 的偏好。（3）偏好的一致性，即指消费者对数量较多的商品组合的偏好要大于对数量较少的商品组合的偏好。如两种商品 X 和 Y 的两种组合 $A(3X,3Y)$ 和 $B(2X,2Y)$，则对 A 的偏好将大于 B 的偏好。

无差异曲线（Indifference Curve）是指在消费者偏好不变的情况下，给消费者带来同等满足程度的两种商品各种不同组合的轨迹。"无差异"即"效用相等"的意思，故无差异曲线又称等效用曲线（Iso-utility Curve）。如图 2-9 所示，横轴表

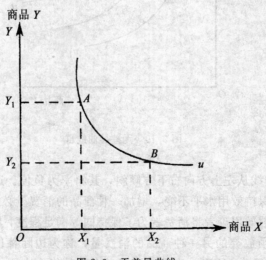

图 2-9　无差异曲线

示商品 X 的消费量，纵轴表示商品 Y 的消费量，则给偏好既定的某消费者带来相同满足程度的 X 和 Y 两种商品组合点的连线 u 即为无差异曲线。曲线上的任何一点均表示商品 X 和 Y 的一种组合，且这些组合对消费者而言具有相同的偏好程度，其效用水平是无差异的。如曲线上 A 点的组合为 X_1 单位的 X 商品和 Y_1 单位的 Y 商品，B 点的组合为 X_2 单位的 X 商品和 Y_2 单位的 Y 商品。但 A、B 两种组合对消费者的满足程度或效用水平均为 u。

无差异曲线具有下述基本特点：

● 　在同一商品面上可有无数条无差异曲线，从而构成无差异曲线群（Indifference Map），每一条无差异曲线代表一种满足程度或效用水平，无差异曲线离原点越近（或远），表示的满足程度或效用水平越低（或高）。如在图 2-10 所示的无差异曲线群中，有三条无差异曲线 u_1、u_2 和 u_3，其代表效用水平从高到低依次是 $u_3 > u_2 > u_1$。无差异曲线群的形成原因在于 X 和 Y 两种商品的数量可无限增减。无差异曲线离原点越远（或越近），表明商品数量增多（或减少），由此带来的效用水平也就越高（或越低）。

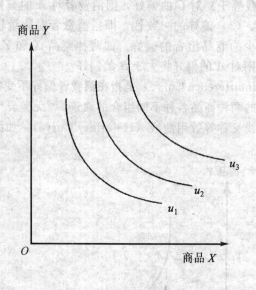

图 2-10　无差异曲线群

● 　无差异曲线从左上方向右下方倾斜，其斜率为负值。这是因为在同一条无差异曲线上，为保持效用水平不变，增加一种商品的消费量必须同时减少另一种商品的消费量。序数效用论者将消费者为了保持同等满足程度，每增加一单位某种商品的消费量而必须放弃的另一种商品的消费量，称为边际替代率（Marginal Rate of Substitution，简称 MRS）。它等于消费者在商品组合中用一种商品替代另一种

商品的比率。如在图 2-9 中，消费者的两种商品 X 和 Y 的组合由 A 点移至 B 点，商品 X 的消费量增加了 $\Delta X = X_2 - X_1$，Y 的消费量减少了 $\Delta Y = |Y_2 - Y_1|$，则 X 对 Y 的边际替代率为：

$$\mathrm{MRS}_{XY} = \frac{\Delta Y}{\Delta X} \tag{2.2.10}$$

如果 ΔX 趋近于零，则 $\mathrm{MRS}_{XY} = \lim\limits_{\Delta X \to 0} \frac{\Delta Y}{\Delta X} = \frac{\mathrm{d}Y}{\mathrm{d}X}$。同理，$Y$ 对 X 的边际替代率可记为 $\mathrm{MRS}_{YX} = \frac{\Delta X}{\Delta Y}$，如果 ΔY 趋近于零，则 $\mathrm{MRS}_{YX} = \lim\limits_{\Delta Y \to 0} \frac{\Delta X}{\Delta Y} = \frac{\mathrm{d}X}{\mathrm{d}Y}$。事实上，边际替代率就是无差异曲线的斜率，由于 ΔX 和 ΔY 是一增一减，符号相反，所以无差异曲线的斜率为负。

● 无差异曲线群中任意两条曲线均互不相交。这是因为不同的无差异曲线代表不同的效用水平，若两条无差异曲线相交，则交点处的效用水平应相等，故两者相悖。

● 无差异曲线凸向原点。这是由边际替代率递减规律（Law of Diminishing Marginal Rate of Substitution）决定的。它是指随着某种商品消费量的增加，该商品对另一种商品的边际替代率呈不断下降的趋势。事实上，边际替代率递减规律源于边际效用递减规律。在同一条无差异曲线上，增加 X 商品所增加的效用必须等于放弃 Y 商品所失去的效用，即

$$\Delta X \cdot \mathrm{MU}_X = \Delta Y \cdot \mathrm{MU}_Y \tag{2.2.11}$$

式中：MU_X、MU_Y 分别表示 X 和 Y 商品的边际效用。据此可得：

$$\mathrm{MRS}_{XY} = \frac{\Delta Y}{\Delta X} = \frac{\mathrm{MU}_X}{\mathrm{MU}_Y} \tag{2.2.12}$$

（2.2.12）式表明，一种商品对另一种商品的边际替代率等于该两种商品的边际效用之比。随着 X 商品的增加，MU_X 递减；而随着 Y 商品的减少，MU_Y 递增。显然二者的比率即边际替代率 MRS_{XY} 的绝对值是递减的，因而无差异曲线的形状是凸向原点的。

（二）预算线与消费者均衡

所谓预算线（Budget Line），是指在消费者收入和商品价格一定的情况下，消费者所能购买到的两种商品最大可能组合的轨迹，又称等支出线（Iso-Expenditure Line）或消费可能线（Consumption-Possibility Line）。设消费者仅购买 X 和 Y 两种商品，其价格分别为 P_X 和 P_Y，又假定消费者的收入为 I 且全部花在购买两种商品上，则预算线方程为：

$$P_X \cdot X + P_Y \cdot Y = I \tag{2.2.13}$$

或

$$Y = \frac{I}{P_Y} - \frac{P_X}{P_Y} \cdot X \tag{2.2.14}$$

可见，如果我们以横轴 OX 表示 X 商品的数量，纵轴 OY 表示 Y 商品的数量，则预算线是一条如图 2-11 所示的直线。其纵截距为 I/P_Y，即收入 I 全部用于购买 Y 商品的数量；横截距为 I/P_X，即收入 I 全部用于购买 X 商品的数量；其斜率为 $-P_X/P_Y$，即两种商品价格之比的负值。

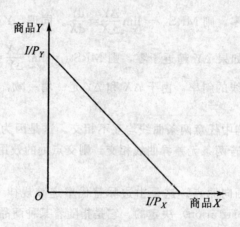

图 2-11　预算线

序数效用论者将消费者的无差异曲线和预算线结合起来分析消费者均衡。无差异曲线代表消费者偏好既定条件下想要达到的满足程度，即主观的满足水平；而预算线则表示消费者在现有收入和价格水平下能够达到的满足程度，即客观的满足水平。可见，消费者在追求尽可能大的满足程度的过程中，必然要受到其收入预算的约束。显然，任何合乎理性的消费者只有使其预算线同无差异曲线群中的一条代表尽可能高的效用水平的无差异曲线相切，其主观愿望才能与客观实际相吻合，从而获得最大的满足程度或效用水平，即达到消费者均衡状态。

如图 2-12 所示，u_1、u_2、u_3 表示消费者的一组无差异曲线，AB 为 X 和 Y 两种商品在既定收入和价格水平上的消费者预算曲线。根据消费者的主观愿望，他宁愿选择离原点最远的无差异曲线 u_3，但在现有收入水平下实现不了；若选择离原点最近的无差异曲线 u_1，虽然可行，但预算有盈余。故两者均不是消费者的最佳选择。只有在无差异曲线 u_2 和预算线 AB 相切时，选择切点 E 所代表的商品组合 (X_2,Y_2)，消费者才能达到最佳满足状态。

在图 2-12 中，在切点 E 处，无差异曲线的斜率等于预算线的斜率，故消费者均衡的条件是：

$$\mathrm{MRS}_{XY} = \frac{\mathrm{MU}_X}{\mathrm{MU}_Y} = \frac{P_X}{P_Y} \tag{2.2.15}$$

(2.2.15) 式表明，用序数效用分析，消费者均衡的条件是两种商品的边际效

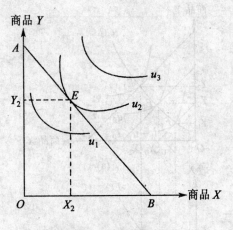

图 2-12　消费者均衡

用之比等于该两种商品的价格之比。这与用基数效用分析时消费者购买两种商品的

均衡条件为 $\dfrac{MU_X}{P_X} = \dfrac{MU_Y}{P_Y}$ 是一致的。

（三）消费者均衡的变动与需求曲线的求取

●　我们来分析收入变动对消费者均衡的影响。

在消费者偏好和两种商品 X 和 Y 的价格 P_x 和 P_y 不变的情况下，若消费者收入发生变化，则预算线会发生左右平移，从而消费者均衡状态会发生变化。如图 2-13（a）所示，消费者最初的预算线 I_0 与无差异曲线 u_0 相切于均衡点 E_0，决定其最优购买组合为 X_0 单位的 X 商品和 Y_0 单位的 Y 商品。当消费者收入减少时，预算线由 I_0 左移至 I_1，I_1 与一条效用水平较低的新的无差异曲线 u_1 相切于新均衡点 E_1，决定新的最优购买组合为 X_1 单位的 X 商品和 Y_1 单位的 Y 商品。反之，当消费者收入增加时，预算线由 I_0 右移至 I_2，I_2 与一条效用水平更高的新的无差异曲线 u_2 相切于新均衡点 E_2，决定新的最优购买组合为 X_2 单位的 X 商品和 Y_2 单位的 Y 商品。可见，消费者收入变化一次，消费者均衡点就要相应变化，连接上述诸均衡点 $E_1, E_0, E_2, \cdots$ 所形成的轨迹，称为收入-消费曲线（Income-Consumption Curve，简称 ICC），它表示在商品价格和消费者偏好不变的情况下，消费者的各种收入水平所能买到的两种商品的各种均衡组合，也就是消费者随收入变化而变化的各种均衡需求量的变动轨迹。

根据收入-消费曲线不难推导出收入-需求曲线（Income-Demand Curve），它是表示消费者收入和一种商品的均衡需求量之间关系的曲线。由于 19 世纪德国统计学家恩格尔（Christian Engel）是研究收入与消费之间关系的先驱，故收入-需求

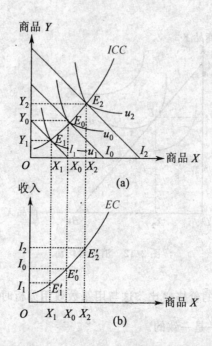

图 2-13　收入-消费曲线与恩格尔曲线

曲线又称恩格尔曲线（Engel Curve，简称 EC）。在图 2-13（b）中，横轴表示商品 X 的数量，纵轴表示消费者收入。根据上半部的 ICC 曲线可知，当消费者收入为 I_0、I_1 和 I_2 时，X 的均衡需求量分别为 X_0、X_1 和 X_2，将上述收入水平和各自的 X 商品的均衡需求量之间的关系在图 2-13（b）中用点 E_0'、E_1' 和 E_2' 描述出来，并用平滑的曲线连接起来，就得到恩格尔曲线。

● 我们再来分析商品价格变化对消费者均衡的影响。

在消费者偏好和收入不变的情况下，如果商品的价格发生变化，预算线的位置将发生变化，从而消费者均衡会发生相应变动。为简便起见，我们假定两种商品 X 和 Y 中，仅 X 的价格 P_X 发生变化，而 Y 的价格 P_Y 不变。如图 2-14（a）所示，消费者的最初的预算线 I_0 与无差异曲线 u_0 相切于均衡点 E_0，决定其最优购买组合为 X_0 单位的 X 商品和 Y_0 单位的 Y 商品。当 X 商品价格 P_X 上升时，预算线由 I_0 移至 I_1，I_1 与一条效用水平较低的新的无差异曲线 u_1 相切于新均衡点 E_1，决定新的最优购买组合为 X_1 单位的 X 商品和 Y_1 单位的 Y 商品。当 X 商品价格 P_X 下降时，预算线由 I_0 移至 I_2，I_2 与一条效用水平更高的新的无差异曲线 u_2 相切于均衡点 E_2，决定新的最优购买组合为 X_2 单位的 X 商品和 Y_2 单位的 Y 商品。可见，P_X 每变化一次，消费者均衡点就会相应变化，连接上述诸均衡点 E_1，E_0，E_2，…所形成

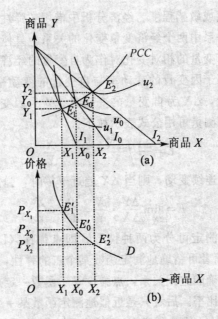

图 2-14 价格-消费曲线与需求曲线的求取

的轨迹，称为价格-消费曲线（Price-Consumption Curve，简称 PCC）。它表示在消费者偏好和收入既定的情况下，消费者随价格变化而变化的两种商品各种均衡需求量的变动轨迹。

由价格-消费曲线不难推导出单个商品的需求曲线。在图 2-14（b）中，横轴表示 X 商品的数量，纵轴表示 X 商品的价格。根据上半部的 PCC 曲线可知，假定当 X 的价格为 P_{X_0} 时，消费者预算线为 I_0，则 X 的均衡需求量为 X_0；当 P_X 上升至 P_{X_1} 时，消费者预算线为 I_1，则 X 的均衡需求量相应减少为 X_1；当 P_X 下降至 P_{X_2} 时，消费者预算线为 I_2，则 X 的均衡需求量相应增加至 X_2。将上述 X 商品的价格水平与其相应的均衡需求量之间的关系在图 2-14（b）中分别用点 E_0'，E_1'，E_2'，…描述出来，并用平滑的曲线连接起来，则得到 X 商品的需求曲线 D。该需求曲线求取的基础是序数效用，即效用指数；由于边际替代率递减规律，需求曲线是向右下方倾斜的，其斜率为负；需求曲线上的任何一点均表示消费者满足程度或效用水平最大时的均衡点，即需求曲线是消费者对一种商品最优需求量的轨迹。

第三节 需求弹性分析

一、弹性的含义

弹性（Elasticity）本是物理学中广泛使用的一个基本概念，用于测定某物体对外界作用力的反应程度或敏感程度。经济分析中借用"弹性"这一概念,旨在说明在某一特定经济函数关系中两个经济变量变化的关系。具体而言,经济学中的弹性是指作为因变量的经济变量的相对变化对作为自变量的经济变量的相对变化的反应程度或敏感程度。它等于因变量的变动率与自变量的变动率之比。如果以 E 代表弹性系数;X 为自变量,ΔX 为自变量的变动量;Y 为因变量,ΔY 为因变量的变动量,则弹性系数值的测量可用公式表示如下:

$$E=\frac{\Delta Y}{Y}\bigg/\frac{\Delta X}{X}=\frac{\Delta Y}{\Delta X}\cdot\frac{X}{Y} \qquad (2.3.1)$$

如果经济变量可以连续变动,则当 ΔX 趋近于零时,弹性公式可表示为:

$$E=\lim_{\Delta X\to 0}\frac{\Delta Y}{\Delta X}\cdot\frac{X}{Y}=\frac{dY}{dX}\cdot\frac{X}{Y} \qquad (2.3.2)$$

一般而言,弹性的测定可分为两种情形,即点弹性(Point Elasticity)和弧弹性(Arc Elasticity)。前者可精确地测定函数某个点的弹性,公式(2.3.2)表示了函数特定点上的这种精确的边际关系,点弹性等于函数一定点上的一阶导数乘以该点上自变量与因变量的比率。后者只是近似地测定函数某一区间的平均弹性。公式(2.3.1)中,第一项 $\Delta Y/\Delta X$ 是测定 X 和 Y 之间边际关系的近似值,它乘以 X/Y 即为弹性系数值。但即使在函数某一相同区间内,由于自变量的变动方向不一致,所以会求出不同的弹性系数值。

如当自变量由 X_1 变为 X_2 时,因变量相应由 Y_1 变为 Y_2,则其弹性为:

$$E_1=\frac{\Delta Y}{\Delta X}\cdot\frac{X}{Y}=\frac{|Y_2-Y_1|}{|X_2-X_1|}\cdot\frac{X_1}{Y_1}$$

而在同样的函数区间内,如果自变量由 X_2 变为 X_1,因变量由 Y_2 变为 Y_1,则弹性为:

$$E_2=\frac{\Delta Y}{\Delta X}\cdot\frac{X}{Y}=\frac{|Y_2-Y_1|}{|X_2-X_1|}\cdot\frac{X_2}{Y_2}$$

可见,由于经济变量的基点不同,求出的弹性系数值也不同。为此,有必要取两个经济变量基点的平均数来求该函数区间的平均弹性,即弧弹性。事实上,企业的决策者也不可能掌握计算点弹性所需的全部数据,求助于弧弹性的测量方法或许是一种必要而现实的选择。弧弹性的计算公式是:

$$E=\frac{\Delta Y}{\frac{1}{2}(Y_1+Y_2)}\bigg/\frac{\Delta X}{\frac{1}{2}(X_1+X_2)}=\frac{\Delta Y}{\Delta X}\cdot\frac{X_1+X_2}{Y_1+Y_2} \qquad (2.3.3)$$

在理解弹性的概念时还必须注意几点:(1)任何一种弹性都是两个经济变量变动率或百分率变化的比值,而不能理解为两个经济变量绝对变动量的比值。(2)弹性和函数曲线的斜率具有密切联系,但两者的区别是明显的。斜率表示函数曲线的倾斜程度,在测定弹性时,斜率项是必不可少的,但仅仅依靠斜率项是无法测定经济变量间的反应程度或敏感程度的。所有的弹性公式均有相同的形式，即弹性等于函数曲线斜率或斜率的倒数与自变量对因变量比值的乘积①。（3）弹性是经济分析中普遍使用的概念，弹性测量可用于经济学中任何函数关系的分析，简单地表明一个变量的百分率变化引起的另一个变量的百分率变化。但对企业的决策者而言，他所最为关心的是产品的需求，企业只有掌握其需求函数相当充分的信息，及时而准确地测定产品需求量对其影响因素变化的反应程度或敏感程度，才能作出有效的长期计划决策和短期经营决策。因此，弹性概念在经济学尤其是管理经济学中更经常地被用于需求函数分析中。下面我们逐一分析在管理经济学中特别重要的几种需求弹性。

二、需求价格弹性

（一）需求价格弹性的含义与计算

所谓需求价格弹性（Price Elasticity of Demand），表示在需求函数中除价格以外的所有其他自变量不变的情况下，商品需求量对价格变动的反应程度或敏感程度，也就是价格变动对需求量变动的影响程度。需求量的变动率与价格的变动率之比即为需求价格弹性系数值。由于需求价格弹性是需求分析中最常用的弹性测定尺度，所以，需求价格弹性习惯上被简称为需求弹性②。

如果以 E_d 表示需求弹性系数，P 表示商品价格，ΔP 表示价格变动量，Q_d 表示需求量，ΔQ_d 表示需求量的变动量，则需求弹性公式为：

$$E_d = \frac{\Delta Q_d}{Q_d} \bigg/ \frac{\Delta P}{P} = \frac{\Delta Q_d}{\Delta P} \cdot \frac{P}{Q_d} \qquad (2.3.4)$$

值得注意的是，由于绝大多数商品均遵循需求法则，即价格与需求量呈反向变动关系，所以，需求弹性一般为负值。但在实际运用时，一般均取其绝对值。

需求弹性的具体计算方法有下列两种：

● 用点弹性公式求需求点弹性。需求点弹性是指需求曲线上某一点的弹性，或某一特定价格水平下的需求弹性。如果需求函数是连续的，当 ΔP 趋近于零时，需求点弹性公式可记为：

$$E_d = \lim_{\Delta P \to 0} \frac{\Delta Q_d}{\Delta P} \cdot \frac{P}{Q_d} = \frac{dQ_d}{dP} \cdot \frac{P}{Q_d} \qquad (2.3.5)$$

如果需求函数是简化的线性形式，即 $Q_d = a - bP$，其中，a、b 为大于零的常

---

① 经济学中习惯以需求量为横轴，以价格为纵轴，所以我们得到的需求曲线，是数学意义上的图形的反函数图形，因而需求弹性是曲线斜率的倒数与基数比值的乘积。供给弹性亦具有类似的特征。

② 以后除非特别说明，需求弹性均指需求价格弹性。

数。根据（2.3.5）式，$E_d = \dfrac{dQ_d}{dP} \cdot \dfrac{P}{Q_d} = -b \cdot \dfrac{P}{Q_d}$。

可见，任意给定一个价格水平 P_0，则根据需求函数可求出相应的商品需求量 Q_{d_0}，从而求出需求点弹性 $E_{d_0} = -b \cdot \dfrac{P_0}{Q_{d_0}}$。

如果给出线性需求函数 $Q_d = a - bP$ 的几何图形，亦可用几何方法求出需求曲线上某一点的弹性，如图 2-15 所示，线性需求曲线 MN 上的任意一点 A 的弹性可用线段长度的比值表示为[①]：

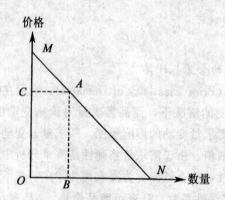

图 2-15　线性需求曲线上点弹性的计算

$$E_d = \frac{AN}{AM} = \frac{NB}{BO} = \frac{OC}{CM} \tag{2.3.6}$$

如果需求曲线是非线性的，$Q_d = f(P)$，曲线上任意一点的弹性既可以根据点弹性公式直接计算，亦可用几何方法求取。此处仅介绍后者。在图 2-16 所示的非线性需求曲线上任选一点 A'，过 A' 点作切线 $M'N'$，显然，与线性需求曲线上点弹性的几何求法相近，A' 点的弹性可用线段长度的比值表示为：

$$E_d = \frac{A'N'}{A'M'} = \frac{N'B'}{B'O} = \frac{OC'}{C'M'} \tag{2.3.7}$$

● 需求弹性的另一种计算方法是求需求弧弹性。需求弧弹性是指需求曲线上

---

① 其证明如下：A 点弹性 $E_d = \dfrac{dQ_d}{dP} \cdot \dfrac{P}{Q_d}$，因为 $\dfrac{dQ_d}{dP}$ 为 MN 斜率的倒数，故 $\dfrac{dQ_d}{dP} = \dfrac{BN}{AB}$。又 $P = AB$，$Q_d = BO$，故 $E_d = \dfrac{BN}{AB} \cdot \dfrac{AB}{BO} = \dfrac{NB}{BO}$。根据相似三角形原理，所以 $E_d = \dfrac{NB}{BO} = \dfrac{AN}{AM} = \dfrac{OC}{CM}$。

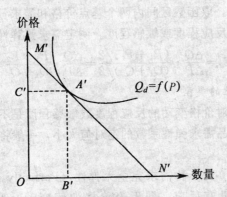

图 2-16 非线性需求曲线上点弹性的求取

某一区间或某一段弧的弹性。在图 2-17 所示的需求曲线 D 上，根据公式 (2.3.4)，价格由 P_1 下降到 P_2 的需求弹性应为：

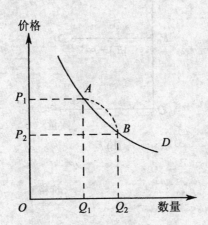

图 2-17 需求弧弹性的计算

$$E_{d_1} = \frac{Q_2 - Q_1}{P_2 - P_1} \cdot \frac{P_1}{Q_1}$$

而价格由 P_2 上升至 P_1 的需求弹性应为：

$$E_{d_2} = \frac{Q_1 - Q_2}{P_1 - P_2} \cdot \frac{P_2}{Q_2}$$

显然，$\dfrac{Q_2 - Q_1}{P_2 - P_1} = \dfrac{Q_1 - Q_2}{P_1 - P_2} = \dfrac{\Delta Q}{\Delta P}$，又 $P_1 > P_2$，而 $Q_1 < Q_2$，故 $\dfrac{P_1}{Q_1} > \dfrac{P_2}{Q_2}$，从而

$E_{d_1} > E_{d_2}$。可见，在同一函数区间内，由于价格和需求量的基点值不同，测定的弧弹性值相距甚远。为此，取函数区间内两个基点价格和需求量的平均值，以测定需求量对价格变动的平均反应程度或敏感程度。测定需求弧弹性公式为：

$$E_d = \frac{\Delta Q}{\Delta P} \cdot \frac{(P_1 + P_2)/2}{(Q_1 + Q_2)/2} = \frac{\Delta Q}{\Delta P} \cdot \frac{P_1 + P_2}{Q_1 + Q_2} \tag{2.3.8}$$

（二）需求价格弹性的类型

不同商品的需求量对价格变动的反应程度或敏感程度是不一样的，因而需求弹性就存在差异。根据商品需求弹性系数的绝对值大小，一般将需求弹性分为五种类型：

第一，当 $|E_d| = 0$ 时，称需求完全无弹性（Perfectly Inelastic）。它表示需求量对价格变化完全没有反应，即无论价格如何变动，需求量均不变。如图 2-18(a)所示，需求完全无弹性的商品的需求曲线是一条垂直于横轴的直线。

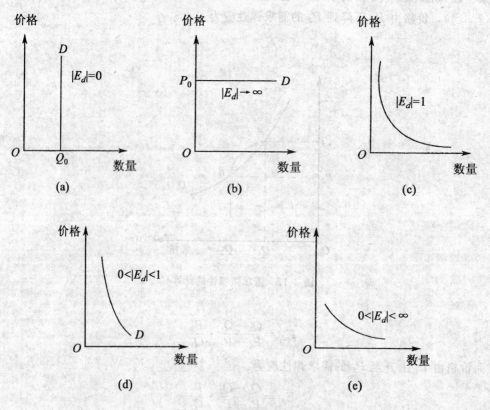

图 2-18　需求弹性的分类

第二，当$|E_d| \to \infty$时，称需求完全弹性（Perfectly Elastic）。它表示在既定价格水平下，需求量趋向无穷大。如图2-18(b)所示，具有完全弹性的商品需求曲线是一条平行于横轴的直线。

第三，当$|E_d|=1$时，称需求单位弹性（Unitary Elasticity）。它表示需求量的变动率与价格的变动率始终是相等的。如图2-18(c)所示，具有单位弹性的需求弹性是一条正双曲线。

第四，当$0<|E_d|<1$时，称需求缺乏弹性（Inelastic）。它表示需求量的变动率小于价格的变动率，即相对于价格的变化幅度而言，需求量的变动幅度较小。如图2-18(d)所示，缺乏弹性的需求曲线是一条相对陡峭的曲线。

第五，当$1<|E_d|<\infty$时，称需求富有弹性（Elastic）。它表示需求量的变动率大于价格的变动率，即相对价格的变动幅度而言，需求量的变动幅度较大。如图2-18(e)所示，富有弹性的需求曲线是一条相对平坦的曲线。

值得指出的是，现实经济生活中普遍存在的需求弹性类型是第四、第五两种，即需求缺乏弹性和富有弹性两种情形。其他三种类型是极为罕见的，其中，需求完全无弹性与需求完全弹性更是两种非常极端的情况。尽管如此，上述需求弹性分类的理论分析依然是十分必要和有益的。事实上，现实经济生活中某些特殊部门或行业的需求类似或接近于两种极端情况。经销必需品的垄断企业（如供水、供电部门等），其产品的需求接近于完全无弹性；而竞争激烈的产业（如农业等）的企业，则往往面临相对完全弹性的需求曲线。因而全面了解包括极端情况在内的需求弹性类型，有助于企业把握需求变化的经济特征与数学特征，并据此作出正确的经营管理决策。

（三）影响需求价格弹性的主要因素

一般而言，商品需求弹性的大小主要受下列因素的影响：

● 消费者对商品的需求程度。若需求程度高，则消费者不会因商品价格上涨而大幅度削减购买量，也不会因商品价格下跌而大幅度增加购买量，即该商品价格变化对需求量的影响程度较低，因而需求弹性较小。如柴、米、油、盐等生活必需品的需求弹性就较小。反之，消费者对商品的需求程度低，则涨价将导致需求量大幅度减少，降价会导致需求量大幅度增加，因而需求弹性就较大，如奢侈品即属此类。

● 商品本身可替代的程度。某种商品的可替代性越大，则其需求弹性越大。这是因为：商品涨价时，消费者会增加其替代品的购买量而相应减少该商品的需求量；该商品降价时，消费者会减少其替代品的购买量而增加该商品的需求量。反之，一种商品的可替代性越小，其需求弹性就越小。前者如猪肉，其替代品有牛肉、羊肉等，弹性较大；后者如食盐，几乎没有替代品，弹性较小。

● 商品用途的广泛性。一种商品的用途越广泛，则该商品价格上升，会从多种途径导致其需求量减少；该商品价格下跌，会从多种渠道刺激其需求量增加。因而其需求弹性较大，如电力。反之，一种商品用途越少，其需求弹性越小，如小麦。

● 商品支出占消费总支出的比例。该比例越大，需求弹性越大；反之，该比例越小，其需求弹性越小。这是因为：若该商品价格上涨，占消费总支出比例较大的商品的需求量会减少很多，否则会入不敷出；而占消费总支出比例较小的商品对生活影响较小，涨价不会导致需求量减少太多。前者如彩电、空调等；后者如卫生纸、肥皂等。

● 时间的长短与商品定义的宽窄。时间越长，消费者有足够的时间去调整其偏好或寻求替代品，需求弹性就较大；反之亦然。商品本身的定义越宽泛，其替代品就越少，相应地，其需求弹性较小；反之亦然。

上述因素一般不是彼此孤立地影响需求弹性，需求弹性的大小取决于上述诸因素的综合作用，而且会因时、因地、因人而异。因此，作为企业的经营管理人员尤其是决策者，既要对上述诸因素的影响逐一剖析，又要全面分析各因素之间的相互作用和相互影响，以不断提高对商品需求弹性预测和判断的能力。

三、需求收入弹性

（一）需求收入弹性的含义与计算公式

所谓需求收入弹性（Income Elasticity of Demand），是指在需求函数中除消费者收入以外的所有其他自变量不变的情况下，商品需求量对消费者收入变动的反应程度或敏感程度，也就是消费者收入变动对需求量的影响程度。需求量的变动率与消费者收入的变动率之比即为需求收入弹性系数。如果以 E_i 代表需求收入弹性系数，I 表示收入，ΔI 表示收入变动量，则需求收入弹性公式为：

$$E_i = \frac{\Delta Q_d}{Q_d} \bigg/ \frac{\Delta I}{I} = \frac{\Delta Q_d}{\Delta I} \cdot \frac{I}{Q_d} \tag{2.3.9}$$

需求收入弹性的具体计算方法有下列两种：

● 求需求收入点弹性。它是指收入-需求曲线即恩格尔曲线上某一点的弹性，或者某一特定收入水平下的弹性。收入点弹性的计算公式是：

$$E_i = \lim_{\Delta I \to 0} \frac{\Delta Q_d}{\Delta I} \cdot \frac{I}{Q_d} = \frac{dQ_d}{dI} \cdot \frac{I}{Q_d} \tag{2.3.10}$$

● 求需求收入弧弹性。它是指恩格尔曲线上某一区间或一段弧的平均弹性，其计算公式是：

$$E_i = \frac{\Delta Q_d}{\Delta I} \cdot \frac{I_1 + I_2}{Q_{d_1} + Q_{d_2}} \tag{2.3.11}$$

（二）需求收入弹性的类型与商品档次间的关系

需求收入弹性系数在一般情况下是正值，但也有可能是负值或零。根据收入弹性系数值的大小，可将其分为各种不同的类型，并可据此对商品的性质或档次进行分类。

● 当 $0 < E_i < 1$ 时，称收入缺乏弹性。它表示消费者收入变动引起商品需求量呈同方向变动，但需求量的变动率小于收入的变动率。如图 2-19(a)所示，收入缺乏弹性的恩格尔曲线向右上方倾斜且斜率相对较大。

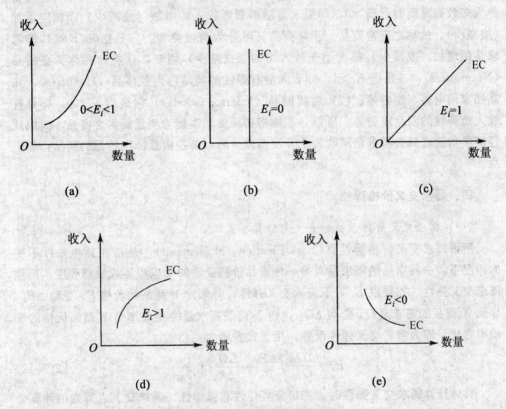

图 2-19 需求收入弹性的分类

● 当 $E_i = 0$ 时，称收入无弹性。它表示需求量对收入变化没有反应，即无论收入如何变化，需求量均不变。如图 2-19(b)所示，这类商品的恩格尔曲线垂直于数量轴。

● 当 $E_i = 1$ 时，称收入单位弹性。它表示收入变动引起需求量同方向变动，且需求量的变动率始终等于收入的变动率。如图 2-19(c)所示，其恩格尔曲线是一条向右上方倾斜且经过原点的直线。

● 当 $E_i > 1$ 时，称收入富有弹性。它表示收入变动引起需求同方向变动，且需求量的变动率大于收入的变动率。如图 2-19(d)所示，其恩格尔曲线向右上方倾斜且相对平坦，斜率较小。

● 当 $E_i < 0$ 时，称收入负弹性。它表示收入变动引起需求量呈反方向变动。如图 2-19（e）所示，其恩格尔曲线向右下方倾斜。现实经济生活中，普遍存在的需求收入弹性类型是收入缺乏弹性或收入富有弹性；收入无弹性和单位弹性是极为特殊的两种情形；而收入负弹性也只出现在少量的特殊商品上。根据需求收入弹性是正值还是负值，我们将商品分为两大类：（1）正常商品（Normal Goods）。对于绝大多数商品而言，$E_i > 0$，即需求量随消费者收入的增加（或减少）而相应增加（或减少），故称之正常商品。正常商品又可分为两种类型：一是指 $0 < E_i < 1$，即需求量的增加（或减少）幅度小于收入增加（或减少）幅度，这类商品称为必需品（Necessities）；二是指 $E_i > 1$，即收入富有弹性的商品称为奢侈品（Luxuries），如高档家用电器、旅游等。（2）劣质商品（Inferior Goods），它是指 $E_i < 0$，即具有收入负弹性的商品或劳务。所以，不能将劣质商品误解为质量低劣之商品，而应从经济学角度理解为需求量随收入上升反而减少的、某些消费档次较低的商品，如土豆。

四、需求交叉价格弹性

（一）需求交叉价格弹性的含义与计算公式

所谓需求交叉价格弹性（Cross Elasticity of Demand），是指在其他条件不变的情况下，一种商品的需求量对另一种商品价格变动的反应程度或敏感程度，简称需求交叉弹性。如果以 E_c 表示需求交叉弹性，并假定 Y 商品的价格 P_Y 变动 ΔP_Y，导致 X 商品的需求量 Q_{dx} 变动 ΔQ_{dx}，则 X 商品需求量的变动率与 Y 商品价格的变动率之比，即为需求交叉弹性系数，用公式表示为：

$$E_c = \frac{\Delta Q_{dx}}{Q_{dx}} \bigg/ \frac{\Delta P_Y}{P_Y} = \frac{\Delta Q_{dx}}{\Delta P_Y} \cdot \frac{P_Y}{Q_{dx}} \tag{2.3.12}$$

具体计算需求交叉弹性时，亦可分点弹性和弧弹性。需求交叉点弹性的计算公式为：

$$E_c = \lim_{\Delta P_Y \to 0} \frac{\Delta Q_{dx}}{\Delta P_Y} \cdot \frac{P_Y}{Q_{dx}} = \frac{dQ_{dx}}{dP_Y} \cdot \frac{P_Y}{Q_{dx}} \tag{2.3.13}$$

需求交叉弧弹性的计算公式为：

$$E_c = \frac{\Delta Q_{dx}}{\Delta P_Y} \cdot \frac{P_{Y_1} + P_{Y_2}}{Q_{dx_1} + Q_{dx_2}} \tag{2.3.14}$$

（二）需求交叉弹性与两种商品之间的关系

需求交叉弹性系数值既可为正值，也可为负值或零。据此，可以判断任意两种商品之间的关系。

● 当 $E_c > 0$ 时，则两种商品之间存在替代关系，或两种商品互为替代品。表明一种商品的价格的上升（或下降），会引致另一种商品需求量的增加（或减少）。

两种商品的正交叉价格弹性系数值越大，两种商品间可替代性越强。图2-20(a)表示了两种商品之间的替代关系。

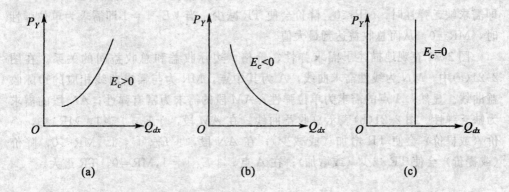

图 2-20　需求交叉弹性系数值与商品之间的关系

● 当 $E_c < 0$ 时，则两种商品之间存在互补关系，或两种商品为互补品。表示一种商品价格上涨（或下跌），将引致另一种商品需求量的减少（或增加）。负交叉弹性系数值的绝对值越大，两种商品间的互补性越强，图 2-20(b)表示了两种商品间的互补关系。

● 当 $E_c = 0$ 时，则两种商品间存在独立关系，或两种商品为相互独立商品或中性商品。表示一种商品价格无论怎样变化，另一种商品需求量均不变。图 2-20(c)反映了两种商品间的独立关系。

五、需求弹性分析与企业经营管理决策

（一）需求价格弹性与企业的定价策略

需求价格弹性对企业产品的定价具有非常重要的指导意义。这是因为需求价格弹性与企业的边际收益和总收益具有非常密切的关系。总收益（Total Revenue，简称 TR）是指企业销售一定数量产品所得到的收入总和，它等于产品价格与销售量的乘积，即

$$TR = P \cdot Q \qquad (2.3.15)$$

边际收益（Marginal Revenue，简称 MR），是指每增加一单位产品的销售所增加的总收益。从数学意义上讲，边际收益被定义为总收益对销售量的导数，即

$$MR = \frac{d\,TR}{dQ} = \frac{dP}{dQ} \cdot Q + P \qquad (2.3.16)$$

根据需求弹性公式 $E_d = \dfrac{dQ}{dP} \cdot \dfrac{P}{Q}$ 可知 $\dfrac{dP}{dQ} = \dfrac{P}{Q} \cdot \dfrac{1}{E_d}$，代入（2.3.16）式，则

$$MR = P\left(1 + \frac{1}{E_d}\right) = P\left(1 - \frac{1}{\mid E_d \mid}\right) \qquad (2.3.17)$$

公式（2.3.17）表明，需求弹性与边际收益，从而与总收益具有后述密切关系：当 $\mid E_d \mid > 1$ 即需求富有弹性时，MR>0，降价会使 TR 增加；当 $\mid E_d \mid < 1$ 即需求缺乏弹性时，MR<0，降价会使 TR 减少；当 $\mid E_d \mid = 1$ 即需求为单位弹性时，MR=0，从而总收益达到最大值。

图 2-21 直观地描述了需求弹性、价格、边际收益和总收益间的关系。在图 2-21(a)中，MN 为线性需求曲线，A 为其中点，MR 为与需求曲线相应的边际收益曲线。显然，A 点的需求为单位弹性；AM 段的需求为富有弹性；AN 段的需求为缺乏弹性。图 2-21(b)表示总收益曲线。在 AM 段，$\mid E_{\overline{AM}} \mid > 1$，MR>0，降价（或提价）会使 TR 增加（或减少）；在 AN 段，$\mid E_{\overline{AN}} \mid < 1$，MR<0，降价（或提价）会使 TR 减少（或增加）；在 A 点，$\mid E_A \mid = 1$，MR=0，TR 最大。

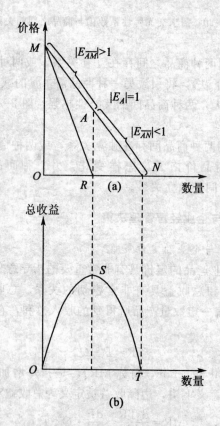

图 2-21 需求弹性、价格、边际收益和总收益的关系

上述关系告诉我们，企业在制定和调整价格时，要充分考虑产品的不同需求弹性类型对企业总收益的影响，以采取合理的定价策略。如果一个企业知道其产品需求是富有弹性的，提高价格会导致销售量的大幅度减少，进而导致总收益减少；而降低价格会导致销售量大幅度增加，从而使总收益增加。故 $|E_d|>1$ 时企业应采取"薄利多销"的方针，通过降价的方式来扩大销售量以增加总收益。反之，如果企业产品需求是缺乏弹性的，则可通过提价的方式来增加总收益。不过，上述降价与提价策略在实施中必须把握其适用界限，即价格的提高或降低均不能突破单位弹性这一临界点；否则，效果会适得其反。如果企业产品的需求是单位弹性，从理论上讲，价格的变动不会导致总收益的变动。此时企业宜根据特定经营目标采用灵活的定价策略。如对于具有发展潜力或创新阶段的产品，可在改进产品质量和性能的基础上，通过适当提高价格以提高产品的知名度，增强名牌效应；对于产品已标准化、成熟化且竞争对手众多的企业而言，可以适当降低价格以提高竞争力，进而扩大市场占有率。

另外，产品在不同发展阶段的需求弹性是不同的，因而，企业应根据产品生命周期的演变适时调整其价格策略。一般而言，产品的生命周期要先后经过导入期、成长期、成熟期和衰退期等几个阶段，其需求弹性随时间的推移是不断增大的，因而，定价策略的总体趋势应当是逐步适当地调低产品价格。

（二）需求收入弹性与企业的发展策略

需求收入弹性所反映的商品需求量与消费者收入之间的关系对企业的发展决策具有至关重要的意义。

● 正确分析产品的需求收入弹性有利于企业根据国民经济的景气波动制定合理的产品发展策略。如果企业产品的需求收入弹性大于 1 即富有弹性，则企业在经济繁荣时期具有良好的发展机会可不断扩大再生产，实行规模经营，这样可以高于国民收入增长率的速度获得递增的总收益；而在经济萧条时期，企业应缩减产品生产规模。如果企业产品的需求收入弹性在 0 和 1 之间，即缺乏弹性，则企业在经济繁荣时期不能按比例分享国民收入的增长份额，不宜过分扩大生产规模，有条件的企业甚至可适当将部分生产转向发展机会更好、投资回报更高的行业，而在经济萧条时期，可适当缩减生产规模或基本维持原有规模。对于生产低档品的企业，在经济繁荣时期应及时缩减生产规模或转产，而在经济萧条时期可酌情扩大生产。

● 需求收入弹性的大小对企业的营销策略影响很大。（1）需求收入弹性的大小影响着产品广告宣传的对象和营销活动的方式。不同收入弹性类型的产品应向不同的收入阶层做广告宣传或进行其他促销活动。（2）不同收入水平的地区，产品的需求收入弹性可能有较大差异，这显然会影响产品的销售区域和销售的性质。

● 企业可根据不同类型的需求收入弹性关系，实行产品多元化策略，以寻求收益和风险的理想组合。如对于大型企业集团而言，可同时生产和经营不同需求收入弹性类型的商品或劳务，使产品品种多元化、档次多样化，这样，既有利于企业实现较好的综合经济效益，又可以避免由于收入水平的剧烈波动给企业带来的风险。

（三）需求交叉弹性与企业的经营决策

需求交叉弹性对企业经营决策的重要意义在于：

● 把握需求交叉弹性，有助于企业制定合理的价格策略和竞争策略。如果本企业产品与别的企业产品存在替代关系，若替代品价格下降，则本企业产品的市场占有率会大受影响；若替代品价格上升，则可能给本企业发展带来机遇。为此，可用需求交叉弹性来分析两种产品之间的竞争程度，交叉弹性系数绝对值越大，说明竞争越激烈，本企业必须密切关注生产替代品的企业在质量、价格和销量诸方面的动向，以采取相应的竞争策略。如果本企业产品与别的企业产品存在互补关系，若互补品价格上升，会导致本企业产品销售不畅；若互补品价格下降，会刺激本企业产品销售。互补产品一般具有伙伴关系，因此企业应加强与互补品厂商的协调与合作。如果本企业生产的产品互为替代品，则应尽量拉开产品档次，以吸引不同的客户群体，避免彼此间的激烈竞争。如果本企业生产的产品互补，则主件产品的价格不宜过高，而附件产品的价格可适当提高。总之，企业在经营决策时，要根据需求交叉价格弹性进行分析，综合考虑替代品或互补品之间的相互作用和相互影响。

● 企业可根据交叉弹性来判定行业之间的相互关系。一般而言，需求交叉价格弹性绝对值大，意味着产品之间具有高度相关性，从而可判定它们属同一个行业部门；反之，需求交叉弹性绝对值小，意味着产品之间的相关性低，从而可判定它们分属不同的行业部门。

复习思考题

1. 解释下列名词

需求　　需求法则　　需求函数　　需求量的变动与需求的变动　　供给
供给法则　　供给函数　　供给量的变动与供给的变动　　市场均衡　　供求法则
效用　　基数效用与序数效用　　总效用与边际效用　　边际效用递减规律　　消
费者均衡　　无差异曲线　　边际替代率　　预算线　　收入-消费曲线　　恩格
尔曲线　　价格-消费曲线　　需求价格弹性　　需求收入弹性　　需求交叉弹性
正常商品　　劣质商品　　消费者访问法　　市场实验法　　回归分析法

2. 下列事件对商品 X 的需求有何影响？并请用图示表示出来：

（1）X 的替代品 Y 的价格下降；

（2）X 的互补品 Z 的价格上涨；

（3）厂商对 X 的广告支出增加；

（4）消费者收入预期看好；

（5）X 的价格预期看涨；

（6）X 商品变得更加流行。

3. 下列事件对汽车的供给有何影响？

（1）钢材的价格大幅上涨；

（2）预计汽车价格下降；

（3）政府增加对汽车厂家的税收；

（4）汽车的生产技术有重大革新。

4. 基数效用论与序数效用论是如何解释消费者均衡的？两种分析和解释有何异同？

5. 下图表示某消费者达到效用最大化时的均衡状态，求：

（1）如果商品 A 的价格为 50 美元/件，该消费者的收入是多少？

（2）该消费者的预算线方程及其斜率。

（3）商品 B 的价格。

（4）消费者均衡时的边际替代率。

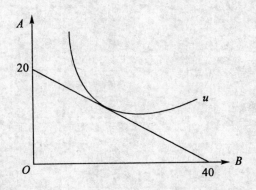

6. 某消费者的效用函数为 $U=4X^{\frac{1}{2}}Y^{\frac{1}{3}}$，则

（1）原来他消费 9 单位 X 商品、8 单位 Y 商品，现在 X 商品的消费量减少到 4 单位，试求需要消费多少单位 Y 商品才能与以前的满足相同？

（2）若 X 的价格 $P_X=2$，Y 的价格 $P_Y=4$，消费者的收入为 90 元，则消费者达到均衡时的 X 和 Y 的消费量各为多少？

7. 需求收入弹性与商品档次之间的关系如何？如何根据需求交叉弹性判断两种商品间的关系？

8. 试求非线性需求曲线上任意一点 A 的需求价格点弹性。

9. 设商品 X 的需求函数如下：

$$Q_X = 4\,850 - 5P_X + 1.5P_Y + 0.1I$$

其中：Q_X 为商品 X 的需求量；P_X 为 X 的价格；P_Y 为 Y 商品的价格；I 为消费者收入。

要求：

(1) 求需求收入弹性和需求交叉弹性。

(2) 当 $I = 10\,000$，$P_X = 200$，$P_Y = 100$ 时，求需求收入点弹性和需求交叉点弹性，并说明商品 X 的档次以及商品 X 和 Y 之间的关系。

10. 试述需求弹性分析在企业经营管理决策中的作用。

11. 需求函数的估计方法有哪些？如何用回归分析法估计需求函数？

第三章 生产理论与生产函数分析

本章学习目的

在学完本章之后，你应该掌握以下内容：

1. 企业生产的一般规律；
2. 企业的短期生产函数与长期生产函数；
3. 生产要素的最优使用原则；
4. 生产函数的基本类型。

企业作为商品和劳务的提供者和经营者，其本质特征就是要尽可能合理地组织生产，保障市场的有效供给以谋求利润最大化。前述需求函数分析重点研究了消费者行为和需求，从而为解决企业生产什么及生产多少的问题提供了客观依据。如果市场的需求是已知的且在一定时期内是相对稳定的，那么企业应如何面对既定的市场需求去合理地组织生产以实现最优生产效率呢？本章侧重从实物形态上研究企业生产过程中投入和产出之间的物质技术关系，进而从一个侧面考察和揭示决定市场供给的生产者行为。概括而言，生产函数分析的中心任务是通过研究企业生产体系以最经济的投入取得最佳产出的技术-经济特征，以利于企业最合理有效地配置稀缺性生产资源去从事生产经营活动。因此，本章拟从分析企业生产经营活动的目标及生产函数的基本性质入手，重点探讨和研究单一可变投入要素的生产函数、多种可变投入要素的生产函数以及支配这些函数的一般性规律。

第一节 企业生产与生产函数

一、生产的含义

经济学对生产的论述一般都把一个企业的决策变量划分为投入和产出两大类，所谓生产（Production），是指将投入变为产出的行为或活动。显然，要理解经济学意义上的"生产"的含义，必须把握"投入"和"产出"这两个基本概念及其内涵。

所谓投入（Input），是指生产过程中所使用的一切生产要素，它包括劳动、土地、资本以及企业家才能四大类。劳动（Labour）是指生产活动中人类一切体力和智力的消耗。土地（Land）泛指一切自然资源，包括陆地、海洋、大气、矿藏、森林、水力等。资本（Capital）是指用于生产过程中的一切人工制成品，如机器、厂房、工具、能源、原材料等，还包括其他一些有助于商品和劳务生产和销售的无形资产，如商标、商誉、专利、技术诀窍等。要特别注意的是，尽管计划用于资本品投资的货币属资本的形态之一，但一般意义的货币不是这里所定义的资本。企业家才能（Entrepreneurship）是指企业管理人员利用上述劳动、土地、资本等生产要素进行生产和经营的组织能力、管理能力、创新能力和冒险精神等。在上述四类生产要素中，劳动和企业家才能是两个特殊要素，其作用的大小及发挥不能像土地、资本那样，简单地用市场价格来衡量。因为劳动以及作为一种专业化的特殊人力资源——企业家才能，其全部生产潜力的发挥，与工人和管理者的积极性密切相关。但无论如何，在现代市场经济竞争日趋激烈的时代，企业生产中的人力要素尤其是企业家才能的作用越来越重要。

所谓产出（Output），是指生产出来的结果，即经过生产过程所获得的物质产品或劳务。前者既包括直接用于满足人们消费需要的消费品，又包括用于生产过程中的资本品；后者泛指为生产或生活提供的各种服务。在生产函数分析中，产出也可称做产量或产品，除非特别说明，这几个概念可相互通用。

二、企业及其目标的界定

企业（Enterprise）是指将投入变为产出的行为者，但经济学中的企业一般称为厂商（Firm），泛指一切能独立作出决策的生产和销售单位。在市场经济中，企业既是市场上资本、土地、劳动、技术等生产要素的购买者或提供者，又是各种物质产品和劳务的生产者和销售者，因而企业是市场极为重要的经营主体。离开了企业之间、企业与其他经济主体之间的购买、生产和销售活动，市场就失去了赖以存在的基础。

作为有效率的市场经营主体的企业，一般具备如下条件或特征：（1）拥有明确的产权。市场交易的本质不是物品位置的互换，而是物品产权的转让，因而市场上交易双方的产权界限必须清楚。对企业而言，明晰的产权归属关系至关重要，企业的生产和经营，必须坚持由投资者获取收益或承担风险。（2）企业在法律上和经济上是独立自主的实体，它拥有独立决策、自主经营和发展所必需的各种权利。尽管任何一个企业都要受到政府的行政管理，但它在经济上是独立于政府之外的；同时，市场经济中的企业应当有其独立的发展目标，且企业可自主筹集资金、自行策划经营活动，开展投资、联合、兼并等活动，以实现其既定目标。（3）企业之间、企业与其他经济主体之间地位平等。企业一旦进入市场，无论其规模大小，也不管其组织形式如何，在法律上一律平等。企业的生产和销售完全由企业根据自身的意愿、市场行情及其他诸多因素自主作出决策。可见，市场经济条件下的企业是独立、自主、具有平等地位的经济实体和决策单位。

企业的组织形式主要有下列三种：

● 个人业主制企业（Sole Proprietorship），指一个生产销售单位由单个业主出资兴办和拥有，并独立决策和自我经营。它具有简便易行、产权转让较自由、经营方式灵活、决策快捷、利润独享、保密性强等优点。同时，其缺点也相当明显：对债务负无限责任，所有的家产均在抵债之列；自身财力有限且筹资能力较差，难以形成规模经济；企业发展完全依赖于业主的个人素质，且企业常因业主身体欠佳或死亡而终止。其代表性领域是零售商业、个体农业、"自由职业"等。

● 合伙制企业（Partnership），是指由两个或两个以上的合伙人所有的生产和销售单位。合伙人依契约共同出资并共负盈亏。其经营方式灵活，可由部分合伙人经营，其他合伙人仅出资且共负盈亏，也可由所有合伙人共同经营。合伙制企业较之个人业主制企业的优点在于：筹资能力有所提高；合伙人能进行经营管理方面的分工，企业效益有所提高；共负盈亏有助于提高企业的信誉。其不足之处在于：合伙制企业的基础是合伙契约，若一方退出或接纳另一方合伙，就须重新确定合伙关系，从而造成法律上的复杂性；凡合伙人都有权代表企业从事经济活动，重大决策需要经过各方认可，易造成决策上的延误和差错；所有合伙人均对企业债务负连带无限清偿责任，尤其是那些不能控制企业的合伙人风险更大。合伙制企业的典型形式有律师事务所、会计师事务所、诊疗所等。

● 公司制企业（Corporations），是指一个生产销售单位由许多购买其所发行股票的股东所有的企业。公司是完全有别于股东的法人，能以自己的名义独立进行业务活动。股东大会是最高权力机构，股东大会委托董事会负责处理公司重大经营管理事务，但其日常经营管理则由董事会任命的以总经理为首的管理部门人员负责。公司制企业的优点在于：筹资能力强；公司可永久存在；公司制企业大多是有限责任公司，股东对公司债务大多仅承担有限责任；所有权与经营权相分离，有利于提高效率。其不足之处在于：股东人数众多，意见难以统一；股东利益与管理人员目标难以完全一致。公司制企业的典型行业是开掘业、制造业、金融业等。

可见，企业是泛指所有为了销售而生产商品和劳务的基本单位。企业的规模可大可小，小到"夫妻店"、个体摊贩，大到巨型寡头或垄断企业；企业的组织形式多种多样，既可以是个体业主制和合伙制，又可以是公司制；企业的经营范围广泛，第一、第二、第三乃至第四产业均是其涉足和经营的领域，因而企业不能狭义理解为工商企业和农业企业，还应包括独立经营专业性、技术性和服务性的生产单位。

任何一个企业的经济活动都具有既定的动机和发展目标，企业生产动机和目标应是独立的，且可能是多重的。但经济分析中一般具有下列重要假定：即假定所有企业从事生产经营的惟一目标是谋求自身的利润最大化。显然，将企业的目标仅仅界定为追求利润最大化，是有其局限性的。这是因为：赚取利润通常需要时间和精力，如果企业的所有者同时就是经理，在某些情况下，他们可能宁愿牺牲利润以获取闲暇，此时，追求效用最大化而不是利润最大化可能更切合实际，此其一。其二，由于现实经济生活充满着不确定性，特定的行动不一定会产生惟一的、特定水平的利润，也许是多种不同水平的利润，每一种利润均有出现的概率，因而最大利润难以准确界定。其三，市场经济中的不少企业经常宣称利润不是企业的惟一目标，还有扩大市场占有率、在企业界实现更好的社会地位、塑造良好的企业形象以及扮演某些社会角色等一系列目标。近年来，不少经济学家和企业管理者开始着手构建假定目标不是利润最大化的企业模型的有益尝试。

尽管如此，经济分析中仍然承袭企业的惟一目标是追求利润最大化的假定。其理由如下：（1）虽然现实世界的不确定性使得最大利润没有明确的定义，但如果假定企业完全了解有关变量，企业能够知道从特定行动中实现一定水平的利润的概率，将企业目标确定为预期利润的最大化仍然是不乏现实意义的。预期利润是指每一种可能水平的利润乘上它出现的概率后，加总而得到的利润的长期平均值，这一指标对企业经营是有现实意义的。（2）在一定时期内企业目标可能是多重的，但从实质上看，各种目标大部分直接或间接表现为实现长期利润的最大化。（3）对于管理经济学的诸多重要目的而言，利润最大化是一个最接近实际的假定，即使是那些要构建不以利润最大化为前提的新的企业模型的倡导者也不得不承认：利润最大化是表明价格体系如何起作用的经济模型中最合适的标准假定。（4）利润最大化假定及其企业理论在企业经营管理中已得到深入研究和广泛运用。一方面，它为大多数以利润最大化为目标的企业提供了生产和经营的行为准则；另一方面，即使是对那些标榜不以利润最大化为惟一目标的企业而言，该理论也有助于这些企业衡量其追求其他目标所产生的机会成本。

最后要强调指出的是，经济分析中的企业家（Entrepreneur）是一个较为抽象的概念，它是指企业的最高决策者或决策者集团，它的主要任务不是执行企业的日常事务，而是负责企业的重大经营决策。企业家是企业的化身，研究企业的行为实际上是研究企业家的行为。

三、生产函数

生产过程是将投入变为产出的过程，因而投入与产出之间必然存在着一种依存关系。在一定技术条件下，生产要素的投入量不同，其产出量亦不相同，两者呈现出一一对应关系。生产函数（Production Function）正是表示在一定时期内和一定的技术条件下，生产要素的投入量的某种组合与它所能生产出来的最大产量之间的依存关系。简而言之，产出是投入的函数。如果以 Q 表示上述界定中的最大产量，L 代表劳动，K 代表资本，N 代表土地，E 代表企业家才能，则生产函数可表述为：

$$Q=f(L,K,N,E) \tag{3.1.1}$$

可见，产出应是各种要素投入的多元函数。但在分析中，土地一般被视做常数，企业家才能难以准确计量，为方便起见，我们通常把各种生产要素合并为两大类，即劳动与资本，因而生产函数通常被表示为：

$$Q=f(L,K) \tag{3.1.2}$$

在理解生产函数的概念时必须注意几点：（1）生产函数所反映的是一定技术条件下投入和产出之间的数量关系。任何一种生产函数都是相对于某一既定的技术条件而言的，即生产函数是由企业当时可利用的技术状况决定的。事实上，技术的进步势必引起产出的变化，有时这种变化是十分巨大的，这时我们不妨理解为技术条件的改变已引起了函数关系的改变，即产生了新的生产函数。（2）不同企业的投入要素的利用率有高有低，即使是同一企业在不同时期，其投入要素的利用率也是有差异的，因而一定数量的投入所得到的产出未必相同。为此，我们假定企业要素的利用率是高效的且是相当稳定的，因而一定数量的投入总能得到最大可能的产出。（3）生产函数是一个工程概念，它不是从经济理论中推导演绎出来的，而是从大量生产实践中总结出来的。生产函数所反映的投入物与产出物之间的物质数量关系在任何企业都是客观存在的，即使是在非盈利的经济组织也不同程度地存在。

另外，在生产函数的分析中，技术系数和时间概念具有非常重要的意义。企业在生产不同产品时，各种要素投入的配合比例是不一样的。所谓技术系数（Technologic Coefficient），就是指为生产一定数量的某种产品所需要的各种生产要素的配合比例。如果上述配合比例是可以改变的，称为可变技术系数。具有可变技术系数的生产函数适用于短期分析，它表明生产要素之间可以相互替代，即此种情况下可用一种生产要素代替另一种生产要素的方法去生产同量的产品。如果生产某种产品所需要的各种生产要素的配合比例不能改变，则称固定技术系数。具有固定技术系数的生产函数适用于长期分析，它表明各种生产要素之间不能相互替代，即此种情况下，要扩大或减少产量就必须使各种生产要素同时同比例地增加或减少。

在生产函数的分析中，一般按考察期内是否存在固定投入要素将时间概念划分为短期和长期。短期是指考察期内有些生产要素投入量可以改变，而另一些生产要素投入量不可改变的时期。投入量可以改变的生产要素称为可变要素（Variable Factor），如原材料、劳动力等；投入量不可改变的生产要素则称为固定要素（Fixed Factor），如机器设备、厂房等。长期是指在考察期内所有生产要素投入量都可以改变的时期。要特别指出的是，短期和长期是两个相对的时间概念，它们之间并没有一个绝对的量的界限，但有一个确定的划分标准，即在考察期内企业能否改变生产要素的投入量，或是否存在固定要素。对于不同的行业、企业而言，由于其生产要素的组合方式不同，所以短期和长期的量度也就各不相同。

第二节　短期生产函数

一、短期生产函数的含义

短期生产函数是指可变技术系数生产函数，表示在一些生产要素的投入量固定不变的情况下，另一些生产要素的变动与产出之间的依存关系。

为了便于分析和理解短期生产函数的性质，我们仅考虑具有一种固定要素和一种可变要素这样一种最简单的情形。假定生产某种产品需要两种要素：劳动 L 和资本 K，并进一步假定资本的投入量是固定的，用 K_0 表示，而劳动的投入量是可变的，则这种单一可变投入的短期生产函数可表示为：

$$Q = f(L, K_0) \tag{3.2.1}$$

（3.2.1）式表明，产出 Q 随着可变要素劳动的变化而变化，产出是劳动投入量的一元函数，它实际上反映的是短期内可变要素投入量与产量之间的物质数量关系。

二、总产品、平均产品和边际产品及相互关系

总产品（Total Product，简称 TP）是指一定的技术条件且其他生产要素投入量不变的情况下，投入所有可变要素所生产出的全部产品。（3.2.1）式所示的短期生产函数实际上就是总产品函数，即 $\mathrm{TP} = Q = f(L, K_0)$。

平均产品（Average Product，简称 AP）是指在一定技术条件下平均每单位可变要素所生产出来的产品，它等于总产品除以为了生产这一总产品所使用的该种可变要素的投入量。即

$$\mathrm{AP} = \frac{Q}{L} = \frac{f(L, K_0)}{L}$$

边际产品（Marginal Product，简称 MP）是指在一定技术条件下，每增加一单位可变要素投入量所引致的总产品的增加量，它等于总产品的增加量除以可变要素的增加量。如果以 ΔL 表示可变要素劳动的增加量，ΔQ（或 $\Delta \mathrm{TP}$）表示总产品的增加量，则有

$$\mathrm{MP} = \frac{\Delta Q}{\Delta L} = \frac{\Delta \mathrm{TP}}{\Delta L} = \frac{\Delta f(L, K_0)}{\Delta L}$$

如果可变要素的投入量可以无限细分，则有

$$\mathrm{MP} = \lim_{\Delta L \to 0} \frac{\Delta Q}{\Delta L} = \lim_{\Delta L \to 0} \frac{\Delta \mathrm{TP}}{\Delta L} = \frac{dQ}{dL} = \frac{d\,\mathrm{TP}}{dL} = f'(L, K_0)$$

总产品、平均产品和边际产品都是用来描述同一生产过程的，显然它们之间的

联系是非常紧密的。为了便于更好地理解这三种产品之间的关系并把握其变化规律，我们不妨借助表来加以分析和说明。表 3-1 列出了一系列反映可变投入劳动 L 与产出 Q 之间数量关系的具体数据：

表 3-1   单一可变要素投入的生产函数表

资本 (K_0)	劳动 (L)	总产品 (TP)	平均产品 (AP)	边际产品 (MP)	技术系数 (K_0/L)
10	0	0	0	—	—
10	1	12	12	12	10
10	2	27	13.5	15	5
10	3	42	14	15	3.33
10	4	55	13.75	13	2.5
10	5	67	13.4	12	2
10	6	77	12.8	10	1.67
10	7	77	11.0	0	1.43
10	8	74	9.25	−3	1.25

在表 3-1 中，第一栏资本量为固定的 10 个单位；第二栏和第三栏表示可变要素投入量与产出之间的物质数量关系；第四、第五栏系根据第二、第三栏计算得出的平均产品和边际产品；第六栏表示技术系数的变动情况。从表 3-1 中可以看出，随着可变要素劳动量的增加，总产品基本上是不断增加的，但总产品的增加不是线性的，起初增加的快，然后增加的慢，而且当劳动量追加到一定程度后，总产品反而减少。实际上，大量实证研究告诉我们，短期生产函数一般具有下列特点：总产品起初随可变要素量的增加以递增的速度增加；然后随可变要素量的增加以递减的速度增加并达到最大值；此后随可变要素量的增加，总产品反而减少。根据这一基本特点以及三种产品函数之间的关系，我们不难画出单一可变要素投入的生产函数的图形。在图 3-1 中，上半部 TP 曲线为总产品曲线，下半部的 AP 曲线和 MP 曲线分别表示平均产品和边际产品曲线。

● 我们来考察总产品和边际产品的关系。根据边际产品函数可知：$MP = \dfrac{dQ}{dL}$ $= \dfrac{d\,TP}{dL}$，故总产品 TP 曲线上任何一点所表示的 MP 的几何意义是：过该点作 TP 曲线的切线的斜率。在 TP 曲线由上凹变为下凹的拐点 A 所作切线的斜率最大，故 MP 在劳动量为 L_1 时达到最大值；在 A 点之前 TP 曲线上点的切线斜率递增，即表明当 $0 < L < L_1$ 时，MP 是递增的；在 A 点之后的 TP 曲线上点的切线斜率递减，即表明 MP 在 $L_1 < L < L_3$ 时是递减的；在 TP 曲线最高点 C 点的切线斜率为零，故 MP 在 $L = L_3$ 时为零；C 点以后 TP 曲线上点的斜率为负，当 $L > L_3$ 时 MP 为负值。可见，TP 与 MP 的关系是：MP 上升时，TP 以递增的速度增加；MP 下降但

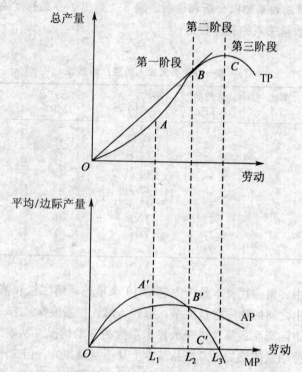

图 3-1　总产品、平均产品和边际产品曲线

为正值时，TP 以递减的速度增加；MP 为零时 TP 最大；MP 为负值时，TP 减少。

- 我们来考察总产品和平均产品的关系。因为 $AP = \dfrac{Q}{L} = \dfrac{TP}{L}$，故 TP 曲线上任何一点所表示的 AP 的几何意义是：从原点 O 到 TP 曲线上该点作射线的斜率。由原点 O 向 TP 曲线所引射线中同 TP 曲线相切的射线 OB 斜率最大，故当 $L = L_2$ 时，AP 最大；在 B 点之前，所作射线的斜率递增，故当 $0 < L < L_2$ 时，AP 递增；在 B 点之后，所作射线的斜率递减，故当 $L > L_2$ 时，AP 下降。

- 我们来考察平均产品和边际产品的关系。根据定义 $\left(AP = \dfrac{Q}{L}, \ MP = \dfrac{dQ}{dL} \right)$ 及上述分析可知，在 TP 曲线上的 B 点，所作切线及射线的斜率相等，故在 $L = L_2$ 时，AP 最大且等于 MP，两曲线相交于 B'；在 B 点之前，所作切线的斜率大于所作射线的斜率，故在 $0 < L < L_2$ 时 MP > AP；在 B 点之后，所作切线斜率小于所作射线斜率，故在 $L > L_2$ 时 MP < AP。

综上所述，我们不难认识生产函数变动的一些基本特征：随着可变要素投入量的不断追加，总产品、平均产品和边际产品最初都是增加的，但各自增加到一定程度之后就分别递减，此其一。其二，边际产品曲线与平均产品曲线一定在平均产品曲线的最高点相交（如图 3-1 中的 B' 点），即平均产品最大时，必然等于边际产品；在两曲线相交之前，平均产品是递增的，但小于边际产品；相交之后，平均产品是递减的，但大于边际产品。其三，当边际产品增加时，总产品以递增的速度增加；当边际产品递减但大于零时，总产品以递减的速度增加；当边际产品为零时，总产品达到最大值；当边际产品为负数时，总产品绝对减少。

三、边际报酬递减规律

从上面的分析可知，总产品和平均产品的变动都与边际产品的变动有着极为密切的关系，而边际产品的变动是有规律可循的，即在生产技术和其他生产要素投入量既定的条件下，一种生产要素的连续投入，起初边际产品增加，但当该生产要素投入量增加到一定数量之后，总产品的增量即边际产品必将呈现递减的趋势。这就是经济学中著名的边际报酬递减规律（Law of Diminishing Marginal Returns），又称边际生产力递减规律（Law of Diminishing Marginal Productivity）。边际报酬递减规律作为物质生产领域的基本规律，是生产理论的基础。它告诉我们，在一定的生产技术条件下，生产要素的投入量必须按照一定的比例进行优化组合，才能充分发挥各生产要素的效率；否则，片面地追加某一种生产要素的投入量，只能导致资源的浪费和生产报酬的减少。

边际报酬递减规律在被引用和实际运用时往往容易被曲解。因此，在认识和利用这一规律时必须注意下列几点：

第一，边际报酬递减规律必须具有两个基本前提：一是技术条件不变即生产技术没有重大突破，它不能预测在技术发生变化的情况下，连续追加可变要素投入量，总产量会发生何种变化。正因为如此，这一规律常受到责难，因为从长期看，技术水平是不断提高的；但从短期看，技术条件相对稳定，该规律还是存在的。二是其他生产要素的投入量不变。边际报酬递减规律只适用于生产要素比例可变的生产函数，不适用于固定技术系数的生产情形，因此，该规律亦被称为"可变要素律"。

第二，随着可变要素投入量的增加，边际产品要依次经过递增、递减乃至变为负数等几个阶段。起初边际产品递增是因为在某一数量范围内的可变要素投入，尚不足以发挥固定要素的潜在经济效率，这与边际报酬递减规律并不矛盾，该规律强调的是边际报酬最终要呈递减趋势。

第三，边际报酬递减规律是从生产实践中总结出来的物质生产规律，而不是从数理规律中推导和演绎出来的，无需提供任何理论证明。事实上，该规律与现实生活中大多数生产函数是相符的，可通过统计资料反映出来，其中以农业部门表现得尤为突出，其他部分也同样存在。

四、短期生产的三个阶段与可变要素的合理投入区域

根据图3-1所示的总产品曲线、平均产品曲线及边际产品曲线的变化特征，我们将短期生产分为三个阶段：

第一阶段是指可变要素劳动的投入量由 0 增加到 L_2 的区间。这一阶段的典型特征是：平均产品一直是增加的并达到最大值；边际产品则先递增，达到最大值后递减，且大于平均产品；总产品起初以递增的比例增加，边际产品达到最大值后，总产品仍以递减的比例增加。在这一阶段，增加可变要素劳动的投入量是有利可图的。因为相对于固定要素投入资本而言，劳动量缺乏，劳动量的增加可以使资本的作用得到充分发挥，即使是劳动的边际产品出现递减以后，固定要素资本的生产效率仍有潜力可挖，仍可继续追加劳动投入量。

第二阶段是指可变要素劳动的投入量由 L_2 增加到 L_3 的区间。这一阶段的明显特征是：平均产品开始下降，但大于边际产品；边际产品继续下降但仍为正值，直至为零；总产品因边际产品大于零仍可继续增加，直至达到最大值。这意味着虽然可变要素的效率随其投入量的增加而降低，但仍为正值，而固定要素的效率却随可变投入的增加而提高，所以，总产品继续增加至最大值。

第三阶段是指可变要素劳动的投入量超过 L_3 以后的范围。这一阶段的典型特征是：边际产品为负值，总产品开始绝对减少。这意味着相对于固定要素投入资本而言，可变要素劳动的投入已经过剩，生产要素的配合比例失调，生产效率全面下滑导致总产品负增长。

综上所述，若生产处于第一阶段，由于有利可图，企业会毫不犹豫地追加可变要素的投入；而第三阶段由于可变要素投入的追加不仅不能获得效益，反而要受到损失，任何有理性的企业决不会在此阶段从事生产；第二阶段由于随着可变要素的不断增加，固定要素的潜在效率可逐步得到充分发挥，因而劳动与资本结合的生产效率较第一、第三阶段为佳。可见，短期生产中，厂商理性决策应在第二阶段选择。经济学中将第二阶段即可变要素投入量在平均产品最大到边际产品为零或总产品最大的区间，称为可变要素的合理投入区域。至于企业如何在合理投入区域内选择可变要素的最佳投入点，我们将在后面结合成本因素加以分析。

第三节　长期生产函数

企业在短期内因固定要素投入和生产规模的限制，对生产的调整是通过增减可变要素的投入量来进行的，而在长期，所有生产要素均是可变要素，企业可调整任何生产要素的投入量从而影响和调整产量。长期生产函数反映的正是在长期内所有生产要素都可改变的情况下，生产要素投入量与产出之间的依存关系。我们仍然假

定生产某种产品仅使用劳动和资本两种要素，且两种要素均是可变的，则长期生产函数的表达形式与本章第一节中的（3.1.2）式相同，即 $Q=f(L,K)$。

一、等产量曲线及其特征

等产量曲线（Isoquant）指的是在一定技术条件下，生产等量商品的两种生产要素投入量各种可能组合点的轨迹。它表示某一既定数量的产出可以用两种生产要素的多种组合生产出来，如图 3-2 所示。

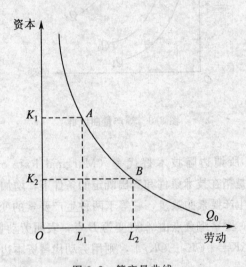

图 3-2 等产量曲线

在图 3-2 中，横轴 OL 表示劳动的投入量，纵轴 OK 表示资本的投入量，Q_0 即表示等产量曲线。曲线上任何一点均表示能够生产出既定产出 Q_0 的劳动与资本投入量的一种组合。例如 A 点的要素组合为 OL_1 单位的劳动，OK_1 单位的资本；B 点的要素组合为 OL_2 单位的劳动，OK_2 单位的资本。A、B 组合所生产的产量均为 Q_0。

一般而言，等产量曲线具有与无差异曲线类似的基本特征：

● 在同一要素平面上，可以有无数条等产量曲线，同一条等产量曲线代表的产量水平相同，不同的等产量曲线代表不同的产量水平，离原点越远的等产量曲线代表的产量水平越高，反之则产量水平越低。同一要素平面上的无数条等产量曲线构成等产量曲线群（Isoquant Map），如图 3-3 所示。

● 等产量曲线是一条从左上方向右下方倾斜的曲线，其斜率一般为负值。这是因为，在同一条等产量曲线上，要增加一种要素的投入量，就必须减少另一种要素的投入量，否则就不能维持既定产量。两种要素之间的这种替代关系可用边际技

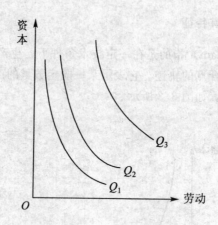

图 3-3　等产量曲线群

术替代率反映出来。所谓边际技术替代率（Marginal Rate of Technical Substitution，简称 MRTS），是指在技术条件和产出既定的条件下，增加一单位某种生产要素就必须减少的另一种生产要素的数量，它等于两种生产要素的变动量之比。如图 3-2 所示的等产量曲线上，要素组合点由 A 点变为 B 点，表明劳动量增加了 $\Delta L = OL_2 - OL_1$，资本量减少了 $\Delta K = |OK_2 - OK_1|$，则用劳动代替资本边际技术替代率记为：

$$\text{MRTS}_{LK} = \frac{\Delta K}{\Delta L} \tag{3.3.1}$$

如果要素投入量可无限细分，当 $\Delta L \to 0$ 时，则有

$$\text{MRTS}_{LK} = \lim_{\Delta L \to 0} \frac{\Delta K}{\Delta L} = \frac{\mathrm{d}K}{\mathrm{d}L} \tag{3.3.2}$$

边际技术替代率实际上就是等产量曲线的斜率，由于两种要素变动方向相反，其变动量的符号必定相反，故边际技术替代率即等产量曲线的斜率为负值。因而，等产量曲线是从左上方向右下方倾斜的。

等产量曲线的斜率为负值是一个非常重要的特点，它决定了企业合理的生产界限。我们可借助"脊线"概念来加以说明（见图 3-4）。

在图 3-4 中，Q_1、Q_2、Q_3 为三条不同的等产量曲线，在 Q_1 上 AD 以外的部分、Q_2 上 BE 以外的部分及 Q_3 上 CF 以外的部分，其斜率均为正值，表明劳动和资本不存在替代关系，增加一种要素必须同时增加另一种要素才能维持既定产量，其要素配合比例是无效率的。由原点 O 与 A、B、C 各点连接而成的曲线 OR_1 和由原点 O 与 D、E、F 各点连接而成的曲线 OR_2 即为脊线（Ridge Lines）。脊线有助

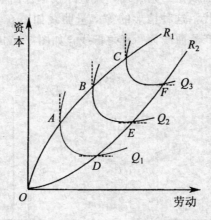

图 3-4　脊线与生产的经济区域

于说明两种生产要素有效替代和组合的范围，即脊线之外两种要素不能有效替代和组合，任何理性的企业都会在两条脊线之间的范围即等产量曲线斜率为负的区域选择生产要素的组合，故这一区域被称为生产的经济区域（Economic Region of Production）。

● 同一要素平面上，任意两条等产量曲线都不能相交，否则交点处两条等产量曲线代表的产量水平相同，与等产量曲线的第一个特征相悖。

● 等产量曲线是一条凸向原点的曲线。这是因为边际技术替代率具有一个非常重要的变化趋势，即边际技术替代率的绝对值具有递减的趋势，这被称为边际技术替代率递减规律（Law of Diminishing Marginal Rate of Technical Substitution）。根据等产量曲线的含义，增加一种要素投入所增加的产量必须等于减少另一种要素投入所减少的产量，故有

$$\Delta L \cdot MP_L = \Delta K \cdot MP_K \qquad (3.3.3)$$

（3.3.3）式中：ΔL、ΔK 分别表示劳动和资本的变动量；MP_L、MP_K 分别表示劳动的边际产品和资本的边际产品。将该式转化可得

$$MRTS_{LK} = \frac{\Delta K}{\Delta L} = \frac{MP_L}{MP_K} \qquad (3.3.4)$$

（3.3.4）式表明在维持产量既定不变的情况下，用一种生产要素替代另一种生产要素的边际技术替代率就等于该两种要素的边际产品之比。

根据边际报酬递减规律，随着劳动投入量的增加，其边际产品 MP_L 最终是递减的，而随着资本投入量的减少，其边际产品 MP_K 是递增的。故 $MRTS_{LK}$，即等产量曲线的斜率具有递减的趋势。因此，等产量曲线通常是凸向原点的。

　　当然，现实生活中，等产量曲线也可能有某些极为特殊的情形。一是两种要素可以完全替代的等产量曲线是一条直线，其边际技术替代率为常数，如石油和煤在很多场合接近于完全替代，这种情形的等产量曲线如图 3-5(a)所示。二是两种要素完全互补情况下的等产量曲线为一直角折线，如图 3-5(b)所示。

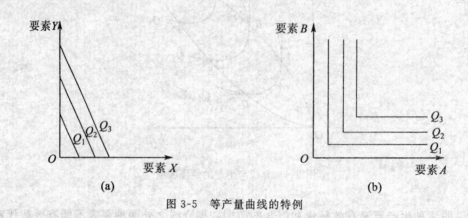

图 3-5　等产量曲线的特例

二、规模报酬问题

　　在长时期内，所有生产要素都可以改变，从而企业的生产规模可以调整；而生产规模的调整势必引起产量的变动，因而长期生产函数实际上反映的是一种规模经济（Economies of Scale）问题。生产规模的变动情形有两种：（1）所有生产要素按不同比例变动；（2）各种生产要素按相同比例变动。这里所指的生产规模变动是针对第二种情形而言的。

　　（一）规模报酬变动的三种类型

　　规模报酬（Returns of Scale）是一个纯技术性的概念，反映的是在一定技术条件下，所有生产要素同时同比例变动，从而生产规模变动时所产生的产量变动情况。一般而言，规模报酬变动有三种可能性或基本类型：（1）规模报酬递增（Increasing Returns of Scale），即在生产规模扩大中，产量增加的比例大于生产要素增加的比例，从而产量增加的幅度大于规模扩大的幅度。（2）规模报酬不变（Constant Returns of Scale），即在生产规模扩大中，产量增加的比例等于生产要素增加的比例，从而产量的增加幅度等于规模扩大的幅度。（3）规模报酬递减（Diminishing Returns of Scale），即当生产规模扩大时，产量增加的比例小于生产要素增加的比例，从而产量的增加幅度小于规模扩大的幅度。

　　表示规模报酬变动的方法很多。一种方法是借助如图 3-6 所示的总产量曲线来表示。图中横轴均表示劳动和资本两种要素同时同比例变动时投入量组合，意味着生产规模的变动；纵轴表示与各种生产要素组合代表的不同生产规模相对应的总产量。图 3-6 (a)、(b)、(c) 所示的总产量曲线 TP_a、TP_b、TP_c 分别表示规模报酬递增、规模报酬不变和规模报酬递减的各种情形。

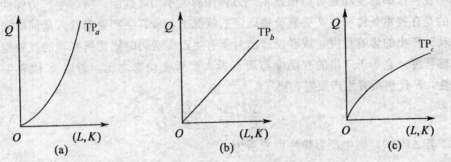

图 3-6 总产量曲线所表示的规模报酬变动

规模报酬变动的三种类型也可借助等产量曲线这一分析工具更直观地加以表示。在图 3-7 的三个图形中，横轴 OL 均表示劳动的投入量；纵轴 OK 均表示资本的投入量；OE 线表示劳动和资本同时同比例变动的规模线；各图中 Q_1、Q_2、Q_3 表示由三条不同等产量曲线组成的等产量曲线群。

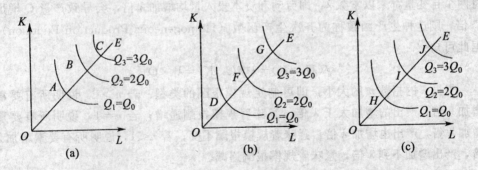

图 3-7 等产量曲线群所表示的规模报酬变动

在图 3-7 (a) 中，表示规模报酬递增的情况。在规模线上，$OA > AB > BC$，等产量曲线之间的距离越来越小。这说明产量由 Q_0 增加到 $2Q_0$，即增加 1 倍时规模扩大不到 1 倍；产量由 $2Q_0$ 增加到 $3Q_0$，即增加 0.5 倍时，规模扩大幅度更小。这意味着产量增加的幅度越来越大于规模扩大的幅度，即规模报酬递增。

在图 3-7 (b) 中表示规模报酬不变的情形。在规模线上，$OD = DF = FG$，等产量曲线等距离向右方平移，说明产量增加的幅度始终等于规模扩大的幅度，即规模报酬不变。

图 3-7 (c) 表示规模报酬递减的情形。在规模线上，$OH<HI<IJ$，等产量曲线之间的距离越来越大，说明产量的增加幅度越小于规模扩大的幅度，即规模报酬递减。

规模报酬的变动还可以根据生产力弹性的大小加以判断。所谓生产力弹性，表示的是在技术条件和生产要素价格既定的情况下，所有生产要素投入量同时同比例变动对产出的影响程度，或者说产出对所有生产要素同时同比例变动的反映程度或敏感程度，它等于产出的变动率与所有投入要素变动率之比。若以 E 代表生产力弹性，F 代表所有生产要素，则

$$E=\frac{\Delta Q}{Q}\bigg/\frac{\Delta F}{F}=\frac{\Delta Q}{\Delta F}\cdot\frac{F}{Q}\qquad(3.3.5)$$

若 $\Delta F\rightarrow 0$，则生产力弹性可表示为：

$$E=\lim_{\Delta F\rightarrow 0}\frac{\Delta Q}{\Delta F}\cdot\frac{F}{Q}=\frac{\mathrm{d}Q}{\mathrm{d}F}\cdot\frac{F}{Q}\qquad(3.3.6)$$

显然，若 $E>1$，表明产量的增长率要大于生产要素投入量的增长率，因而规模报酬递增；若 $E=1$，表明产量的增长幅度等于生产要素投入量增加的幅度，即规模报酬不变；若 $E<1$，表明产量的增加幅度小于生产要素增加的幅度，意味着规模报酬递减。

另外，规模报酬变动的类型还可用齐次生产函数来判定。如果 $Q=f(L,K)$ 中，将两个自变量都乘以常数 λ，即劳动和资本投入量均增加 λ 倍，会导致产量 Q 增加 λ^n 倍，则这种生产函数称为齐次生产函数（Homogeneous Production Function）。据此可知：

$$f(\lambda L,\lambda K)=\lambda^n f(L,K)=\lambda^n\cdot Q$$

根据 λ 的指数 n 的大小，即可制定规模报酬的类型：若 $n>1$，说明所有要素增加 λ 倍，产出的增加大于 λ 倍，意味着规模报酬递增；若 $n=1$，说明所有要素增加 λ 倍，产出也增加 λ 倍，意味着规模报酬不变；若 $n<1$，说明所有要素增加 λ 倍，产出增加不到 λ 倍，意味着规模报酬递减。

（二）规模报酬变动的原因

导致规模报酬变动的因素是多种多样的，但一般将这些因素归结为两大方面：一是企业内部自身因素的影响；二是企业外部环境条件等方面因素的影响。

企业内部自身因素对规模报酬的影响可分为两种情形：内在经济和内在不经济。所谓内在经济（Internal Economies），是指单个企业在其生产规模扩大时由于企业自身内部的因素改进所导致的规模报酬的增加，这是因为在生产规模扩大过程中，企业可通过改进和完善自身内部因素来降低成本和提高效益。例如，企业在大规模生产中，可以使用更加先进的技术和机器设备；实行有利于技术水平和经济效率提高的专业化分工和协作；大规模生产有助于企业内部管理系统高度专门化，充

分发挥管理者的效率，还可通过改进管理手段和方法，提高管理水平和工作效率；大规模生产有利于对资源的综合开发和利用；可利用自身规模大的优势改进市场营销条件和提高筹资能力。但是，企业从改进自身内部因素获得内在经济效果不是没有限度的。如果企业生产规模过于庞大，则会由自身内部因素导致规模报酬的递减，这种情况被称为企业扩大生产规模的内在不经济（Internal Diseconomies）。例如，一个企业生产规模过大，企业内部协调与监管机制更加困难，管理者之间以及管理者与被管理者之间的信息传递受阻或被扭曲，决策者因无法获得真实的信息而难以正确决策，获得信息、作出决策、决策的实施及其效果的发挥等环节上均存在明显的"时滞"。可见，规模过大势必使管理过程复杂化、管理效率降低，而且规模过大可能导致组织不严密、资源浪费严重等。

企业外部环境因素对规模报酬变动的影响亦有两种情形：外在经济；外在不经济。所谓外在经济（External Economies），是指整个行业规模扩大时由于企业外部环境条件的改善给单个企业带来规模报酬的增加。例如，行业规模的扩大使投资的软、硬环境改善，单个企业可在基础设施、服务配套设施、人才培训、信息交流等诸多方面利益共享而促进其发展；行业规模扩大使行业内部出现更加紧密、更加精细的分工协作，有利于单个企业生产效率的提高。同样，行业规模过于庞大也会给单个企业的发展带来不利影响，使单个企业的规模报酬减少，这种情况称做外在不经济（External Diseconomies）。例如，行业规模过大会导致行业内部竞争加剧；各企业之间相互竞购原材料和劳动力，势必提高生产要素的价格，增加成本；为巩固和扩大市场占有率，各企业不仅竞相降价竞争，而且展开各种形式的非价格竞争，使成本进一步增大。行业规模过大还导致能源、交通紧张、环境污染严重等。这些外部不利因素势必会导致单个企业成本增加而报酬递减。

（三）企业的适度规模决策

对于特定行业的特定企业而言，规模报酬是递增、不变抑或递减，是一个要视具体情况而定的经验性问题，因而企业的适度规模问题很难找到一个确定的解。但规模报酬变动的一般规律表明，在技术条件不变的情况下，随着企业生产规模的扩大，其规模报酬会依次经历递增、不变和递减三个阶段。内在经济和外在经济导致企业的规模报酬增加，而内在不经济和外在不经济引起企业的规模报酬减少。因此，任何一个行业或企业规模过小或过大都是不利的，企业的决策者应根据自身生产的特点以及行业的变动情况来确定一个尽可能适度的生产规模。确定适度规模的总的原则应是：生产规模的扩大应尽可能地使规模报酬递增至最大，并确保规模报酬不变阶段能延续一个较长的时期，应竭力延缓规模报酬递减阶段的出现。从企业自身生产的特点而言，企业适度规模的确定应考虑其产量水平，可根据利润最大化原则确定一个最佳产量。在产量较小时，应大胆扩大生产规模，并通过企业自身因素的改进促使规模报酬递增；在产量达到既定的最佳水平后，扩大生产规模已经不能使生产效率提高，应在维持原有生产规模条件下实行集约化经营；当产量超过最佳产量水平时，规模报酬处于递减阶段，必须克服管理上的不利因素，尽量规避内在不经济的影响。从行业的特点而言，应根据资本和技术密集程度来考察和确定企业适度规模。对于资本密集型的重工业和化学工业企业、资本和技术密集型的高新技术企业，适度规模应较大；对于劳动密集型的轻纺工业企业，适度规模相应较小。

需要强调指出的是，虽然规模报酬与前述边际报酬都有递增、不变和递减三个阶段，但两者是有明显区别的：（1）适用时期不同，规模报酬问题适用于长期分析；边际报酬问题适用于短期分析。（2）条件不同，规模报酬分析考察的是所有生产要素同时同比例变动对产出的影响；边际报酬分析考察的是一些要素不变而另一些要素变动对产出的影响。（3）变动原因不同，规模报酬变动是由内在经济与不经济、外在经济与不经济引起的；边际报酬变动是因为固定要素投入量与可变要素投入量之间的配合比例变化而产生的。

第四节 生产要素的最佳组合

在短期生产函数分析中，一种可变要素的合理投入区域是指短期生产的第二阶段（详见本章第二节的有关内容），但可变要素的最佳投入点应如何确定呢？在长期生产函数分析中，两条脊线之间的区域即等产量曲线斜率为负的部分被称做生产的经济区域，但生产要素的最佳组合点又如何确定呢？这些问题正是本节所要考察和研究的内容。

一、一种可变要素最佳投入量的确定

一种可变要素最佳投入量的确定，实际上是要解决在其他要素固定不变的情况下，一种可变要素的最佳利用问题。企业的目标是谋求利润最大化，因而要素投入量的确定必须遵循利润最大化原则。为此，我们先介绍两个基本概念：边际收益产品和边际要素成本。

边际收益产品（Marginal Revenue Product，简称 MRP）是指企业每增加一单位可变要素投入所增加的总收益，它等于总收益的增量除以可变要素的增量。设劳动 L 的增量为 ΔL，总收益 TR 的增量为 ΔTR，则劳动 L 的边际收益产品记为：

$$\mathrm{MRP}_L = \frac{\Delta TR}{\Delta L} \tag{3.4.1}$$

若劳动量 L 可无限细分，则当 $\Delta L \to 0$ 时，则有

$$\mathrm{MRP}_L = \lim_{\Delta L \to 0} \frac{\Delta TR}{\Delta L} = \frac{d\,TR}{dL} \tag{3.4.2}$$

边际要素成本（Marginal Factor Cost，简称 MFC）是指企业每增加一单位可变要素投入所增加的总成本，它等于总成本的增量除以可变要素的增量。若以 TC 表示总成本，ΔTC 表示总成本的增量，则劳动 L 的边际要素成本记为：

$$\text{MFC}_L = \frac{\Delta \text{TC}}{\Delta L} \tag{3.4.3}$$

同样，当 $\Delta L \to 0$ 时，则有

$$\text{MFC}_L = \lim_{\Delta L} \frac{\Delta \text{TC}}{\Delta L} = \frac{d\,\text{TC}}{dL} \tag{3.4.4}$$

当 $\text{MRP}_L > \text{MFC}_L$ 时，说明劳动量缺乏，因为增加劳动的投入还可增加利润，因而此时企业未实现利润最大化；当 $\text{MRP}_L < \text{MFC}_L$ 时，说明劳动量过剩，因为减少劳动的投入反而可使利润增加，此时企业也未实现利润最大化。只有当 $\text{MRP}_L = \text{MFC}_L$ 时，企业利润才达到最大，因而此时的劳动投入量为最佳投入量。

要素投入的利润最大化原则可具体推导如下：利润是总收益与总成本的差额，设利润为 π，则有

$$\pi = \text{TR} - \text{TC} \tag{3.4.5}$$

为了求利润 π 最大时的劳动量 L，必须使 π 对 L 的一阶导数等于零，故有

$$\frac{d\pi}{dL} = \frac{d\,\text{TR}}{dL} - \frac{d\,\text{TC}}{dL} = 0$$

$$\frac{d\,\text{TR}}{dL} = \frac{d\,\text{TC}}{dL}$$

即

$$\text{MRP}_L = \text{MFC}_L \tag{3.4.6}$$

要素投入的利润最大化原则表明：当一种可变要素的边际收益产品等于其边际要素成本时，该可变要素的投入量达到最优。当可变要素的价格不变时，增加一单位可变要素所增加的成本即边际要素成本就等于该可变要素的价格。设劳动 L 的价格为 P_L，则确定劳动最佳投入量的原则可表示为 $P_L = \text{MRP}_L$。

二、等成本线

等成本线（Isocost）是指在生产要素价格不变的情况下，企业用既定的成本支出所能购买到的两种生产要素的投入量的最大可能组合点的轨迹。我们仍假定企业生产只使用两种生产要素：劳动 L 和资本 K，其价格分别用 P_L 和 P_K 表示，并假定企业用于购买两种要素的总的成本开支额是 C，则等成本线的方程为：

$$C = P_L \cdot L + P_K \cdot K \tag{3.4.7}$$

或

$$K = \frac{C}{P_K} - \frac{P_L}{P_K} \cdot L \tag{3.4.8}$$

可见，如果我们以横轴 OL 表示劳动投入量，以纵轴 OK 表示资本投入量，则等成本线是一条如图 3-8 所示的直线。其纵截距为 $\dfrac{C}{P_K}$，即既定开支全部用于购买资

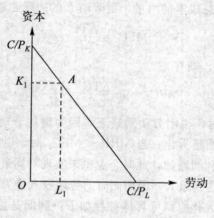

图 3-8　等成本线

本要素的数量；横截距为 $\dfrac{C}{P_L}$，表示既定开支全部用以购买劳动要素的数量；等成

本线的斜率为 $-\dfrac{P_L}{P_K}$，即两种要素价格之比的负值，它表示在生产者成本支出既定

时，增加一种要素的购买量，必须同时减少另一种要素的购买量，且须注意等成本线的斜率是用横轴上要素的价格作为分子，用纵轴上要素的价格作为分母。

　　在图 3-8 中，等成本线上的任何一点均表示企业的成本支出和要素价格既定条件下，两种生产要素购买量的一种组合。如 A 点代表的要素组合为 OL_1 单位的劳动，OK_1 单位的资本。等成本线右上方的任何一点所表示的要素组合，均表示在现有条件下无法实现；等成本线左下方的任何一点所表示的要素组合，在现有水平能够实现，但用于购买要素的资金仍有盈余。

　　在成本支出既定的情况下，若生产要素的价格发生变化，等成本线的斜率就要变化，从而等成本线会相应变动。如图 3-9（a）所示，假定仅 P_L 发生变化，P_L 上升，原有等成本线 MN 变动为 MN_1；P_L 下降，等成本线变动为 MN_2。若生产要素价格不变而企业成本支出发生变化，等成本线会左右平移。如图 3-9（b）所示，成本支出减少，原有等成本线 MN 向左平移至 M_1N_1；反之，右移至 M_2N_2。

三、生产要素的最佳组合

　　所谓生产要素的最佳组合（Optimum Factor Combination），是指企业在配置资源、从事生产的过程中，使其产量达到最大或成本达到最小时的生产要素的组合状态。一旦达到这种最佳组合，企业的资源配置方式就处于相对稳定的均衡状态，

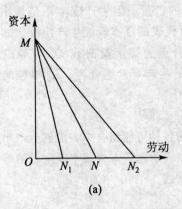
(a)

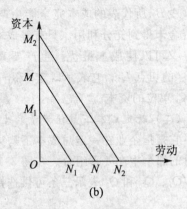
(b)

图 3-9　等成本线的变动

故生产要素的最佳组合状态又称生产者均衡（Producer's Equilibrium）。要达到生产者均衡状态，企业可以从两个方面进行要素组合的优化选择：（1）在一定产量水平下，使成本降低到最低限度；（2）在成本支出既定的情况下，实现产量最大化。

（一）既定产出下最小成本的生产要素组合

它是指企业为生产某一既定数量的产品的各种生产要素组合中，使总成本最低的那个组合。如图 3-10 所示，Q_0 代表一定产量水平的等产量曲线，A_1B_1、A_0B_0、A_2B_2 是三条可供企业选择的等成本线。

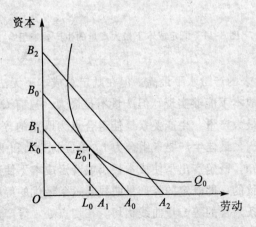

图 3-10　既定产出下最佳成本的生产要素组合

显然，等成本线 A_1B_1 代表的成本最低，但该成本下不能生产出 Q_0 单位的产量；A_2B_2 所代表的成本完全能生产出 Q_0 单位的产量，但生产成本不是最小，生产资金未得到充分利用。只有等成本线 A_0B_0 所代表的成本既能生产出既定的产出 Q_0，又可以使成本最优。生产要素的最佳组合点为等产量曲线 Q_0 与等成本线 A_0B_0 的切点 E_0，它表示既定产出下最佳成本的生产要素组合为：L_0 单位的劳动和 K_0 单位的资本。

（二）既定成本下最佳产量的生产要素组合

它是指企业在一定总成本下购买生产要素的各种可能组合中，能够生产出最大产量的那个生产要素组合。在图 3-11 中，A_0B_0 表示总成本为某个既定量的等成本线，Q_1、Q_0 和 Q_2 表示三条可供选择的等产量曲线。

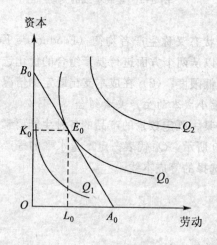

图 3-11　既定成本下最大产量的生产要素组合

显然，Q_2 所代表的产量水平最高，但在既定总成本下无法实现；Q_1 所代表的产量水平在既定总成本下能够实现，但产量不是最大。只有 Q_0 所代表的产量水平是既定总成本下的最大产量，生产要素最佳组合点为既定的等成本线 A_0B_0 与等产量曲线 Q_0 的切点 E_0，最佳生产要素组合为 L_0 单位的劳动和 K_0 单位的资本。

从以上分析可知，既定产出下使成本最小或既定成本下使产量最大的生产要素最佳组合条件是一致的：即既定的等产量曲线与一条最优的等成本线相切，或者既定的等成本线与一条最优的等产量曲线相切。在切点处，等产量曲线的斜率与等成本线的斜率相等，故两种情况下，生产要素最佳组合的条件可用公式表示为：

$$\frac{MP_L}{MP_K} = \frac{P_L}{P_K} \qquad\qquad (3.4.9)$$

或

$$\frac{MP_L}{P_L} = \frac{MP_K}{P_K} \qquad\qquad (3.4.10)$$

由此可见，要使生产要素的投入量达到最佳组合状态，投入的任何两种生产要素的边际产品之比必须等于该两种要素的价格之比。或者一种要素的边际产品与其价格之比必须等于另一种要素的边际产品与其价格之比。

如果将上述两种生产要素最佳组合的条件推广到一般，我们不难得出多种生产要素的最佳组合条件。设有 n 种生产要素 $X_1, X_2, X_3, \cdots, X_n$，其边际产品分别为 $MP_{X_1}, MP_{X_2}, MP_{X_3}, \cdots, MP_{X_n}$，其价格分别为 $P_{X_1}, P_{X_2}, P_{X_3}, \cdots, P_{X_n}$，则该 n 种生产要素最佳组合的条件可表示为：

$$\frac{MP_{X_1}}{P_{X_1}} = \frac{MP_{X_2}}{P_{X_2}} = \frac{MP_{X_3}}{P_{X_3}} = \cdots = \frac{MP_{X_n}}{P_{X_n}} \qquad (3.4.11)$$

由 (3.4.11) 式可知，不管企业在生产中使用多少种生产要素，要达到生产要素的最佳组合状态，所有生产要素的边际产品与其价格之比都应相等。这实际上意味着，如果将企业的成本支出用货币计量，企业的每一个单位的货币支出无论投入到哪一种生产要素上，它将获得的边际产品的值是相等的，且等于单位货币的成本带来的产量。

四、生产者均衡的变动

我们在分析生产要素最佳组合的条件时，假定企业的成本支出、生产要素的价格均是不变的。显然，如果生产要素的价格或者企业的生产资金发生变化，生产要素最佳组合状态就要发生变化，从而生产者均衡也要相应发生变动。

（一）要素价格变动对生产者均衡的影响

在企业的总成本固定不变的情况下，如果生产要素的价格发生变化，等成本线的位置就要发生变化，从而生产者均衡会相应变动。为简便起见，我们假定在两种要素劳动 L 和资本 K 中，仅劳动的价格 P_L 发生变化，而资本的价格 P_K 不变。如图 3-12 所示，劳动价格未发生变化时，等成本线 A_0B_0 与等产量曲线 Q_0 相切于 E_0，决定了生产要素的最佳组合为 L_0 单位的劳动和 K_0 单位的资本。

在企业总成本和资本的价格不变的情况下，劳动的价格 P_L 下降了，则等成本线由 A_0B_0 变动为 A_1B_0，A_1B_0 与另一条代表更高产量水平的等产量曲线 Q_1 相切于 E_1，决定新的生产要素最佳组合为 L_1 单位的劳动和 K_1 单位的资本。可见，由于劳动的价格 P_L 下降，导致生产者均衡点由 E_0 变为 E_1，产量由 Q_0 增加到 Q_1。

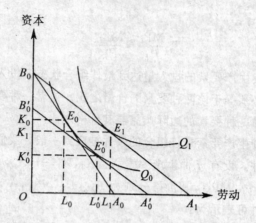

图 3-12　要素价格变动对生产者均衡的影响

P_L 的下降，使得劳动量由 L_0 增加到 L_1，并最终导致产量由 Q_0 增加到 Q_1，这一连串的变化被称为 P_L 下降的价格效应。

事实上，上述价格效应是替代效应和产量效应综合作用的结果。为了说明这一问题，我们作出一条与等成本线 A_1B_1 平行且与等产量曲线 Q_0 相切于 E_0' 的等成本线 $A_0'B_0'$。这样生产者均衡点由 E_0 变为 E_1 可以看做是两次变动：先由 E_0 变为 E_0'，再由 E_0' 变为 E_1。在第一次变动中，劳动量由 L_0 增加到 L_0'，资本量则从 K_0 减少到 K_0'，但均衡点 E_0 与 E_0' 均处于等产量曲线 Q_0 上，即产量未变。这表明由于劳动价格 P_L 的下降，劳动变得相对便宜了，企业增加了劳动的投入而减少了资本的投入，这种情况称为替代效应。显然，劳动投入量由 L_0 增加到 L_0' 与产量的增加是不相关的。当均衡点由 E_0' 变为 E_1 时，产量由 Q_0 增至 Q_1，相应地，劳动量由 L_0' 增加到 L_1。这是由于 P_L 的下降，降低了产品成本，导致总产量的扩大，从而又增加了价格下降的劳动量的投入，这种情况称做产量效应。可见，P_L 下降的价格效应包含着两种效应：即替代效应和产量效应。

（二）最优扩张线

如果生产要素价格不变，而企业的总成本变动，则等成本线会发生平移，从而生产要素最佳组合点就要发生变化，生产者均衡相应变动。如图 3-13 所示，最初的等成本线 A_0B_0 与等产量曲线 Q_0 相切于 E_0，决定生产要素最佳组合为 L_0 单位的劳动和 K_0 单位的资本。当企业总成本减少时，等成本线由 A_0B_0 左移至 A_1B_1，A_1B_1 与一条新的代表较低产量水平的等产量曲线 Q_1 相切于 E_1，决定新的生产要素最佳组合为 L_1 单位的劳动和 K_1 单位的资本。当企业总成本增加时，等成本线

由 A_0B_0 右移至 A_2B_2，A_2B_2 与一条代表较高产量水平的等产量曲线 Q_2 相切于 E_2，决定新的生产要素最佳组合为 L_2 单位的劳动和 K_2 单位的资本。可见，企业总成本每变化一次，生产要素最佳组合就要发生变化，生产者均衡点就要变动，连接原点 O 与诸均衡点 $E_1, E_0, E_2, \cdots$ 所形成的曲线 OS，称为生产的最优扩张线（Optimal Expansion Path）。最优扩张线上的任何一点都代表一种最优的生产要素组合，因而，最优扩张线表示的是企业各种资金约束下的最优生产要素组合点的轨迹。

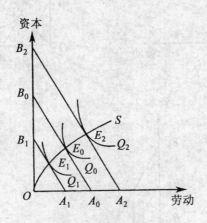

图 3-13　最优扩张线

　　不同行业和企业的生产具有不同的最优扩张线，同一个行业、企业在不同时期生产的最优扩张线的形状亦不相同。事实上，最优扩张线的形状代表了一个企业的生产技术性质。一般而言，可将生产技术分为三种类型：劳动密集型、资本密集型以及中立型。如果在某一生产技术条件下，随着生产规模的扩大，劳动的边际产品的增长率快于资本的边际产品的增长率，为提高产量，企业会相对多用劳动而少用资本，这种生产技术即为劳动密集型的。反之，如果在某一生产技术条件下，资本的边际产品的增长率快于劳动的边际产品的增长率，企业会相对多用资本而少用劳动，这种生产技术即为资本密集型。如果在某种生产技术条件下，劳动的边际产品的增长率等于资本的边际产品的增长率，劳动和资本的利用比例不变，则这种生产技术称为中立型。显然，若最优扩张线是一条自原点出发的不断向下弯曲的曲线，如图 3-14(a) 所示，则表明劳动量增加的比例要大于资本量增加的比例，该生产技术是劳动密集型的。如果最优扩张线是一条自原点出发的、向上弯曲的曲线，如图 3-14(b) 所示，则表明资本量增加量的比例大于劳动量增加的比例，该生产技术为资本密集型的。如果最优扩张线是一条自原点出发的射线，如图 3-14(c) 所示，则表明资本增加比例始终等于劳动增加比例，该生产技术为中立型。

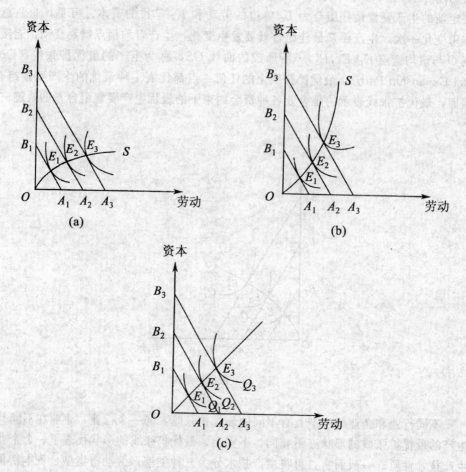

图 3-14　最优扩张线的形状与生产技术的性质

第五节　生产函数的基本类型

从理论上讲，国民经济中的任何一个行业、任何一个企业乃至作为企业构成部分的任何一个生产单位，都有其相应的投入和产出之间的物质数量关系，因而都应有各自的生产函数。各个行业、企业乃至各个极其微小的生产单位可通过许多种方法对其生产函数加以估计和测算，其中最常用的方法是利用统计分析来测定生产要素投入量的变动与产量变动之间的关系，总结出相应的生产函数形式。如根据生产要素投入量与产量的时间序列数据资料进行回归分析，或利用某一特定时间的截面数据资料进行回归分析等测算出生产函数，或者利用经济学家的理论分析和统计学家的实验数据直接建立生产函数等。本节拟在简要介绍生产函数各种类型的基础上，重点分析当代最有名的生产函数，即柯布-道格拉斯生产函数。

一、经验生产函数

前述短期生产函数分析告诉我们：在生产技术条件既定和其他生产要素投入量固定不变的情况下，一种可变要素的连续投入，其边际产品最终呈递减的趋势。通过长期生产函数分析，我们知道：在生产技术条件既定且所有生产要素均可变动的情况下，投入的规模报酬也将呈现先递增后递减的变动规律。如果我们假定生产要素仍仅有劳动 L 和资本 K 两大类，则根据上述物质生产规律，我们至少从理论上不难得出一种具有较大普遍性的三次方程形式的生产函数：

$$Q = a_0 + a_1 LK + a_2 L^2 K + a_3 LK^2 - a_4 L^3 K - a_5 LK^3 \qquad (3.5.1)$$

该形式的生产函数表明，随着劳动 L 和资本 K 投入量的增加，其规模报酬的变动将遵循先递增后递减的规律；同样，对资本或劳动任何一种投入要素而言，其边际产品也表现出起初递增而最终递减的变化规律。我们不妨以劳动的边际产品 MP_L 的变化规律简要加以说明：

$$\mathrm{MP}_L = \frac{\partial Q}{\partial L} = (a_1 K + a_3 K^2 - a_5 K^3) + 2a_2 KL - 3a_4 KL^2 \qquad (3.5.2)$$

（3.5.2）式表明，对于任意一个固定的资本 K_0（$K_0 \neq 0$）而言，随着劳动 L 投入量的增加，其边际产品 MP_L 起初增加，然后变为递减。

如果有一个较长期间内对某个企业的投入及产出情况，或在一定时间对某个行业的许多企业的投入和产出情况进行充分的观察、记录，在拥有大量数据、资料的基础上，就能用多重回归分析方法估计出式（3.5.1）所示函数中的各个参数 a_0、a_1、a_2、a_3、a_4、a_5 的值，从而生产函数就可以确定了。尽管上述三次方程形式的经验生产函数可能是生产函数最为合适的表达形式，但在实践中，要对上述三次方程进行较为准确估测的难度甚大。一方面，多重变量间关系复杂，计算量相当大；另一方面，即使利用现代化的计算机等手段使计算工作简化，但根据实践中分散的观察数据得出来的结果往往并不足以表明收益率先递增后递减的整个过程。同时，对于不同行业、不同时期的企业可以回归出不同的生产函数的系数，且其适用范围极为有限。因而，三次方程形式的经验生产函数在实践中并不常用。

二、线性生产函数

线性生产函数是一种最为简单的生产函数。如果假定总产量 Q 与投入要素劳动 L 和资本 K 呈线性关系，则该生产函数形式可表示为：

$$Q = a_0 + a_1 L + a_2 K \qquad (3.5.3)$$

这一生产函数的最大特征是各投入要素之间可充分替代，规模报酬不变。当参

数 $a_0=0$ 时，$Q=a_1L+a_2K$ 时，是一阶齐次式；当参数 $a_0\neq0$ 时，有 $Q'=Q-a_0=$ a_1L+a_2K，亦可转化为一阶齐次式。这意味着投入量增加多少倍，产出也相应增加多少倍，规模报酬率不变。对于任何一种要素而言，其边际产品为常量，即为函数中各要素投入量的系数，即

$$MP_L=\frac{\partial Q}{\partial L}=a_1 \qquad MP_K=\frac{\partial Q}{\partial K}=a_2$$

线性生产函数的最大优点是函数估计简便易行，参数 a_0、a_1、a_2 可以根据所考察的生产数据用简单的线性回归分析即可得到；同时，企业规模由小到大需要相当长的时间，在某一特定范围内，生产函数可能近似于线性，此时线性生产函数就不乏其实用性。但是，从长远看，一个完整的生产体系的全过程显然不会完全符合这种关系，实际生产中的生产函数往往是非线性的，因而线性生产函数的局限性是相当明显的。

三、柯布-道格拉斯生产函数

在生产函数分析中，广泛运用于理论分析和实证研究的生产函数形式首推幂生产函数。它最先由美国数学家查尔斯·W·柯布（C. W. Cobb）和保罗·H·道格拉斯（P. H. Douglas）于 1928 年共同研究出来，故又称柯布-道格拉斯生产函数（Cobb-Douglas Production Function）。柯布-道格拉斯生产函数的一般形式为：

$$Q=AL^\alpha K^\beta \tag{3.5.4}$$

式中：

　　Q——产量；

　　A——一定技术条件下的规模参数；

　　α、β——待定参数。

柯布和道格拉斯根据美国制造业在 1899～1922 年间雇佣劳动指数、固定资本指数和实际生产指数等历史统计资料测算出 A、α、β 的值分别为 1.01、0.75 和 0.25，由此得出该期间美国制造业的生产函数为：

$$Q=1.01L^{0.75}K^{0.25}$$

柯布-道格拉斯生产函数表明了各生产要素投入量之间的乘法关系，具有如下特点：

● 该生产函数的对数形式是线性函数，从而能够用简单的线性回归分析方法进行经验估计，确定函数值。如柯布-道格拉斯生产函数的等式两边取对数，则有

$$\ln Q=\ln A+\alpha\ln L+\beta\ln K \tag{3.5.5}$$

显然，我们不难用最小二乘法估计出 $\ln A$、α 和 β 的值，而参数值一旦确定，也就得出了具体的生产函数。

● 该函数是齐次函数，参数 α 与 β 之和即为该函数的阶数，从而可非常容易

地判断规模报酬变动的类型。若将柯布-道格拉斯生产函数中的劳动和资本投入量均扩大 λ 倍，则有

$$A(\lambda L)^{\alpha} \cdot (\lambda K)^{\beta} = \lambda^{\alpha+\beta} \cdot AL^{\alpha}K^{\beta} = \lambda^{\alpha+\beta}Q$$

根据 λ 的指数 α+β 的大小即可判断规模报酬的变动情况：当 α+β＞1 时，规模报酬递增；当 α+β＝1 时，规模报酬不变；当 α+β＜1 时，规模报酬递减。因而 1899～1922 年间美国制造业生产函数 $Q=1.01L^{0.75}K^{0.25}$，其规模报酬率是不变的。而且柯布和道格拉斯通过大量研究发现，α 的值一般在 0.70～0.75 之间，而 β 的值一般在 0.25～0.30 之间，在一般情况下 α 与 β 之和为 1，因而幂生产函数多为线性齐次生产函数，其规模收益率基本稳定。

● 该函数中，劳动 L 和资本 K 的产出弹性分别为各自的幂指数 α 和 β，因而确定了参数值 α 和 β，就能方便地预测出各种要素投入量的变化对产出的影响程度。所谓产出弹性，是指在技术条件、要素价格和其他要素投入量既定的情况下，一种生产要素投入量的变动对产出的影响程度，或产出对某种生产要素投入量变动的反应程度或敏感程度，它等于产出的变动率除以该生产要素的变动率。如 E_L 代表劳动 L 的产出弹性，则有

$$E_L = \frac{\Delta Q}{Q} \Big/ \frac{\Delta L}{L} = \frac{\Delta Q}{\Delta L} \Big/ \frac{Q}{L} = \mathrm{MP}_L / \mathrm{AP}_L \tag{3.5.6}$$

可见，劳动 L 的产出弹性 E_L 等于劳动这种要素的边际产品和平均产品之比。同理可知资本要素的产出弹性为：

$$E_K = \frac{\Delta Q}{Q} \Big/ \frac{\Delta K}{K} = \mathrm{MP}_K / \mathrm{AP}_K \tag{3.5.7}$$

对于柯布-道格拉斯生产函数而言，劳动的产出弹性为：

$$E_L = \frac{\Delta Q}{Q} \Big/ \frac{\Delta L}{L} = \frac{\Delta Q}{\Delta L} \cdot \frac{L}{Q} = \frac{\partial Q}{\partial L} \cdot \frac{L}{Q} = A\alpha L^{\alpha-1}K^{\beta} \cdot \frac{L}{AL^{\alpha}K^{\beta}} = \alpha \tag{3.5.8}$$

同理可知，$E_K = \beta$。可见，柯布-道格拉斯生产函数中，只要能确定 α 和 β 的值，就可知道劳动和资本的产出弹性。不仅如此，我们还可以据此得出投入要素 L 和 K 的边际产品 MP_L 和 MP_K 分别与其平均产品 AP_L 和 AP_K 的关系：即 MP_L、MP_K 分别是 AP_L 和 AP_K 的 α 倍和 β 倍。这是因为，$E_L = \mathrm{MP}_L / \mathrm{AP}_L = \alpha$，所以，$\mathrm{MP}_L = \alpha \mathrm{AP}_L$；同理可知 $\mathrm{MP}_K = \beta \cdot \mathrm{AP}_K$。

● 从柯布-道格拉斯生产函数中可较容易地计算出两种要素间的边际技术替代率，即

$$\mathrm{MRTS}_{LK} = \mathrm{MP}_L / \mathrm{MP}_K = \frac{A\alpha L^{\alpha-1}K^{\beta}}{A\beta L^{\alpha}K^{\beta-1}} = \frac{\alpha}{\beta} \cdot \frac{K}{L} \tag{3.5.9}$$

同理

$$\mathrm{MRTS}_{KL} = \frac{\beta}{\alpha} \cdot \frac{L}{K}$$

● 柯布-道格拉斯生产函数 $Q = AL^{\alpha}K^{\beta}$ 还用于测定技术进步在产出增长中的

作用，从而有利于衡量某个企业、行业乃至整个社会经济增长的集约化程度。如果在某一时期内，某企业的全部产出增加了 ΔQ，并假定 ΔQ 是由劳动 L 和资本 K 两种要素投入量增加以及技术进步所导致的。设 ΔQ_L、ΔQ_K 和 ΔQ_T 分别表示劳动量增加 ΔL、资本量增加 ΔK 和技术进步所产生的产出的增加量，显然：

$$\Delta Q = \Delta Q_L + \Delta Q_K + \Delta Q_T$$

$$= \mathrm{MP}_L \cdot \Delta L + \mathrm{MP}_K \cdot \Delta K + \Delta Q_T \tag{3.5.10}$$

将等式两边除以 Q，并作适当变换，得

$$\frac{\Delta Q}{Q} = \frac{\mathrm{MP}_L \cdot L}{Q} \cdot \frac{\Delta L}{L} + \frac{\mathrm{MP}_K \cdot K}{Q} \cdot \frac{\Delta K}{K} + \frac{\Delta Q_T}{Q}$$

$$= \frac{A\alpha L^{\alpha-1} \cdot K^{\beta} \cdot L}{AL^{\alpha}K^{\beta}} \cdot \frac{\Delta L}{L} + \frac{A\beta L^{\alpha} \cdot K^{\beta-1} \cdot K}{AL^{\alpha}K^{\beta}} \cdot \frac{\Delta K}{K} + \frac{\Delta Q_T}{Q}$$

$$= \alpha \cdot \frac{\Delta L}{L} + \beta \cdot \frac{\Delta K}{K} + \frac{\Delta Q_T}{Q} \tag{3.5.11}$$

（3.5.11）式中，$\frac{\Delta Q}{Q}$ 为全部产出的增长率；$\frac{\Delta L}{L}$ 为劳动量增长率，$\alpha \frac{\Delta L}{L}$ 则为劳动量增加所引起的产量增长率；$\frac{\Delta K}{K}$ 为资本量增长率，$\beta \frac{\Delta K}{K}$ 为资本量增加所引起的产量增长率；$\frac{\Delta Q_T}{Q}$ 则为技术进步所引起的产量增长率。据此，我们可以判别该企业产出增长的方式：如果产出增长率中，$\alpha \frac{\Delta L}{L}$ 和 $\beta \frac{\Delta K}{K}$ 的值大于 $\frac{\Delta Q_T}{Q}$，说明产出的增长主要依靠投入的增加，属于粗放型增长方式；如果 $\frac{\Delta Q_T}{Q}$ 大于 $\alpha \frac{\Delta L}{L} + \beta \frac{\Delta K}{K}$，说明产出的增长主要是由技术进步引起的，属于集约型增长方式。对于某一行业乃至某个社会经济增长而言，只要得出其幂生产函数形式，也可以按上述方法判别和衡量其经济增长方式的类型。

综上所述，柯布-道格拉斯生产函数简单明了地表示了各种生产要素投入量之间的乘法关系，利用它进行生产函数的经验分析和检测十分便捷；而且柯布-道格拉斯生产函数可广泛应用于社会生产的各个企业、部门乃至整个社会经济，所得结论与经济生活的实际也较为吻合，因而该函数具有广泛的适用性。

复习思考题

1. 解释下列名词

生产　　投入　　产出　　企业家才能　　生产函数　　技术系数　　短期生产函数　　总产品　　平均产品　　边际产品　　边际报酬递减规律　　长期生产函数　　等产量曲线　　边际技术替代率　　生产的经济区域　　边际技术替代率

递减规律　　规模报酬　　生产力弹性　　齐次生产函数　　内在经济　　内在不经济　　边际收益产品　　边际要素成本　　等成本线　　生产要素最佳组合　最优扩张线　　经验生产函数　　线性生产函数　　柯布-道格拉斯生产函数　产出弹性

2. 结合教材中的图示说明总产品、平均产品和边际产品之间的关系。

3. 如何理解边际报酬递减规律？试用该规律简要说明我国企业剩余劳动力转移的必要性。

4. 短期生产可分为哪几个阶段？如何确定一种可变要素投入的合理区域和最佳投入点？

5. 试比较分析等产量曲线与无差异曲线的基本特征？

6. 规模报酬变动有哪几个阶段？规模报酬变动的主要原因有哪些？企业应如何确定其适度生产规模？

7. 什么是生产要素最佳组合？实现生产要素最佳组合的条件是什么？

8. 如果企业只用劳动 L 和资本 K 两种要素从事生产，并且假定企业的总成本和资本 K 的价格 P_K 是既定的，试结合教材中的图示说明劳动价格 P_L 下降的及上升时的价格效应，并区分出相应的替代效应和产量效应的大小。

9. 什么是企业生产的最优扩张线？如何根据最优扩张线的形状判断企业生产的技术性质？

10. 简述柯布-道格拉斯生产函数的主要特点。

11. 判断正误并说明理由：

(1) 所谓短期和长期均是针对生产要素投入量能否改变而言的，短期内生产要素投入量不能改变，而长期内生产要素投入量均可变动。

(2) 在生产过程中，如果一种要素的边际产品上升，则其平均产品一定是上升的；如果平均产品是下降的，则边际产品也一定是下降的。

(3) 企业要在既定产量下实现成本最低或在既定成本下达到产量最大，必须使所有投入要素的边际产品相等。

(4) 如果生产某种产品需用 A 和 B 两种要素，且 A、B 两种要素的价格是相等的，则产出既定时成本最优的要素投入组合将决定于等产量曲线斜率为 -1 之点。

(5) 如果生产要素 A 的边际产品 MP_a 与 A 的投入量之积始终等于生产要素 B 的边际产品 MP_b 与 B 的投入量之积，且 A 的价格为 B 的价格的 3 倍，则理性的企业会使其 B 要素的投入量 3 倍于 A 要素的投入量。

(6) 处于规模报酬递增阶段的企业不可能面临边际报酬递减的现象。

12. 如果某企业的短期生产函数为：$Q = 240L + 24L^2 - L^3$，Q 表示产量，L 表示劳动投入量，求：

（1）当劳动的边际产品最大时，需要投入多少单位的劳动？

（2）在短期生产的三个阶段，劳动的取值范围各为多少？

（3）总产品、平均产品和边际产品的极大值各为多少？

13. 假定某企业的生产函数为 $Q=4L^{0.5}K^{0.5}$，如果 $P_L=1$，$P_K=4$，问：

（1）产量 $Q=10$ 时生产要素最佳组合情况如何？企业的最低成本支出为多少？

（2）当总成本$=100$ 时，企业均衡时的产量 Q、劳动投入量 L 和资本投入量 K 各为多少？

14. 设某企业的生产函数为 $Q_X=100L^{0.5}K^{0.5}$，资本投入量 $K=16$，产品 X 的价格 $P_X=600$，当劳动价格 $P_L=3\,000$，试确定劳动的最佳投入量？若劳动的价格上涨 $1/3$，则劳动的最佳投入量又应确定为多少？

15. 假定某企业期初的生产函数为 $Q=2L^{0.75}K^{0.25}$。在某一期间内，该企业劳动投入量增加了 10%，资本投入量增加了 8%，到期末时产量增加了 30%，问：

（1）该期间内该企业劳动投入量增加、资本投入量增加和技术进步所引起的产量增长率各是多少？

（2）在此期间内，技术进步在全部产量增长中所起的作用是多少？

第四章　成本理论与成本函数分析

本章学习目的

在学完本章以后，你应该掌握以下内容：
1. 各种成本的概念与成本函数；
2. 短期成本函数与长期成本函数；
3. 企业的成本、收益与利润最大化原则。

上一章生产函数分析重点研究了企业生产过程中生产要素的投入和产出之间的物质技术关系。然而，企业的目标是追求利润最大化而不是追求产出最大化，因此，仅仅研究生产的实物形态尚不足以彻底揭示决定市场供给的生产者行为。事实上，任何以利润最大化为目标的企业往往更为关注的是各项经营决策活动的成本与收益，而成本函数分析正是从价值形态上考察企业的生产成本及其结构，分析和研究生产成本与产出之间的依存关系，从而从另一个侧面更进一步地揭示供给曲线背后的生产者行为。正因为如此，成本函数分析在企业经营决策乃至整个管理经济学中占有十分突出的地位。本章拟从介绍各种相关的成本概念和分析成本函数的基本性质着手，重点探讨和研究企业的短期成本函数、长期成本函数及其变化规律，并在成本与收益分析的基础上，对利润最大化问题进行探讨。

第一节　成本的基本概念与成本函数

一、成本的基本概念

正确认识和理解成本概念是进行成本函数分析的前提和基础，而现实经济生活中关于成本的概念及其解释是多种多样的。为了准确把握经济学意义上成本的含义，我们有必要对下列几组成本概念作综合比较分析。

（一）会计成本和机会成本

会计成本（Accounting Cost）是在财务分析中使用的一种成本概念，是指企业在生产活动中按市场价格直接支付的一切生产费用，即企业在经营时实际耗费的货币支出，如工资支出、原材料和燃料费用、折旧费以及广告支出等。然而经济分析中使用的成本概念有着更为广泛的含义，它不仅仅包括企业在生产过程中实际发生的货币支出，而且包括在会计项目中作为盈利计入的利息、租金和正常利润。这是因为，包括所有生产要素在内的生产性资源不仅具有稀缺性，而且其用途一般具有多样性，一定数量的某种生产要素在被用于某一特定用途之后，便不可能再被用于其他用途，而每一种可供选择的用途对要素投入而言即代表着一种获利的机会。因此，经济成本是指对生产要素的用途进行选择的机会成本（Opportunity Cost），即是指生产者将其一定数量的某种资源组合用于某一特定用途之后，他所放弃的其他用途中预期可以产生的最高收益。例如，假定某企业拥有一定数量的资本、土地等稀缺资源，这些资源可用于甲、乙、丙三种产品的生产，预期资源全部用于甲种商品生产可获 20 万美元的收益，用于乙、丙两种产品生产分别可获得 18 万美元和15 万美元的收益。如果全部资源被选择用于甲种产品的生产，则其机会成本为放弃乙、丙两种产品的选择中预期可产生的最高收益，即 18 万美元。由此可见，机会成本是建立在资源和时间有多种选择基础上的，在一定时期范围内，当企业将其资源用于某种最佳用途时，则应将其余诸多用途中的次佳用途可能获得的收益记为机会成本，又称选择成本（Alternative Cost）。

机会成本这一概念的提出及其对经济成本的定义被认为是经济学理论对人类知识宝库的杰出贡献之一，它告诉我们：企业在对其资源配置和使用方式进行选择时，不能只考虑当前所获收益的大小，而且必须考虑作此选择时将会损失的收益的大小。土地、资本和企业家才能和劳动一样，都是生产过程中所需要的生产要素，它们的用途多种多样，选择其一必须同时放弃其他用途，且它们都为生产作出了贡献，都应得到相应的报酬，这些报酬也应视为成本。总之，企业的经营管理决策是以资源利用的多种选择为基础的，企业只有将其资源投入到最有利的用途上，才能获得最大利润，因此，企业的决策者必须对所作选择的机会成本给予高度重视。如果要素使用的机会成本太大，甚至超过特定用途所能产生的收益，企业就应主动调整资源的配置，使多种生产要素用于最佳用途，从而使其资源得到最优化配置。

（二）私人成本与社会成本

私人成本（Private Cost）是指企业自身为某项生产而应支付给要素所有者的一切费用。它可分为两种类型：（1）显性成本（Explicit Cost），指在形式上必须由企业按契约合同支付给其他生产要素所有者作为使用他人要素的报酬的费用。如支付给工人和管理人员的工资和薪金、支付给水电公司和原料公司的水电费和材料费，支付给贷款银行的利息、支付给广告公司的广告费等。可见，显性成本是经过市场交易所产生的使用他人要素的成本。事实上，显性成本就相当于会计成本。（2）隐性成本（Implicit Cost），指企业因使用自己提供的那部分生产要素而本应该支付的作为自身要素报酬的费用。如企业自有固定资产的折旧费、投入自身资金应获得的利息以及自身提供劳务应获得的报酬等。可见，隐性成本是不通过市场交易而直接使用企业自身要素所产生的成本。这些费用在形式上虽然没有契约规定一定要支付，但实际上是应该支付的。在企业的成本核算中，由于隐性成本一般不单独立入账户，往往容易被忽略，有时可能出现账盈而实亏的现象，误导决策，故企业在考察自身成本时，一定要将显性成本和隐性成本都涵盖进去。

社会成本（Social Cost）是指整个社会为某种资源配置和使用所支付的成本。在现实经济生活中，私人企业的经济活动往往可能导致社会成本的增加。如某重化工业企业在生产过程中会排放出大量的废渣、废水和废气等，对该企业自身而言，排放"三废"的成本仅仅是将它们从企业输送到废渣场、河流和大气中所发生的费用；而对于社会而言，单个企业"三废"的排放引致周围的生态环境、水源、空气等严重污染，为此，社会不得不支付相应的费用加以治理，这笔费用就构成为社会成本。当然，私人企业的经济活动也可能使全社会从中获益。典型的例子如养蜂厂与果园之间的关系，私人养蜂采蜜，有利于花粉的传播，有助于果园的水果产量增加；而果园的树木开花，又可为蜜蜂提供充足的花粉，促进蜂蜜产量的提高。由于私人成本与社会成本往往不一致，特别是在私人企业的经济活动导致社会成本的额外增加时，政府会采取某些公共政策加以补救，私人企业可能因此被要求支付除私人成本以外的相应费用。因此，任何企业在对其资源使用作出重大决策时，不能仅仅考虑其私人成本的大小，还要考虑由此引起的社会成本的大小。

（三）固定成本和可变成本

固定成本（Fixed Cost）是指在一定产量范围内，不随产量变动而变动的成本，是企业在短期内不能随意调整的固定生产要素投入的费用，如固定资产的折旧费，厂房及设备的租金，各种维修费、保险费等。

可变成本（Variable Cost）是指在一定产量范围内，随着产量的变动而变动的成本，是企业在短期内即可随意调整的可变生产要素投入的费用，如燃料费、原材料费、工资等。

值得指出的是，只有在短期内，企业的生产成本才有固定成本和可变成本之分，即在短期内，企业总成本等于固定成本和可变成本之和。但是，从长期看，由于企业的全部生产要素投入都是可变的，因而不存在固定成本，即在长期内企业的所有成本均表现为可变成本。

二、成本函数

（一）成本方程

企业为获得一定数量的产出，必须投入生产所需的各种生产要素，企业购买生产要素的支出就是成本。显然，成本的大小取决于各种生产要素的投入量及其单位价格，即将企业在生产中所使用的各种生产要素的数量分别乘以其价格，然后加总求和便可计算出总成本，记为：

$$C = \sum_{i=1}^{n} x_i P_{x_i} \qquad (i=1,2,\cdots,n) \tag{4.1.1}$$

或　　　　　　$C = f(x_1, x_2, \cdots, x_i)(i=1,2,\cdots,n) \tag{4.1.2}$

式中：

　　C——生产总成本；

　　x_i——企业在生产中投入的第 i 种生产要素的数量；

　　P_{x_i}——第 i 种生产要素的价格；

　　n——所使用的生产要素的种类。

（4.1.1）式或（4.1.2）式即为成本方程，它表示在生产要素价格既定的情况下，生产要素投入量与生产成本之间的关系，它是由成本的定义所引出的一个恒等关系式。

如果我们假定生产中仅使用两种生产要素即劳动 L 和资本 K，其价格分别为 P_L 和 P_K，则成本方程可记为：

$$C = P_L \cdot L + P_K \cdot K \tag{4.1.3}$$

或　　　　　　$C = f(L, K)$

显然，（4.1.3）式就是我们前面已分析过的等成本线的方程。

（二）成本函数

在成本理论中，我们重点要考察的是成本函数，它是不同于成本方程的一个极为重要的概念。企业的生产成本受诸多因素的影响，主要有生产技术条件、生产要素的价格和管理水平等。假定这些因素在一定时期内保持不变，则生产成本取决于企业的产量水平，随产量水平的变化而变化。所谓成本函数（Cost Function），就是指在生产技术条件和生产要素价格既定的情况下，成本与产量之间的依存关系。如果以 C 表示成本，Q 表示产量，则成本函数可表示为：

$$C = F(Q) \tag{4.1.4}$$

（4.1.4）式说明，成本是产出的函数。而在生产函数分析中，产出是各种生产要素投入量的函数，即 $Q = f(L, K)$ 代入（4.1.4）式得

$$C = F(f(L, K)) \tag{4.1.5}$$

（4.1.5）式表明，在生产技术条件和生产要素价格既定的情况下，成本函数是生产函数的反函数。

由此可见，同一成本可以有两种不同的表示方法：一种表示为生产要素投入量的函数，即 $C = f(L, K)$，称为成本方程；另一种被表示为产量的函数，即 $C = F(Q)$，称为成本函数。本章所要探讨的是成本函数及其变化规律。由于成本函数是生产函数的反函数，所以，在以后的分析中，为了更好地理解成本函数的性质

及变化规律，我们不妨把成本函数与生产函数两者结合起来分析。同时，由于时间的长短不同，生产呈现出不同的变化特征，生产函数有短期生产函数和长期生产函数之分；相应地，成本函数亦可以分为短期成本函数和长期成本函数两种形式。

第二节　短期成本函数

短期成本函数（Short-run Cost Function）表示的是在生产技术条件和一部分生产要素投入量不变的情况下，另一部分生产要素投入量改变时成本与产量之间的依存关系。值得指出的是，无论是在短期还是长期，考察成本函数的变动规律时均需将成本分为总成本、平均成本和边际成本。

总成本（Total Cost，简称 TC）是指生产一定量的产品所耗费的全部成本。

平均成本（Average Cost，简称 AC）是指平均每单位产品所消耗的成本。

边际成本（Marginal Cost，简称 MC）是指每增加一单位产品的生产所增加的总成本。如果以 Q 表示产量，ΔQ 表示产量的增量，ΔTC 表示总成本的增量，则 TC、AC 和 MC 的关系可表示如下：

$$TC = AC \cdot Q$$
$$AC = \frac{TC}{Q}$$
$$MC = \frac{\Delta TC}{\Delta Q}$$

$$(4.2.1)$$

一、短期总成本

短期总成本（Short-run Total Cost，简称 STC）是指企业在短期内生产一定量的产品所需耗费的成本总额。由于在短期内，一部分生产要素的投入量是固定的，另一部分生产要素投入量是可变的，因此，短期总成本由总固定成本和总可变成本两部分构成。

（一）总固定成本

总固定成本（Total Fixed Cost，简称 TFC）是指短期内固定要素投入所花费的成本支出，表示在一定产量范围内不随产量变动而变动的成本总和。总固定成本又可细分为两类：一类是酌量性固定成本（Discretionery Fixed Cost），它是与产量无关的当期支出，如利息、租金、保险费、管理人员的工资等，这类固定支出可由企业决策者酌情确定，故又称自定性固定成本；另一类是约束性固定成本（Committed Fixed Cost），它是当期不一定实际支出，但最终必须支付的长期费用的分摊额，如厂房及机器设备的折旧费、正常利润的提取等，这类固定支出是企业从事生产经营必须负担的最低成本，约束性极高，企业的决策者难以改变其数额。

　　由于短期内产量只是可变要素（假定生产只用劳动 L 和资本 K 两种要素且资本量为常量 K_0）的函数，即 $Q=f(L, K_0)$，故总固定成本 $\text{TFC}=P_K \cdot K_0$ 与产量无关（见图 4-1）。

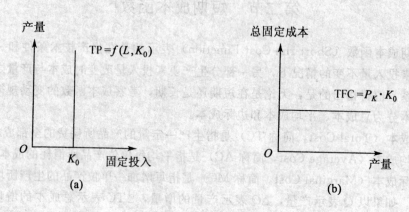

图 4-1　总产量与总固定成本

　　图 4-1(a)表示产量 Q 与固定投入 K 没有关系，即资本投入量始终为 K_0 而产量 Q 可随意变化。图 4-1(b)表示总固定成本 TFC 与产量 Q 无关，即无论产量如何变化，总固定成本 TFC 始终为固定要素投入量 K_0 与固定要素价格的乘积。

　　（二）总可变成本

　　总可变成本（Total Variable Cost，简称 TVC）是指短期内可变要素投入所花费的成本支出，表示在一定产量范围内随产量变动而变动的成本总和。总可变成本又可细分为三类：（1）完全可变成本（Fully Variable Cost），指完全随产量变动而变动的成本，如原材料费；（2）半可变成本（Semi-variable Cost），指在一个固定的基数上随产量按一定比例变动的成本，如生产工人的工资；（3）延期可变成本（Delayed Variable Cost），指在一定产量范围内支付一个固定数，以后随产量按一定比例变动的成本，如随生产而变动的租税。

　　由于短期内产量是可变要素投入量的函数，也就是说，$Q=f(L, K_0)$，因而总可变成本是产量的函数，即 $\text{TVC}=f(Q)$，如图 4-2 所示。

　　图 4-2(a)表示产量 Q 与可变要素投入量 L 间的关系。随着劳动量的不断增加，总产量起初以递增的比例增加，然后以递减的比例增加并达到最大值，最后绝对下降。这是由于边际报酬递减规律作用的结果。图 4-2(b)表示总可变成本 TVC 与产量 Q 的关系。随着产量的不断增加，总可变成本起初以递减的比例增加，然后以递增的比例增加，最后则可无限增加。

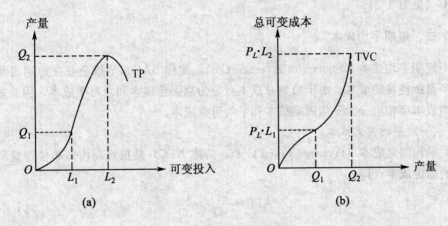

图 4-2　总产品与总可变成本

（三）短期总成本

因为 STC＝TFC＋TVC，所以，短期总成本函数可表示为：

$$STC＝C_0＋f(Q) \qquad\qquad (4.2.2)$$

式中：

C_0——常数，表示不随产量变动的总固定成本；

$f(Q)$——总可变成本，它是产量的函数。

如果我们将图 4-1(b)与图4-2(b)所示的总固定成本曲线与总可变成本曲线叠加起来，不难得出如图 4-3 所示的短期总成本曲线。由于 TFC 是不变的，故只需

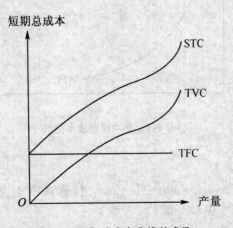

图 4-3　短期总成本曲线的求取

将各种产量水平下的 TVC 向上平移 TFC＝C_0 个单位，即可得出短期总成本曲线 STC（见图 4-3）。

二、短期平均成本

短期平均成本（Short-run Average Cost，简称 SAC）是指企业在短期内每单位产量所耗费的成本。由于短期总成本可分为总固定成本和总可变成本，因而短期平均成本可相应分为平均固定成本和平均可变成本。

（一）平均固定成本

平均固定成本（Average Fixed Cost，简称 AFC）是指短期内每单位产量所分摊的固定成本，即

$$AFC = \frac{TFC}{Q} = \frac{C_0}{Q} \tag{4.2.3}$$

显然，由于 TFC 是不变的，AFC 与产量 Q 呈反比例关系，即当产量较小时，平均固定成本较大；当产量较大时，平均固定成本较小。平均固定成本曲线是一条如图 4-4 所示的，以产量轴为渐近线的曲线。其经济意义在于：企业要获得规模经济效益，产量必须非常大，每单位固定要素投入才能充分发挥其效率。

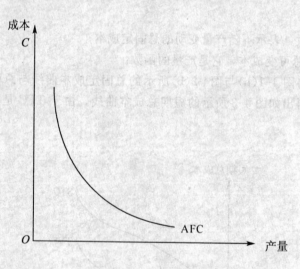

图 4-4　平均固定成本曲线

（二）平均可变成本

平均可变成本（Average Variable Cost，简称 AVC）是指企业在短期内每单位产量所分摊的总可变成本，即

$$\text{AVC} = \frac{\text{TVC}}{Q} = \frac{f(Q)}{Q} \tag{4.2.4}$$

由于总可变成本等于可变要素投入量与可变要素价格的乘积，即 $\text{TVC} = P_L \cdot L$，故有

$$\text{AVC} = \frac{P_L \cdot L}{Q} = P_L \Big/ \frac{Q}{L} = P_L \Big/ AP_L \tag{4.2.5}$$

（4.2.5）式表明，平均可变成本等于可变要素的价格除以该可变要素的平均产品。由于我们假定生产要素的价格是不变的，故平均可变成本与平均产品呈反比例关系。即当平均产品上升时，平均可变成本下降；当平均产品达到最大值时，平均可变成本达到最小值；当平均产品下降时，平均可变成本上升。根据平均可变成本与平均产品的这种关系，我们不难得出平均可变成本曲线，如图 4-5 所示。

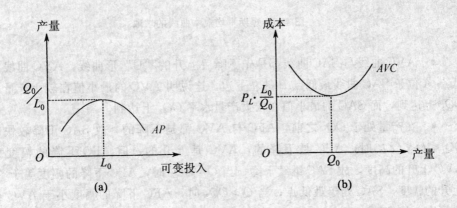

图 4-5　平均产品曲线与平均可变成本曲线

（三）短期平均成本

由于 SAC＝AFC＋AVC，故短期平均成本函数可表示为：

$$\text{SAC} = \frac{C_0}{Q} + \frac{f(Q)}{Q} = \frac{C_0 + f(Q)}{Q} \tag{4.2.6}$$

如果我们将图 4-4 所示的平均固定成本曲线与图 4-5（b）所示的平均可变成本曲线叠加起来，就不难得出如图 4-6 所示的短期平均成本曲线 SAC。其具体求取办法是：将每个产量水平下的平均固定成本曲线的高度与平均可变成本曲线的高度相加，即得到该产量水平下短期平均成本曲线的高度，该高度即代表该产量水平下的短期平均成本。将每一产量水平及其相对应的短期平均成本用点描述出来，则连接这些点所得到的曲线即为短期平均成本曲线。

从图 4-6 可看出下列几个特点：

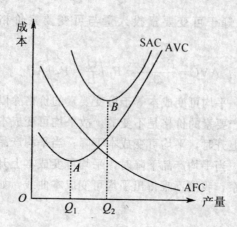

图 4-6 短期平均成本曲线的求取

- AVC 曲线与 SAC 曲线都是先下降后上升的"U"形曲线，AVC 曲线的最低点 A 位于 SAC 曲线最低点 B 的左下边，这说明 AVC 的最小值在较小产量水平 OQ_1 上达到，而 SAC 的最小值在较大产量水平 OQ_2 上达到。

- 在产量处于 OQ_1 之前，AFC 与 AVC 都是下降的，故 SAC 下降较快；在 $OQ_1 < Q < OQ_2$ 时，AFC 是下降的，AVC 是上升的，但 AFC 下降的幅度大于 AVC 上升的高度，故 SAC 继续下降；当 $Q = OQ_2$ 时，AFC 下降的幅度等于 AVC 上升的幅度，SAC 处于最低点；当 $Q > OQ_2$ 时，AFC 下降的幅度小于 AVC 上升的幅度，故 SAC 上升。

- 当产量很小时，AFC 很大，越来越趋近于 SAC；当产量很大时，AFC 很小，越来越远离 SAC，而 AVC 却越来越趋近于 SAC。这是因为，TFC 是不变的，产量很小时，平均每单位产品所摊固定成本大，而所摊可变成本相对较小；随着产量的增加，平均单位产品所摊固定成本就日益变小，而所摊可变成本却相应增大。

三、短期边际成本

短期边际成本（Short-run Marginal Cost，简称 SMC）是指短期内每增加一单位产量所增加的总成本，即短期边际成本函数可表示为：

$$SMC = \frac{\Delta STC}{\Delta Q} = \frac{d\,STC}{dQ} = \frac{d}{dQ}[C_0 + f(Q)] \tag{4.2.7}$$

由于 $TFC = C_0$ 是不变的，故边际成本不受固定成本的影响，因而有

$$SMC = \frac{d}{dQ}[f(Q)] = \frac{d}{dQ}(P_L \cdot L) = P_L \cdot \frac{dL}{dQ}$$

$$= P_L \bigg/ \frac{\mathrm{d}Q}{\mathrm{d}L} = P_L \bigg/ MP_L \qquad\qquad (4.2.8)$$

（4.2.8）式表明，短期边际成本等于可变要素的价格除以该可变要素的边际产品，由于假定要素价格是不变的，故短期边际成本与边际产品呈反比例关系。即当边际产品上升时，边际成本下降；当边际产品达到最大时，边际成本最小；当边际产品下降时，边际成本上升。根据这种关系，我们不难得出短期边际成本曲线SMC，如图4-7所示。

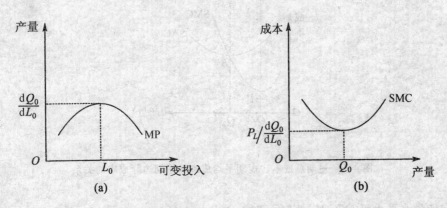

图 4-7 边际产品曲线与边际成本曲线

四、短期总成本、短期平均成本和短期边际成本之间的关系

（一）短期总成本与短期平均成本的关系

因为 SAC＝STC/Q，故 STC 曲线上任何一点所表示的 SAC 的几何意义是：从原点 O 到 STC 曲线上的该点作射线的斜率。在图 4-8 的上半部，由原点 O 向 STC 曲线所引射线中，同 STC 曲线相切的射线 OB 的斜率最小，故在图的下半部，产量为 OQ_2 时，SAC 曲线处于最低点 B'；在射线 OB 相切于 STC 曲线之前，射线斜率递减，因而在产量水平小于 OQ_2 时，SAC 递减；在射线 OB 相切于 STC 曲线之后，射线斜率递增，因而在产量水平大于 OQ_2 时，SAC 递增。

（二）短期总成本与短期边际成本的关系

因为 SMC＝ΔSTC/ΔQ，故 STC 曲线上任何一点所表示的 SMC 的几何意义是：过该点作 STC 曲线的切线的斜率。在图 4-8 的上半部，过 STC 曲线由上凸转为下凸的拐点 A 所作切线的斜率最小，因而在图的下半部，产量水平为 OQ_1 时，SMC 达到最低点 A'；在 A 点之前的 STC 曲线上点的切线斜率递减，因而在产量水平小于 OQ_1 时，SMC 递减；在 A 点之后的 STC 曲线上点的切线斜率递增，因

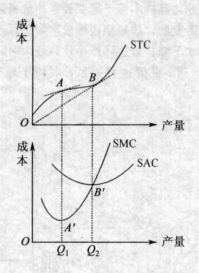

图 4-8　短期总成本、短期平均成本和短期边际成本的关系

而在产量水平大于 OQ_1 时，SMC 递增。

（三）短期平均成本与短期边际成本间的关系

从以上分析可以看出：在 STC 曲线上的 B 点，由原点 O 所引射线的斜率与切线的斜率相等，故在产量水平为 OQ_2 时，SAC 不仅处于最低点 B'，而且 SAC＝SMC，即 SMC 曲线与 SAC 曲线相交于 SAC 曲线的最低点 B'；在 STC 曲线上的 B 点之前，所引射线的斜率大于所作切线的斜率，因而在产量水平小于 OQ_2 时，SAC＞SMC，即 SAC 曲线位于 SMC 曲线的上方；在 STC 曲线上的 B 点之后，所引射线的斜率小于所作切线的斜率，因而在产量水平大于 OQ_2 时，SAC＜SMC，即 SAC 曲线位于 SMC 曲线的下方。

值得注意的是，STC、SAC 和 SMC 三者之间关系，同样适合于 TVC、AVC 和 SMC 三者之间的关系。这是因为 STC 曲线的变动规律与 TVC 曲线的变动规律是一致的，而 $AVC=\dfrac{TVC}{Q}$，$SMC=\dfrac{\Delta STC}{\Delta Q}=\dfrac{\Delta TVC}{\Delta Q}$。在此不再赘述。

五、短期单位成本之间的关系

短期平均成本、平均固定成本、平均可变成本和短期边际成本均是单位产量所分摊的成本，故均是短期单位成本。现将这些短期单位成本曲线综合在如图 4-9 所示的图形中，以便进一步探讨各短期单位成本之间的关系。

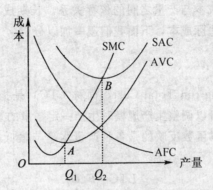

图 4-9 短期单位成本之间的关系

从图 4-9 可以看出下述特点：

- 四条短期单位成本线中，除平均固定成本曲线 AFC 之外其他三条曲线均是先下降后上升的"U"形曲线；AFC 曲线从左上方一直向右下方倾斜，起初较陡，以后逐渐平缓，这反映出随产量的增加，AFC 一直在减少，起初减少的幅度大，以后减少的幅度越来越小，并逐渐趋近于产量轴；SMC、AVC 和 SAC 三种单位成本起初都随产量的增加而减少，各自减少到一定程度后先后达到其最小值，然后又随产量的增加而呈不断增加的趋势。

- SMC 曲线一定要经过 AVC 曲线的最低点 A，此时 AVC 达到最小值，且 SMC＝AVC；在相交之前，AVC 一直在减少，但 AVC＞SMC；在相交之后，AVC 一直在增加，但 AVC＜SMC；SMC 曲线与 AVC 曲线的交点 A 被称做企业的停止营业点。

- SMC 曲线也一定要经过 SAC 曲线的最低点 B，此时，SAC 达到最小值，且 SMC＝SAC；在相交之前，SAC 一直在减少，但 SAC＞SMC；在相交之后，SAC 一直在增加，但 SAC＜SMC；SMC 曲线与 SAC 曲线的交点 B 被称为企业的收支相抵点。

- AVC 曲线的最低点 A 位于 SAC 曲线最低点 B 的左下边，表明 SMC 曲线在较低的产量水平 OQ_1 上与 AVC 曲线的最低点相交，而在较高的产量水平 OQ_2 上与 SAC 曲线的最低点相交。

第三节 长期成本函数

在长期内，企业可以根据它所要达到的产量调整所有生产要素的投入量，所以，没有固定成本与可变成本之分，所有的成本均是可变成本。所谓长期成本函数

（Long-run Cost Function），是指在生产技术条件保持不变的情况下，所有生产要素投入量均可改变时成本与产量之间的依存关系。长期成本也可分为长期总成本、长期平均成本和长期边际成本，下面我们逐一加以分析。

一、长期总成本

长期总成本（Long-run Total Cost，简称 LTC）是指在长期内，所有生产要素均可变动从而企业可以调整生产规模时生产一定数量的某种产品所需耗费的最低成本总额。长期总成本函数反映的是各种产量水平与最低总成本之间的依存关系，即

$$LTC = F(Q) \tag{4.3.1}$$

显然，（4.3.1）式所示的长期总成本函数与短期总成本函数 $STC = C_0 + f(Q)$ 是有明显区别的：（1）短期总成本函数中的固定成本 C_0 不是产量的函数，而长期总成本实则是长期总可变成本，均为产量的函数。（2）当产量为零时，短期总成本 $STC = TFC = C_0$，而长期总成本 $LTC = 0$。（3）长期总成本曲线是指企业在长期中调整生产规模，生产各种产量所需的最低总成本点的轨迹。这意味着企业在长期中可根据需要调整所有生产要素的投入量，使生产要素组合达到最优状态，即任一产量水平所对应的长期总成本均是最优生产要素组合下的最低成本，而短期总成本曲线是指企业在某一特定生产规模条件下各种产量水平上最小成本的轨迹。这意味着企业在短期内无法调整固定要素投入量以使生产要素组合达到最优状态，机器设备等固定要素常常出现过剩或不足，因而对于既定固定要素投入的短期生产而言，只有在最佳的产量水平下，短期总成本才等于长期总成本，而在其他产量水平下，短期总成本总是高于长期总成本。

下面结合图示说明长期总成本曲线的形成过程。在图 4-10 中，画出了四条短期总成本曲线 STC_1、STC_2、STC_3 和 STC_4，分别表示企业可供选择的四种不同的生产规模。这四种生产规模各有一个生产率最高的产量范围。例如，在 O 到 OQ_1 的产量范围内，STC_1 所代表的生产规模下生产总成本最低；在 OQ_1 至 OQ_2 的产量范围内，STC_2 所代表的生产规模下生产总成本最低；在 OQ_2 至 OQ_3 的产量范围内，STC_3 所代表的生产规模下生产总成本最低；在产量超过 OQ_3 时，STC_4 所代表的生产规模下生产总成本最低。由于假定企业只有四种生产规模可供选择，给定一个产量水平，就可知道它属于哪个生产率最高的产量范围，从而确定一个最佳的生产规模使总成本最低。因此，将图 4-10 中各条短期总成本曲线的实线部分连接而成的不规则曲线即为生产规模不可细分条件下长期总成本曲线，表示企业调整生产规模生产各种不同产量水平的长期最低总成本的轨迹。

以上分析假定可供选择的生产规模仅有四种，如果假定企业的生产规模可以无限细分，则任意给定一种产量水平，就有一个最适度的生产规模，从而可找到一个

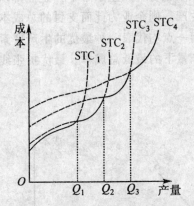

图 4-10　生产规模不可细分的长期总成本曲线

最佳的短期总成本点，把各种产量水平下对应的所有最佳短期总成本点用平滑的曲线连接起来，便可得到一条规模可无限细分的长期总成本曲线，如图 4-11 所示。长期总成本曲线 LTC 是由无数条成本最小的短期总成本曲线综合而成，长期总成本曲线上的任何一点均是与各条短期总成本曲线相切的切点，该切点即代表特定产量水平下的最低总成本点。故长期总成本曲线又称为各种短期总成本曲线的包络曲线（Envelop Curve）。不难看出，长期总成本是产量的函数，它从原点出发，其形状与短期成本曲线的形状相似，即随着产量的增加，长期总成本起初以递减的增长率上升，然后以递增的增长率上升。

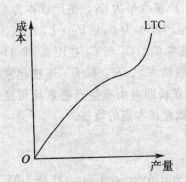

图 4-11　生产规模可无限细分的长期总成本曲线

　　长期总成本曲线与在生产函数分析中论及的生产的最优扩张线有着极为密切的联系。长期总成本曲线是企业预期的在长期中调整生产规模以生产各种产量所需的最低总成本点的轨迹，而最优扩张线表示的是企业在各种生产成本约束下的生产要素最佳组合点的轨迹。如果在各种产量水平下，企业都以最优的生产规模即以最优的生产要素组合去进行生产，则企业为此而支付的总成本便是长期总成本。这是因为，最优扩张线上的任何一点均代表一种最优的生产要素组合，该要素组合所代表的总成本正是某一既定产量下的最低总成本。最优扩张线与长期总成本曲线的关系如图 4-12 所示。

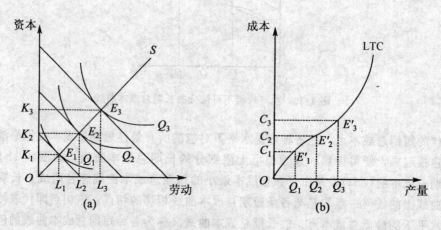

图 4-12　最优扩张线与长期总成本曲线的关系

在图 4-12（a）中，生产的最优扩张线 OS 上的 E_1 点的要素组合为 L_1 单位的劳动、K_1 单位的资本，此时的产量水平为 Q_1，生产成本为 $C_1 = P_L \cdot L_1 + P_K \cdot K_1$。同理，在 E_2 点，产量水平为 Q_2，生产成本为 $C_2 = P_L \cdot L_2 + P_K \cdot K_2$；在 E_3 点，产量水平为 Q_3，生产成本为 $C_3 = P_L \cdot L_3 + P_K \cdot K_3$。将产量水平 Q_1、Q_2 和 Q_3 与各自相应的生产成本 C_1、C_2 和 C_3 在图 4-12（b）中用点 E'_1、E'_2 和 E'_3 描绘出来，并用平滑的曲线将 E'_1、E'_2 和 E'_3 连接起来，则得到相应的长期总成本曲线 LTC，它表示企业在长期内所有生产要素均可变，从而生产规模可以调整时，各种产量水平下的最低总成本点的轨迹。

二、长期平均成本

长期平均成本（Long-run Average Cost，简称 LAC）是指单位产量所分摊的长期总成本。长期平均成本函数可表示为：

$$\text{LAC} = \frac{\text{LTC}}{Q} = \frac{F(Q)}{Q} \tag{4.3.2}$$

显然，长期平均成本曲线是生产各种产量所需的最低平均成本点的轨迹。同长期总成本曲线的形成过程一样，我们也可分两种情形探讨长期平均成本曲线的形成（见图 4-13）。

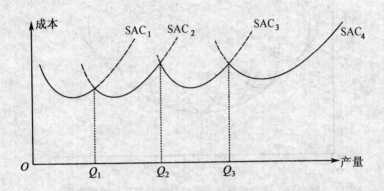

图 4-13　生产规模不可细分的长期平均成本曲线

● 生产规模不可细分情况下的长期平均成本曲线及其形成。在图 4-13 中，SAC_1、SAC_2、SAC_3、SAC_4 等四条短期平均成本曲线分别表示企业在生产不同产量时可供选择的四种生产规模，每一种生产规模都有其生产率最高的产量范围，因而企业可以根据不同的产量水平来选择一个最适度的生产规模。例如，如果产量水平小于 Q_1，则 SAC_1 所代表的生产规模为最优选择；如果产量水平在 Q_1 与 Q_2 之间，则 SAC_2 所代表的生产规模最佳；如果产量水平在 Q_2 和 Q_3 之间，则 SAC_3 所代表的生产规模为最优选择；如果产量水平大于 Q_3，则企业将选择 SAC_4 所代表的生产规模；如果产量水平为四条短期平均成本曲线交点所对应的产量（如 Q_2），此时是选择 SAC_2 所代表的生产规模还是 SAC_3 所代表的生产规模，取决于企业对该产品市场需求状况的预期，若预期市场需求会持续扩大，则选择 SAC_3 所代表的较大的生产规模，反之则选择 SAC_2 所代表的较小的生产规模。可见，在生产规模不可细分的情况下，任意给定一个产量水平，均可以根据该产量所处的范围找到一个最适度的生产规模。显然，各种短期成本曲线交点以下用实线连接而成的不规则曲线即为生产规模不可细分情况下的长期平均成本曲线。

● 生产规模可无限细分情况下的长期平均成本曲线及其形成。由于假定企业可供选择的生产规模可以无限细分，从而 SAC 曲线的数目趋近于无穷大，不难想象，由相邻两条 SAC 曲线交点以下部分形成的 LAC 部分之间的距离会趋近于零。这意味着，任意给定一个产量水平，就会有且仅有一个以某一最低平均成本点所代表的最优生产规模与之对应，将各种不同产量时的最低平均成本点用平滑的曲线连接起来，即得到生产规模可无限细分情况下长期平均成本曲线，如图 4-14 所示。不难理解，长期平均成本曲线 LAC 也是各条短期平均成本曲线的包络曲线，长期平均成本曲线上的任何一点均是与各条短期平均成本曲线相切的切点，切点所对应的产量即是该短期平均成本曲线所代表的生产规模下的最佳产量。

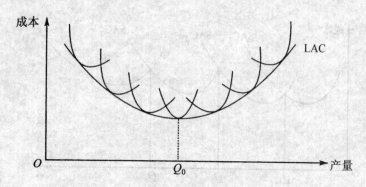

图 4-14　生产规模可无限细分的长期平均成本曲线

　　从图 4-14 可以看出，LAC 曲线的形状与 SAC 相似，也是一条先下降后上升的"U"形曲线。它表明在某一产量水平（如图 4-14 中的 Q_0）之前，LAC 随产量的增加而递减；而达到该产量之后 LAC 则随产量的增加而递增。不过，LAC 曲线下降或上升的坡度较为平缓，表明在长期中，平均成本的变动较为缓慢。而且，LAC 曲线形状的成因不同于 SAC 曲线。SAC 曲线先降后升，是由于短期内边际报酬递减规律的作用，而长期内，边际报酬递减规律失去了赖以生存的前提，LAC 不受该规律的约束，LAC 曲线先降后升则是由于规模报酬变动所引起的。尤其要强调的是，虽然作为 SAC 曲线的包络曲线的 LAC 曲线的每一点，都是与某一既定的 SAC 曲线的相切之点，但每个切点大多不是该 SAC 曲线的最低点。在 LAC 曲线处于递减阶段时，LAC 曲线与 SAC 曲线的切点必然位于 SAC 曲线最低点的左上方；在 LAC 曲线处于上升阶段时，LAC 曲线与 SAC 曲线的切点必定位于 SAC 曲线最低点的右上方；只有在 LAC 曲线本身处于最低点时，LAC 曲线与相应的 SAC 曲线的切点才是该 SAC 曲线的最低点。

　　长期平均成本曲线的变动规律与规模报酬变动的三个阶段有着极为密切的关系。规模报酬递增意味着企业扩大经营规模时单位成本的下降，因而使生产效益提高及总成本下降；规模报酬不变意味着企业生产规模的扩大对单位成本的影响不大；规模报酬递减意味着企业扩大经营规模时单位成本的上升，使得生产效益下降及总成本上升。规模报酬变动的上述特征可以用长期平均成本这一先降后升的"U"形曲线极为直观地表现出来。图 4-15 中的 LAC 曲线就是一个典型的例子。在企业发展的最初阶段，随着生产规模的扩大和产量的增加，长期平均成本曲线处于下降的阶段，表明生产过程正呈现规模报酬递增的情形，如图 4-15 中 Q_1 段所示。这种情况在许多企业中存在，如电信、电力等部门的企业，服务的客户越多，平均成本就越低。随着企业生产规模的不断扩大和产量不断增加，规模经济的优势减弱，而规模不经济的影响增大，当两种影响力处于相持阶段时，长期平均成本曲线的变动相当平缓，说明生产规模的扩大对单位成本的影响不大，生产过程就呈现出规模报酬不变的现象，如图 4-15 中的 Q_1Q_2 所示。大部分企业在规模较为适度时，增加或减少部分生产，平均成本几乎没有什么变化。如果企业生产规模进一步扩大，产量增加到非常高的水平，规模不经济因素的影响力就占据主导地位，长期平均成本曲线就处于上升阶段，生产过程相应地呈现出规模报酬递减的情况，如图 4-15 中 Q_2 以后的范围。显然，任何理性的企业决策者为了克服大规模的不经济，应千方百计地延续 LAC 曲线变动的相对平坦阶段，即尽可能地使生产过程中规模报酬不变阶段持续更长的时间。

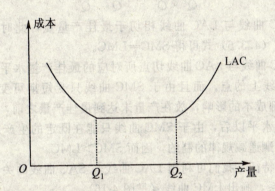

图 4-15　"U"形长期平均成本曲线与规模报酬变动

三、长期边际成本

长期边际成本（Long-run Marginal Cost，简称 LMC）是长期中每增加一单位产量所增加的总成本。如果用 ΔQ 表示产量的增加量，ΔLTC 表示长期总成本的增加量，则有

$$LMC = \frac{\Delta LTC}{\Delta Q} \qquad (4.3.3)$$

如果长期总成本函数为连续函数，则长期边际成本函数即为长期总成本函数的一阶导数，即

$$LMC = \frac{d\,LTC}{dQ} \qquad (4.3.4)$$

与 LTC 曲线和 LAC 曲线分别是无数条 STC 曲线和 SAC 曲线的包络曲线不同，LMC 曲线并不是无数条 SMC 曲线的包络曲线。LMC 曲线是每一条 SAC 曲线与 LAC 曲线相切之点所对应的产量水平下各条 SMC 曲线上点的轨迹。这意味着 LMC 曲线

上的任何一点总是与某一特定的 SMC 曲线的相交之点，该交点所代表的产量水平是 LAC 曲线与相应的 SAC 曲线相切之点对应的产量。这是因为，代表各种生产规模的 SAC 曲线与 LAC 曲线相切于最佳产量点，在该切点处它们的斜率必相等，则有

$$\frac{\mathrm{d}}{\mathrm{d}Q}\left(\frac{\mathrm{STC}}{Q}\right)=\frac{\mathrm{d}}{\mathrm{d}Q}\left(\frac{\mathrm{LTC}}{Q}\right) \tag{4.3.5}$$

而

$$\frac{\mathrm{d}}{\mathrm{d}Q}\left(\frac{\mathrm{STC}}{Q}\right)=\frac{\mathrm{d}\,\mathrm{STC}}{\mathrm{d}Q}\cdot\frac{1}{Q}\frac{\mathrm{STC}}{Q^{2}}=\frac{\mathrm{SMC}}{Q}\frac{\mathrm{STC}}{Q^{2}}$$

同理可得

$$\frac{\mathrm{d}}{\mathrm{d}Q}\left(\frac{\mathrm{LTC}}{Q}\right)=\frac{\mathrm{LMC}}{Q}\frac{\mathrm{LTC}}{Q^{2}}$$

故 (4.3.5) 式可变为：

$$\frac{\mathrm{SMC}}{Q}\frac{\mathrm{STC}}{Q^{2}}=\frac{\mathrm{LMC}}{Q}\frac{\mathrm{LTC}}{Q^{2}} \tag{4.3.6}$$

又因为在 SAC 曲线与 LAC 曲线相切于最佳产量点，此时 SAC＝LAC，故 STC＝LTC，代入 (4.3.6) 式可得 SMC＝LMC。

可见，在 SAC 曲线与 LAC 曲线切点所对应的最佳产量水平下，SMC 曲线上的点即为 LMC 曲线上的点。而且由于 SMC 曲线只受短期可变成本的影响，而 LMC 曲线要受全部成本的影响，故在产量未达到最佳产量之前，SMC＜LMC；在产量达到最佳产量水平以后，由于 SMC 曲线只能在既定的生产规模下增加产量，必然会受到边际报酬递减规律的制约，因而 SMC＞LMC。

根据上述基本特征，我们可利用 LAC 曲线与 SAC 曲线的关系以及 SAC 曲线与 SMC 曲线的关系，画出 LMC 曲线（见图 4-16）。

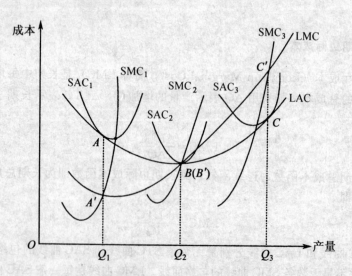

图 4-16　长期边际成本曲线

如图 4-16 所示，SAC_1、SAC_2 和 SAC_3 为三条不同生产规模的短期平均成本曲线，SMC_1、SMC_2 和 SMC_3 分别为与上述短期平均成本曲线相应的短期边际成本曲线。SAC_1 曲线与 LAC 曲线相切于 A 点，A 点所对应的产量为 Q_1，在 Q_1 的产量水平下，SMC_1 曲线上的点 A' 即为 LMC 曲线上的点；SAC_2 曲线与 LAC 曲线相切于 LAC 曲线的最低点 B，此时产量水平为 Q_2，相应地，SMC_2 曲线上的 B' 点为 LMC 曲线上的点；SAC_3 曲线与 LAC 曲线相切于 C 点，C 点所对应的产量水平为 Q_3，此时 SMC_3 曲线上的 C' 点亦为 LMC 曲线上的点。用平滑的曲线将 A'、B' 和 C' 连接起来，即得到 LMC 曲线。

由此可见，长期边际成本曲线是由无数条短期边际成本曲线密集而成，它也是一条先下降后上升的"U"形曲线。LMC 曲线在 LAC 曲线到达最低点之前领先到达最低点，且在上升过程中一定相交于 LAC 曲线的最低点。在相交之前，LAC 曲线是下降的，但 LAC>LMC；在相交时，LAC 曲线处于最低点，且 LAC=LMC；在相交之后，LAC 曲线是上升的，但 LAC<LMC。同 LAC 曲线表示为长期内各种产量水平下最低的短期平均成本点的轨迹一样，LMC 曲线亦表示为长期内各种产量水平下最低的短期边际成本点的轨迹。

至于长期总成本、长期平均成本和长期边际成本之间的关系，与前面论述的短期总成本、短期平均成本和短期边际成本的关系相似，在此不再赘述。

第四节　企业收益与利润最大化原则

企业生产经营的目标是谋求利润最大化，而不是一味追求产量最大化或成本最小化。企业的收益和成本是决定企业利润的两个重要方面。本节拟在简要介绍企业收益的各有关基本概念的基础上，对企业利润和利润最大化的基本含义加以明确界定，并通过企业收益和成本的综合比较分析，进一步探讨企业实现利润最大化的基本原则。

一、企业收益

企业收益是指企业销售其产品所取得的货币收入。企业的销售收入实际上就是消费者对企业产品的购买支出，所以，企业收益决定于消费者对企业产品的有效需求。同企业成本可分为总成本、平均成本和边际成本一样，企业收益也可相应分为总收益、平均收益和边际收益。

总收益（Total Revenue，简称 TR）是指企业出售一定数量的产品或劳务所取得的全部货币收入。它等于单位产品的销售价格 P 与产品销售量 Q 的乘积，可用公式表示为：

$$TR = P \cdot Q \tag{4.4.1}$$

如果企业生产多种产品，则企业总收益可表示为：

$$TR = \sum_{i=1}^{n} P_i Q_i \qquad (4.4.2)$$

式中：

n——企业产品的种类数；

P_i——第 i 种产品的销售价格；

Q_i——第 i 种产品的销售量。

不过，为了分析的方便，我们一般只分析企业生产某一种产品的情况。

平均收益（Average Revenue，简称 AR）是指企业销售一定数量的产品时，每单位产品所取得的货币收入。它实际上就是企业出售一定数量产品时单位产品的销售价格，即

$$AR = \frac{TR}{Q} = P \qquad (4.4.3)$$

由于企业出售一定数量产品的价格代表了消费者对产品的需求，因而，企业的平均收益曲线也就是企业产品的需求曲线。

边际收益（Marginal Revenue，简称 MR）是指企业每增加一单位产品的销售量所增加的总收益。如果以 ΔQ 表示销售量的增加量，以 ΔTR 表示总收益的增加量；则边际收益可用公式表示为：

$$MR = \frac{\Delta TR}{\Delta Q} \qquad (4.4.4)$$

如果总收益函数是连续的，则当 ΔQ 趋近于零时，则有

$$MR = \lim_{\Delta Q \to 0} \frac{\Delta TR}{\Delta Q} = \frac{dTR}{dQ} \qquad (4.4.5)$$

为了便于理解总收益、平均收益和边际收益之间的关系，下面分两种情况对企业收益问题作进一步分析。

第一种情况：价格既定条件下的总收益、平均收益和边际收益（见表 4-1）。

表 4-1   价格既定条件下的企业收益

价格 P（元）	销售量 Q（件）	总收益 TR（元）	平均收益 AR（元）	边际收益 MR（元）
20	0	0	—	—
20	1	20	20	20
20	2	40	20	20
20	3	60	20	20
20	4	80	20	20
20	5	100	20	20
20	6	120	20	20

　　所谓"价格既定"，是指企业在产品市场上是市场价格的被动接受者，不管企业销售多少产品，其价格始终不变。此时，企业收益的变化取决于企业产品的销售量。表 4-1 表明了某种产品价格既定条件下企业收益随销售量变化而变化的情况。由于产品价格始终为 20 元/件，而平均收益始终等于价格，每增加一单位产品销售量所增加的总收益即边际收益实际上也等于价格，故 $P = AR = MR = 20$。企业总收益以固定比例 20：1 递增。

　　如果以横轴表示销售量，纵轴表示企业收益，则根据表 4-1 中的数据，我们不难得出如图 4-17 所示的企业总收益曲线、平均收益曲线和边际收益曲线。显然，在企业产品的销售价格既定的条件下，企业总收益曲线是一条从原点出发且向右上方倾斜的直线，其斜率即边际收益为常数 20。平均收益曲线、边际收益曲线与需求曲线 $P = 20$ 三者重合，为平行于横轴的直线。

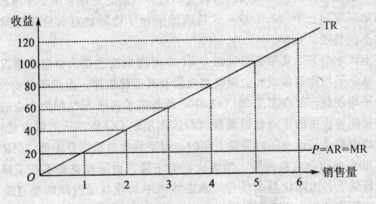

图 4-17　价格既定条件下的企业收益曲线

　　第二种情况：价格递减条件下企业总收益、平均收益和边际收益（见表 4-2）。

表 4-2　　　　　　　　　　　　　价格递减条件下的企业收益

价格 P（元）	销售量 Q（件）	总收益 TR（元）	平均收益 AR（元）	边际收益 MR（元）
10	0	0	—	—
9	1	9	9	9
8	2	16	8	7
7	3	21	7	5
6	4	24	6	3
5	5	25	5	1
4	6	24	4	-1

　　表 4-2 显示了某种产品价格递减条件下企业收益的变化情况。此时企业收益的变化不仅取决于产品的销售量，而且取决于产品的销售价格。当价格为 10 元时，由于无人愿意购买，总收益为零，平均收益与边际收益无法计算。此后，随着价格的下降和销售量的增加，均可计算出企业相应的总收益、平均收益和边际收益。从表 4-2 可以明显看出，随着价格的下降或销售量的增加，总收益起初是增加的；当价格下降到一定水平后，总收益达到最大值；此后若价格继续下降，总收益绝对减少。平均收益始终是等于产品价格的，因而随着销售量的不断增加，平均收益是不断减少的。而边际收益随价格的下降而不断减少，且边际收益减少的速度比价格下降的速度更快，当价格下降到一定程度后，边际收益甚至可能变成负值。这是因为，随着产品价格的下降，企业在增加最后一单位产品销售时，不仅最后一单位产品的销售价格比以前低，而且所有销售量中的其他各单位产品的价格也比以前降低，所有产品价格下降所导致的收益的减少都由最后一单位产品来负担，因此，企业每增加一单位产品销售所增加的总收益即边际收益总是越来越小于单位产品的价格。本书第二章第三节（2.3.17）式精确地阐释了边际收益和价格之间的这种关系，在此不再赘述。

　　事实上，本书第二章第三节的图 2-21 亦可用来描述在价格递减情况下，企业总收益曲线、平均收益曲线和边际收益曲线及其变化规律。由于产品的价格始终等于企业的平均收益，故在图 2-21（a）中，线性需求曲线 MN 即为企业的平均收益曲线，表明随着价格的下降和销售量（即该图横轴 OQ 所表示的需求量）的增加，企业的平均收益是与价格同时等量下降的，但平均收益始终是正值。MR 为与需求曲线 MN 相应的边际收益曲线，随着价格的下降，边际收益是不断下降的，而且在各个销售量下，边际收益曲线与需求曲线或平均收益曲线间的垂直距离越来越大，说明边际收益比价格下降得更快。边际收益既可以是正值，又可能是零乃至负值。图 2-21（b）中的 OST 为总收益曲线，随着价格的下降和销售量的增加，总收益起初是增加的，即 OS 段；在边际收益为零时，总收益达到最大值，即 S 点；此后，由于边际收益变为负值，总收益绝对减少，即 ST 段。

二、企业利润

　　利润显然是收益与成本之间的差额。但由于使用的成本概念不一样，计算得出的利润值也就各不相同。为此，有必要严格区分会计利润、正常利润和经济利润三个基本概念，以明确企业利润的真正内涵。

　　会计利润（Accounting Profit）是指企业总收益与会计成本之间的差额。由于会计成本记录的只是企业生产过程中的显性成本，而不包含企业使用自身生产要素本应支付的隐性成本，因而会计利润通常高估了企业的盈利水平，企业绝对不能单凭会计利润指标就作出某项重大的生产经营决策，否则，将导致严重的决策失误。

正常利润（Normal Profit）是指企业家在生产过程中投入和使用自有生产要素所需得到的正常的报酬。在经济分析中，正常利润作为隐性成本的报酬是生产成本的一部分并且一般都大于零。否则，企业若得不到正常利润，就会转产，企业家也将转入其他行业谋求发展。可见，正常利润是确保企业继续生产和企业家正常工作所必需的最低报酬。由于企业家才能这一特殊要素在企业主自身要素中的突出地位以及它在整个生产过程中越来越重要的作用，正常利润通常又被称做是企业家才能这种生产要素提供服务的报酬。

在管理经济学中所要探讨的企业利润是经济利润（Economic Profit），它是指企业总收益与包含显性成本和隐性成本在内的企业总成本（即经济成本）之间的差额，如果以 π 表示经济利润，则有

$$\pi = TR - TC \qquad (4.4.6)$$

如果 $\pi > 0$，即经济利润为正值，则企业获得经济利润或超额利润；如果 $\pi = 0$，即经济利润为零，则企业获得正常利润；如果 $\pi < 0$，即经济利润为负值，则企业发生亏损。

为了更进一步弄清楚会计利润、正常利润及经济利润的含义，我们将上述分析综合为下列关系式：

$$会计利润 = 总收益 - 会计成本$$
$$正常利润 = 总成本（经济成本）- 会计成本$$
$$经济利润 = 总收益 - 总成本（经济成本）$$

三、利润最大化原则

由于企业利润被界定为经济利润，因而利润最大化就意味着要使总收益与总成本之间的差额最大。事实上，企业实现利润最大化的均衡状态包含三种情况：若总收益与总成本间的差额为正，利润最大化意味着该差额最大，企业处于获得最大超额利润的均衡状态；若该差额为零，利润最大化意味着企业处于获得正常利润的均衡状态；若该差额为负，利润最大化意味着该差额达到最小，此时企业处于亏损最小的均衡状态。

由于总收益与总成本均可以表示产量或销售量的函数，因而利润函数可表示为：

$$\pi(Q) = TR(Q) - TC(Q) \qquad (4.4.7)$$

要确立企业实现利润最大化必须遵循的基本原则，关键是要确定企业达到利润最大化的产量水平必须具备的条件。下面结合图示，分两种情况加以探讨。

第一种情况：产品价格既定条件下企业实现利润最大化时的产量决定原则（见图 4-18）。在图 4-18 中，横轴表示产量或销售量，纵轴表示总收益、总成本以及两者之间的差额——利润。TR 曲线为价格既定条件下的线性总收益曲线，TC 曲

线为总成本曲线，π曲线为由各种产量水平下总收益曲线与总成本曲线间垂直距离决定的利润曲线。

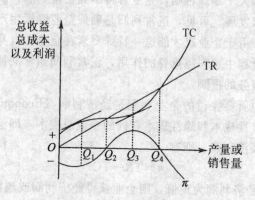

图 4-18　价格既定条件下的企业利润

在图 4-18 中，我们可以清楚地看到，当产量或销售量处于 O 到 Q_2 的范围内时，总成本大于总收益，企业利润为负值，表明企业在该产量范围内是亏损的；其中，产量为 Q_1 时，亏损额最大。当产量处于 Q_2 和 Q_4 之间时，总收益大于总成本，企业利润为正值，表明在该产量范围内，企业获得超额利润；其中，当产量为 Q_3 时，所获超额利润达到最大。当产量大于 Q_4 时，企业又出现亏损。当产量等于 Q_2 或 Q_4 时，企业利润为零，表明企业仅获得正常利润，损益平衡。

显然，理性的企业会将其产量确定在 Q_3 的水平上，从而使经济利润达到最大。在 Q_3 的产量水平上，总成本曲线的斜率即边际成本等于总收益曲线的斜率即边际收益。因此，价格既定条件下企业利润最大化的原则是边际成本等于边际收益。

第二种情况：产品价格递减条件下企业实现利润最大化时的产量决定原则（见图 4-19）。

在图 4-19 中，横轴及纵轴的含义、总成本曲线及其形状与图 4-18 中的相同。但总收益曲线不再是一条直线，而是一条先上升后下降的抛物线，这是因为总收益在此种情况下不是惟一决定于产品的销售量，对于大多数产品的需求（对企业而言就是产品的销售）而言，由于边际效用递减规律的作用，随着销售量（对消费者而言就是产品的需求量）的增加，产品的价格是不断下降的，因此，企业的总收益还要受到不断递减的产品价格的影响。

从图 4-19 中不难看出，当产量或销售量处于 O 到 Q_2 之间时，总成本大于总收益，企业利润为负值，表明企业亏损。其中，当产量为 Q_1 时亏损额最大。当产量位于 Q_2 至 Q_4 之间时，总收益大于总成本，企业利润为正，表明企业获得超额

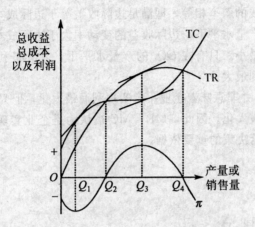

图 4-19　价格递减条件下的企业利润

利润。其中，当产量为 Q_3 时，企业所获超额利润最大。当产量大于 Q_4 时，企业又出现亏损。当产量等于 Q_2 和 Q_4 时，总收益等于总成本，经济利润为零，表明企业获得正常利润，利润曲线上的 Q_2 点和 Q_4 点叫企业的损益平衡点。显然，同第一种情况相似，理性的企业会选择 Q_3 的产量水平以实现利润最大化，利润最大化原则仍然是边际成本等于边际收益。

利润最大化原则亦可通过数学推导加以证明，由利润函数 $\pi(Q) = TR(Q) - TC(Q)$ 可知，利润 π 有极大值的必要条件是

$$\frac{d\pi(Q)}{dQ} = \frac{d\,TR(Q)}{dQ} - \frac{d\,TC(Q)}{dQ} = 0$$

故

$$\frac{d\,TR(Q)}{dQ} = \frac{d\,TC(Q)}{dQ}$$

即

$$MR = MC \tag{4.4.8}$$

利润 π 有极大值的充分条件是

$$\frac{d^2\pi(Q)}{dQ^2} = \frac{d^2\,TR(Q)}{dQ^2} - \frac{d^2\,TC(Q)}{dQ^2} < 0$$

故

$$\frac{d^2\,TR(Q)}{dQ^2} < \frac{d^2\,TC(Q)}{dQ^2} \tag{4.4.9}$$

式中：

$\dfrac{d^2\,TR(Q)}{dQ^2}$ ——边际收益的变动率；

$\dfrac{d^2\,TC(Q)}{dQ^2}$ ——边际成本的变动率。

因此，利润最大化的条件是：边际收益等于边际成本；边际收益的变动率小于

边际成本的变动率。在图 4-18 和图 4-19 中，当产量为 OQ_1 时，虽然总收益曲线的斜率与总成本曲线的斜率相等，即满足边际收益等于边际成本这一利润最大化的必要条件，但在该产量水平下，边际收益的变动率大于边际成本的变动率，故此时利润不是最大而是最小。只有在 OQ_3 的产量水平下，才具备利润最大化的上述两个条件，故利润达到最大。

虽然 MR＝MC 并非意味着企业一定实现利润最大化，但只有当 MR＝MC 时，企业才能实现利润最大化。因此，MR＝MC 被认为是企业实现利润最大化的基本原则和企业生产经营决策的重要依据。

复习思考题

1. 解释下列名词

会计成本　　经济成本　　机会成本　　私人成本　　社会成本　　显性成本
隐性成本　　固定成本　　可变成本　　成本函数　　短期成本函数　　总成本
平均成本　　边际成本　　短期总成本　　总固定成本　　总可变成本　　短期平
均成本　　平均固定成本　　平均可变成本　　短期边际成本　　长期成本函数
长期总成本　　包络曲线　　长期平均成本　　长期边际成本　　总收益　　平均
收益　　边际收益　　会计利润　　正常利润　　经济利润　　利润最大化原则

2. 判断正误并说明理由：

（1）短期成本和长期成本的变动均决定于边际报酬递减规律。

（2）LTC 曲线、LAC 曲线、LMC 曲线分别是无数条 STC 曲线、SAC 曲线和 SMC 曲线的包络曲线。

（3）若 MR＝MC，则企业实现利润最大化。

（4）产品的边际成本与固定成本无关。

（5）企业的正常利润包含在会计成本之中。

（6）在任何产量水平上，STC 曲线的斜率总是等于 TVC 曲线的斜率。

（7）如果某企业正在以长期平均成本生产目前的产量，且长期平均成本曲线在此产量水平上是向下倾斜的，则企业在此产量水平上的短期边际成本必定小于短期平均成本。

（8）如果短期边际成本大于平均可变成本，则随着产量的增加，短期边际成本是递增的，而平均可变成本是递减的。

3. 结合图示说明 STC 曲线、SAC 曲线及 SMC 曲线三者之间的关系，并用边际报酬递减规律解释 STC、SAC 和 SMC 变动的规律。

4. 结合图示说明短期内总可变成本曲线与总产品曲线、平均可变成本曲线与平均产品曲线、短期边际成本曲线与边际产品曲线之间的关系。

5. 结合图示说明各短期单位成本之间的关系。

6. 简述最优扩张线与长期总成本曲线之间的关系。

7. 简述长期平均成本的变动与规模报酬变动之间的关系；如果长期平均成本曲线在较大的产量范围内具有一个平坦的底部，是否意味着企业不存在最优生产规模？

8. 试根据 LAC 曲线与 SAC 曲线之间的关系、SAC 曲线与 SMC 曲线之间的关系，作出 LMC 曲线的图形。

9. 如何理解"利润最大化原则是边际成本等于边际收益"？

10. 如果生产函数为 $Q=\dfrac{10LK}{L+K}$，劳动 L 和资本 K 的价格分别为 P_L、P_K。

(1) 试推导出长期总成本、长期平均成本、长期边际成本作为 Q、P_L、P_K 的函数。

(2) 如果 $P_L=1$，$P_K=4$，且在短期内 $K=4$，试推导出短期总成本、总可变成本、短期平均成本、短期边际成本作为 Q 的函数。

11. 假定某公司的短期平均成本函数为 $SAC=3+4Q$。

(1) 求 STC 的函数。

(2) 该公司有固定成本吗？为什么？

(3) 如果该公司产品的价格为 2 元，该公司将获得利润吗？为什么？

12. 填制表格：

Q	STC	TFC	TVC	SAC	AFC	AVC	SMC
0	50						
1	70						
2	100						
3	120						
4	135						
5	150						
6	160						
7	165						

13. 假定某出版公司将出版一种售价为 20 元的管理经济学教科书，出版该教材的总固定成本是 10 000 元，平均可变成本是 10 元。问该出版公司应出版发行多少册该教材才能使其收支相抵？如果该教材的售价是 16 元，收支相抵时该教材的发行量又将是多少？

第五章　市场结构与企业决策

在学完本章以后，你应该掌握以下内容：

1. 市场与市场结构的概念、分类；
2. 完全竞争条件下企业的利润最大化原则、价格与产量决定；
3. 完全垄断企业的利润最大化原则、垄断厂商的价格与产量决定；
4. 垄断竞争企业的利润最大化原则、价格与产量决定；
5. 寡头垄断商场的最优价格与产量决策、古塔模型。

在前面各章我们已分别研究了消费者的需求和生产者的供给以及企业的成本收益概念。现在我们研究企业在不同市场条件下的生产经营决策问题。企业的生产经营决策指的是企业的产品生产或销售计划，包括产品数量和产品价格等方面的决策。一个企业经营的好坏主要取决于企业的生产经营决策，这是企业管理的核心。但在不同的市场条件下，企业的生产经营决策具有不同的特点。本章先分析市场结构的一般原理，然后分别介绍四种主要市场形态下的企业生产经营决策的问题。

第一节　市　场　结　构

一、市场结构的划分标准

市场是一个复杂的系统，通过这个系统就可以使买者和卖者结合起来，为实现买卖目的而活动，达到双方满足和彼此间的平衡。在现实中，各行业的市场是不同的，即存在着各种不同的市场结构（Market Structure）。所谓市场结构也就是市场竞争或垄断的程度。影响市场竞争或垄断程度的因素有很多，主要有下列几方面：

● 买者和卖者的数量。一般说来，某种市场上买者和卖者的数量越多，任一单个买者或卖者对产销量和产品价格的影响力就越小，竞争也就越充分；反之则相反。进一步地说，在某种市场上，如果大多数的卖者和少数的买者进行交易，市场均衡的力量就会移向买方，从而形成"买方市场"，此时竞争将主要在卖者之间展开；如果卖者的数量相对买者比较少，市场均衡的力量就会移向卖方，从而形成"卖方市场"，此时竞争将主要在买者之间进行。显然，如果在某种产品的市场上，买者或卖者仅有一个，那就会形成买方垄断或卖方垄断，竞争就无法充分展开。

● 进入或退出的难易程度。市场价格与企业盈亏直接相关，并引导着企业的行为从而实现资源的合理配置。如果某行业产品的价格提高，使其生产有利可图，就会引起新企业进入该行业；反之，如果产品价格下降，使生产得不偿失，就会引起企业的退出。企业自由进入或退出某种行业要求经济资源或生产要素具有流动性，而在不同的行业或市场上，要素的流动性、企业进入或退出的条件是各不相同的，因而，竞争的程度也就不同。

● 产品的差异程度。经济学中所说的产品差别不是指不同产品的差别，而是指同一种产品在质量、牌号、服务等方面的差别。例如，同一种产品汽车，质量不同、牌号不同、销售与售后服务不同就构成了产品差别。有些产品差别是重要的，如质量、牌号；也有些产品差别是细微的，如颜色，或在服务略有不同的商店出售；还有些产品差别取决于消费者自己的心理感受，例如对某种产品的特殊偏好或消费习惯。从某种意义上说，产品差别是广泛存在的。产品的差异程度与市场竞争的程度关系密切，比如同质的产品具有完全的替代性，顾客将在不同厂商之间进行选择，这样，企业就会面临广泛的竞争。反之，如果某种产品与其他产品的差异非常之大，又没有可替代的产品，生产该种产品的企业就不会有多少竞争对手。

● 信息的畅通情况。信息能够迅速地扩大市场的地域，缩短市场间距离。能否充分地得到市场的信息，影响着市场的竞争程度。信息充分畅通，市场竞争的程度就会加强；反之，如果个别企业垄断信息，则其他企业进入该市场的难度就增大，市场的竞争程度就相对变弱。

处于不同市场结构中的企业，其行为是不同的。这种行为包括定价行为，即如何决定自己产品的价格；广告行为，即是否要作广告以及用于广告的开支有多大；产品战略，即如何开发新产品；研究和开发战略，即研究与开发的重要性以及支出多少；市场竞争战略，即用什么竞争方法来达到利润最大化等。企业的各种行为都要受所处市场结构的影响。因此，研究市场结构对分析与预测企业的行为是十分重要的。

二、市场结构的基本类型

根据上述关于市场结构决定因素的分析，可以把市场分成以下四种类型：

（一）完全竞争市场

完全竞争（Perfect Competition），又称纯粹竞争（Pure Competition），是指一

种竞争不受任何阻碍和干扰的市场。通常认为，完全竞争市场的基本特征是：

- 买者和卖者很多。其数量之多，使得任何一个厂商的销售量或购买量都仅占市场上很小的比例，以至于它们无力通过自己的行为来影响市场上的价格，即每个人都是既定价格的接受者（Price Taker），而不是价格的决定者（Price Maker）。

- 产品是同质的（Homogeneous）。所有的生产者提供的都是标准化产品，即都是同质的、无差别的产品。无论是在原料、加工、包装、服务，还是规格等方面都是一样的，没有任何区别。这样，对消费者来说，根本不在乎是哪家生产的产品。从而，不同生产者之间就可以进行完全平等的竞争。

- 生产要素完全自由流动。生产要素在各行业之间、各企业之间是完全自由流动的，新的企业想要进入市场没有任何障碍，老的企业要想退出市场也不会遭到阻拦，保证来去都是自由的。

- 信息充分完备。所有的消费者和生产者都具有充分的市场信息，完全掌握现在和将来的市场情况，都有条件作出合理的消费选择和生产决策，因而就不会有任何消费者会受"欺骗"而以高于市场价格的价格进行购买，也不会有任何生产者会低于市场价格进行销售，大家都互相知道买卖什么产品，价格是多少。

在现实生活中，除了农产品市场多少有点接近完全竞争市场外，其他市场都很难具备完全竞争市场的条件，所以，完全竞争市场只是一种纯理论的模型，是理想中的市场。但是，有了这个理想中的市场，我们就有了一把尺子、一面镜子来衡量现实世界中各式各样的市场，看它离我们的理想还差多远，如何使它向理想的标准靠拢。

（二）完全垄断市场

在各种市场结构中，与完全竞争截然相反的另一种市场结构就是完全垄断（Perfect Monopoly）。所谓完全垄断是指在这类市场上不存在丝毫竞争因素，某种产品的产销完全由一家企业控制的状态。换言之，如果只有一家企业生产一种几乎没有什么可替代的产品，即当一个生产部门只有一家企业时，就会出现垄断。一般来说，完全垄断市场具有如下特征：

- 仅有一家卖者。一种产品仅有一个生产者，因而，该商品的市场需求曲线就是该生产者所面对的需求曲线，通常情况下，它是一条向右下方倾斜的曲线。

- 产品是异质的。垄断者产品与其他产品是高差异性的，一般找不到比较接近的替代品，买方只能购买这种产品。

- 存在很大的进入障碍。别的企业不能进入市场，如果有两家或两家以上的企业在同一市场上，就不再是垄断了。

- 信息受到垄断。其他企业得不到有关信息，否则就可以进入市场，参与竞争。

完全垄断市场也只是一种理论上的抽象，但在现实经济生活中，多数企业都同时兼备了垄断者和竞争者这两种身份和行为特征，加之许多生产新产品的企业也都具有谋求垄断地位的经济企图和短期垄断的可能性，因此，完全垄断理论还是具有一定的实践意义的。

垄断虽然说在现实中极为少见，但的确存在着形成垄断的内在根源：（1）垄断可以是发明和创新的直接后果。一项新技术发明之后，发明者拥有一段时间的垄断地位；有的老技术（如祖传秘方）如果不外传，也有垄断性；技术太"高、精、尖"了，别人掌握不了，也造成垄断。（2）当对某种产品的社会需求不足以支持大量有效率企业，从而一家大型企业能够以较低的成本满足对该产品的需求时，规模经济效益就会促进垄断的形成。（3）垄断还可能是因为某一企业控制了某种稀缺的关键生产要素的供给而形成，与此相对应的垄断被称为"自然垄断"。（4）政府特许生产、专利保护、城市公用事业的兴办等也会形成某些领域的垄断。

（三）垄断竞争市场

垄断竞争市场（Monopolistic Competition）是介于完全竞争与完全垄断这两种市场结构之间的一种市场结构，因此，它的市场特征既兼具两种极端形式的市场结构特征，又不完全相同。

● 市场上有许多卖主。这意味着该市场由许多企业组成，这些企业对市场可以施加有限的影响，但由于数量很多，要互相完全联合起来控制市场价格，不说是不可能，至少也是十分困难的。所以，每个企业在作出决策时，不必考虑因自己的行为而引起其他企业的反应。

● 产品既有差别，又有一定的替代性。产品的差别性（Production Differentiation）是垄断竞争的最主要特征，它包括同种产品之间在质量、包装、牌号或销售条件等方面的差别，正是这种有差别的产品的存在引起了垄断，因为各种产品的特点使这些差别产品的生产者成为自己产品的垄断者。但是，因为各种产品在一定程度上又有替代性，所以各种有差别的产品之间又形成了竞争。

● 企业可以比较自由地进出市场。由于每一个企业的规模不是太大，所需的资本不是很多，因而要进出市场没有多大的障碍。但也不是完全的自由进出，还是需要一定的资本量，比如一个新的企业要进入某个特定产品的市场，必须购买一定数量的生产设备，对其职工进行必要的生产技术培训，支付一定的费用以取得生产经营的许可证等。

● 交易者的信息基本上是完全的。垄断竞争市场结构在现实中是常见的。诸如百货商店、食品店、饭馆、理发馆、服装店和各种修理业就属于这类，大多数制造业，尤其是轻工业、纺织工业等也是属于这种类型。这些企业数量多、产量少，但其产品和劳务是有差别的，如不同的百货商店可能名气不同；不同食品店的面包和点心可能口味不同等，所以，它们之间既有垄断性，又保持了竞争的一面。

（四）寡头垄断市场

寡头垄断市场（Oligopoly）是指几家大企业生产和销售了整个行业的极大部分产品的市场结构。在西方发达国家，寡头垄断是最主要的一种市场结构模式，如在美国，铝、汽车、计算机、电器设备、玻璃以及石油等产品都是在寡头垄断的市场条件下生产和销售的。

寡头垄断通常可分为两种：

第一，纯寡头垄断（或称无差别的寡头垄断）是指在这个行业中，几家企业生产和销售的产品都是同质的。通常，原料行业，如铝、水泥、钢铁、铜等行业就属于这种寡头垄断。这类产品一般都有国家标准，顾客只要按型号、规格订货就行了，不必考虑是谁家的产品，他们关心的只是产品的价格。

第二，有差别的寡头垄断。是指在这个行业中，几家企业生产和销售的产品，在顾客看来是有差别的。造成这种差别的因素很多，诸如不同的设计、商标、包装、信贷条件、服务态度等。在有差别的寡头垄断里，顾客不仅关心产品的价格，也十分关心产品的商标或生产厂家。属于这种寡头垄断的行业，诸如汽车、计算机、农业机械等。

不管是有差别的还是无差别的寡头垄断，寡头垄断市场具有如下特点：

● 市场上的企业为数极少，只有几家企业就控制了产品的大部分供给。在这里，每一家企业在市场上都有着举足轻重的地位，对其产品价格都具有相当的影响。

● 企业之间相互依存。任一企业进行决策时都必须把竞争者的反应考虑在内，因为它们既不是价格的接受者，也不是价格的制定者，而是价格的寻求者。

● 进出市场都有障碍。其他企业进入市场不说是极其困难，也是相当困难的。这里有自然障碍，如规模经济，要有相当的资金才能进入市场，一般人拿不出来；也有人为的障碍，原有企业之间的相互依存，设置障碍，使新企业难以进入。要退出市场也不容易，断然退出会造成很大的损失。

● 信息不完全。在寡头垄断市场上，交易的信息是不完全的，信息的畅通与否完全依赖于企业之间的合作情况。

第二节　完全竞争市场的企业决策

一、完全竞争市场上企业的需求曲线

根据完全竞争市场的特点，完全竞争企业只是价格的接受者，也就是说，无论它出售多少产品都对它的产品价格不发生影响；同时，它可以按照市场现行价格出售任何数量的产品。这样，完全竞争下的企业需求曲线具有完全的弹性，如图

5-1(a)所示。

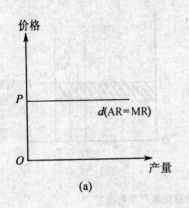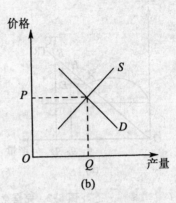

图 5-1　完全竞争下的企业需求和市场总需求

在图 5-1(a)中，d 是完全竞争企业的需求曲线，它与数量轴平行，其距离 OP 即为由行业总需求和总供给均衡决定的市场价格，如图 5-1(b)所示。图 5-1(b)中，S 为行业总供给曲线，D 为行业总需求曲线。

在完全竞争市场上，企业出售某一数量的产品所获得的平均收益等于价格，同时，厂商每增加一个单位产品销售所获得的边际收益也等于价格。因此，完全竞争企业的边际收益、平均收益与价格相等，反映在图形上，企业的需求曲线 d、平均收益曲线 AR 和边际收益曲线 MR 重叠。

二、完全竞争市场上企业的短期决策

企业的全部决策活动服从于利润最大化目标。在完全竞争市场上，单个企业只是价格的接受者，无法从事价格决策。一旦价格确定下来，它的决策内容就归结为如何通过价格与成本的比较，选择可使利润最大化的产量。这里先讨论企业短期的产量决策。

(一) 短期均衡产量的决定

在短期内，企业没有足够的时间调整厂房设备，只能通过调整可变要素的使用量来调整其产销量。因而，原来从事某一行业产品生产的企业不能退出本行业，其他行业的企业也不能以新企业的资格加入这一行业。我们知道，利润最大化的条件就是总收益与总成本的差额达到最大值，也表示为边际收益等于边际成本。而在完全竞争市场上，企业的边际收益等于固定不变的市场价格，因此，企业产量决策实际上是通过总收益与总成本、市场价格同边际成本的比较进行的。图 5-2 描述了完全竞争市场上企业短期均衡产量的决定。

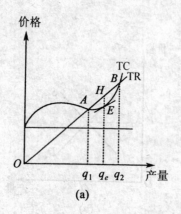 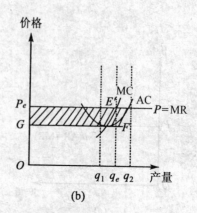

图 5-2　完全竞争企业的短期均衡产量的决定

在图 5-2（a）中，曲线 TR 是企业在短期中的总收益曲线，因为价格是给定不变的，每增加一单位产销量引起的收益增加量等于价格，因此，TR 是一条从原点出发的直线，其斜率就是市场价格或边际收益。曲线 TC 是企业短期的总成本曲线，该曲线呈"S"形，表示可变要素投入增加与产销量变化的关系服从边际收益递减规律。曲线 TR 与 TC 分别相交于 A 点和 B 点，对应的产销量分别为 q_1 和 q_2。在产销量为 q_1 和 q_2 时，因为总收益等于总成本（TR＝TC），超额利润为零（$\pi=0$）。当产销量小于 q_1 或大于 q_2 时，总收益小于总成本（TR＜TC），超额利润为负值，即出现亏损。在产量从 q_1 至 q_2 的区间，总收益大于总成本（TR＞TC），企业可以获得超额利润。所以，企业必然在这个范围内决定它的产销量。从图 5-2 中可以看出，在曲线 TR 与 TC 的斜率相等时，两曲线的垂直距离（HE）最大，与之对应的产量为 q_e。对企业来说，q_e 就是利润最大化的均衡产量，因为除非价格或成本条件发生变化，否则不存在使企业改变这个产销量的激励。

也可以用另一种方法来表示企业利润最大化均衡产量的决定。如图 5-2（b）所示。在该图形中，MC 表示边际成本曲线，AC 表示平均成本曲线，边际收益和价格则用平行于横轴的同一条水平线表示。由于曲线 MR 和 MC 分别代表曲线 TR 和 TC 的斜率，且 TR 与 TC 斜率相等时利润达到极大，因此，利润极大化条件也可以表示为 MR＝MC。在完全竞争市场上，MR＝P，故 P＝MC 时的产量就是利润最大化的均衡产量。在图 5-2（b）中，MR 或 P 与 MC 相交于 E' 点，对应的均衡产量也是 q_e。q_e 之所以是利润最大化均衡产量，是因为当产量小于 q_e 时，边际收益或市场价格高于边际成本（P＞MC），企业若使产量减至 q_e 以下，边际成本减小量会小于边际收益减小量，等于放弃了增加盈利的机会。当产量大于 q_e 时，边际收益或市场价格低于边际成本（P＜MC），企业若使产量增至 q_e 以上，边际成本增加量会高于边际收益增加量，增产会得不偿失。只有在产量为 q_e 时，$P=MC$，企业才会实现利润最大化，并不再会有减产或增产的激励。

图 5-2（b）还可以表示总利润，当产量为 q_e 时，单位产品的利润为 $E'F$（$P-AC$），总利润可由 $E'F$ 与 Oq_e 相乘求出。因此，图中阴影部分 $GP_eE'F$ 表示了产量为 q_e 时的总利润。

（二）停止营业点和企业短期供给曲线

以上讨论的是在给定的市场价格下，企业通过产量调整使 $P=MC$ 而实现利润最大化。现在进一步讨论，如果市场价格发生变化时，企业对此将作出何种反应？怎样对产量决策进行调整？图 5-3（a）表示了市场价格逐步下降的情况下企业的产量决策过程。

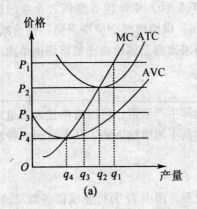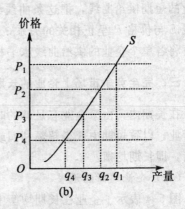

图 5-3　停止营业点和企业短期供给曲线

在图 5-3（a）中，MC 仍然表示边际成本曲线，ATC 为平均总成本曲线，AVC 为平均可变成本曲线。平均总成本等于平均可变成本与平均固定成本之和，即 ATC＝AVC＋AFC，故 ATC 与 AVC 之间的垂直距离就是平均固定成本 AFC。设定价格从 P_1 下降到 P_4，与此相对应，企业的产量决策过程包括下列几方面：

● 获得正常利润。当价格水平为 P_1 时，厂商将产量确定为 q_1，此时 $P_1=MC$，厂商可获取超额利润。若价格水平由 P_1 降至 P_2 时，$P_2=ATC$，价格只能抵偿全部生产成本。此时，企业仅获正常利润，超额利润消失，但也不会发生亏损，如果停产，企业就无法收回成本。因此，价格为 P_2 时，企业仍会按 $P=MC$ 的原则确定产量，提供产销量 q_2。

● 使亏损最小。假如价格再降至 P_3，由于 $P_3<ATC$，企业将出现亏损。此时，企业能否关门大吉停止生产呢？不能。理智的选择是，企业仍按 $P=MC$ 的原

则，提供产销量 q_3，以尽量减少亏损的损失。因为在 P_3 的价格水平上，企业继续经营还能收回平均可变成本和一部分平均固定成本 AFC。如果停产，亏损会更大。

- 选择停止营业点。当价格降至 P_4 时，P_4＝AVC，产品的价格只能抵偿可变成本，固定成本一点也得不到补偿，这样的价格已经是企业利用已有厂房设备进行生产所能接受的最低价格了。价格若继续下降，连可变成本也收不回来，发工资、买原材料的钱都会付不出去。因此，在价格为 P_4 时，企业将提供产销量 q_4。价格再低于 P_4，企业只能停止营业。因此，P_4 与 MC 的交点 E 也就代表了停止营业点。

因为在 $P<$AVC 时，企业不会提供任何产量，而只有在 $P\geqslant$AVC 时，才会有企业供给行为的发生。所以，MC 高于 AVC 曲线最低点以上的部分实际上也就是企业的短期供给曲线，把这条曲线绘制在图 5-3（b）中，即 S 曲线。企业的供给曲线 S 与价格 P 呈正相关的关系，即价格升高，供给增加；价格下降，供给减少。若再将各单个企业的供给曲线水平相加，还可求出行业供给曲线或市场供给曲线。

三、完全竞争市场上企业的长期决策

在长期内，由于企业有足够的时间调整全部生产要素，可以自由进入或退出某一行业，以致短期中获得超额利润或亏损的均衡不能继续下去，从而达到一种新的均衡，即长期均衡。

（一）企业均衡的调整

图 5-4 表示了企业在长期均衡中的调整过程。图中 D 为行业或市场需求曲线，S_1 为起初的供给曲线，起初形成的市场价格为 P_1。MC 为代表性企业的边际成本曲线，AC 为平均成本曲线。

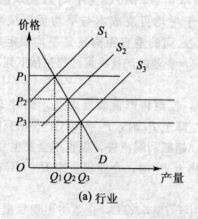
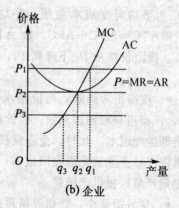

(a) 行业   (b) 企业

图 5-4　完全竞争行业和企业的长期均衡

由于 $P_1 >$ AC 的最低点，企业可以获得超额利润，但这只是暂时的。在长期中，超额利润的存在会给新企业的进入提供激励，增加行业供给，使 S_1 曲线向右移动。新企业的进入将会持续到何时为止呢？由图 5-4 可见，当行业供给曲线移至 S_2 时，将会形成新的均衡价格 P_2。因为 $P_2 =$ AC，超额利润消失，新企业也就丧失了继续进入的动力，从而实现行业和企业的长期均衡。此时，代表性企业的均衡产量也由 q_1 减至 q_2，表明新企业的进入已使它丧失了一部分市场份额。如果在价格 P_1 时超额利润的刺激作用是如此之大，以至于蜂拥而来的新企业的进入使行业供给曲线右移至 S_3，那就会形成价格 P_3。显然，$P_3 <$ AC，行业生产过度，企业将会出现亏损。这会引发一些企业的退出行为。退出的过程也会持续到行业供给曲线左移到 S_2 时为止。如果仍是在 P_2 的价格水平上，企业不赔不赚，既无企业的退出，也无企业的进入，实现了长期均衡。

总之，在完全竞争市场上，企业的长期均衡只有在超额利润为零时才会发生。这也就是说，企业长期均衡不仅要求价格等于边际成本，还要求价格等于平均成本。在长期中，平均成本不仅指短期平均成本 SAC，也指长期平均成本 LAC。我们已经知道，边际成本 MC 总是与平均成本 AC 的最低点相交的，由于长期平均成本 LAC 的最低点仅有一个，故完全竞争企业长期均衡的条件是市场价格与企业的长期平均成本、短期平均成本、长期边际成本、短期边际成本均相等，用公式表示为：$P =$ LAC $=$ SAC $=$ LMC $=$ SMC。

（二）行业的长期供给曲线

如前所述，在短期内，企业的供给曲线可由该企业边际成本曲线 MC 位于平均可变成本曲线 AVC 之最低点以上的部分来表示。行业的供给曲线则由各企业的供给曲线的水平轴（数量轴）的数值加总而成。当市场需求增加后，各企业将在原有厂房设备基础上增加可变要素的投入量以增加产品供给量。所以，在短期内，由于市场需求增加引起的行业供给量的增加，必然伴随着价格的上升，即短期的行业供给曲线必然自左向右上方倾斜。而在长期调整过程中，不仅企业的厂房设备的规模会随产量的变化而变化，而且企业的数目因为企业的进入和退出也会发生变化，所以，市场需求扩大引起的行业产量的增加，并不是通过原有企业扩大其供应量，而是通过企业数目增加的结果。又因为在达到长期均衡状态时，与企业的均衡供给量相对应的价格和成本不是边际成本，而是企业长期平均成本曲线 LAC 之最低点的平均成本。因此，行业的长期供给曲线将是由市场需求的扩大（或缩减）引起的行业供求平衡时各企业 LAC 曲线之最低点的轨迹，这决定了行业长期供给曲线的形状可能有三种情况：水平直线、向右上方倾斜和向右下方倾斜，它们分别取决于当行业的需求和生产扩大时，行业的成本状况是固定不变、递增和递减等三种情况。

● 成本固定不变行业的长期供给曲线如图 5-5 所示。

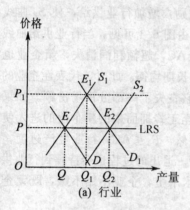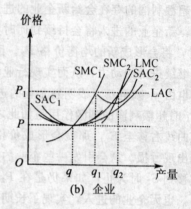

图 5-5   成本固定不变行业的长期供给曲线

在图 5-5 中，假设开始时行业的长期均衡点 E 之均衡价格为 P，均衡产量为 Q。现在市场对该产品的需求从 D 增加到 D_1。在短期内，价格从 P 上升到 P_1，这引起该行业既有企业利用原有设备扩大供给，并赚得超额利润，行业的供给量从 Q 增至 Q_1。原有企业赚得超额利润吸引新的企业进入该行业，新企业提供的产量导致行业供给曲线从 S_1 向右下方移动到 S_2。假如行业产量扩张引起的对所需生产要素需求的增加并未引起要素价格上升，则该产品的成本不会增加，因而新旧企业的长期平均成本曲线不会上下移动。新企业进入引起的市场供给量增加导致供给曲线从 S_1 移到 S_2，迫使价格下跌。只要该行业继续存在超额利润，新企业的进入和行业产量的增加就会继续下去，一直到产品价格恢复到原来的水平 P，超额利润完全消失为止。新的行业均衡产量从 Q 增至 Q_2。旧的企业提供的行业均衡产量从 q_1 恢复到原来的 q，因而行业产量的增加完全是由新增的企业提供的。在这种场合下，行业的长期供给曲线就是一条水平线，即图中由 E 点和 E_2 点联结起来的 LRS 直线。由于这样的行业的单位产品成本不因产量的增加而发生变化，所以被称为成本固定不变行业（Constant-Cost Industry）。

- 成本递增行业的长期供给曲线如图 5-6 所示。

图 5-6 描述了成本递增行业（Increasing-Cost Industry）的长期供给曲线。假设在初始均衡状态下，产品的均衡价格为 P_1，企业和行业的均衡产量分别为 q_1 和 Q_1，厂商的短期和长期平均成本曲线分别为 SAC_1 和 LAC_1。现在市场需求从 D_1 扩大至 D_2，在短期内价格从 P_1 上升到 P_2，原有企业扩大产量为 q_2 并使行业产量增至 Q_2 赚得超额利润。这引起新企业进入该行业，新企业进入该行业又会导致 S_1 向右下方移到 S_2。假如行业产量扩张引起的对所需生产要素的增加引起要素价格的上升，新旧企业的长期平均成本曲线就会由 LAC_1 移到 LAC_2。企业的 LAC 曲

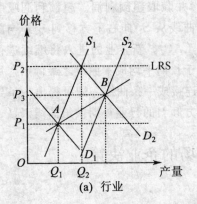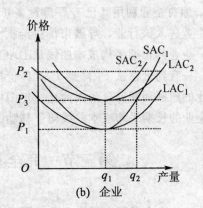

图 5-6　成本递增行业的长期供给曲线

线的向上移动和 S 曲线的右移会一直进行下去，直到 S 曲线的移动使价格从 P_2 下降到等于已经上移的 LAC_2 曲线之最低点为止。这时，超额利润完全消失，行业与企业再次处于均衡状态。如果需求继续扩大，则该行业将趋向另一更高的均衡。在这种场合下，由于对产品需求增加引起行业产量增加的同时，产品的均衡价格相应上升，因而行业的长期供给曲线表现为图中 A、B 两点的自左向右上方倾斜的 LRS 曲线。

● 成本递减行业的长期供给曲线如图 5-7 所示。

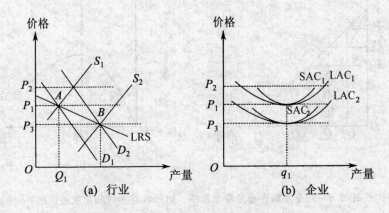

图 5-7　成本递减行业的长期供给曲线

图 5-7 描述的是成本递减行业（Decreasing-Cost Industry）的长期供给曲线。假设初始的行业均衡点 A 相应的均衡价格为 P_1，均衡产量为 Q_1，各企业均衡产量

为 q_1。现在市场需求增加，从 D_1 向右上方移到 D_2。在短期内，价格从 P_1 上升到 P_2，原有企业利用其已有厂房设备扩大产量，并赚取超额利润。超额利润吸引新的企业进入该行业，导致市场供给扩大，供给曲线从 S_1 向右下方移到 S_2；与此同时，企业的长期平均成本曲线从 LAC_1 下移到 LAC_2。新企业的进入将继续进行下去，一直到价格从 P_1 降到 P_3，即价格再次等于长期平均成本曲线之最低点，每个企业的超额利润完全消失为止。把图中 A、B 连接成一条曲线，即可得出一条导源于企业的长期平均成本曲线向下移动的向右下方倾斜的行业长期供给曲线。

第三节　完全垄断市场的企业决策

一、完全垄断市场上企业的需求曲线

本章上节讲到，完全竞争企业被动地接受固定的市场价格，并可以按既定价格销售出它所愿意销售的任何数量的产品，因此，完全竞争企业面临一条弹性无穷大的水平状的需求曲线，且价格等于平均收益、边际收益，即 $P = AR = MR$。因为价格恒定，完全竞争企业的总收益曲线也成为一条自原点出发、向右上方倾斜的直线。但是，完全垄断企业则不能，它所面临的需求曲线、边际收益曲线和总收益曲线与完全竞争企业相比有明显不同之处，如图5-8所示。

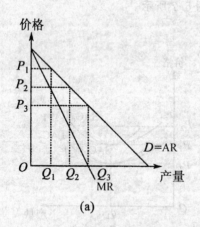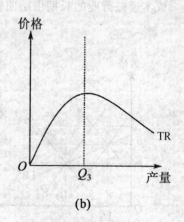

图 5-8　完全垄断企业的需求曲线、边际收益曲线和总收益曲线

（一）需求曲线

在图5-8中，垄断企业的需求曲线是向右下方倾斜的。因为垄断企业代表了一个行业，它所面临的需求曲线亦即行业的需求曲线。尽管垄断企业具有价格制定者

的地位，但它的需求曲线仍要服从一般的需求规律。这意味着垄断企业想要多销售出一部分产品，就必须相应降低产品价格。由此就决定了垄断企业的决策不仅包括了产量决策，而且还包括价格决策，它必须找出某种能使利润最大化的最佳价格-产量的组合。

（二）边际收益曲线

由于垄断企业的需求曲线向右下方倾斜，完全竞争市场上 $P=AR=MR$ 的关系也就不再成立。在完全垄断市场上，价格高于边际收益（$P>MR$），也就是说，边际收益曲线 MR 始终处于需求曲线 D 之下，而且，随着产量的增加，边际收益曲线与需求曲线的距离越来越大，这表明边际收益比价格下降得更快。这种关系可以用表 5-1 来说明。

表 5-1　　　　　　　　　　　　完全垄断企业的收益表

价格	数量	总收益	平均收益	边际收益
9	1	9	9	9
8	2	16	8	7
7	3	21	7	5
6	4	24	6	3
5	5	25	5	1

从表 5-1 可以看出，当销售增加时，价格下降，边际收益也随之下降，并且下降得比价格还快。这是因为，价格每下降 1 元，不只是最后一件产品下降 1 元，而是所有产品的价格都下降 1 元，这所有产品价格下降带来的收益减少都由最后一件产品来承担。因此，随着产量的增加，最后一件产品的边际收益就越来越小于价格。

（三）总收益曲线

因为垄断市场上的价格是可变化的，垄断企业的总收益曲线 TR 也不再像完全竞争市场上那样为一条直线。如图 5-8 所示，企业的总收益最初随产量增加而递增，在产量为 Q_3 时达到极大值，然后逐步递减。

二、完全垄断市场上企业的短期决策

在短期，由于不能改变生产规模，完全垄断企业也可能发生亏损或只获得正常利润。但是，由于垄断者能操纵市场价格，因此，即使在短期，完全垄断企业通常也能获得垄断利润。图 5-9 描述了垄断企业确定利润最大化的产量和价格的过程。

（一）确定利润最大化产量

受报酬递减规律的支配，垄断企业的短期总成本曲线 TC 和边际成本曲线 MC

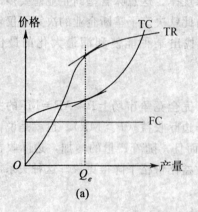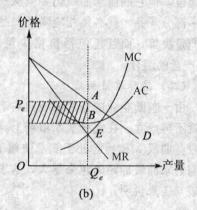

图 5-9　垄断企业的短期均衡

的形状与完全竞争企业相同。在图 5-9（a）中，能为企业带来最大化利润的产量是 Q_e，因为在产量为 Q_e 时，TC 和 TR 两条曲线的斜率相等，两曲线之间的垂直距离最大。这一点在图 5-9（b）中表现为 MR 曲线与 MC 曲线相交，即 MR＝MC。产量若小于 Q_e，MR＞MC，可继续增加生产。产量若大于 Q_e，MR＜MC，增产得不偿失。只有在产量为 Q_e 时，MR＝MC，企业的利润达到极大，无意再扩大或减产。当然，这是以某种假设前提为基础的，即垄断企业无法为每单位产品索取不同的价格，但实际上垄断企业具有着为相同产品销售，向不同的消费者索取价格的能力，这一点本书后面的章节将会专门讨论。

（二）确定利润最大化价格

在图 5-9（b）中，当产量为 Q_e 时，消费者愿意支付的价格为 Q_eA。垄断企业可以由 MC 曲线与 MR 曲线相交点 E 作向上延伸的垂线与需求曲线 D 交于 A 点来确定产品价格。$Q_eA＝OP_e$，故 P_e 为利润最大化的价格。另外在图 5-9（b）中，平均成本曲线 AC 位于需求曲线的下方，因此，矩形的阴影面积 P_eABC 表示企业的垄断超额利润。当然，垄断并不能保证一定能获得超额利润。如果需求不足，成本过高，以至于平均成本高于市场价格，使得平均成本曲线 AC 位于需求曲线上方，也会造成亏损。但是，只要按照 MR＝MC 的原则确定价格或产量就可使亏损最小。

三、完全垄断市场上企业的长期决策

在长期，由于工厂规模能改变，在短期不能获得垄断利润的垄断企业可以通过调整工厂规模以获得垄断利润；在短期获得垄断利润不大的企业也可以通过调整工厂规模以获得更大的垄断利润，这可以借助图 5-10 来说明。

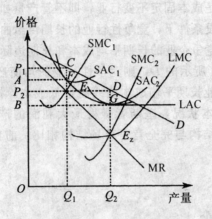

图 5-10 垄断企业的长期均衡

在图 5-10 中，LAC 和 LMC 是垄断企业的长期平均成本和长期边际成本曲线。SAC$_1$ 和 SAC$_2$ 是两个不同规模的短期平均成本曲线，它们分别与长期平均成本曲线相切。SMC$_1$ 和 SMC$_2$ 是它们相应的短期边际成本曲线。假设垄断企业最初的工厂规模是 SAC$_1$，在这个规模上，短期边际成本曲线与边际收益曲线相交于 E 点，确定的最大利润产量为 Q_1，在这一产量水平上，市场价格为 P_1，从而总收益为 OQ_1CP_1，总成本为 OQ_1FA，垄断利润为 $AFCP_1$。但是，从长期来看，这个垄断企业的利润不是最大的，因为边际收益大于长期边际成本，即边际收益曲线 MR 位于长期边际成本曲线上方。于是，经过一段时间后，这个企业增加投资，扩大工厂规模。当规模扩大到 SAC$_2$ 时，边际收益与长期边际成本相等，从而该企业达到长期均衡状态，其均衡产量为 Q_2，均衡价格为 P_2，垄断利润为 $BGDP_2$。显然，经过规模调整后，垄断企业获得的利润要大得多（$BGDP_2 > AFCP_1$）。

综上所述，完全垄断企业的短期均衡条件是 SMC＝MR，长期均衡条件是 SMC＝MR＝LMC。长期均衡与短期均衡的区别是，后者不要求长期边际成本 LMC 与边际收益相等，而前者则要求它们相等。

四、垄断的后果和垄断管制

（一）垄断的后果

以上我们对垄断市场的讨论都是从企业的角度出发，分析垄断企业怎样利用自己对市场的独占地位来实现利润最大化。对于企业来说，在市场占有垄断地位无疑是梦寐以求的事，但对整个社会来说，垄断市场并非是一件好事。这是因为：

1. 与完全竞争市场相比，在垄断条件下企业的产品定价高，产量少。这可以由图 5-11 说明。在图 5-11 中，假设对所有企业来说，规模报酬不变，即不存在规模经济；还假设该行业是成本固定不变行业，即不管产量如何扩大，单位产品的成本固定不变。在这些假设条件下，竞争性行业的长期供给曲线将是一条水平线，这条线与横轴的距离等于竞争企业的长期平均成本和长期边际成本。再假设该产品的市场需求曲线如图 5-11 所示的 D，则竞争性行业的均衡产量为 Q_1，均衡价格为 P_1。这个价格等于各企业长期平均成本曲线的最低成本。根据既定的与竞争性行业相同的需求状况和成本状况，垄断者赚得最大利润的产量为 Q_2，销售价格为 P_2。这表明垄断的市场结构与完全竞争市场结构相比，前者的价格较高，而产销量则较少。

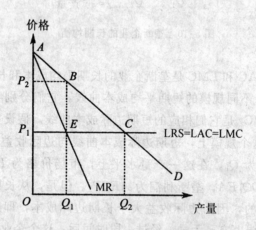

图 5-11　垄断企业与完全竞争企业长期
均衡价格和产量的比较

2. 在完全竞争条件下，消费者剩余多，而在垄断条件下消费者剩余少，且造成社会福利的损失。消费者剩余是消费者从消费一定量物品获取的总效用超过他为此花费的货币效用的差额。通俗地说，也就是消费者因付出的价格低于他愿意支付的价格而获取的好处。消费者剩余是所谓"经济福利"的基本组成部分，西方经济学家一般侧重于用它来衡量经济福利的大小、经济效率的高低。如前所述，完全竞争市场上 $P=MC=AC$，消费者付出的价格等于企业最低平均成本和边际成本，消费者剩余，从而经济福利最大。在图 5-11 中，当竞争市场均衡价格为 P_1 时，消费者剩余为三角形 P_1CA 的面积。而在垄断市场上，较高的卖价和较小的产量，使矩形面积 P_1EBP_2 的福利额由消费者转给了垄断者，并导致了 ECB 的净损失，消费者剩余仅有 P_2BA，从而经济福利及效率受到了严重的损失，总之，完全竞争市场上资源配置的效率较高，而垄断条件下资源配置效率低。

但是，同垄断相比，完全竞争也有其缺点：

● 在完全竞争条件下，一个企业发明新技术，开发新产品，将很快为竞争者所仿效，因而完全竞争不利于技术进步。正因为如此，每个国家对于新技术新产品都赋予发明者以专利权，使之享受垄断该发明的权力。

● 有些产品特别是规模经济十分显著的商品，如果由许多规模很小的企业生产，单位产品的成本可能很高。反之，由一个或少数垄断者进行大规模生产可能以较低的价格给消费者提供更多产品。许多公用事业诸如电力、煤气、自来水等就属于这种类型。经济学家把这种不能不垄断的市场称为自然垄断（Natural Monopoly）。

（二）垄断管制

1. 自然垄断与政府管制。前面我们已经了解到，自然垄断企业的特征是具有规模经济，也就是说，这类企业的生产规模越大，产品的平均成本越低，对资源的使用也就越有效。但是，如果自然垄断企业利用其独占市场的优势来追求最大利润的话，对消费者和对社会同样有害。因此，许多国家的政府一方面允许自然垄断的存在，另一方面又对其进行管制，限制自然垄断企业的权力，以保护消费者的利益。

政府对自然垄断企业的管制主要是价格管制，也可以实行产量管制。图 5-12 描述了政府价格管制和产量管制的效果。

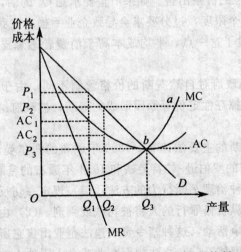

图 5-12　对自然垄断企业的价格和产量管制

在图 5-12 中，当没有任何管制时，企业的生产量为 Q_1，价格为 P_1，利润为 $(P_1 - AC_1) \times Q_1$。如果政府进行价格管制，规定企业的价格不能超过 P_2，垄断企业就从价格制定者变成了价格的接受者。垄断企业所面对的需求曲线亦变成了一条水平价格曲线（等于 P_2）。在固定价格下，企业的边际收益等于商品价格，等于水平需求曲线。根据利润最大化的生产决策原则，企业应选择边际收益等于边际成本的 a 点确定产销量，但在价格为 P_2 的情况下，市场的需求量只有 Q_2。为此，企业的实际生产为 Q_2，在最高价格等于 P_2 的情况下，企业仍有利润，等于（P_2 － AC_2）$\times Q_2$。政府管制的结果使商品价格下降，但企业的生产量却由于需求量的提高而增加，并且，由于企业具有规模经济，生产增加反而使成本降低，企业利润也有可能增加。

当然，政府对自然垄断企业的价格管制是有限度的。价格管制的目的是限制垄断权力以有效利用资源和保护消费者的利益，并非消除垄断。因此，政府的最高价格不能低于平均成本。在图 5-12 中，价格控制的下限是 P_3。当价格等于 P_3 时，如果按照边际成本等于边际收益的原则确定产量，企业应选择 b 点。但在 b 点上，平均成本高于价格曲线，企业出现亏损。在这种情况下，企业必须考虑怎样减少损失，惟一的办法是继续扩大生产直至价格等于平均成本。因此，在最高价格为 P_3 时，企业的产量为 Q_3。如果价格低于 P_3，平均成本高于价格，不管企业怎样生产都会亏损。在这种情况下，自然垄断企业就会停产关闭。所以，P_3 是政府价格管制的下限。

规定最低产量的做法与限制最高价格有相同的效果，只不过是以不同的方式来实现而已。在图 5-12 中，如果政府规定自然垄断企业的最低生产量是 Q_2，企业就一定会在市场上以 P_2 的价格出售。如果产量要求是 Q_3 的话，价格就一定会是 P_3。政府产量管制也有一个限度，过分要求会导致企业亏损。在我们的例子里，这一限度就是 Q_3。如果超过了这一点，平均成本高于消费者愿意支付的价格，企业就不会生产。

2. 反垄断法。与政府对自然垄断的价格管制不同，由于控制原料来源、不公平竞争、非法兼并、掠夺性定价等原因形成的垄断，被政府纳入了反垄断法的管制范围。

在美国，反对垄断的主要法律有：1890 年颁布的谢尔曼法、1914 年颁布的克莱顿法、1936 年颁布的罗伯逊-帕特曼法和 1954 年颁布的塞勒-凯弗维尔法。在上述法律中，提出了三种治理垄断行为的方法：（1）规定一切反竞争的活动是犯罪的行为，例如，犯有操纵价格罪行的人将被罚款或判刑。（2）由法院或联邦交易委员会发布禁令取缔反竞争活动，这种禁令责成违法企业出售它所掌握的一些公司，从而使集中的市场力量解体。（3）立法规定企业或个人因他人的垄断行为而遭受了损失，可以提出索赔诉讼，特别是由于其他企业操纵价格使某企业受损时，受损企业可以索赔相当于实际损失数额 3 倍的赔款。这些法律的颁布和实施，对于阻止和扭转企业的垄断行为发挥了重要作用。

其他各国也有旨在反对垄断、保护竞争的法律，但其名称与重点不完全相同。美国的垄断主要采取了托拉斯的形式，所以，反垄断法就是反托拉斯法。德国的垄断形式主要是卡特尔，所以，反垄断法被称为"卡特尔法"。

但是，近年来反垄断法受到许多方面的批评，主要有：（1）反垄断法处罚了成功者，例如，20世纪60年代初期，通用汽车公司发明了一种汽车，装有一种高效的横向装置发动机，并获得了专利。这样，该公司就垄断了这种汽车市场。反垄断法反对垄断就是打击成功者，而保护了那些落后的企业。（2）反垄断法不利于进行国际竞争。当今世界各国的大公司以其巨大的财力、人力以及产品开发的竞争力在世界市场上竞争。各国包括美国这样的国家都受到这些大公司的冲击。在这种情况下，如果国内垄断受到限制，形不成实力雄厚的大公司，不仅谈不上在世界市场竞争，就连国内市场也难以保住。因此，为了适应当今的国际竞争，保持大的垄断公司的地位是必要的。（3）反垄断法对促进技术进步不利。根据美国著名经济学家熊彼特的分析，大企业可以进行重大的开发与研究，进行技术创新，而中小企业没有这种能力。美国电报电话公司在1925年建立的贝尔实验室以其雄厚的人力与财力在晶体管、太阳能电池、激光技术等方面的成功就证明了这一点。

基于以上理由，人们对垄断的态度现在有了很大的改变，不再像以前那样敌视垄断者。不过，经济中总的趋势也并不是愈来愈走向垄断。激烈的国际竞争削弱了垄断者在国内的垄断力量，大公司本身出于管理等原因也在变化。例如，1995年9月20日，美国电报电话公司董事长艾伦就宣布将该公司一分为三，即分为三家独立的公司：通讯服务公司、通讯设备公司以及电脑信息服务公司。

第四节 垄断竞争市场的企业决策

一、垄断竞争市场上企业的需求曲线

在垄断竞争市场上，每家企业生产不同质的产品，因而每家企业的需求与成本状况不尽相同。这样，像完全竞争市场那样选择一个企业作为代表性企业就不大可能。但我们可以把行业中需求和成本状况相近的企业归于一类，称之为产品集团。因此，在下面的分析中，我们以产品集团代替行业，并假定集团内每个企业的需求曲线与成本曲线是相同的。

由于垄断竞争企业凭借产品的差异性对自己的产品有一定程度的垄断，所以，垄断竞争企业所面对的需求曲线就不会像完全竞争企业那样是一条具有完全弹性的水平线，而是向右下方倾斜的曲线，且边际收益曲线位于需求曲线下方，这与完全垄断企业并无差异。但是，垄断竞争企业的需求有其自己不同的特点，在一个产品集团内部，产品之间存在着较高的替代性，而且由于企业数目较多，每个企业行为互不影响。这样，每个企业都认为它的产品需求是有很大弹性的，只要降价就会从别的企业那儿吸引大量的新顾客，从而大幅度地增加销售量。换言之，在一个产品集团内部，每个企业都面临一条具有很大弹性的需求曲线。这种具有很大弹性的需求曲线如图 5-13 中 d 曲线所示。但是，每个企业都按照 d 曲线降价的结果是没有一个企业能够按照 d 曲线增加它的销售量。这是因为每个企业都降价，就没有一个企业能够从集团内其他企业那里吸引更多的顾客。例如，当一个企业把价格从 P_1 降至 P_2 时，它认为它的产品销售量将会从 q_1 增至 q_3。但是，由于其他企业与它的需求状况相同，为了把销售量从 q_1 增至 q_3，它们也会把价格从 P_1 降至 P_2。结果，这个企业的实际销售量是 q_2，低于它的预期销售量 q_3。

　　因此，在垄断竞争市场上，存在着两条需求曲线，一是预期的或主观的需求曲线，即图5-13中的 d 曲线，它表示若其他企业维持价格不变，一个企业改变价格所产生的销售量；二是实际的或客观的需求曲线，即图 5-13 中的 D 曲线，它表示在其他企业都一致改变价格时一个企业改变价格所产生的销售量。前者描述一个企业改变价格的动机，后者描述一个企业改变价格的结果。

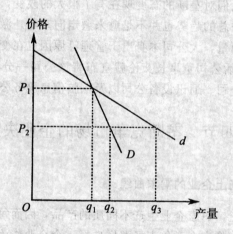

图 5-13　垄断竞争市场的企业需求曲线

二、垄断竞争市场上企业的短期决策

　　与其他市场结构中的企业一样，垄断竞争企业也要在成本条件和需求状况既定的条件下谋求利润的最大化。由于垄断竞争企业面临的需求曲线是向右下方倾斜的，它的价格和产量决策也是依据 MR＝MC 的原则，调整产销数量，然后再根据需求曲线来确定产品的价格。但不同的是，垄断竞争企业面对的是主观需求曲线和实际需求曲线这两种需求状况，因此，它在短期中实现利润最大化的条件，除了 MR＝MC 之外，还要求 $d＝D$，即主观需求与客观需求相一致。

　　垄断竞争企业短期产量和价格的调整过程可以借助图 5-14 来说明。

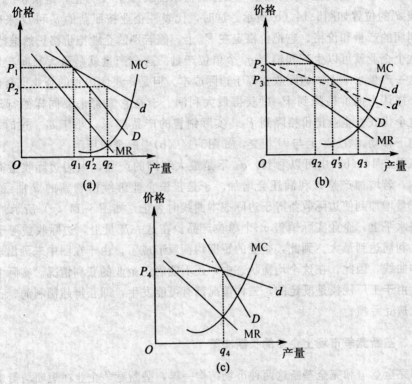

图 5-14 垄断竞争企业的短期均衡

在图 5-14（a）中，d 为一个代表性企业主观需求曲线，MR 为与 d 相对立的边际收益曲线。D 为它的实际需求曲线，MC 为它的边际成本曲线。现在假定企业最初面临的价格是 P_1，生产和销售 q_1 个单位产品。显然，q_1 不是最大利润的产量，因为边际收益大于边际成本。由于该企业认为集团内其他企业不会受它改变价格的影响，它若把价格从 P_1 降至 P_2，预计它的销售量会沿着 d 曲线从 q_1 增加到 q_2。于是，为了获得最大利润，它把价格降到 P_2。假若其他企业果真维持现有价格不变，那么该企业就生产和销售 q_2 个单位产品。这个产量就是最大利润的产量，因为在这一点上，边际收益等于边际成本。但是，前面还假定，在一个集团内，每个企业的需求曲线和成本曲线都是相同的。既然这个代表性企业认为降价不会引起其他企业的注意，别的企业也会这样认为，而且也相信它降价不会引起其他企业的注意。这样一来，所有企业都把价格从 P_1 降到 P_2。结果，这个代表性企业的销售量只是沿着 D 曲线增加到 q_2'，小于它预期的数量 q_2，这是因为它不能从集团内其他企业那里招徕更多的顾客。

由于所有的企业现在都按 P_2 价格销售 q_2' 个单位产品，因此企业主观需求曲线必然向下移动，直到在 P_2 价格上与实际的需求曲线 D 相交为止。这条新的主观需求曲线 d' 的位置如图5-14（b）所示。这时，代表性企业按照新的 d 和 D 来确定最大化利润的产量和价格。它把价格定在 P_3 上，假若别的企业把价格仍然维持在 P_2 上，这个企业就可以生产和销售 q_3 个单位产量。这个产量就是最大利润产量，因为在这一产量水平上，边际收益等于边际成本。但是，集团内别的企业也会像这个企业一样认为把价格降到 P_3 以获得最大利润。于是它们都采取同样的行动。结果，这个代表性企业把价格降到 P_3，实际销售的产品是 q_3'，小于 q_3。这时，d 曲线又向下移动，在 P_3 上与 D 相交，如图5-14（b）中的虚线所示。

从图 5-14（b）中可以看到，q_3' 不是最大利润的产量，因为边际收益高于边际成本，若增加产量，利润还会增加。于是，该企业继续沿着新的 d 曲线降价，直到产量增加到使边际收益等于边际成本曲线时为止。如图 5-14（c）所示。在 P_4 的价格水平上，企业实际销售 q_4 个单位产品。在这一产量上，边际收益等于边际成本，利润达到最大。到此，企业的短期均衡就形成了。由于在图中未画出短期平均成本曲线，因此，在这个均衡状态中，还不能确定企业的获利情况。实际上，在短期，由于工厂规模是既定的，三种情况都有可能发生，即获得超额利润、正常利润以及遭受亏损。

三、垄断竞争市场上企业的长期决策

与完全竞争和完全垄断这两种市场结构一样，垄断竞争企业在短期均衡中只涉及在既有厂房设备规模的基础上调整销售价格和相应的销售量。同样，在长期均衡中，不仅企业的厂房设备的规模是可以变动的，该行业的企业数目也是可以变动的。由于企业数目可以变动，若某一行业出现超额利润，新的企业加入该行业，最终使超额利润消失；若出现亏损，老企业有一部分退出该行业，最终使亏损消失。长期产量和价格的调整过程可以借助图 5-15 来说明。

在图 5-15（a）中，LAC 为代表性企业的长期平均成本曲线。假设这个企业最初面临的市场价格是 P_1，在这一价格上销售的 q_1 是最大利润产量，于是这个企业达到了短期均衡。但是在 q_1 产量上，企业获得超额利润，这必然诱使别的行业的企业纷纷进入这个行业。新企业的进入吸引去了一部分顾客，这个代表性企业的销售量就不得不减少。于是，实际的需求曲线 D 就会向左移动，直到在 P_1 价格上与长期平均成本曲线相交时为止。这时，企业的主观需求曲线 d 随着 D 曲线向左下方移动，直到在 P_1 价格上与 D 曲线相交时为止。这种情况如图 5-15（b）所示。在图中，新的产量 q_2 小于原来的产量 q_1。

但是，在这种情况下，企业并没有达到均衡，因为按照 d 曲线降低价格将会增加利润。这个企业认为，若把价格从 P_1 降到 P_2，产量就可以从 q_1 增加到 q_2，这时，利润达到最大。假定这个企业真的这样做了，但是，集团内其他企业也会跟

它一样把价格从 P_1 降到 P_2，结果，这个企业的实际销售量将按照 D 曲线增加到 q'_2，小于预期产量 q_2。

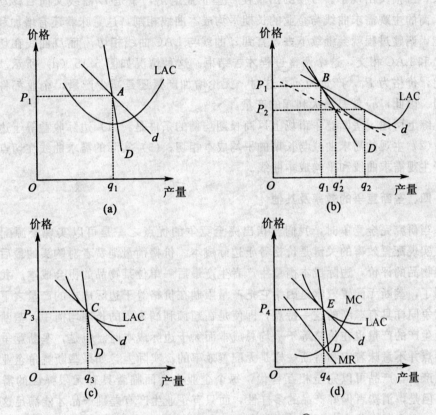

图 5-15　垄断竞争企业的长期均衡①

在价格为 P_2 和产量为 q'_2 的情况下，企业的主观需求曲线相应地向下移动，在 P_2 价格上与 D 曲线相交，如图 5-15（b）中的虚线所示。这时厂商遭受亏损，因为在 q'_2 产量上，平均成本曲线位于需求曲线上方。结果，集团内有些企业因亏损太大而退出该行业。经过一段时间后，集团中的企业数目减少了，每个企业的销售量增加了，从而 D 曲线向右移动，直到在 P_3 价格上与平均成本曲线相交，如图 5-15（c）所示，这时，主观需求曲线相应地向上移动，在 P_3 价格上与 D 曲线相交。在这个价格上，销售的产品是 q_3，大于 q'_2。

但是，在图 5-15（c）中，企业仍然没有达到均衡。代表性企业相信，只要降

①　为避免图中线条过多，省略掉了边际成本曲线和边际收益曲线。但利润最大化原则仍然是边际收益等于边际成本。

低价格，就会增加利润，因为 C 点右边的 d 曲线表示，平均收益大于平均成本。于是该企业降低价格。但由于所有企业都降价，该企业只能按 D 曲线增加产量。结果，亏损又出现了。亏损的出现使一些企业退出，于是 D 曲线又向右移动。只要厂商的主观需求曲线与企业的长期平均成本曲线相割，这意味着还有增加利润的可能，调整过程就会继续下去，直到 d 曲线与 LAC 曲线相切，而 D 曲线在切点上与 d 和 LAC 相交，这个调整过程才告结束。这种情况如图 5-15 (d) 所示。在 E 点上，价格为 P_4，产量为 q_4，这时，无论增加产量还是减少产量，企业都将遭受亏损。因此，q_4 就是最大利润的产量。

综上所述，垄断竞争市场上厂商长期均衡的条件是：（1）边际收益等于边际成本；（2）主观的需求曲线与长期的平均成本相切；（3）实际的需求曲线在切点上相交于主观需求曲线和平均成本曲线。

四、垄断竞争的效率及其他

当研究完全竞争时，我们曾指出完全竞争的优点之一是可以实现资源配置效率。实现配置效率的关键是价格等于边际成本。价格衡量消费者对购买的最后一单位某物品的评价，边际成本衡量生产者生产最后一单位某物品的机会成本。我们也说明了，垄断无配置效率是因为它把产量限制在价格等于边际成本的产量之下。垄断竞争同样具有垄断的这一特点，即使是在超额利润为零的长期均衡中，垄断竞争行业生产的产量也在价格等于平均总成本而大于边际成本时。但是，垄断竞争的这一特点并不意味着它和垄断一样是无配置效率的。实际上，如果垄断竞争企业生产同质产品，产品可以完全相互替代，每个企业也会面临着具有无限弹性的需求曲线。但是，消费者偏好产品的多样性，而只有企业生产有差别产品才能满足这种多样性，当垄断竞争企业更加重视从产品多样化中得到的收益时，就发生了配置效率的损失。

垄断竞争行业另一种收益的来源是产品创新，这个行业的厂商一直在寻求能给它们带来哪怕是暂时竞争优势的新产品。一个能引进新产品的企业能使其需求曲线比过去更陡峭，从而可以提高其产品价格。新企业的进入实际上就是要竞争从这种原先产品差别优势中所得到的利润。所以说，垄断竞争有利于鼓励创新，为消费者提供丰富多彩的有差别产品，从而满足不同消费者的需求。为了更多的创新而放弃部分配置效率是值得的。这正是垄断竞争普遍存在的原因之一。

垄断竞争企业部分是通过设计与引进实际上不同于本行业其他企业的产品来创造产品差别的，但它们也需要利用消费者对产品的感觉来创造产品差别。广告就是企业达到这一目的的主要手段，但广告使垄断竞争企业的成本高于没有广告的竞争企业与垄断企业。在广告向消费者提供了产品差别的准确性的信息范围内，广告是有利于消费者的，它有助于消费者作出更好的选择。但是，通过广告提供信息所增加的机会成本一定要与消费者从中作出更好选择时得到的好处相等。在现实中，广告往往代价很大，而给消费者带来的好处并没有广告的代价那么大，有时广告甚至会给消费者带来误导。

第五节　寡头垄断市场的企业决策

前已指出，寡头市场是有少数几个相互竞争的生产者的市场，其产生主要是由于规模经济。寡头市场的一个重要特征是几家企业之间的相互关联性。在完全竞争和垄断竞争市场上，企业数量很多，但相互之间在决策上没有相互依赖性，一家企业的决策对其他企业没有直接影响，也不受其他企业决策的影响。垄断市场上只有一家企业，也不存在与其他企业的关联性问题。但在寡头市场上，企业很少，每家企业的决策都对整个市场具有不可忽视的影响，对其他企业的决策也有重要影响。任何一家企业的销售情况都取决于自己的价格和其他企业收取的价格。正因为如此，就使得寡头垄断市场上企业的价格与产量的决定相当复杂，具有不同于其他市场的特点：(1)在寡头垄断市场上，很难对产量与价格作出像前几种市场那样确切而肯定的答案。这是因为，各企业在作出价格与产量决策时，都要考虑到竞争对手的反应，而竞争对手的反应可能是多种多样的，很难准确预测。(2)价格与产量一旦确定之后就有其相对稳定性。这就是说，由于难以摸清竞争对手的行为，一般不会轻易变动已存在的价格和产量均衡。(3)寡头垄断企业之间的相互依存性使它们之间更容易形成某种形式的勾结。当然这种勾结并不会取代竞争，而只是一种暂时性的妥协。由于有以上特点，经济学家们提出了各种各样解释寡头垄断市场上企业价格与产量决定的理论和模型，但每种模型都有其不尽如人意之处。

一、古诺模型及其扩展

(一)古诺模型

最早的寡头垄断模型是由法国数理经济学家奥古斯汀·古诺（Augustin Curnot）于1838年提出的，但该模型直到20世纪30年代才得以广泛传播，并被视为寡头垄断分析的理论基础。古诺模型是一种"双方垄断"（Duopoly）模型，即一种产品市场上仅有两个卖者A和B垄断产品的生产和销售。该模型的前提条件是：(1)生产单一产品，如矿泉水（这里是指自然矿泉水）。(2)产品的生产成本为零，收益即利润。(3)每个生产者面临相同的需求曲线，且是线性的。(4)企业决策方式是通过调整产量来确定价格，以期实现利润最大化。(5)两个企业在选择产销量时，每一方都根据对方采取的行动，并假定对方会继续行事来作出自己的决策。古诺模型的分析如图5-16所示。

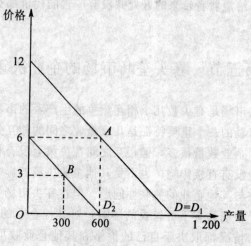

图 5-16　古诺模型

在图 5-16 中，曲线 D 是市场需求曲线。假设最初企业 A 是该市场惟一的生产者，因而 $D=D_1$，它按照 MR＝MC 的利润最大化原则，将产量调整到全部市场需求量 1 200 单位的一半 600 单位，价格为 6 美元。即 $Q_{a_1}=\frac{1}{2}\times 1\ 200=600$。

接着企业 B 来到市场上，它发现市场已被企业 A 占去了一半，它所面临的需求曲线已不是全部，而是全部需求量的一半，即 D_2。它同样根据 MR＝MC 的利润最大化原则将产量调整到 300 单位，价格为 3 美元，即 $Q_{b_1}=\frac{1}{2}(1\ 200-600)$。企业 B 的矿泉水价格低廉，它可以稳定地在市场上出售 300 单位产品。

此时，企业 A 发现它所面临的需求曲线不再是 D_1，而是原需求曲线 D_1 减少 300 单位后的需求曲线 D_3，于是将产量定在 450 单位，价格为 4.5 美元。即 $Q_{a_2}=\frac{1}{2}(1\ 200-300)=450$。这时，企业 B 发现它的市场扩大了，它所面临的需求曲线是原需求曲线 D 向左移动 450 个单位的 D_4，它将产量定在所剩全部产量的一半 375 个单位，即 $Q_{b_2}=\frac{1}{2}(1\ 200-450)$。

当这个过程继续调整下去时，企业 A 从最初的产量不断减少其销售量，企业 B 则在最初的产量的基础上不断增加其销售量，结果，企业 A 和企业 B 面临同样一条需求曲线 D_5，销售量相等，双方停止调整，最终两家企业和整个市场实现了价格和产量的均衡。两家企业分别以 4 美元的价格出售 400 单位矿泉水，各自得到收益 1 600 美元。

（二）伯兰特模型

在古诺模型中，企业将注意力放在产量的确定上，然后让市场需求来决定能清理市场的价格。对此，法国经济学家伯兰特提出异议，他认为，在许多情况下，企业是先制定价格，然后将产量调整到适合市场需求的水平。

伯兰特模型的基本假设是：（1）行业中仅有两个企业 A 和 B；（2）产品是同质的或略有差别；（3）一企业在调整产品价格时预测另一企业会维持现有价格不变。根据这些假定，如果企业 B 想要降低价格，以便占有更大的市场份额，那么，企业 B 首先是确信企业 A 会维持原先价格。在这种情况下，企业 B 的产品价格稍有降低，就能从企业 A 那里诱来大部分，甚至全部原属企业 A 的顾客。但是，企业 A 也同样会作出相应的对策，它会预测企业 B 将维持新的价格，并由此把价格降得比企业 B 更低一些，从而使自己占领整个市场。这种互相降价竞争的行为何时趋于均衡呢？伯兰特模型给出的答案十分简单，市场均衡最终将是一种竞争性的垄断，即价格等于边际成本时，价格战会得以平息。这是因为，当价格降到与边际成本相等时，若进一步降价，将会引致亏损，甚至倒闭。

与古诺模型不同，伯兰特模型解出的是完全竞争市场均衡的结果：如果一家企业确信其竞争对手维持价格不变，双头垄断价格就必然从垄断价格跌至完全竞争价格的水平。按照这种逻辑，只要不存在企业间的勾结或共谋，竞争性削价终将导致较高的产量和较低的价格。但是，这种结果以及寡头垄断企业彼此预期对方价格不变的假设，如同古诺模型关于产量不变的假设一样，被人批评为过分天真。事实上，寡头企业为了防止竞争对手的价格报复，停止削价或许是更为明智的选择，这样价格最终可能恢复到垄断价格的水平。因此，伯兰特模型被认为不适宜用作解释寡头企业的长期定价行为。

二、拗折的需求曲线模型

这一模型建立在如下假设基础上，一家企业如果提高价格，别的企业一般不会跟着提价；但一家企业如果降低价格，别的企业一般都会跟着降价，原因在于各家企业都希望能在竞争中保持以至扩大自己的销售量。如果这种假设是正确的，那么企业所面临的需求曲线就会在某一价格水平上出现拗折。

如图 5-17 所示，在外部环境确定的条件下，企业市场需求曲线为 dD，均衡点为 E，相应的市场价格为 P_1。如果企业将价格从 P_1 提高到 P_2，其他企业并不响应，则提高价格的需求曲线为 dE。这部分需求曲线具有较大的弹性，提高价格的结果，导致销售量的大幅度下降，该企业不能从提高价格中得到好处。

如果这个企业企图通过降低价格增加销售量，其他企业就将跟着降价。结果，这家企业只能使销售量稍有增加，而不能像原先设想的增加那么多，从而使率先降低产品价格的企业的需求曲线在 E 点以下发生陡然下降的现象，形成弹性较低的

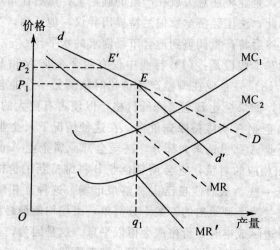

图 5-17 拗折的需求曲线

一段需求曲线 Ed'。可见，在寡头垄断市场中，企业的需求曲线为一条拗折的曲线 dd'，转折点 E 是当前的价格和产量水平上的均衡点。同时，该企业的边际收益曲线在当前的价格和产量水平上出现了间隙，分成两段：在小于产量 q_1 的范围内保持原来的 MR 曲线；在大于产量 q_1 的范围内，由于需求曲线斜率变大，弹性变小，边际收益曲线也变成 MR′。换言之，现在，边际收益曲线就是一条中断的折线。这种边际收益曲线表明，如果边际成本曲线在 MR 和 MR′ 之间的缺口来回摆动时，企业的最优价格和最优产量不变。只有当技术上出现重大突破，企业的成本变化很大，边际成本曲线的变动超出了 MR 和 MR′ 之间缺口的范围时，才需要对价格重新作出调整。这表明，在寡头垄断市场上，价格具有某种刚性的特征。

总之，拗折的需求曲线（Kinked Demand Curve）模型从理论上说明了为什么在寡头垄断条件下，通常产品的价格比较稳定，一旦企业规定了产品的价格，就不会轻易变动。该模型的缺点是无助于说明最初的均衡价格是如何决定的，这也是该模型招致批评的主要原因。

三、价格领导模型

在寡头垄断条件下，为缓和价格矛盾，有的时候价格是由领导企业来确定的，然后其他企业纷纷跟上。领导企业是自发产生的，一般是行业中最大的，实力最强的企业，或者是定价能力在同行中得到大家公认的企业。图 5-18 描述了典型的价格领导制（Price Leadership）模型的价格与产量的决定。

在图 5-18 中，曲线 D 是行业的需求曲线，曲线 S 是行业中所有小企业即价格

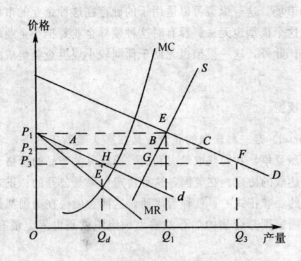

图 5-18　价格领导制模型

追随者的供给曲线，它由所有小企业高于各自平均成本曲线 AVC 最低点以上的边际成本曲线 MC 加总而成。根据假定，价格只能由领导企业制定。如果领导企业按照 D 与 S 的交点 E 确定价格为 P_1，则小企业提供的产量 Q_1 就是以满足市场需求，对领导企业的需求将变为零。这种情况当然不会发生。但可以肯定的是，价格 P_1 必为领导企业需求曲线 d 上的一点或纵截距，而在低于 P_1 的任一价格水平上，供给曲线 S 与需求曲线 D 之间的水平距离就代表着领导企业的市场份额或供给量。明白了这一点，就不难推导出领导企业的需求曲线 d。例如，设价格为 P_2，行业总需求为 P_2C。其中，小厂商占有的市场份额为 P_2B，领导企业所占的市场份额为 BC。在 P_2C 上取一点 A，令 $P_2A = BC$，也就得到了领导企业需求曲线的另一点。同理，设价格为 P_3，市场总需求为 P_3F，其中，小企业的市场份额为 P_3G，领导企业的市场份额为 GF。从 P_3F 上取一点 H，令 $P_3H = GF$，也是 d 曲线上的一点，如此等等。这样，把 P_1 与 A 或 H 连接起来，就作出了领导企业的需求曲线 d。

　　给定了领导企业的需求曲线 d，也就不难给定它的边际收益曲线 MR。设领导企业的边际成本曲线是 MC，根据 MR＝MC 的原则，领导企业即可确定其最大利润的价格和产量。在图 5-18 中，领导企业确定的均衡价格是 P_3，提供的均衡产量为 OQ_d。这一价格为其他企业所接受。在这一价格水平上，行业中所有小企业提供的产量为 Q_dQ_3，市场总销售量＝$P_3H + HF = OQ_d + Q_dQ_3 = OQ_3$。

　　以上的分析说明，在存在领导企业的寡头市场上，具有决定性地位的领导企业可以像垄断者一样行事，并决定自己利润最大化的价格和产量，其他小企业则像完全竞争市场上的企业一样，只是这种领导企业决定的价格的接受者，并共同占有领导企业所剩下的市场。这一模型可以适用于的确存在这种企业的市场，但即使是对这种市场而言，这个模型也无法解释有时这种领导企业要把小企业赶出市场，而不只是同它们竞争。此外，这一模型也无助于预测较小规模企业组成的市场上的价格和销售量。

四、卡特尔模型

卡特尔（Cartel）是一种松散的联合，是在寡头垄断条件下，多数企业为了减少相互之间的激烈竞争，共同获取最大利润，而就有关产品的价格、产量以及瓜分销售市场等事项达成的协定。在美国，这种协定如果是公开的、正式的，就叫卡特尔，如果是隐蔽的、非正式的，就称为串通。这两种做法在美国都是违法的，但卡特尔组织在有些国家则是合法的如石油输出国组织就是世界上最有名的一个卡特尔。

（一）卡特尔的组织形式

卡特尔组织有两种形式：

1. 完全的卡特尔。它根据行业的边际收益等于边际成本的原则，决定该行业的最大利润的价格和产量水平。在这个基础上，卡特尔组织给各个企业分配产量。分配的方法，是使厂商的边际成本等于行业利润最大的边际成本水平，从而使各个企业都能从行业的最大利润中不同程度地得到好处。如图 5-19 所示，假定一个行业中有两家企业需求曲线 D 为已知，就可以求出行业的边际成本曲线 MC_{a+b}（等于各厂商的边际成本曲线横向相加）和行业的边际收益曲线 MR。MR 与 MC_{a+b} 的相交之处，即可得到行业的最优产量 Q_e 和最优价格 P_e，再使每个企业的边际成本与行业的最大利润的边际成本相等，就可找出每个厂商的最优产量 Q_a 和 Q_b。

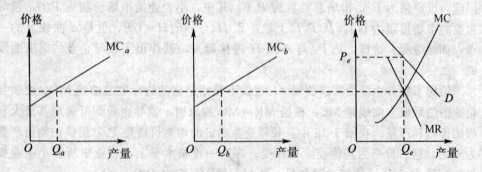

图 5-19　完全卡特尔的价格与产量决定

2. 不完全的卡特尔。由于厂商之间的不信任和他们不愿意放弃有关主权，导致卡特尔组织往往是不完全的形式。不完全卡特尔组织的成员企业，只是就产品的价格或产量达成某些暂时的协定，但不协调最大的共同利润。

卡特尔的道理很简单，说穿了就是几家企业联合起来一致对外，提高了价格后再分享利润。图 5-20 说明为什么寡头企业通过合作可以提高利润。图 5-20（a）显示的是个别企业的成本收益情况，图 5-20（b）显示的是整个市场的情况，市场的供给是由每个企业的供给之和决定的。

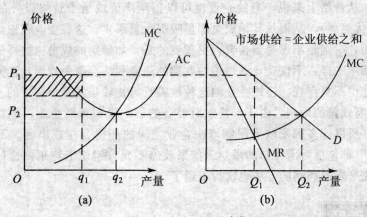

图 5-20 寡头企业的合作

如果寡头企业为了扩大自己的市场份额而进行价格竞争，其结果有可能使价格不断下降，直至企业没有超额利润为止。在图 5-20 中假设竞争的结果是价格等于 P_2，市场的总供给量为 Q_2。Q_2 会在各寡头企业中分割，每个企业会生产 q_2（此时边际成本等于边际收益）。在价格等于 P_2 时，企业的超额利润为零。

但是，如果寡头企业进行合作组成卡特尔，并以一个垄断集团而不是几家寡头企业的地位进入市场，那么市场供给曲线就相当于卡特尔总边际成本曲线。在卡特尔的边际成本等于边际收益时，卡特尔的生产总量为 Q_1，少于寡头竞争时的产量 Q_2，而价格则等于 P_1，高于寡头竞争时的 P_2。这说明寡头企业的联合行动造成了供应量的下降和市场价格的上涨。由于价格上涨，各个企业都可以享受超额利润。图 5-20 中的阴影部分就是组成卡特尔给每个寡头企业带来的超额利润。因此，对寡头企业来说，组成卡特尔无疑比相互竞争要有利。

（二）卡特尔实施过程中的困难

卡特尔在实施过程中常常会碰到以下困难：

1. 组织问题。与垄断企业独家经营不同，卡特尔是几家企业的公开协议。由于各家寡头企业各自为政，并且常常互相为敌，要把他们召集在一起坐下来讨论共同谋利的问题，不仅要使大家明白合作的好处，还要就价格制定、产量分配等许多涉及具体利益的问题进行讨论和谈判。卡特尔能否建立起来取决于双边谈判或多边谈判能否成功。

2. 遵守协议问题。协议的签订和卡特尔的建立只是合作的开始，合作能否继续下去还取决于各成员企业是否遵守协议。但是，卡特尔的组织形式本身给成员企业很大的动力去违背协议，欺骗其他成员。这种欺骗行为既可以表现在产量上，也可以表现在价格上。从产量上来说，由于卡特尔的集体行动使产量减少，价格提高，可是在高价的诱惑下，有的企业就会偷偷地多生产或多销售一些产品以获得更高的利润。从价格上来说，有的企业也可以稍稍降价或给予价格以外的额外好处（如回扣、优惠等），从而从其他成员那里吸引大量买主。这些企业在违约欺骗时是偷偷摸摸的，一则是不愿受到指责，更重要的是，如果别的成员也这样做了，就等于没有卡特尔一样，不仅企业通过违约欺骗的超额利润会消失，而且连原来在卡特尔中的好处也不复存在。违约企业的这种欺骗行为是较难监督与防止的。

3. 政府政策的限制。由于卡特尔对经济的影响类似垄断企业，不利于资源的最优配置，所以许多国家政府限制寡头企业之间的任何合作或串通。不少政府的"反垄断法"都包括对卡特尔的限制。如果政府不允许组织卡特尔，这种通过公开协议的方法来赚取利润的方法也就行不通了。

复习思考题

1. 解释下列名词

市场结构　　完全竞争市场　　完全垄断市场　　垄断竞争市场　　寡头垄断市场　　停止营业点　　自然垄断　　反垄断法　　产品集团　　古诺模型　　伯兰特模型　　拗折的需求曲线　　价格领导制　　卡特尔模型　　博弈论

2. 影响市场竞争或垄断程度的因素有哪些？

3. 为什么完全竞争条件下企业的需求曲线具有完全的弹性？

4. 试述完全竞争行业的长期供给曲线。

5. 为什么垄断企业的需求曲线是向右下方倾斜的？

6. 试比较垄断和竞争的优缺点。

7. 比较垄断竞争市场的条件和完全竞争市场的条件的相近点和区别，并说明产品差别对垄断竞争市场形成的意义。

8. 试述垄断竞争企业的两条需求曲线的含义及其相互关系。

9. 寡头垄断市场上企业价格和产量的决策有什么特点？

10. 试述各种寡头垄断模型的优缺点。

11. 谈谈你对市场结构理论的评价。

第六章　要素配置与企业决策

本章学习目的

在学完本章以后，你应该掌握以下内容：

1. 要素配置与企业决策的一般原理；
2. 劳动市场与企业决策的原则；
3. 资金、土地市场与企业决策的原则。

企业不仅是卖者，而且也是买者。企业卖的是自己的产品，买的是生产要素。生产要素（Factor of Production）是具有生产能力的资源，包括劳动、资本和土地。企业的产量和要素使用量是相互关联的，在一定的生产技术条件下，当要素使用量决定了，产量也就决定了。本章分析企业在生产要素市场上的行为。像产品市场一样，要素市场也分为完全竞争型和非完全竞争型，这里我们讨论完全竞争型和独买型两种极端情况。

第一节　要素市场一般

一、要素市场的特点

同产品市场的价格决定一样，生产要素的价格也是由生产要素市场上的供给和需求双方的力量共同决定的，因此，前面论述的有关供求理论和边际分析工具一样适用于对要素市场的分析。但要素市场和产品市场也有差别，主要表现在下列几个方面：

● 供求换位。在产品市场上，一般说来，企业是产品的供给者，作为最终消费者的城乡居民是产品的需求者。而在要素市场上，要素的需求者是企业，而不是城乡家庭。重要的投入要素，如劳动，是由社会上的个人所拥有；而资金，一般说来，来自金融机构，间接地也是由城乡家庭提供。只有土地市场有些特殊，不少国家的土地是国家所有的。生产者和消费者在产品市场与要素市场上的不同地位如图

6-1 所示。

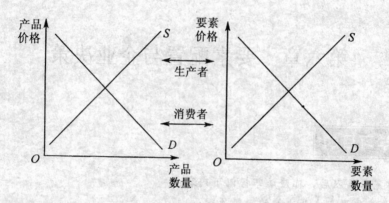

图 6-1　生产者和消费者在不同市场上的不同地位

● 直接需求和派生需求。在产品市场上，消费者对产品的需求来自个人对需要的满足，是直接的需求；而在要素市场上，企业对要素投入的需求是因消费者对其产品的需求而引申出来的需求，是一种派生需求（Derived Demand）。人们要穿衣，才派生出纺织厂对纺织工人和资金的需求。人们对穿衣的需求增加了，会带来对纺织工人、资金需求的增加。

● 所有价格和使用价格。产品市场上的价格是产品本身的价格，购买者不仅对产品有使用权，而且有所有权。你买一套茶具，是自用、送人或储藏，一切悉听尊便，而要素市场的价格仅指使用要素的价格，只有使用权，并无所有权。例如当你在劳动力市场上雇用了一名工人，你只拥有对该劳动者的使用权，而并没有对该劳动者拥有占有的权力。

● 合作关系和替代关系。在生产过程中，企业不可能仅用一种生产要素来生产产品，必须有若干要素相互配合。例如，生产汽车，不仅需要钢材、设备、电力、厂房，而且还需要劳动力、企业家管理。因此，各种生产要素之间存在相互依存的关系，具体表现为既有合作关系，又有替代关系。所谓合作关系是指在生产某一种产品时，两个或两个以上的生产要素必须同时使用，它们的需求是互长互消的。例如，在汽车的生产中，机器设备与劳动力在一定范围内就是合作性的，如果只有机器设备而没有劳动力，汽车根本生产不出来。所谓替代关系，是指在生产某种产品时，所投入使用的生产要素具有某种程度的替代性。例如，在一定技术条件下，为了生产相同数量的汽车，可以使用较多的劳动力和较少的机器设备，也可以使用较多的机器设备和较少的劳动力。在生产要素之间，不论是具有合作关系，还是具有替代关系，它们之间的这种相互依存关系都影响着相关生产要素的需求。

要素市场也分为完全竞争型市场和非完全竞争型市场。这里我们只讨论两个极端：完全竞争型和独买型。如前所述，在产品市场上，既有完全竞争企业和完全垄断企业，也有垄断竞争企业和寡头垄断企业，这些企业在要素市场上都是买者，它们或者以完全竞争者的面目出现（即使是垄断企业也会以完全竞争者的面目出现）在要素市场上，或者以独买者的面目出现（即使是完全竞争企业也会以独买者的面目出现）在要素市场上。

二、完全竞争型要素市场

完全竞争型要素市场的特点与完全竞争产品市场相似：有许多买者和卖者；进出市场没有限制；大家都了解行情；没有任何一个买者或卖者能操纵市场价格，大家都按市场价格交易，等等。就要素市场的需求方来说，有完全竞争企业和垄断企业，也有垄断竞争企业和寡头垄断企业。这里主要分析完全竞争企业和垄断企业在完全竞争型要素市场上的行为。

（一）完全竞争企业的要素需求

在要素市场上，企业是否购置要素，购买多少，都取决于这个要素的使用是否给企业带来收益，带来多少收益。用来衡量每增加一单位生产要素所增加的收益，叫做边际产品价值或边际产品收益（Value of the Marginal Production）。对于产品市场上的完全竞争型企业来说，边际产品价值等于要素的边际产品乘以产品的价格。可以通过表 6-1 来进一步说明这一点。

表 6-1　　　　完全竞争企业的边际产品价值（产品价格＝10 元）

(1)	(2)	(3)	(4)
化肥的使用量（袋）	产　品（筐）	边际产品（筐）	边际产品价值（元）
1	8	8	80
2	15	7	70
3	19	4	40
4	22	3	30
5	24	2	20
6	25	1	10

表 6-1 中假设的是土豆的边际产品价值。生产土豆需要使用一定数量的化肥。据此可以画出边际产品价值曲线。如图 6-2 所示。可以看出，边际产品的价值最终会出现下降，边际产品价值曲线是一条负斜率的曲线。

企业为谋利而使用生产要素从事生产经营活动。只要使用生产要素所增加的收

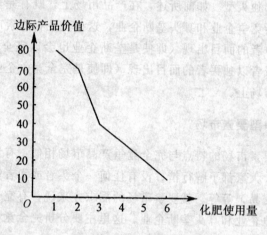

图 6-2　边际产品价值曲线

益超过在要素上的支出（成本）时，企业就会继续使用生产要素。换言之，只要生产要素的边际产品价值大于边际成本时，企业就有利可图，就应该增加该生产要素的使用量。当使用一单位生产要素所增加的收益小于购买这一单位生产要素的支出，企业就不会购买这一单位生产要素，否则利润就会下降。因此，企业最佳要素需求量的选择原则是：要素的边际收益＝要素的边际成本。

　　我们已经知道要素的边际收益是边际产品价值，并且知道了怎样计算边际产品价值。那么，要素的边际成本怎样计算呢？要素的边际成本（Marginal Factor Cost）是每增加一单位生产要素所导致的增加的成本。在完全竞争型的要素市场上，要素的边际成本就是要素的价格。这个价格由市场决定，每个买者、卖者的份额都非常小，不管购买多少或出售多少，都不会改变要素的市场价格。因此，在完全竞争型的要素市场上，企业利润最大化的条件是：边际产品价值＝要素价格。

　　在我们列举的例子中，如果化肥的价格为 10 元一袋时，化肥使用量应为 6 袋，在使用 6 袋时，边际产品的价值也是 10 元。如果化肥价格是 20 元，化肥使用量是 5 袋。依此类推，我们可以发现当化肥价格为 30 元、40 元、70 元和 80 元时，化肥的需求量应该分别是 4 袋、3 袋、2 袋和 1 袋。我们也可以把这种价格与需求量的关系用图示表示出来，如图 6-3 所示。

　　比较图 6-2 和图 6-3，我们发现边际产品价值曲线和要素需求曲线完全一样。这是因为在每一个要素使用量（需求量）上，要素价格都必须等于要素的边际产品价格。所以，通常所说的要素的边际产品价值曲线就是企业对该要素的需求曲线。

　　（二）垄断企业的要素需求

　　在完全竞争型要素市场上，要素价格是给定的，即使垄断企业也无法操纵要素

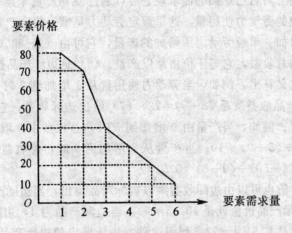

图 6-3　完全竞争企业的要素需求曲线

价格。因此，在完全竞争型要素市场上，垄断企业要素需求原则与完全竞争企业一样，即：边际产品价值＝要素的边际成本。由于要素的边际成本等于要素价格，所以上式可简化为：边际产品价值＝要素价格。当边际产品价值大于要素价格时，企业有利可图，应该继续增加该要素使用量；当边际产品价值小于要素价格时，企业亏损，应该减少该要素使用量；当边际产品价值等于要素价格时，企业利润最大化，不应变动要素使用量。

但是，对于垄断企业来说，产品的价格不是给定的，而是随着市场需求量变动的。因此，边际产品价值不再是产品价格乘以边际产品量，而是该产品的边际收益乘以要素的边际产品量。可以借助表 6-2 来说明这一点。

表 6-2　　　　　　　　　　　　垄断企业的边际产品价值

（1）价　格	（2）产　量	（3）劳动力使用量	（4）边际产品	（5）总收益	（6）边际产品价　值	（7）边际收益
10	5	1	5	50	50	10
8	9	2	4	72	22	5.5
6	12	3	3	72	0	0
5	14	4	2	56	−16	−8
4	15	5	1	30	−26	−26

表 6-2 中，（1）和（2）是垄断企业面临的需求曲线，因为有垄断力量，所以该企业知道市场上对自己产品的需求，它可以通过变动产量来操纵市场价格。（3）是与产量相对应的劳动力使用量，这里假定劳动力是惟一的生产要素。（4）是边际产品量，即每增加一单位劳动力所增加的产量，它可由（2）和（3）求出。（5）给出各种产量下的总收益，它等于价格乘以产量。（6）是边际产品价值，可直接由边际产品价值的定义算出，例如，当劳动力使用量从 1 增加到 2 时，总收益从 50 增加到 72，边际产品收益就是 72－50＝22。（7）给出边际收益，它是增加一单位产品所增加的收益。例如，当产量由 0 增加到 5 时，总收益由 0 增加到 50，边际收益就是(50－0)÷(5－0)＝10；当产量从 5 增加到 9 时，总收益从 50 增加到 72，边际收益就是(72－50)÷(9－5)＝5.5。

边际产品价值也可以由边际收益乘以边际产品得出，当边际产品为 5，边际收益为 10 时，边际产品价值就是 10×5＝50；当边际产品为 4，边际收益为 5.5 时，边际产品价值就是 5.5×4＝22。利用这种方法计算出的边际产品价值与直接根据定义算出的边际产品价值是一样的。

像完全竞争企业一样，垄断企业的要素需求曲线也是其边际产品价值曲线，道理前面已经讲过，这里不再重复。但值得注意的是，当完全竞争企业产量增加时，价格不变，所以边际产品价值随要素使用量增加而缓慢下降。而当垄断企业产量增加时，价格就下降，边际收益下降得更快，因此边际产品价值随要素使用量增加而急剧增加。图 6-4 显示出完全竞争企业与垄断企业要素需求曲线之间的差别。

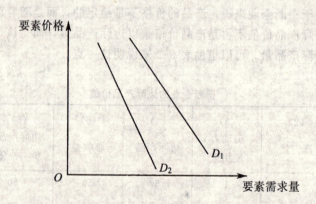

图 6-4　完全竞争企业和垄断企业要素需求曲线比较

在图 6-4 中，D_1 是完全竞争企业的要素需求曲线，D_2 是垄断企业的要素需求曲线。从图中可以看出，在同一价格下，完全竞争企业的要素需求量会比垄断企业的要素需求量多一些。

（三）要素需求曲线的移动

1. 生产要素需求变化的原因。由于生产要素的需求是引致需求，而且要素需求间具有相互依存性。因此，生产要素需求的变化是由以下三种因素引起的：

● 产品需求的变化。既然生产要素需求是一种引致需求，那么，产品需求数量的改变，必然直接影响到生产要素的需求。产品需求增加，相应的生产要素需求就增加；产品需求减少，相应的生产要素需求就减少。

● 其他生产要素价格的变化。由于相关生产要素的需求具有合作性和替代性，当有关的生产要素的价格变化时，必然使得其他有关生产要素的需求发生变化。如果是替代关系，当其他生产要素的价格上升或下降时，这种生产要素的需求量就会增加或减少。如果是合作关系，当其中一种生产要素的价格上升或下降，其他生产要素的需求量就会减少或增加。

● 技术的进步。技术进步也是影响生产要素需求的一个重要因素。综观技术进步的历史进程，突出的例子是资本取代了劳动力。在一定程度上说，各行业使用资本的数量增加了，而劳动力的使用量减少了。

2. 生产要素需求弹性及其决定因素。产品需求的变化，其他生产要素价格的变化以及技术进步能够在多大程度上引起生产要素的变化，取决于一种生产要素的需求弹性的大小、生产要素弹性又由多种因素决定，主要有以下几方面：

● 一种生产要素需求弹性的大小，取决于用它生产的产品需求弹性的大小。一般来说，如果产品的需求弹性大，生产要素的需求弹性也大；反之，生产要素的需求弹性就小。这是因为，当某种产品的需求弹性大时，其价格的降低会引起需求量大量增加，如果某种生产要素的价格也降低，该企业必然大量购进这种生产要素，以生产更多的这种产品。反之，如果产品的需求弹性很小，即使产品价格降低，需求也没有多大增加，企业不愿多购进生产要素，故生产要素的需求弹性必然也小。

● 一种生产要素需求弹性的大小，取决于该项生产要素在产品中所占的比例的大小。如果该项生产要素在产品中所占的比例大，它的需求弹性就大；反之，其需求弹性就小。例如，在汽车生产中，车灯在汽车中所占比例很小，不论车灯的价格怎么变动，车灯的使用量也很少变化，故它的需求弹性很小。相反，如果钢板的价格发生了很大变化，汽车的产量就会受到很大影响，从而钢板的需求量也会有所改变，因此，钢板的需求弹性就很大。

● 一种生产要素需求弹性的大小，取决于与其他生产要素的替代程度的大小。如果某种生产要素与其他生产要素的替代性大，它的需求弹性就大；反之，其需求弹性就小。例如，在汽车生产中，技术工人与专用设备是两种替代性很大的生产要素，当工人的工资增加时，企业可能要用更多或更先进的设备来取代劳动，则劳动力的需求弹性就很大。

● 一种生产要素需求弹性的大小，取决于其价格的上升是否会引起替代性生产要素价格上升。如果某种生产要素的价格上升不会引起替代性生产要素的价格上升，则这种生产要素的需求弹性就大；反之，其需求弹性就小。例如，在汽车生产中，劳动力和机器是替代性的，如果工资上升而机器价格未变，则企业会利用更多的机器以取代劳动力，劳动力的需求量减小，故劳动力的需求弹性大。

3. 要素需求曲线的移动。除要素价格之外的所有影响要素需求量的因素变动都会引起要素需求曲线的移动。图 6-5 表明了要素需求曲线移动的情况。

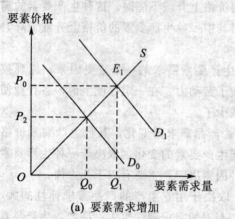

(a) 要素需求增加

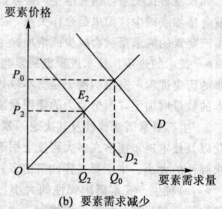

(b) 要素需求减少

图 6-5　要素需求曲线的移动

在图 6-5（a）中，由于要素价格之外某种因素的影响，要素的需求增加了，需求曲线由 D_0 向右方移动至 D_1。D_1 与要素供给曲线 S 相交于 E_1 点，决定均衡数量增加至 Q_1，相应地均衡价格也上升为 P_1。在图 6-5（b）中，由于要素价格之外某种因素的影响，要素的需求减少了，需求曲线由 D_0 向左方移动至 D_2，D_2 与 S 相交于 E_2，决定了均衡数量减少至 Q_2，均衡价格也相应下降至 P_2。

（四）要素的供给

关于生产要素的供给，不同种类的生产要素各有自己的特点，这一点在本章以下的几节里将具体分析，这里先探讨一些一般原理。

一般来说，在分析要素的供给时，需要区分两个概念：一是一定时期内要素的存量；二是要素的主人愿意提供或出卖的数量。前者是相对固定的，即在一定时期内，社会上具有生产能力的人数、可利用的土地面积、已有的房屋建筑等可供生产投入的要素存量都是一个固定的数字，但是，要素的存量与要素主人愿意提供的数量可能会有很大的差异，因为后者是随着要素价格的变化而变化的。我们要研究的就是后者与要素价格之间的关系，即要素供给曲线。

要素供给曲线的形状与我们考察的市场大小有关。

如果我们考虑的是某一种要素如劳动对所有行业的供给曲线，当劳动的价格即工资水平上升时，劳动的供给量会增加多少呢？从整个社会来说，这种增加只能来自两方面：(1) 某些在原工资水平下不愿工作的人开始进入劳动市场；(2) 原已工作的人因工资水平上升而愿意延长工作时间。

但是，如果社会本来就已接近充分就业，那么，新增劳动力是有限的，而增加劳动时间又存在生理和社会制度上的限制（大多数国家法律对周工作时有限制性规定），所以劳动供给的增加对工资增加的反应是很小的。也就是说，整个社会的劳动供给曲线是一条十分陡峭的曲线，如图 6-6 (a) 所示，并且供给量最多不能超过社会劳动的总存量 L^*。

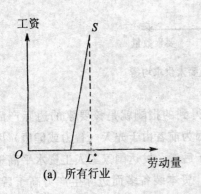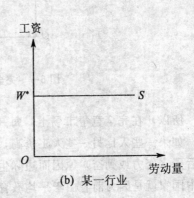

图 6-6　要素的供给曲线

然而，某一行业面临的劳动供给曲线就绝非垂直线了，如果某一行业工资水平上升，即使社会总就业量不变，该行业的高工资也会吸引别的行业的工人前往该行业。如果该行业雇用的劳动力在整个社会的就业量中只占很小比例，那么，对该行业的劳动供给曲线就是一条近似水平的线，如图 6-6 (b) 所示，即该行业能在市场通行的工资水平 W^* 下雇用到所需的任何数量的工人。

由于绝大多数行业（如制鞋业、零售业）中某要素使用量只占社会总使用量一个很小的比重，所以，在一般情况下，对某一行业的要素供给曲线是近似水平或至少是斜率很小的向上倾斜的曲线。那么进一步对某一家企业来说，面临的就更应该是一条水平的要素供给曲线了，因为即使是巨型企业，或者是产品市场上的垄断厂商，也很难在要素市场上享受同样的地位。

从上面的分析中我们可以确定在某一行业中要素供给和需求的均衡状态。

与产品市场一样，在图 6-7 中，我们将行业对要素的需求曲线 D 与对该行业

要素的供给曲线 S 放在一起就能看到，行业的均衡要素价格为 W^* ，而行业对要素的均衡雇用量为 L^* 。

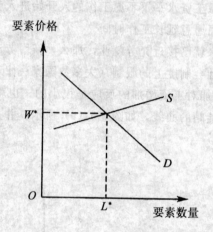

图 6-7　完全竞争行业要素供求均衡

所以，在完全竞争市场上，每一种要素得到的报酬就是该要素的边际产品价值。如果一些人比另一些人工资高，那就是因为前者由于先天（智力或健康）因素或后天（努力或勤奋）原因而边际生产力高于后者；发达国家工人工资水平高于发展中国家就是因为前者由于平均教育水平高、资本装备多而边际生产力高于后者。而在一个要素可以充分流动的完全竞争经济中，相同的要素不管受雇于哪家企业或行业，都应该得到相同的报酬。

三、独买型要素市场

所谓独买型要素市场是指只有一个垄断买主的要素市场。由于只有一个买者，买者面对的是整个要素市场供给曲线，所有的要素供给者不得不把要素卖给惟一的买者。买者可以操纵市场价格，就如同在产品市场上，垄断企业可以操纵产品价格一样。

在独买市场上，利润最大化的条件仍然是边际产品价值等于要素的边际成本，只要边际产品价值大于要素的边际成本，独买企业就应增加该要素的使用量；反之则减少该要素的使用量。但是，在独买型市场，由于买者是有力量影响要素价格的，所以要素的边际成本不再是要素价格，它比要素价格增长得更快。表 6-3 给出了一个例子。

表 6-3　　　　　　　　　　独买型市场上企业的边际要素成本

(1) 生产要素	(2) 要素价格	(3) 总成本	(4) 要素的边际成本
0	5	0	—
1	6	6	6
2	7	14	8
3	8	24	10
4	9	36	12
5	10	50	14

在表 6-3 中，(1) 和 (2) 表示要素供给情况（价格和供给量的关系）。(3) 是总成本，等于要素使用量乘以价格。(4) 计算出要素的边际成本就是 $(6-0) \div (1-0)=6$；当要素的使用量从 1 上升到 2 时，要素的总成本从 6 上升到 14，要素的边际成本就是 $(14-6) \div (2-1)=8$。很显然，在独买型市场上，要素的价格与要素的边际成本是不一致的。

因此，为了实现利润最大化，在独买型市场上，垄断买主一方面会购置或雇用最佳数量的要素，另一方面会利用其对市场的影响力尽量压低要素价格。图 6-6 解释了独买型市场上企业要素需求量及价格的决定。

在图 6-8 中，要素的边际成本曲线高于要素供给曲线（即要素价格曲线），这从表 6-3 中可以看出。只要要素价格不是固定的，在任何要素量下，要素的边际成本总是高于要素的价格。换言之，要素的供给曲线低于要素的边际成本。根据利润最大化的条件，独买型企业最佳要素使用最好选择在边际产品价值等于要素边际成

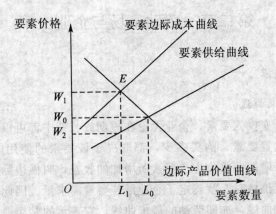

图 6-8　独买型市场上企业要素需求量与价格的决定

本的地方，在图 6-8 中，边际产品价值曲线与要素边际成本相交于 E 点，与此相对应，利润最大化的要素使用量是 L_1。

那么，要素价格如何决定呢？垄断买主是要尽量降低成本的，尽管此时要素的边际产值是 W_1，但企业不会把价格定为 W_1。由于垄断买主是市场上惟一的要素购买者，它知道要素所有者的要素供给曲线，这条供给曲线代表着要素供给量在各种供给量下愿意接受的价格。在供给量为 L_1 时，要素供给量愿意接受的最低价格是 W_2，所以，垄断买主就把要素价格定为 W_2。但企业也不能把要素价格压低到 W_2 以下，因为价格低于 W_2，要素供给者的供给小于 L_1，而 L_1 是利润最大化的要素使用量。因此，在独买型市场上，尽管垄断买主能操纵市场价格，却也不能无限度地压价。不过，垄断买主的这一要素价格已经低于完全竞争型要素市场上的要素价格，因为在完全竞争型要素市场上，市场均衡价格是 W_0。均衡量是 L_0。与竞争市场相比，垄断买主既压价又少买，对要素供给者不利，经济学认为这是对要素的剥削。

然而要将垄断买主放入现实世界并不是一件易事，许多经济学家认为垄断买主十分罕见。在市场经济中，要素的主人拥有自由处置所拥有要素（如劳动、资本或某种特殊技能）的权力，想象不出为什么他们只能将要素出卖给惟一的买主。即使像美国通用汽车公司、埃克森石油公司这样的巨型企业也可以说没有办法将工资压低到低于完全竞争市场的水平，而且垄断买主很难限制别的企业介入它们的领域来充分利用廉价要素的好处。而在实际生活中，买方垄断产生的一个原因有可能是生产要素的专业化，有些生产要素具备某种特殊的技能和性质，只能适应某种特殊的工作，离开了这个工作就有可能"失业"，而需要这种特殊技能和性质的生产要素的企业就有可能成为垄断买主。另一个原因则可能是买方垄断卡特尔，同一个行业几家大企业联合起来购买某一种生产要素，就有可能形成这一要素的买方垄断。

第二节 劳动市场与企业决策

一、劳动的需求

(一) 劳动需求曲线

劳动是一种可变投入要素，企业无论在短期或长期中都可以改变劳动量。前已指出，企业是否购置要素，购买多少，都取决于该要素的使用能否给企业带来收益，而用来衡量每增加一单位生产要素所增加的收益，叫做边际产品价值，当边际产品价值等于要素价格时，就确定了企业最佳要素需求量。因此，边际产品价值曲线就是要素的需求曲线，亦即劳动的需求曲线，它表示的是企业愿意支付的最高劳动价格（工资）和对劳动需求量之间的关系。

在产品市场上，把市场上所有消费者的需求曲线横坐标相加就得到了市场的需求曲线，但在劳动市场上情况却不相同，原因在于劳动需求是派生需求，劳动价格的变动会影响产品的价格，而产品价格变动又必然影响对劳动的需求，如图 6-9 所示。

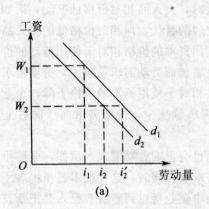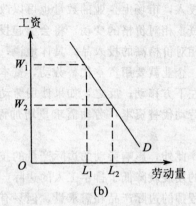

图 6-9　劳动的平均需求曲线

在图 6-9（a）中，d_1 是产品在现行价格下一个代表性企业对劳动的需求曲线。当劳动工资为 W_1 时，该企业对劳动的需求量为 i_1。由于这是一个代表性企业，整个行业对劳动的需求数量可以通过将 i_1 和行业内的企业数相乘，得到的 L_1 就可以看做在劳动工资为 W_1 时，整个行业对劳动的需求数量，如图 6-9（b）所示。

当劳动工资从 W_1 下降到 W_2，其他条件不变，这个代表性企业对劳动的需求似乎应当是 i_2'。但是，由于所有企业都会因劳动工资的下降而增加对劳动的投入数量，这必然会引起产品市场上产品供给的变化，即供给曲线左移，产品价格下降。产品价格下降，劳动的边际产品价值曲线会向左移动，从而对劳动的需求曲线从 d_1 移到 d_2。结果，在劳动工资为 W_2 时，企业对劳动的需求量就不是 i_2'，而是 i_2。用 i_2 和该行业的企业数相乘，得到 L_2。L_2 就是行业在劳动工资为 W_2 时对劳动的需求量。将这样的 (W_1, L_1)、(W_2, L_2) 点连接起来，就可以得到该行业在劳动力市场上对劳动的需求曲线 D，它也是一条向右下方倾斜的曲线，表明在其他条件不变时，劳动工资越高，对劳动的需求量越低；反之，劳动工资越低，对劳动的需求量越大。

（二）劳动需求曲线的移动

劳动需求曲线的位置取决于三个要素：企业产品的价格、其他投入品的价格和技术。其中，前一个因素对劳动需求的影响主要是在短期，而后两个因素的影响主要是在长期。

在其他条件不变的情况下，企业产品的价格越高，对劳动的需求量越大。产品价格是通过对边际产品价值的影响而影响劳动的需求。产品价格提高会增加边际收益，这就增加了劳动的边际产品价值，从而增加对劳动的需求。对劳动需求的增加，会引起劳动需求曲线向右上方移动。反之，劳动需求曲线向左下方移动。

在短期，劳动是惟一的可变投入。在长期则不同，企业有足够的时间调整所有的投入，市场上企业的数量也可以改变。这时，投入品相对价格的变动，诸如劳动与资本相对价格的变动，将会引起投入品之间的替代，即相对价格低的投入品代替了相对价格高的投入品。具体地说，如果使用资本的价格相对于使用劳动的价格下降，企业就要用资本代替劳动，资本需求量增加而劳动需求量减少，劳动需求曲线向左下方移动；反之，如果使用劳动的价格相对于使用资本的价格下降，企业就要用劳动代替资本，劳动需求量增加而资本需求量减少，劳动需求曲线向右上方移动。

此外，影响劳动的边际产量的技术变化也会影响劳动需求。例如，电脑排版技术的发展就降低了排字工人的边际产品和需求量，同时，这种技术进步提高了电脑工程师的边际产品和需求量。但只有在长期中企业得以调整所有投入并把新技术运用到其生产过程中时，这种影响才会发生作用。

（三）劳动的需求弹性

需求弹性衡量需求量对价格变动反应的敏感程度，它等于需求量变动的百分比除以价格变动的百分比。同样，劳动的需求弹性表示劳动的需求对工资变动反应的敏感程度，它等于劳动需求变动的百分比除以工资变动的百分比。劳动的需求弹性取决于企业生产的产品的需求弹性以及企业总产量曲线的性质，即劳动的边际产品递减的快慢。但是，影响劳动需求的短期弹性与长期弹性的因素有某些差别。

劳动的短期需求弹性是在只有劳动投入量变动时工资率变动百分比除以劳动需求量变动百分比的值。它主要取决于三个因素：

● 劳动的密集性（Labor Intensity）。生产某种物品中劳动的比例，即生产过程中劳动的密集性影响劳动的需求弹性。假定劳动成本占生产某种物品总成本的90％，这时，劳动成本变动10％就会引起总成本变动 9％；相反，如果劳动成本只占总成本的10％，那么，劳动成本变动 10％只会引起总成本变动 1％。在产品的需求弹性为既定时，产量变动的百分比越大，总成本变动的百分比越大，价格变动的百分比也越多。产量变动越大，劳动投入的变动也越大。因此，总成本中劳动的比例越大，劳动的需求也越富有弹性。

● 劳动边际产品曲线的斜率。劳动边际产品曲线的斜率取决于生产技术。在某些生产中，边际产品递减很快，在另一些生产中，边际产品几乎是稳定的。边际产品曲线越陡峭，边际产品价值对劳动投入变动的反应越大，劳动需求量对工资率变动的反应越小，从而企业对劳动需求越缺乏弹性。

● 产品的短期需求弹性。如果工资率变动了，用这种工资率变动了的劳动生产的物品的供给也会改变。供给的变动会引起物品价格与需求量的变动，对物品的需求弹性越大，对物品与生产该物品用的劳动的需求量变动也越大，从而劳动的需求也就越富有弹性。

劳动的长期需求弹性是在所有投入都可以变动时工资变动的百分比除以劳动需求量变动百分比的值。长期的劳动需求弹性除取决于劳动密集性和长期的产品需求弹性外，还取决于资本对劳动的替代程度。在生产中，资本越易于替代劳动，长期的劳动需求越富有弹性。例如，在汽车装配线上可以用机器代替工人，企业对劳动的需求就富有弹性。另外，要用机器代替新闻记者就很困难，因而此时劳动的需求就缺乏弹性。

二、劳动的供给

（一）居民户的劳动供给曲线

生产要素的供给由居民户的决策所决定。居民户把他们所拥有的生产要素配置到获得报酬最大的使用上。供给规律告诉我们，任何一种生产要素的供给量都取决于其价格。一般来说，一种生产要素的价格越高，其供给量也越多。但是，劳动的供给却是一个例外。因为劳动是一种最重要的生产要素，而且也是居民户收入的最大来源，所以，这个例外就显得非常重要。

居民户总是把选择供给多少劳动作为其时间配置决策的一部分。居民户的时间配置于两个范围的活动之内：市场活动与非市场活动。市场活动和供给劳动是一回事，非市场活动包括闲暇和诸如家务、教育、培训这类非市场生产活动。居民户从市场活动中得到以收入为形式的直接收益，非市场活动产生的家庭生产某种物品与劳务、更高的未来收入或闲暇为形式的收益，这些收益可以根据自己的目的来评价，也可以归入某种物品一类。在决定如何在市场活动与非市场活动之间配置自己的时间时，居民户要权衡从不同活动中可以得到的收益。为了使居民户供给劳动，就要提供足够高的工资率，这一工资率至少要等于他们用于非市场活动的最后一小时的评价，否则居民户宁肯不提供劳动，而享受闲暇或从事其他非市场活动。这种工资率，即居民户愿意向市场提供劳动的最低工资率，被称为保留工资（Reservation Wage）。工资率低于保留工资，居民户不会供给劳动。一旦工资率达到了保留工资，居民户就开始供给劳动。当工资率高于保留工资时，居民户也改变其提供的劳动量。但是，更高的工资率对劳动供给量有两种相互抵消的效应：替代效应与收入效应。

所谓替代效应是指在其他条件不变的情况下，工资率越高，人们也就越愿意减少更多的非市场活动，并增加用于工作的时间。随着工资率提高，居民户将中断任何其收益低于工资率的非市场活动，而更多地转向市场活动。例如，居民户要用一些时间做饭和洗衣服，这些是非市场活动，假定这些活动每小时相当于 10 元钱，如果居民户可以得到的每小时工资率高于 10 元钱，他们就会认为多工作 1 小时，并用 10 元钱去购买这些服务是值得的。这说明，高工资率使时间从非市场活动转向市场活动。

所谓收入效应是指，工资率越高，居民户的收入也就越多。在其他条件不变的情况下，收入高就会使居民户对大多数物品的需求增加。作为非市场活动一个部分的闲暇也是这些物品中的一种。由于收入增加引起对闲暇的需求增加，所以，这又会引起用于市场活动的时间减少，从而劳动的供给量减少。

显然，替代效应与收入效应按相反的方向发生作用。工资率越高，一方面，由于替代效应，劳动供给量也越多，但另一方面又由于收入效应，劳动供给量在减少。在工资率低时，替代效应大于收入效应。这样，随着工资率提高，居民户供给的劳动增加。但当工资率继续提高时，收入一定会达到使替代效应与收入效应相互抵消的水平。这时，工资率的变动对劳动供给量就没有影响了。如果工资率继续提高，收入效应就要大于替代效应，从而劳动供给量减少了。因此，居民户的劳动供给曲线一开始是向右上方倾斜的曲线，而从某一点后就变成向后弯曲的了。图6-10是三个居民户的劳动供给曲线。

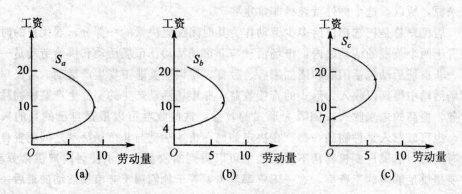

图 6-10 居民户的劳动供给曲线

在图 6-10 （a）、（b）、（c）中，每个居民户都有不同的保留工资，A 居民户的保留工资是每小时 1 元，B 居民户的保留工资是每小时 4 元，C 居民户的保留工资是每小时 7 元。每个居民户的劳动供给曲线都是向后弯曲的。

（二）市场劳动供给曲线

整个市场的劳动供给量是所有居民户劳动供给量的总和，因而，市场劳动供给曲线就是所有单个居民户供给曲线的总和。图 6-11 是由三个居民户的劳动供给曲线（S_a，S_b，S_c）相加而形成的市场供给曲线（S_m）。

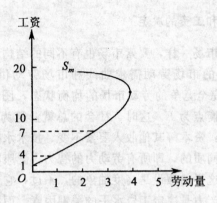

图 6-11　市场劳动供给曲线

　　在图 6-11 中，当工资率低于每小时 1 元时，三个居民户都不会供给劳动。当工资率达到 1 元时，A 居民户开始有劳动供给。在工资率为 1～4 元时，只有 A 居民户供给劳动，这一段劳动供给曲线是 A 居民户的。当工资率达到 4 元时，B 居民户开始供给劳动。在工资率为 4～7 元时，A、B 居民户都供给劳动。这一段劳动供给曲线是 A、B 居民户供给的总和。当工资率达到 7 元时，C 居民户也开始供给劳动，此后的市场供给曲线是 A、B、C 三居民户供给的总和。

　　需要指出的是，虽然市场劳动供给曲线 S_m 也和个别居民户的供给曲线一样最终要向后弯曲，但也应考虑下列因素：(1) 市场供给曲线向右上方倾斜的部分要比个别居民户长，原因在于每个居民户的保留工资并不相等。在工资率提高时，会有更多的居民户达到保留工资水平，从而开始供给劳动。劳动供给随工资率提高而增加的时间越长，劳动供给曲线向右上方倾斜的部分就越长。(2) 现实中还没有工资率高到使供给曲线向后弯曲的程度。这是因为随着工资率的上升，某些人的工作时间减少，但与此同时会使那些供给曲线处于向右上方倾斜状态的居民户提供更多的劳动，即更多的工人进入市场，一般来说，这些工人对高工资的反应要大于那些随工资率提高而减少工作时间的工人的反应。因此，对整个经济来说，劳动供给曲线是向右上方倾斜的。

　　以上我们分析的是个别居民户劳动供给的决定，以及这些决定如何加总为市场供给。那么，对每个企业的劳动供给是如何决定的呢？这取决于劳动市场的竞争程度。在完全竞争的劳动市场上，每个企业都面临着无限供给弹性的劳动供给曲线，这是因为每家企业的劳动需求只是整个劳动供给的很小一部分，并不影响工资率。某些劳动市场不是完全竞争的，即企业对工资率可以发生影响，在这种市场上，企业面临着向右上方倾斜的劳动供给曲线，它们想雇用的工人越多，所提供的工资率就越高。

三、劳动市场均衡和工资的决定

前已指出，像产品市场一样，要素市场也有不同的结构。如果劳动市场是完全竞争的，把前面推导出的市场劳动需求曲线和市场劳动供给曲线放在一起如图6-12所示，就可以得出完全竞争的劳动市场的均衡状态，图中 S 为劳动供给曲线，D 为劳动需求曲线，均衡点为 E。这时，社会的总就业量为 L，均衡工资率为 W。这一均衡的前提条件是：资本等其他收入要素不变、技术水平不变等等。另外，还假定所有的劳动力都是同质的，即所有劳动力的智力、健康状况、知识水平、技能等都没有差异。当然，这样的假设是高度抽象的，不过，它说明了这样一个重要的结论，即劳动的边际生产力是决定工资水平的关键因素。而决定劳动边际生产力的因素又有技术水平、资本装备、文化教育以及其他投入要素等，这些要素可以统称为资本。高收入经济中劳动的报酬较高，就是由于所有这些资本投入较高而带来较高的劳动边际生产力。

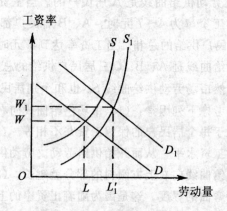

图 6-12　完全竞争的劳动市场均衡

随着时间的推移，劳动供给曲线和劳动需求曲线都会移动。从需求方面看，由于储蓄和投资，资本投入会逐年增加，从而将劳动需求曲线 D 向外推移到 D_1；从供给方面看，随着人口的增长，劳动供给曲线也会由 S 移动到 S_1。这时，工资水平是上升还是下降，取决于两方面的力量对比，在图6-12中，工资从 W 上升到 W_1，这也是绝大多数国家的历史发展轨迹。

但是，在许多情况下，劳动市场并不是完全竞争的，非竞争因素可能来自两方面：一种是买方垄断，即只有独家劳动力购买者，这一点我们在前面已经有所分析；另一种是卖方垄断，即只有独家劳动力出卖者，显然这种垄断不是单个劳动力的努力能够达到的，只能是许多工人联合起来，以一个垄断者的身份与雇主交流有关工资报酬、工作时间与强度、福利待遇等方面的问题，这种卖方垄断的典型形式就是工会（Union）。

工会的目标函数很难一概而论。在历史上，工会被看做是一种壮大工人集体力量、保护工人免受雇主剥削、提高工会会员工资待遇的组织。在现代社会，工会也已成为协调劳资关系，使生产得以顺利进行的劳动机构。在经济学分析中，特别是在西方，通常假定工会的目标是使总工资收入极大化，其手段是限制非工会会员进入以及限制工人工作时间等。但是，影响卡特尔稳定性的那些因素也是困扰工会的问题。为了提高工资水平，有些工人会失业，还有相当一部分工人不得不缩减工作时间，工会必须对这些人进行补偿，并且无法防止这部分工人选择欺骗策略，即享受高工资并偷偷地增加工作时间。

图 6-13 说明了工会所碰到的"囚犯的难题"。假定一开始劳动市场是完全竞争的，工资率是 W，而就业量为 L。现在工会成立了，如果工会要使总工资收入极大化，那么应把就业量控制在边际工资收入等于零的水平，即图中边际工资收入线 MR（斜率为劳动需求曲线 D 的两倍）与横轴的交点，这样，就业量为 L_1，工资水平为 W_1，L_1 与 W_1 的乘积，即矩形 W_1OL_1E 的面积是所有就业量——工资组合中最大的。

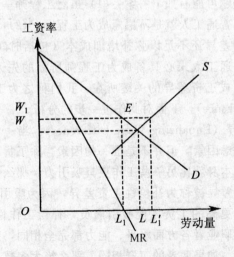

图 6-13　工会垄断中"囚犯的难题"

然而这并不是一个皆大欢喜的结果。在 W_1 的高工资水平上，愿意提供的劳动量达 L_1' 之多，于是就会有 L_1-L_1' 的人在现行工资水平下找不到工作，从而造成"非自愿失业"。除非工会能采取强有力的措施将这部分工人排除在相关的劳动力市场之外，或对他们实行足够的补偿，否则这部分工人将愿意在较低工资水平下工作而压低工会努力创造和支撑的高工资。正是由于这一原因，在西方，成功的工会大多需要与雇主达成协议；否则，如果雇主只是从本身利润极大化出发，尽可能雇用低成本的劳工，那么，工会的努力将是徒劳无功的。

四、工资水平的差异

从劳动市场的均衡分析中，我们得到了一个统一的市场均衡总体工资水平。然而在现实生活中，即使在同一地区，我们仍能观察到不同职业、不同工种之间工资水平的巨大差异。那么，造成工资差异的原因是什么呢？

人与人之间不会完全相同，从他们作为劳动的供给者来看，不同的人能够胜任的工作不同，不同的人希望加入的职业也不同。所以，劳动市场并不是一个统一的市场，而是由许多分割的市场组成。例如，我们可以认为，普通工人与工程师分别进入两个不同的、分割的劳动市场，普通工人市场与工程师市场分别有自己的供给曲线和需求曲线，各自的供给、需求曲线的交点分别决定了工人的工资水平和工程师的工资水平，这种工资差距会是长久的，不会有趋同的趋势。

那么，这两个分割的市场之间有没有流动的可能呢？也就是说，为什么有些普通工人不离开自己的岗位而去应聘工程师、雇主不从普通工人中招募工程师以降低工资成本呢？对这个问题可能有如下答案：(1)虽然工程师享受高工资，但工程师工作可能太辛苦，因而普通工人就是不愿意成为工程师。(2)工人要成为工程师需要经过教育培训，工资差异还不足以弥补培训成本（包括时间的机会成本）。(3)即使没有培训成本，普通工人未必具备成为工程师所需的先天或后天的才能和倾向。这三个原因就是造成工资差异的关键所在，我们称之为工资水平的"均衡差异"（Equilibrium Difference），下面对此作进一步的分析。

● 补偿性工资差异（Equalizing Wage Difference）。当一个人选择职业时，货币工资是一个重要的考虑因素，但并不是惟一的因素。除了货币收入之外，如果人们普遍觉得某一些工作本身就比另一些工作更具吸引力，那么供给和需求的力量就会产生工资差异。这种差异被称为补偿性工资差异，因为吸引力小的职业（如脏、累、差的工种）必须用更高的工资才能吸引雇员，补偿工作性质的不尽如人意之处。例如，有一些寻求职业者各方面水平、能力都完全相同，有两种职业可供他们选择：新闻记者和警察。如果两者的工资相同，那么绝大多数人（除了极个别喜爱刺激冒险的人）会选择做新闻记者。在西方，警察局为了招募到雇员，被迫提高工资，直到有足够数量的人愿意当警察为止。所以，货币工资的差异是为了使"真实工资"（包括非货币因素）在求职者心目中等同。

● 人力资本投资的差异。一个人从事生产性活动的能力并不是固定不变的，而是可以通过教育、培训和经验来获得提高，即可以通过人力资本投资来提高。同别的资本投资一样，人力资本投资也必须支付成本，这种成本不仅表现为学费支出等直接成本，更重要的成本是因上学或接受培训而损失的工资收入，即机会成本。所以，人力资本投资的未来收益表现为人们可进入更高收入或更高层次的职业，如果工资水平不因人力资本的差异而存在差异的话，将很少有人愿意从事这种投资，而一个社会由于缺少人力资本投资从而导致整个社会文化知识水准退化的后果将是灾难性的。

● 能力的差异。各人的劳动生产力不仅取决于教育程度和工作经历，而且取决于个性和智力上的因素即智商（IQ）。智商是不是一个良好的标准是一个有争议的问题，但毫无疑问，个人内在倾向和能力是决定他适合于干哪种工作的一个重要因素。不同的人的身高、力量、耐力、心理平衡能力、外表魅力、创造力等都不相同，有些人无论接受多少训练也成不了篮球明星，而另一些人无论接受多少教育也成不了核物理学家。不过，超凡的能力并不一定能带来高收入，"值钱"的能力必须是消费者愿意支付高价来享受这种能力带来的服务。如果没有人对观看篮球感兴趣，那么美国篮坛巨星迈克尔·乔丹百发百中的能力并不能使他成为百万富翁。但一般来说，拥有某种特殊才能的人与一般劳动力相比稀缺程度要高得多，因而总能得到更高的工资收入。

第三节　资金市场与企业决策

一、资金市场的组织结构

在经济学中，资金的含义是指用来购买实物资本（如厂房、机器、原材料等）的货币，但货币不一定是资金。从微观的角度看，有了货币就可能买到资本品，货币就是资金。从宏观的角度看，一国所拥有的货币量并不代表同量的资本品。这里主要从微观的角度进行分析。

资金要通过资金市场才得以融通。所谓资金市场是指借款人和贷款人之间的交换关系的总和。资金市场通过证券和票据的创造和交换引导资金从贷款人手中流向借款人手中。如果没有资金市场，人们既缺少动力去积累资金，需要资金时也寻找不到很好的途径去借贷资金。一对一的借款者去寻找贷款者，贷款者去寻找借款者，寻找的成本过于昂贵。

在发达的市场经济中，并不存在一个统一的名称叫"资金市场"的市场，各种不同的资金市场是同时存在的，每一个市场又包括许多机构和人员。大致来说，资金市场可分为短期资金市场和长期资金市场。短期资金市场是指期限在一年以内的短期资金融通的市场，融通的资金主要用作再生产过程中所需的流动资金，该市场通常又称做货币市场。长期资金市场是指提供长期运营资金的市场，期限一般在一年以上，融通的资金主要用作扩大再生产所需的投入资金，该市场通常又称做资本市场。

　　资金市场的作用是把资金从资金的储蓄者手中转向资金的需求者手中，转移的途径大体有三种：（1）直接转移，即不经过任何中介机构，企业直接向储蓄者发行股票和债券，资金直接从储蓄者手中流向企业，证券则从企业流向储蓄者。（2）通过投资银行的间接转移，即企业把自己的股票和债券卖给投资银行，投资银行再把这些股票和债券转卖给储蓄者。（3）通过金融中介机构（例如商业银行）的间接转移，即储蓄者把钱存在银行里，从银行得到定期存单，银行再把钱以抵押贷款的形式借给企业。

　　上述三种资金转移方式中，直接转移方式比较少见，后两种间接转移方式对大多数企业更经济有效。投资银行专门向企业提供投资服务，它们帮助企业设计新发行的证券，从企业购买证券再卖给储蓄者，虽然买卖两次，但大大提高了效率，也节省了成本。金融中介机构不是简单的在企业和储蓄者之间转移货币和证券，它们在这个过程中创造了新的金融资产，金融中介机构相对于个别投资者规模较大，在调查企业经营情况，筹集款项等方面具有规模效益，并可以通过投资对象的分散化减少投资风险。图 6-14、图 6-15、图 6-16 展示了上述资金转移的三种方式。

- 直接转移：

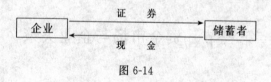

图 6-14

- 通过投资银行的间接转移：

图 6-15

- 通过金融中介机构的间接转移：

图 6-16

二、资金的供求

（一）资金的需求

企业筹集资金的目的是为了购买生产要素，因此，决定生产要素投入量的边际生产力的原则在这里仍然适用，企业将借到这样一个数额的资金，用它投资所生产的边际产品价值正好等于借款所支付的利息。但是，由于企业投资所购置的固定资产与一般的原材料不同，可以使用很多年。计算投资的边际产品价值时要考虑到投资的这一特点，为此，我们需要介绍投资的净现值（Net Present Value of Investment）这个概念。

可以用一个例子说明投资的净现值对资金需求的决定性影响。假设某企业要购买某种设备，该设备价格为 1 万元，使用时间为 2 年，每年的边际产品价值为5 900 元，年利率为 4%。令边际产品价值流量的现值为 PV，边际产品价值为VMP，利息为 r，投资的净现值为 NPV。则

$$PV = \frac{VMP}{1+r} + \frac{VMP}{(1+r)^2}$$

$$= \frac{5\ 900}{1.04} + \frac{5\ 900}{(1.04)^2}$$

$$= 5\ 673 + 5\ 455$$

$$= 11\ 128 \text{（元）}$$

$$NPV = 11\ 128 - 10\ 000$$

$$= 1\ 128 \text{（元）}$$

这就是说，根据以上计算，该设备的未来边际产品价值的现值在第一年结束时为 5 900 元除以 1.04，第二年结束时为 5 900 元除以 $(1.04)^2$。结果未来 2 年中收入的现值为 11 128 元。只要把该设备在未来 2 年可以得到的收入的现值与其购买价格相比较，就可以决定是否值得购买该设备。这种比较就是计算投资的净现值。因此，所谓投资的净现值就是投资所引起的边际产品价值的现值减去投资的成本。如果投资的净现值为正数，这笔投资就值得；如果投资的净现值为负数，这笔投资就不值得。在上例中，净现值为 1 128 元，所以，购买这台设备是值得的。

和任何其他投入品一样，资金投入也受边际收益递减规律支配。增加的资金投入越多，资金的边际产品价值越低。在上例中，我们分析的是企业购买一台设备，如果企业继续投资，应该购买几台设备呢？

假设某公司购买同样价格为 1 万元，使用期限为 2 年的 3 台设备。由于边际收益递减；第一台设备每年的边际产品价值为 5 900 元，第二台为 5 600 元，第三台为5 300 元。当利率为 4% 时，使用不同数量设备的边际产品价值的现值为：

使用第一台设备：

$$PV = \frac{5\ 900}{1.04} + \frac{5\ 900}{(1.04)^2} = 11\ 128 \text{（元）}$$

使用第二台设备：

$$PV = \frac{5\ 600}{1.04} + \frac{5\ 600}{(1.04)^2} = 10\ 562 \text{（元）}$$

使用第三台设备：

$$PV = \frac{5\ 300}{1.04} + \frac{5\ 300}{(1.04)^2} = 9\ 996 \text{（元）}$$

根据以上计算，该公司购买前 2 台这样的设备时，边际产品价值的现值大于投资，是值得的，但购买第三台这样的设备时，边际产品价值的现值小于投资，是不值得的。

以上我们假设利率为 4%。如果利率变了，资金需求又会如何变动呢？比如说，同样在上例中，当利率为 8% 和 12% 时，该公司应该购买几台设备，即资金需求为多少呢？

当利率为 8% 时，使用不同量台设备的边际产品价值的现值为：

使用第一台设备时：

$$PV = \frac{5\ 900}{1.08} + \frac{5\ 900}{(1.08)^2} = 10\ 521 \text{（元）}$$

使用第二台设备时：

$$PV = \frac{5\ 600}{1.08} + \frac{5\ 600}{(1.08)^2} = 9\ 986 \text{（元）}$$

使用第三台设备时：

$$PV = \frac{5\ 300}{1.08} + \frac{5\ 300}{(1.08)^2} = 9\ 451 \text{（元）}$$

当利率为 12% 时，使用不同量台设备的边际产品的现值为：

使用第一台设备：

$$PV = \frac{5\ 900}{1.12} + \frac{5\ 900}{(1.12)^2} = 9\ 971 \text{（元）}$$

使用第二台设备：

$$PV = \frac{5\ 600}{1.12} + \frac{5\ 600}{(1.12)^2} = 9\ 464 \text{（元）}$$

使用第三台设备：

$$PV = \frac{5\ 300}{1.12} + \frac{5\ 300}{(1.12)^2} = 8\ 957 \text{（元）}$$

以上计算表明，当利率为 4% 时，企业可购买 2 台设备，即资金需求量为 2 万元；当利率为 8% 时，企业只购买 1 台设备，即资金需求量为 1 万元；当利率为 12% 时，企业一台设备也不购买，即资金需求量为零。

根据以上计算可以列出某企业在不同利率时的资金需求表。资金需求表说明了在每种利率时的资金需求量。随着利率的下降，资金需求量增加，反之则减少。据此可以进一步作出表示资金需求量与利率关系的资金需求曲线，如图 6-17 所示。图中横轴代表资金需求量，纵轴代表利率，D_f 为某企业的资金需求曲线，它是一条向右下方倾斜的曲线。

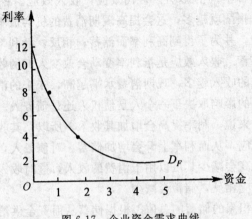

图 6-17　企业资金需求曲线

　　把各企业在不同利率水平时的资金需求量加总起来就可以得到市场资金需求曲线。市场资金需求曲线也是向右下方倾斜的，如图 6-18 所示。

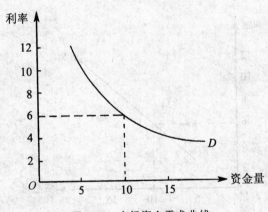

图 6-18　市场资金需求曲线

（二）资金的供给

　　资金的供给量来自居民户的储蓄决策（这里不考虑来自政府与国外的储蓄与资金来源）。决定居民户储蓄的最重要的因素有两个：一是居民户相对于预期未来收入的现期收入；二是利率。

　　如果一个居民户的现期收入与预期未来收入相比是低的，那么这个居民户的储蓄就很少，甚至是负储蓄（借债）。相反，如果一个居民户的现期收入与预期未来收入相比是高的，那么这个居民户就会选择较多的储蓄，以便在未来消费更多。

利率对储蓄有两种不同的影响：替代效应；收入效应。替代效应是指利率越高，现期储蓄的未来报酬就越多，这会提高现期消费的机会成本。因此，高利率鼓励人们减少现期消费，并为了得到高利率而储蓄；相反，低利率则促使人们增加现期消费，从而减少储蓄。收入效应是指利率变动会改变人们的收入。在其他条件不变的情况下，一个人的收入越多，现期消费水平越高，未来的消费与储蓄水平也越高。利率对收入变动的影响取决于一个人是债权人还是债务人。对债权人，即对有正的净金融资产的人来说，利率提高会增加其收入，所以，其收入效应是正的，收入效应会加强替代效应，从而利率上升会增加储蓄。对债务人，即对有负的金融资产的人来说，利率提高会减少其可以用于消费的收入，这时收入效应是负的，收入效应的作用与替代效应相反，储蓄会减少。

资金供给量是所积累的储蓄的总值。根据储蓄从而资金供给量与利率之间的关系，我们可以得出资金供给曲线。我们已经说明了，资金供给量与利率的关系取决于替代效应与收入效应的程度，对个别居民户而言，这种效应可能是正的，也可能是负的。但对整个经济来说，替代效应大于收入效应。所以，高利率鼓励储蓄，从而资金供给曲线向右上方倾斜，如图 6-19 所示。图中 S 为资金供给曲线。

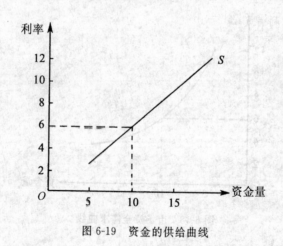

图 6-19　资金的供给曲线

三、资金市场均衡和利率的决定

把前面关于资金需求和资金供给的分析综合到一起，就可以得出资金市场的均衡状态，如图 6-20 所示。

在图 6-20 中，资金需求曲线为 D，资金供给曲线为 S。当这两条曲线相交于 E

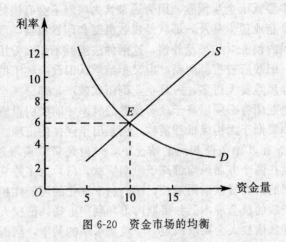

图 6-20　资金市场的均衡

时，资金市场达到均衡。均衡时利率为 6％，资金需求与供给量均为 10 单位，使市场均衡的力量与产品和劳务市场一样，即需求和供给。

当利率高于 6％时，资金需求量小于供给量，资金市场上存在资金的过剩供给。在这种情况下，金融中介机构渴望增加贷款，就要降低利率。随着企业增加借款并增加购买资本设备，资金需求增加。利率要一直降到金融中介机构能按现行利率把它们希望贷出的款借完为止。相反，如果利率低于 6％时，资金供给量小于需求量，资金市场上存在资金的超额需求。在这种情况下，金融中介机构不能提供足够的贷款，就要提高利率。利率的提高会使企业借款成本提高从而降低资金需求。利率要一直提高到没有不能满足的借款时为止。在这两种情况下，利率都会变动到均衡利率 6％为止。资金市场进行大量交易的金融中介机构，诸如银行、保险公司和专业贷款者，每天要进行大量的货币业务，并保持资金需求量与供给量的基本相等。这种市场力量保证了各个资金市场利率大体相同。

四、利率水平的差异

资金不管投向哪个行业，都要求得到一个正常的或平均的资金回报率，这就是市场均衡利率水平。由于均衡利率代表了任何一笔投资的机会成本，因此，一个经济中不同行业的利率水平应该有趋同的趋势，这种趋势是通过长期内资金的自由流动、自由进入和退出各个行业来实现的。但是，现实中仍然存在利率水平的差异，例如，债券利率要高于银行存款利率，10 年期贷款利率要高于 1 年期贷款利率。这些差异都是由风险程度的不同造成的，风险可能带来两种程度的不确定性：债务人偿债的不确定性和未来贷款机会成本的不确定性。与此相适应，下列两种因素直接带来利率的差异。

● 违约风险。违约风险牵涉到债务人最终偿还本金的不确定性。在许多国

家，政府债券利率要低于企业债券，因为通常认为政府不会有违约行为，无论如何
政府有两大法宝令企业望尘莫及，那就是税收机制和印钞机器，政府不至于落魄到
无力偿还到期的国内债务（如果是外债，这两件法宝就不那么管用了）的地步，除
非出现极端情况，旧政府被推翻而新政府又拒绝承认旧政府欠下的一切债务。而投
资于私人企业债券风险要大得多，一旦企业倒闭或破产，部分甚至全部债权都将化
为乌有。所以，企业债券必须以高于政府债券的利率才能吸引投资者。通常有担保
或抵押的贷款利率要低于无担保抵押贷款，也是出于同样的道理。

● 到期时限。在其他条件相同的情况下，一般是贷款期限越长，利率越高。
这是因为长期贷款在两个方面风险都高于短期贷款。（1）大多数贷款的利率是在贷
款之初就确定下来的，而贷款期限越长，期内利率变化的可能性越大，因此，债权
人很难预测今后贷款的机会成本。如果期内市场利率上扬，债权人会蒙受相应的损
失。所以，长期贷款债权人会要求预定一个较高水平的利率，从而比较充分地考虑
期内利率变化的可能性。不过，20世纪80年代以来，国际金融市场上浮动利率的
长期贷款日益盛行，即长期贷款利率在到期日前定期随当时市场利率作调整。在这
种情况下，这一理由不再成立。（2）贷款时限越长，债权人越难对债务人今后的偿
还能力作出准确的判断。谁也无法预料今日热门的产业20年以后会如何，显赫一
时的行业巨头成为明日黄花也不少见。这种不确定因素也需要较高的利率来补偿。

除了风险程度之外，还有一些技术因素会造成利率差异。一个因素是贷款的事
务性成本，如债券的印刷费、贷款的发行成本、公证费用等，贷款总额越大，单位
金额分摊到的这些成本就越低。因此，申请小额贷款需支付更高的利率，像消费信
用贷款利率通常要高于企业贷款。另一个因素是对利息收入的不同税收政策。在不
少国家，得自政府债券的利息收入是免税的，而其他利息收入则在所得税征收范围
之内，如果债权人关心的是税后净利息收入的话，前者的利率可低于后者。

在以上的分析中，我们讨论的利率并不是日常生活中所观察到的利率，而是真
实利率（Real Rate of Interest），两者之间的关系是：真实利率＝名义利率－通货
膨胀率。显然，真正影响借贷行为或储蓄与投资的是真实利率，如果一个债务人打
算将贷款用于一个有5％真实收益的项目，而通货膨胀率为10％，那么他最多愿意
支付15％的利率；对债权人来说也是如此。更确切地说，决定借贷行为的利率应
该是税后真实利率，如果考虑到不同的税收规定的话。

第四节　土地市场和企业决策

一、土地的供求

（一）土地的供给

土地也是一种重要的生产要素。与其他生产要素不同的是，土地是大自然赋予

我们的、不由人生产出来的生产要素。这决定土地的供给有一个显著的特点：它是一种不可再生性资源，无论土地的租金如何变化，土地的总供给是大体不变的。这意味着土地的总供给曲线是一条接近于垂直的直线，如图6-21所示。

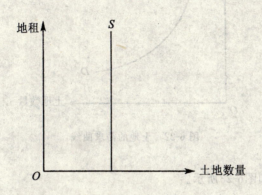

图 6-21　土地的供给曲线

当然，严格地说来，这不一定很对。有的时候，土地可以通过移山填海而扩大面积，世界上也不乏这样的事例。不过，通过这种途径扩大土地面积毕竟十分有限。因此，土地的总供给可以说是弹性不足的。需要指出的是，我们说土地的总供给曲线是一条接近于垂直的直线，但这并不意味着某个具体行业的土地供给曲线也是完全无弹性的。事实上，它可能是相当有弹性的。例如，当房租上升了很多时，房地产行业将更加有利可图，则更多的土地会从其他行业转到房地产行业，房地产行业的土地供给将会增加，因此，房地产行业的土地供给曲线就是非常有弹性的。

（二）土地的需求

对土地的需求同样也是派生需求。企业对土地的需求取决于土地的边际产品价值。因此，土地的需求曲线就像一般的生产要素的需求曲线一样是向右下方倾斜的，如图 6-22 所示。土地的需求曲线的位置取决于土地的边际产品价值和对产品的需求的大小，当土地的边际产品价值发生变动或对其产品的需求发生变动时，土地的需求曲线就要发生变动。

二、土地市场均衡和地租的决定

把土地的供给曲线和土地的需求曲线置于同一个平面坐标图中，就可以得出土地的均衡状态。由于土地的供给曲线几乎是一条垂直线，均衡地租虽然像其他市场均衡价格一样，也是由供给曲线与需求曲线的交点决定，但实际上主要是由需求曲

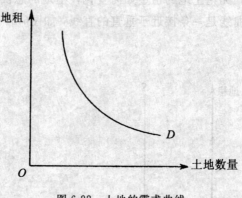

图 6-22 土地的需求曲线

线单方面决定的，如图6-23所示。

在图 6-23 中，S 代表土地的供给曲线，D 代表土地的需求曲线，两条曲线相交于 E 点，所于均衡土地数量为 Q_e，均衡地租为 R_e。由于 S 是一垂直线，如果对土地的需求减少，需求曲线下移，地租就下降；反之，如果对土地的需求增加，需求曲线上移，地租就上升。

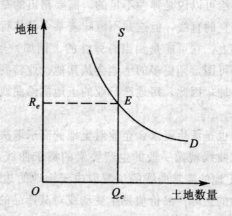

图 6-23 土地市场的均衡

如果每一块土地的质量都一样，以上的土地供求模型就可以决定所有土地的地租了。但是，在现实生活中，土地的位置不同、质量不同，地租也不同。例如，大城市繁华商业地段的地租就要比市郊的地租高，而市郊的地租又要比远郊的地租贵，这就形成了级差地租。那么，形成地租差别的原因是什么呢？

● 在竞争的土地市场上，投资者对不同土地上投资的报酬应当一样。因为如果报酬有高有低，就会有一部分投资者把资金从低报酬的土地上转移出来，投向高报酬的土地，从而把高报酬土地的地租抬高，使其报酬减小，直到所有土地的报酬都一样。例如，有甲、乙两块土地，土壤的肥力不一样，要获得同样的收入，乙地的生产成本要比甲地高 500 元，那么乙地的地租就应比甲地的地租低 500 元，才能使两块土地的报酬相同。如果乙地的地租仅比甲地低 400 元，就没有人愿意去租乙地，在竞争的压力下，必须使乙地降低地租，或甲地提高地租。

● 在一般情况下，对土地的利用总是从优到劣的按序排队。也总会有一些土地因为质量太差，使用它不需付费。经济学把那些处于可用可不用边缘的土地称为边际土地。边际土地的生产成本最高，而其他可用土地的生产成本就相对低一些。这样，一块土地的地租可以定义为边际土地的生产成本与该块土地的生产成本之差。土地越好，土地的生产成本越低，因而相应的地租也就越高，这就形成了级差地租。

如果对土地的需求增加了，地租就会上升。这是因为：（1）人们会开垦更多的荒地，这些新开垦的处女地成为新的边际土地，它们的生产成本比原有的边际土地的生产成本要高。于是原有的土地就不是边际土地了，也需要交地租了。由于新的边际土地的质量更差，成本上升了，所有土地的级差地租都会增加。（2）租用土地者会更有效地使用土地，例如在同一块土地上施用更多的化肥，投入更多的劳力，使土地的生产力增加，这也会使地租提高。

三、经济租金

租金（Rent）最初是指为获得非自有的土地、房屋、设备等的使用权而定期支付的款项，例如上面讨论过的地租。但随着经济学的发展，租金的含义有了扩展，凡是支付给生产要素的超额报酬，即报酬中超过为得到要素的某种服务而必须支付的最低报酬部分，都称为经济学意义上的租金（Rent）。所以，租金也就是一种要素的实际收入超过其"机会成本"的余额。

如前所述，整个社会的土地存量基本是固定的，所以土地的供给曲线近乎一条垂直线。也就是说，不论土地价格的高低，整个社会的土地供给量不会变。获得这些数量的土地的最低代价为零，因为从社会的角度来看，土地的机会成本为零，即土地所有者如果保留土地闲置不用将不会得到任何收益。所以，支付给土地所有者的一切报酬都符合经济租金的定义。

不仅具有垂直供给曲线的生产要素的报酬属于经济租金，一般的供给曲线向右上方倾斜的生产要素的报酬中也有一部分是租金。以歌星的供给曲线为例，先来看一位歌星 A，如果他不当歌星，那么"次佳"职业为工人，而作为工人的工资率为 W_1，于是 W_1 就构成他当歌星的机会成本。换言之，如果当歌星得到的报酬低于

W_1 的话，他宁愿去做工人，所以，他作为歌星的供给曲线为图 6-24（a）中的 S。假定市场上类似的歌星共有 5 名：A、B、C、D、E，他们的机会成本分别为 W_1，$W_2,\cdots,W_5$，那么市场总供给曲线将是 5 个人供给曲线的水平加总，形成图 6-24（b）中的梯状的 S 线。此时，如果市场对歌星的需求曲线为 D，那么，市场给予歌星的报酬将达到 W_5。对于歌星 A 来说，吸引他做歌星的最低报酬只要 W_1，但市场却给了他 W_5，因此，在图 6-24（a）中，矩形 W_5EAW_1，就是经济租金。同样，歌星 B、C、D 获得的报酬与他们当歌星的机会成本的差异都构成租金。对歌星 E 来说，其机会成本高达 W_5，因而租金为零。这样，从整个歌星市场来看，总的租金将是纵轴、市场价格水平线和供给曲线 S 所围成的阴影。

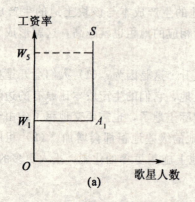 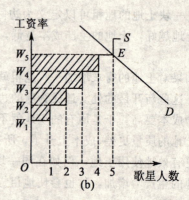

图 6-24   向右上方倾斜的要素供给曲线与租金

如果一个市场上有许多供给者，那么图 6-24（b）中的阶梯形供给曲线将变成一条光滑的曲线，但租金仍是纵轴、价格线和供给曲线围成的面积，并且供给弹性越小，或供给曲线越陡峭，要素报酬中租金的比例就越高。联系一下前面介绍的消费者剩余概念，我们可以发现租金与之颇有相似之处，因此，租金有时又称为生产者剩余（Producer's Surplus）。经济学家们认为某些高收入的职业，如体育明星、歌星、政治家等，收入中租金的成分很高。因为从事这些职业的人的"次佳"职业所能带来的报酬相对来说低得多。

之所以分析讨论经济租金，是因为这涉及政府的税收政策：只有对经济租金征税，才不会影响要素的供给，政府对要素征税不应该超出它的经济租金。

复习思考题

1. 解释下列名词

派生需求   边际产品价值   边际要素成本   劳动市场   资金市场

土地市场　　劳动需求的弹性　　投资净现值　　租金　　经济租金　　生产者剩余

2. 要素市场与产品市场相比有什么特点？

3. 试述企业要素使用的原则。

4. 试比较完全竞争企业和垄断企业要素需求的异同。

5. 试述消费者的要素供给原则。

6. 劳动供给曲线为什么会向后弯曲？

7. 设某一企业使用的可变要素为劳动 L，其生产函数为：$Q = -0.01L^3 + L^2 + 36L$（Q 为每日产量，L 是每日投入的劳动小时数），所有市场都是完全竞争的，单位产品价格为 10 美分，小时工资为 4.80 美元，企业要求利润最大化。试问企业每天要雇用多少小时劳动？

8. 造成工资差异的原因是什么？

9. 试述资金市场均衡利率的决定。

10. 土地的供给曲线为什么是垂直的？

11. 为什么要重视经济租金的研究？

第七章 企业定价理论与决策

本章学习目的

在学完本章以后,你应该掌握以下内容:

1. 成本加成定价法则以及在企业定价中的应用;
2. 增量分析定价法则以及在企业定价中的应用;
3. 差别定价法则的原理以及在企业、公共产品定价中的应用;
4. 其他的产品定价法则以及在现实中的应用。

在前面的章节中,特别是在第四章和第五章中,我们已经介绍了不同市场结构条件下,企业的定价模型,但这些模型主要是从理论上加以分析,而且假定企业只面临一种市场结构,只生产一种产品,企业的目的是追求最大利润,并且这一最大利润只是对模型求解,同时假定在求解这一模型时,所有企业的成本、需求、价格、竞争者的反应等信息都是能够完全掌握的。在现实经济活动中,企业对未来的成本、需求和竞争者的反应等信息都不可能知道得很确切,面临的是大量不确定因素,也很难准确知道 MR 与 MC 的值,或许企业追求的不是最大利润,而是满意的利润,因此必须对过去学过的某些定价理论与方法作出某些修正和补充,包括一些粗估定价方法和快速定价方法。

第一节 成本加成定价法

成本加成定价法(Cost Plus Pricing)是最常用的一种定价方法,也是比较简单的一种定价方法。它是以全部成本,即固定成本加上可变成本作为定价的基础;在此基础上确定一个目标利润率,最后可求出产品定价。按照这一方法,产品的价格分三步来确定。

第一步,估计单位产品的变动成本(包括直接材料费、直接人工费)。

第二步,估计固定成本,然后按照标准产量(一般为生产能力的 2/3 到 4/5),把固定成本分摊到单位产品上去,求出全部成本。若平均固定成本为 AFC,平均变动成本为 AVC,则平均成本 AC＝AFC＋AVC。

第三步,在平均成本 AC 的基础上加上目标利润率计算的利润额,则可得到价格 P,若目标利润率用平均利润率 η 表示,那么价格 P 为:

$$P = AC(1+\eta)$$
$$= (AFC+AVC)(1+\eta)$$

【例 7-1】　假定某企业生产某产品的变动成本为每件 10 元,标准产量为 50 万件,总固定成本为 250 万元,如果企业的目标利润率为 33.3%,问价格定为多少?

解:

$$AVC = 10 \ (元)$$
$$AFC = \frac{250}{50} = 5 \ (元)$$
$$AC = 15 \ (元)$$
$$P = AC(1+\eta) = 15 \times (1+33.3\%)$$
$$= 20 \ (元)$$

按上式定出的价格只是理论上计算的结果,如果其他与之相竞争的同类企业的产品价格低于 20 元,或者按 20 元定价,销售量估计达不到预期的 50 万件,就要适当降低利润率,以调整价格,显然在最终确定价格时必须考虑到其他企业产品的价格与该企业生产能力的利用情况。

成本加成定价法的优点是比较简单,所需的数据比较少,容易计算。它的缺点是需根据会计成本来计算,会计成本是历史成本,而价格决策应根据未来成本;此外,会计账上不记录机会成本,而价格决策是应该考虑机会成本的。即使估计单位产品的平均变动成本和分摊固定成本,对有些产品也是困难的,尤其是对某些平均成本变动范围大的产品,甚至无法估计其平均成本。

对于平均成本变动不大的产品,在一定条件下,成本加成定价法与前面所述目标利润最大化的定价方法是一致的。下面通过证明讨论二者之间的关系。

$$R = P \cdot Q$$
$$MR = \frac{dR}{dQ} = P + Q \cdot \frac{dP}{dQ} = P\left(1 + \frac{Q}{P} \cdot \frac{dP}{dQ}\right)$$

又由于 $\frac{dQ}{dP} \cdot \frac{P}{Q} = E_{dP}$,代入上式可得

$$MR = P\left(1 + \frac{1}{E_{dP}}\right)$$

利润最大化的必要条件为 MR＝MC,故下式成立:

$$MC = P\left(1 + \frac{1}{E_{dP}}\right)$$

若某产品的平均变动成本不大,则 MC 近似等于 AC:

$$AC = P\left(1 + \frac{1}{E_{dP}}\right)$$

$$P = AC\left(1 - \frac{1}{1 + E_{dP}}\right)$$

与 $P = AC(1+\eta)$ 比较可知：

$$\eta = -\frac{1}{1 + E_{dP}}$$

$-\dfrac{1}{1+E_{dP}}$ 即可以认为是企业的目标利润，可以通过上式讨论产品的需求价格弹性与企业目标利润之间的关系。

1. 当 $E_{dP} = -1.5$ 时，$\eta = 200\%$

　　 $E_{dP} = -2$ 时，$\eta = 100\%$

　　 $E_{dP} = -3$ 时，$\eta = 50\%$

这说明商品的需求价格弹性越大，可实现的目标利润越低；商品的需求价格弹性越小，可实现的目标利润越高。这一结论可以解释前面所述的内容，如果某种产品的竞争力增强，其他企业降价时，要相应调低目标利润率，其原因在于该产品的需求价格弹性大。

2. 当产品在完全竞争市场上，$E_{dP} = -\infty$，$\eta = 0$，企业的目标利润也只能趋于 0，这也从另一个角度解释了为什么在完全竞争的市场上企业只能获取正常利润（包含 AC 在内）。

3. 分析了需求的价格弹性与企业的目标利润率之间的关系说明可以以需求的价格弹性来确定企业的目标利润率，成本加成定价法同样也可以达到利润最大化的目标。在需求弹性大的市场上对保证高额利润比需求弹性小的市场上更加重要；在国外市场上定价比国内市场上定价更加重要。

尽管如此，还必须注意到把全部成本作为定价的基础在有些情况下是不适宜的。例如，在 [例7-1] 中，如果这家企业有富余的生产能力，是否可以按每件 12.50 元的价格再接受 5 万件的订货？如果按全部成本定价，每件价格应为 20 元，而成本为 15 元，显然不能接受这批订货。但这一决策是错误的。这时必须比较价格与平均可变成本的大小，若 $P > AVC$，且生产能力有富余，则接受这批定货是有利可图的。该产品的 AVC 为 10 元，增产 5 万件则需增加支出 50 万元，收入可增加 62.5 万元（5 万件×12.5 元），可以再增加利润 12.5 万元（62.5 万元—50 万元）。所以，正确的决策是接受这笔订货。这个例子说明，全部成本定价法有其局限性，而应当运用其他的定价方法。

第二节　增量分析定价法

增量分析定价法（Incremental Analysis in Pricing），就是通过计算由价格引起的增量利润来判断定价方案的效果。如果增量利润为正值，说明方案可以接受；如果是负值，说明方案不能接受。

利润等于定价方案引起的总增量收入减去定价方案引起的总增量成本。

增量分析定价法可以看做是边际分析模型的具体应用。利润的增量是边际收益与边际成本之差，利润增量为零时，也就是边际收益等于边际成本，企业实现利润最大化。但在具体计算时并不是以 $MR = MC$ 的条件求极大值，而是按照 $MR - MC > 0$ 与否判断方案是否可行，并不是求解利润的极大值。举例如下：

【例 7-2】 大昌航空公司打算从 A 地到 B 地开辟一条支线。支线的单程票价为 100 元/人，估计每天可有乘客 100 人次。增辟支线的全部成本为 1.2 万元。由于开辟了支线，可使 BC 干线上客运量增加，预计 BC 干线上的总收入将增加 2 000 元，成本将增加 1 万元。问是否开辟这条支线？

解：开辟 AB 支线后的增量收入：

AB 支线上的增量收入 $100 \times 100 = 1$ 万元

BC 干线上的增量收入   2 万元

总收入增量   3 万元

开辟 AB 支线后的增量成本：

AB 支线上的增量成本   1.2 万元

BC 干线上的增量成本   1 万元

总成本增量   2.2 万元

开辟 AB 支线后的总利润增量为：

$$MR - MC = 30\ 000\ \text{元} - 22\ 000\ \text{元} = 8\ 000\ \text{元}$$

由于增量利润为正，证明开辟支线的方案可以接受。但如果仅仅从 AB 支线上考虑收入与成本的增量则该方案不能接受，其原因在于开辟 AB 支线后，不但会引起 AB 支线上的收入与成本的改变，而且会引起 BC 干线上的收入与成本的改变，只有把 AB、BC 线上的收入增量与成本增量综合考虑进去，才能作出正确的决策。

增量分析法要运用得当，必须注意下列几点：

- 决策引起的增量利润应当反映决策引起的总效果。譬如，要确定某新产品的价格，不仅要计算这种新产品的销售能带来多少利润，还要把因为生产和销售这种新产品而引起的其他产品利润的变化也计算进去。判断这些问题的原则主要是看一个企业的产品之间是否有相互替代关系、互补关系以及成本上的此消彼长关系。若新老产品之间是一种替代关系，那么新产品的销售增加会使老产品的销售减少，此时必须把新产品的增量利润扣除老产品的利润的减少；若新老产品之间是一种相互补充的关系，那么新产品销量的扩大会带动老产品销量的扩大，即使新产品亏本销售，只要老产品能扩大销售，而且二者增量利润的代数和为正，总效果仍然是利润的增加；如果企业生产了某种新产品导致另一种产品的成本上升，也必须考虑另一种产品由于成本上升引起的利润减少。上述三种情况都不能仅仅计算新产品利润的增量，而要计算新产品引起的整个企业利润的变化。

- 在计算时不仅要考虑企业短期利润状况，而且要考虑企业的长期利润状况。按管理经济学的决策准则，任何一个决策都必须考虑短期与长期的结合。比如在开发某个产品时，可能短期内销售看好、有利可图，但长期看可能不看好，并且限制了另外一些产品的发展，此时的决策就要权衡再三，综合考虑。

- 增量分析法的特点在于其定价的灵活性，注意了短期的效益，也注重长期效益，同时又考虑到了企业的供给与市场需求的关系。虽然求最大利润可以按边际收益与边际成本来考虑，但在具体的应用中又有相当的灵活性，而且必须把 AFC、AVC、P 一同考虑进去，最终才能得到正确的定价方法。

第三节　差别定价法

一、差别定价概论

差别定价（Price Discrimination）亦称为价格歧视，是指垄断者根据他生产和销售的产品的市场需求状况和成本状况，定出他打算销售的数量和价格，对不同的顾客、不同的市场，采取不同的价格。

差别定价常见的例子有：（1）一个医生根据病人不同的富裕程度或收入水平的差别，对相同的医疗服务收取不同的费用，这种状况普遍存在于乡村医生中。（2）在外贸行业中，出口的价格与内销的价格不同，汽车制造商在出口市场上的销售价格往往低于国内市场销售价格（即使考虑到税收的差别）。（3）电力公司对工业用电和居民生活用电实行不同的价格，或者通过超负荷加价，限时用电加价对不同的用户收取不同的电费。（4）小建筑材料商向专业建筑工人供应的建筑材料价格要低于向业余建筑工人供应的建筑材料价格，即批发的价格要低于零售的价格。

垄断者之所以要实行差别定价，是因为这种办法比单一价格能获得更多的超额利润，或者在某种特殊情况下能确保垄断企业不至于亏损，但是，实行差别定价必须满足一定的条件，这些必须满足的条件是：

- 市场必须要有某些不完善之处。在完全竞争的条件下，买卖双方具有完全的信息，实行差别定价是不可能的。但是，当市场存在着某种不完全性，比如信息不通畅、交通不便利、贸易壁垒所阻隔，垄断厂商有可能对不同的市场或一个市场的各个部分分别实行某种控制，从而对不同的买者索取不同的价格。

- 每个市场的需求弹性不一样。垄断厂商根据不同的市场需求弹性对同一产品按照 MR＝MC 的条件定出不同的价格，比定出相同的价格能获取更多的超额利润。这可以用下面的推导来证明。

　　设有 A、B 两个市场，且需求弹性分别为 2 和 1.5，如果垄断厂商要在 A、B 市场上都能取得最大利润，那么必须满足 A、B 市场上的边际收益与边际成本相等，设产品的边际成本为 MC，则有

$$MR_A = MC, \quad MR_B = MC（即 MR_A = MR_B = MC）$$

因为

$$MR = P\left(1 - \frac{1}{E_d}\right)$$

故

$$P = MR\left(\frac{E_d}{E_d - 1}\right)$$

$$P_A = MR_A \frac{2}{2-1} = 2MR_A$$

$$P_B = MR_B \frac{1.5}{1.5-1} = 3MR_B$$

可得

$$P_A = 2MC, \quad P_B = 3MC$$

设　MC＝2，　　故　$P_A = 4$，$P_B = 6$。

　　这说明只要两个市场的需求弹性不同，要获取最大的利润所定的价格也应当不同，而且在需求弹性较大的市场上应制定较低的价格，而在需求弹性较小的市场上应制定较高的价格；如果几个不同的市场的需求弹性完全一样，也就没有实行价格差别的必要。

　　● 要实行差别定价，不同市场之间或市场的各个部分之间，必须能有效地分隔开来。如果市场无法隔离开，买主会在价格最低的市场上进行采购，然后在价格高的市场上重新出售，或者在国外低价购买商品，返销国内市场，这样差别定价将无法实现。因此必须要有切实可行的办法分割国内市场或其他贸易控制办法阻止该商品从其他国家再出口到原生产国。由于上述原因，服务行业实行差别定价最切实可行，因为"服务"是不可能再倒卖的。

二、差别定价的类型

　　垄断厂商对于他销售的同一种产品对不同的购买者或不同的市场索取不同的价格，按价格差异程度分别称为一级差别定价、二级差别定价和三级差别定价。

（一）一级差别定价

　　一级差别定价（First-degree Price Discrimination）也称为完全差别定价。如果垄断者知道每一消费者能够买进每一单位产品所愿付出的最高价格，并按照需求曲线确定每一单位产品的销售价格，表示垄断者实行一级差别定价。一级差别定价的显著特点是每一个消费者购买一个单位的商品与劳务的价格各不相同，并且符合

市场需求曲线，也就是在这个意义上称一级差别定价为完全差别定价（见图 7-1）。

一级差别定价的最大特点是垄断者拿走了全部消费者剩余（Consumer Surplus）。如果不实行差别定价，垄断厂商决定出售 X_n 单位产品，在通常情况下，它的卖价为 P_1，总收益为 OP_1AX_n 的面积，而消费者实际所得到的效用为 P_4OX_nA，显然消费者得到的剩余为 P_4P_1A。

如果实行一级差别定价，则垄断厂商对 X_1 单位的商品定价为 P_3，对 X_2 单位索取价格为 P_2，一直到最后 X_n 单位的价格为 P_1，此时，需求曲线就变成了垄断厂商的边际收入曲线，这样在单一定价下的消费者剩余全部转化成垄断者的超额利润。

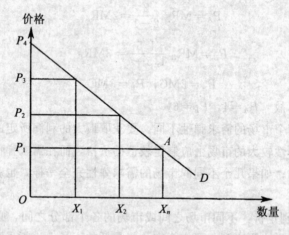

图 7-1 一级差别定价

（二）二级差别定价

二级差别定价（Second-degree Price Discrimination）的含义是把产品的购买量分为若干范围，而不是一个单位，在每一范围中确定不同的价格。显然，二级差别定价中垄断厂商所获得的超额利润要小于一级差别定价。

图 7-2 表示电力公司对用户实行二级差别定价的情况。二级差别定价体现在电费的价目表上。

使用量在 O 到 Q_1 之间，收费按 OQ_1 的价格 P_1 收费；当从 Q_1 增为 Q_2 时，增加的部分 Q_1Q_2 按 P_2 收费；进一步增加，从 Q_2 增为 Q_3 时，价格按 P_3 收费。

按上述办法实行二级差别定价，消费者获得了部分消费者剩余，即 AP_1B，BFC，CED，而垄断者获取的超额利润为 P_1P_2EB，P_2P_3FC 部分，由上面分析可知，二级差别定价较一级差别定价的剥削程度为逊。

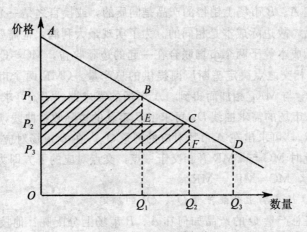

图 7-2　二级差别定价

（三）三级差别定价

假定一个垄断者可以把他的产品完全分隔为两个市场：A 和 B，且 A、B 市场的需求曲线为 D_A，D_B；边际收益曲线为 MR_A、MR_B，联合的边际收益曲线为 CMR，边际成本曲线为 MC，此时垄断厂商在 A、B 市场上销售的价格与产量各不相等。这种类型称为三级差别定价（Third-degree Price Discrimination），如图 7-3 所示。

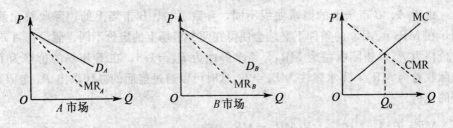

图 7-3　三级差别定价

三、三级差别定价的价格、销量与利润的确定

三级差别定价时，垄断厂商决定在 A、B 市场上分别确定不同的价格。为了获得最大利润，垄断厂商必须依次决定下列变量：（1）所生产的总产量为多少；（2）所生产的总产量如何在 A、B 市场上分配；（3）每一个市场各定什么价格；（4）把 A、B 市场上的价格与产量代入利润方程求最大利润。

（一）垄断厂商总产量 Q 的确定

垄断厂商在 A、B 市场上销售的产品是同质的，或换言之是一个厂商所生产的完全相同的产品，故边际成本是相同的。为了实现最大利润，他需要使他生产与销售的产量的边际成本等于两个市场联合在一起的边际收益，MC＝CMR，MC 曲线与 CMR 曲线的相交之点决定垄断厂商提供的总产量。CMR 两个市场的联合边际收益曲线由 MR_A 与 MR_B 相加而得到。A 市场的需求曲线 D_A 可求出 A 市场的边际收益曲线；B 市场的需求曲线 D_B 可求出 B 市场的边际收益曲线，令 A 市场的任一点 $MR_A＝MR_B$，可求出在 A 市场对应的产量 Q_A，在 B 市场对应的产量 Q_B，且 $Q＝Q_A＋Q_B$，此时 MC 与 CMR 必相交于一点，交点对应的下方即为总产量 Q。在 Q 的产量水平上，$MC＝MR_A＝MR_B$。

（二）在 A、B 市场上分配产量 Q_A、Q_B 的确定

垄断厂商将总产量 Q 的产品如何在 A、B 市场上分配呢？他按照边际收益与边际成本相同的原则，即 $MR_A＝MR_B＝MC$，此时在 A、B 两个市场上都能获得最大利润。从数学上来讲，MR_A 是 Q_1 的函数，MR_B 是 Q_2 的函数，MC 则是 $Q＝Q_1＋Q_2$ 的函数，即解如下联立方程可确定 Q_1、Q_2；$MR_A(Q_1)＝MR_B(Q_2)＝MC(Q_1＋Q_2)$。从经济学的意义上讲，假如在 A 市场销售一个单位产品的边际收益，大于在 B 市场销售一个单位产品的边际收益，$MR_A＞MR_B$，垄断者将会减少在 B 市场上的出售，增加在 A 市场上的出售，直到 A、B 两个市场上的边际收益相等；反之若在 B 市场的边际收益大于 A 市场的边际收益，$MR_B＞MR_A$，垄断者则会在 B 市场增加销售，减少 A 市场上的销售，直到 A、B 两市场上的边际收益相等。

（三）在 A、B 市场上的价格决定

由于 A、B 市场上的需求曲线不同，导致了 A、B 市场上的边际收益曲线不同，在 $MR_A＝MR_B$ 的条件下必然会使得在两个市场上的定价不同。假设在 A 市场的价格为 P_A，边际收益为 MR_A，需求弹性为 $E_A＝1.5$；在 B 市场的价格为 P_B，边际收益为 MR_B，需求弹性为 $E_B＝2$，这时可以通过前面的办法求出 P_A 与 P_B 之间的比例。

$$MR＝P\left(1-\frac{1}{E_d}\right)，\quad 又 MR_A＝MR_B，故$$

$$P_A\left(1-\frac{1}{E_A}\right)＝P_B\left(1-\frac{1}{E_B}\right)$$

$E_A＝1.5$，$E_B＝2$，代入上式，得

$$P_A＝\frac{3}{2}P_B$$

或由 $MR_A＝MR_B＝MC$，得到

$$P_A＝3MC，\quad P_B＝2MC$$

通过上面的计算可得到 A、B 两个市场上的差别定价。

（四）求差别定价时的最大利润

在 A、B 两个市场上实行差别定价，可以按 $MR_A = MR_B = MC$ 的原则来求出总产量 Q，A 市场上的销量 Q_A，B 市场上的销量 Q_B，然后代到利润函数中。

【例 7-3】 已知市场 A 的需求曲线 $Q_1 = 1\,000 - 2P_1$，B 市场上的需求曲线为 $Q_2 = 1\,200 - 3P_2$，已知总成本函数为：$C(Q) = 350 + 2(Q_1 + Q_2) + 0.5(Q_1 + Q_2)^2$ 且 $Q = Q_1 + Q_2$，即总产量完全在 A、B 市场上销售。

求：（1）若实行差别定价，最大利润是多少？

（2）若统一销售，最大利润为多少？

解：（1）若实行差别定价，则利润为：

$$\pi = R_1(Q_1) + R_2(Q_2) - C(Q_1 + Q_2)$$

又

$$P_1 = \left(\frac{Q_1}{2} + 500\right), \quad P_2 = \left(-\frac{Q_2}{3} + 400\right)$$

$$\pi = \left(-\frac{Q_1}{2} + 500\right)Q_1 + \left(-\frac{Q_2}{3} + 400\right)Q_2$$

$$- \left[350 + 2(Q_1 + Q_2) + 0.5(Q_1 + Q_2)^2\right]$$

π 为极大的条件是 $\dfrac{\mathrm{d}\pi}{\mathrm{d}Q_1} = 0$

$$\frac{\mathrm{d}\pi}{\mathrm{d}Q_2} = 0$$

即

$$\begin{cases} -2Q_1 - Q_2 + 498 = 0 \\ -Q_1 - \dfrac{5}{3}Q_2 + 400 = 0 \end{cases}$$

解得：$Q_1 = 185$，$Q_2 = 128$，代入需求曲线方程得：

$P_1 = 408$，$P_2 = 357$，代入利润方程 $\pi = 71\,215$

解：（2）若实行统一售价，则有 $P_1 = P_2 = P$

$$\pi = P_1Q_1 + P_2Q_2 - C(Q_1 + Q_2)$$

$$\pi = P(1\,000 - 2P) + P(1\,200 - 3P)$$

$$- [350 + 2(1\,000 - 2P + 1\,200 - 3P)$$

$$+ 0.5(1\,000 - 2P + 1\,200 - 3P)^2]$$

若 π 为极大的条件为 $\dfrac{\mathrm{d}\pi}{\mathrm{d}P} = 0$，$13\,200 - 35P = 0$

$$P = P_1 = P_2 = 377$$

代入需求方程，$Q_1 = 246$，$Q_2 = 69$

Q_1、Q_2 代入利润方程有 $\pi = 68\,162$

上例说明，若实行差别定价，比在两个市场上实行统一售价得到更多的利润。

四、差别定价的意义

差别定价使得向特定市场提供商品和劳务成为可能。例如一个医生提供的医疗服务，既为富裕的病人所需要又为贫穷的病人所需要，但是富人与穷人的需求曲线是完全不一样的。若把富人与穷人统一定价在一个水平上，穷人显然付不起这一价格（见图7-4）。

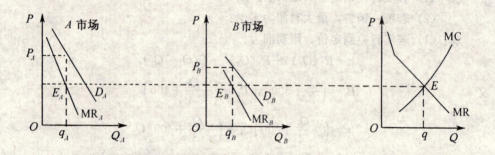

图 7-4 差别定价的意义

在许多情况下，在单一价格下发生亏损的企业，可以通过差别定价来补偿亏损。特别是城市公用事业，总可以向不同的用户提供不同价格的同种产品与服务来确保不亏损。

实行差别定价有助于资源的充分利用，比如不同时间的差别定价是针对消费者对商品的需求价格弹性随时间变化而采用的方法。例如长途电话，在白天上班时间，因为使用电话的人特别多，价格可适当提高；而在晚间和周末需求量减少，价格就应该低一些，以鼓励消费者利用这段时间，使资源得到充分的利用。同样道理，旅游旺季与淡季，春运高峰与正常状况都可以通过价格差别来加以调节。

第四节　多产品定价法

在生产理论中，我们一般假设企业只生产一种产品，但实际情况是，一个企业往往不会只生产一种产品，而是生产两种以上的产品。如果多种产品的需求之间和生产之间互不联系，那么确定每种产品的最优价格和最优产量的方法，就是找出每种产品的MR＝MC之点，每种产品的边际收益 MR 可以根据需求曲线求出，而每种产品的边际成本 MC 在一定范围内可以通过计算每种产品的平均变动成本来确定 MC＝AVC。但是如果企业生产的各种产品，在需求之间和生产之间存在着相互联系、相互制约的关系，那么，情况就要复杂得多。

不同产品在消费过程中的相互关系可以是相互补充，也可以是相互替代。例如，汽车与汽车配件、汽车与汽油都是属于相互补充的产品。其特点是一种产品的需求增加，会使另一种产品的需求也增加。另一类属于相互替代的产品，如圆珠笔与钢笔、猪肉与牛肉、苹果与香蕉都属于相互替代的商品，对一种产品需求的增加会使得对另一种产品的需求减少。对企业来说，生产这种消费过程中有联系的产品，在为其中一种产品定价时，必须计算给企业带来的总效果，一般用增量分析法较合适。当然，相互补充与相互替代的两种商品计算方式不一样。

多产品在生产过程中也可能会有一定的联系。如果投入同一种生产要素，在同一生产过程中，生产出两种以上的产品，这种产品叫联产品。联产品又可以分为按固定比例生产的联产品和按变动比例生产的联产品。前者如屠宰场生产的牛皮、牛肉、牛排、牛内脏等，它们之间的比例一般是不能变动的。后者如炼油厂用原油炼出汽油、柴油和沥青等，它们之间的比例关系是可以变动的。显然，这两种联产品之间的价格与产量决策是完全不一样的。

一、固定比例生产的联产品价格和产量决策

这种联产品由于产品之间的产量比例不能调整，所以实际上是一组产品，而不是多个产品。

假定 A、B 为固定比例的两种联产品，A、B 的需求曲线为 D_A、D_B，产品的边际成本曲线为 MC，求出该产品组最优产量 Q 以及产品 A 和产品 B 的最优价格 P_A、P_B（参见图 7-5）。

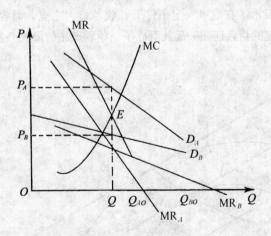

图 7-5 固定比例生产的联产品产量与价格

我们先来试求产品组的最优产量。在坐标上画出 A 产品与 B 产品的需求曲线 D_A、D_B，通过需求曲线可以求出 A 产品与 B 产品的边际收入曲线 MR_A 和 MR_B，把第一象限的 MR_A 与 MR_B 的纵坐标相加，可以得到产品的边际收益，MR_{A+B}。第一象限的边际收益为正，才有相加的必要，因为在边际收益为负数时，企业根本不会出售产品，因此，A 产品与 B 产品的最大可能销售量是 MR_A 和 MR_B 分别与产量轴的相交点。进一步画出给定的 MC 曲线，MC 曲线与 MR_{A+B} 相交于一点 E，作该点的延长线与产量线坐标相交，得到最优产量 Q。

我们再从 Q 画一条垂直线，与 D_A、D_B 相交就可以得到最优价格 P_A、P_B。若 E 点决定的产量大于 MR_A 与 Q 坐标相交于点 Q_{AO}，那么，产品 A 的销售量仍然以 Q_{AO} 为限。

二、变动比例生产的联产品定价

如果 A 和 B 两种产品之间的生产比例是可以调整的，怎样确定 A 产品和 B 产品的最优组合呢？

在产品 A 和产品 B 的空间内，成本相同的各种不同的产品可以画出一系列的组合，画出等成本线 C_1，C_2，…，C_n；在同一条等成本线上，不同组合的产品组的总成本相等。

假定市场上 A、B 产品的价格不变，可以画出一条等收益线，TR_1，TR_2，TR_3，…收益线是一条直线，在同一条等收益线上，不同组合的产品组销售后的收益相等；如果产品价格发生变化，等收益曲线向外移动。

在一个平面坐标上，等收益线与等成本曲线的切点代表了不同成本水平上的最优产量组合。切点处表示了在成本一定条件下，收益最大之点，而收益与成本之差就是利润，因此，把对应的切点连在一起就组成了企业联产品的最优产量组合（见图 7-6）。

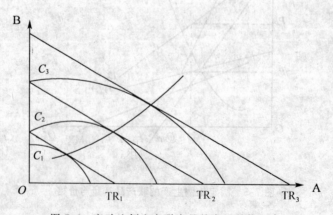

图 7-6 变动比例生产联产品的产量最优组合

第五节　新产品定价法

在新产品定价中，由于没有历史的数据可用来对需求函数进行估计，只能运用特殊的定价方法来确定新产品的价格，这里有两种相互对立的定价策略可供选择：一种是撇油定价法，另一种是渗透定价法。虽然这两种定价方法看起来是相互矛盾的，但实质上是针对不同的市场环境为赚取最大利润而制定的一种定价策略。

一、撇油定价法（高价定价法）

撇油的原意是把浮在牛奶上层的奶油撇出来，引申为把产品的卖价定得很高，目的是想在短期内尽可能赚更多的钱。如 20 世纪 80 年代初从国外进口的彩色胶卷，刚进口到我国时由于人们的新鲜感、好奇心，再加上有一定需求量，价格定得很高。再比如像现在正在研制并部分投放市场的高清晰彩电，由于其极高的分辨率和清晰度，受到消费者喜爱，因此价格也定得很高。高价定价法因价格定得高一些，会刺激竞争对手迅速进入市场，但等到竞争对手大量进入市场，该产品开始大幅度降价时，公司已经赚了很多的钱。这些产品一般都是一次性购买后可以用好多年和不常购买的产品。

这种定价方法实质上是差别定价法的一种，即随时间的推移而定出不同的价格。在销售新产品的初期，新产品首先以高价在价格弹性小的市场上出售（这种市场上的顾客为了捷足先登这种产品，愿意出较高的价格）。随着时间的推移，再逐步降低价格使新产品进入弹性大的市场，在这种市场上一部分人按低的价格才能买得起这种产品。一般来说，在新产品的定价中，许多产品都是按高价定价法来进行；同时，从消费者的角度看，新产品的使用也是从少数人的手中逐步扩大到普通老百姓手中。高价定价法一般适合于下列情况：

● 不同的顾客有不同的价格弹性。企业有足够的时间等待，尽量让弹性小的顾客充分购买，然后再让弹性大的顾客购买。

● 试制这种新产品的提前期比较长，由于是新产品，故包含着新产品的研制、开发、试生产期。因此，较高的价格不怕刺激竞争对手和其他替代品进入市场，因为不是随便想进入就能进入的。

● 小规模生产这种产品带来的成本提高可用高价带来的好处补偿。这也是为什么一个大的厂家开发出某种新产品，马上有一批小厂家争相仿造，甚至不惜假冒伪劣的原因。这种状况最常见的是服装行业，因为像服装这样的行业流行趋势相当明显，只要适应市场销路，其利润大大超出其成本，这时若能赶上潮流，高价带来的利润可以大大超过其成本。

● 高价能给消费者这样一种印象：这种产品是高级产品，质量一定很好。一段时间以来，社会上形成一种推崇名牌的消费心理，只要是名牌产品，不论价格有多高，都乐意购买；反之，若价格定得低，不论该产品的质量如何，则对消费者也没有吸引力。基于这一消费心理，厂商在制定价格时，宁可把价格定得高一些，以迎合这一消费心理。消费者也认为价高就一定是高质量的商品，价高的商品才能显示消费者的身份。

● 如果对这种商品未来的需求状况或成本状况没有把握，也会把价格定得很高。如果某种产品一开始就将价格定得太低，反而没有降价的空间，可能会带来很大的风险。比如像当前的保健品市场，一种保健品出现即使今天很畅销，但不能保证明天也是畅销的产品；一种新款服装今天是流行的，不能保证明天也是流行的。因此在开始把价格定得很高，以后如果需要降价是非常容易的。人们经常看到服装市场上的降价大拍卖，实际上是厂商已经通过高价出售赚取了超额利润，再降价处理并不会导致亏损。

二、渗透定价法（低价定价法）

"渗透"是打入市场的意思。高价定价法是把价格定得很高，渗透定价法则是把价格定得很低，目的是为了打入市场。高价定价法会刺激竞争者迅速进入市场，从而使市场被瓜分，价格迅速下降。渗透定价法由于价格定得很低，竞争者进来无油水可捞，能阻止竞争者进入市场。渗透定价法一般适合下列两种情况：第一种情况是企业出了一个新产品，目标是先占领该市场，而不论短期是否盈利，会把价格定得很低，或者是首先占领市场，再逐步待消费者接受了该产品以后再提价，很多国外的产品进入我国就是采用这样的定价策略。第二种情况是把本企业的产品挤进现有市场中去，达到瓜分现有市场份额的目的。这种定价法常用于竞争比较激烈的日用品市场，而且是人们经常购买使用的商品。下列情况适合采用渗透定价法：（1）需求的价格弹性大，低价能吸引很多新顾客。（2）规模的经济性很明显，大量生产能使成本下降。（3）需要用低价阻止竞争对手打入市场，或需要用低价吸引大量顾客以打入市场。（4）出于竞争或心理原因，需要尽快地占领大片市场，以求在同行业中处于领先地位。

企业一旦向市场渗透的目标达到以后，它就会逐渐地提高价格。所以，渗透定价法实际上是一种为了实现长期目标而放弃短期利润的定价方法。按照管理经济学的决策准则，企业追求的目标是长期稳定的利润，不排除短期内无利润甚至有亏损，但只要长期能达到利润最大化，短期亏损是可以接受的。把这一原理应用到定价实践中就是渗透定价法。

第六节　内部调拨定价与其他定价法

现代化的企业，规模越来越大，随着规模的扩大，管理越来越复杂。为了克服管理上出现的困难，充分调动公司的积极性，西方企业纷纷实现分权化，在公司的下面，成立分公司，建立利润中心，各自进行经营核算。建立利润中心，对于大企业是十分重要的，但新问题也随之出现，这就是在利润中心之间调拨产品时，如何确定调拨价格。由于各个利润中心的产品彼此关联，一个利润中心的产出，可能正好是下一个利润中心的投入，他们的定价互相影响。而要使整个企业的利润最大，在各个利润中心之间调拨产品时，要合理地确定内部的调拨价格。确定内部调拨价格的一般原则是：当中间产品没有外部市场时，内部调拨价格一般应等于它的边际成本；当中间产品有外部市场时，内部调拨价格应等于市场价格。

如果某企业有 A 和 B 两个分公司，A 分公司的产出作为中间产品，正好是 B 分公司作为生产最终产品的投入。但是 A 分公司生产的中间产品既可以在外部的完全竞争市场上出售，即不调拨给 B 分公司也能在外部售出，同时也可以调拨给 B 分公司来生产最终产品，这时的调拨价格只能是市场价格。道理很简单，如果 A 分公司的中间产品价格高于市场价格，B 分公司就会向市场购买，不会向 A 分公司调拨；反之，如果内部调拨价格低于市场价格，A 分公司的产品就会在利润的驱使下，全部在外部市场上出售，而不愿调拨给 B 分公司。

但如果出现了 A 分公司的产品没有外部市场，只能全部调拨给 B 分公司生产最终产品之用，而 B 分公司也只能从 A 分公司得到这种中间产品，并且在市场上采购不到，这时中间产品的内部调拨价格就应等于它的边际成本。假如中间产品没有外部市场，A 分公司的产品全部调拨给 B 分公司，则 A 分公司的产量与 B 分公司的产量与企业的产量是完全相等的。

假如企业面临的需求曲线为 D，其中边际收益曲线为 MR，企业最终产品的边际成本曲线为 MC，由于最终产品只假设为 A、B 两个分公司的中间环节，故 MC $=\mathrm{MC}_A+\mathrm{MC}_B$，$\mathrm{MC}_A$、$\mathrm{MC}_B$ 分别为 A、B 两个分公司的边际成本。边际成本 MC 与边际收益 MR 相交于一点，由该点可以确定最优产量，该产量同时也是 A、B 分公司的最优产量。通过需求曲线 D 确定最终产品的市场价格 P，这时企业利润最大化。而没有外部市场的中间产品的内部调拨价 P_A 应等于 A 分公司产量为 Q_A 时的边际成本（见图 7-7）。

在现实生活中，有一部分定价已基本脱离边际收益与边际成本分析，换言之，不是从 MR＝MC 这一基本原理出发，而是出于限制潜在对手，按声望、习惯等方式来定价。这些方法有：

- 限制性定价法。限制性定价是已经拥有市场控制权的垄断企业为了限制潜

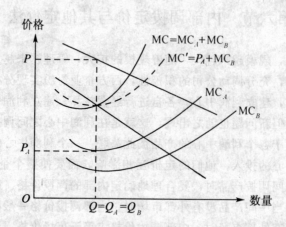

图 7-7　内部调拨价格与产量

在的竞争对手进入市场，长时间维持市场垄断地位而设立的限制性价格。对于完全垄断的厂商而言，厂商可以根据需求曲线确定较高的价格以获取利润的最大化。产品的卖价与平均成本之间的差额越大，那么超额利润也就越大，对于潜在竞争对手进入市场的诱惑力也就越大，潜在对手进入市场也就越快。反之，如果该企业定价较低，超额利润就要低一些，竞争对手的进入速度就会放慢，甚至可以完全阻止竞争对手的进入。

● 声望定价。有些商品为了确立和维护其声望或"形象"，常常无论成本为多少，都要制定较高的价格进行销售。如钻石、貂皮大衣、超豪华轿车等就属于这一类商品，如果价格下降过大，可能失去其高档品的形象，反而使销售量下降。这与人们推崇名牌的心理有关，人们选择这类商品是由于人们看重其形象，而不是看重其使用价值或价格高低，相反价低就不能显示其形象，因此这类商品定价中有一个声望值 P，其产品的定价决不低于这一声望值。

● 习惯定价。有些商品，特别是服务业的某些定价，在一个较长的时间内，价格不变动，或者这些商品、服务本身具有价格的粘性，人们只好接受这个习惯的价格。另一类是出于心理上的因素，如商品定价在 9.99 元是出于不到 10 元整数的心理，而定在 16.8 元、1 688 元则是迎合人们某种祈福的心理。

● 竞争定价。竞争定价是以竞争对手的价格作为基础的定价方法，招标和拍卖是竞争定价的两种方式。招标是以一种公开的方式择优选择最合适的卖主；拍卖则是以一种公开的方式寻找出价最高的买主。这种方式属于竞争性定价的方法。

复习思考题

1. 成本加成定价法有何利弊？运用成本加成定价法需要注意哪些问题？

2. 什么是增量分析法？这种方法有何利弊？

3. 什么是差价定价法？如何确定最优的差别价格？

4. 什么是调拨价格？如何确定调拨价格？

5. 1996 年 7 月 1 日，东方公司请五环公司报价为它建造一条新的生产线，五环公司经研究、设计（共花费用 30 万元），向东方公司报价，建造这样一条生产线，造价为 380.6 万元。其预算如下（单位：万元）：(1)研究设计费用：30；(2)材料费：193；(3) 人工费：95；(4) 间接费用（直接人工费的 40%）：38；(5) 总成本：346；(6) 应得利润（总成本的 10%）：34.6；(7) 报价：380.6。

东方公司接到报价后告知五环公司，对其设计方案表示赞许，但是价格不能高于 300 万元。假设五环公司的安装建造能力有富余，承担这项任务毋需增加固定费用支出，问五环公司是否应接受这一任务？

6. 某舞厅准备在日场和夜场实行差别定价，该舞厅每周的固定成本为 8 000 元，变动成本为每一顾客 1 元。此外，对夜场和日场的每周需求的调查结果表明它们的需求曲线如下：

$$P_A = 40 - 2Q_A \qquad P_B = 25 - Q_B$$

式中：P_A、P_B 为票价（元）；Q_A、Q_B 为顾客人数（百人）。

请回答下列问题：

(1) 为什么要实行差别定价？

(2) 计算该舞厅日场和夜场最优的差别价格、出售量和利润；

(3) 若该舞厅不采用差别价格定价，请计算其票价、出售量和利润。

7. 光明公司生产一种玩具熊，其生产能力为每年 25 万只，下一年的生产和销售预测是 20 万只，成本估计如下（单位：元）：(1)材料费：6.00；(2)直接人工费：4.00；(3)变动的人工费：2.00；(4)间接费用：3.00；(5)每只标准成本：15.00。除生产成本外，公司的固定销售费用和变动的保修费用分别为每只 1.5 元和 1.2 元。这种玩具熊目前的售价为每只 20 元，估计下一年的价格也不会变。但后来有一家公司想向光明公司购买一批玩具熊并提出了两个方案：（甲）按每只 14.6 元的价格购买 4 万只，用光明公司的商标，并由光明公司保修；（乙）按 14 元的价格购买 6 万只，不用光明公司的商标，也不由光明公司保修。

问：光明公司采用哪一个方案？

8. 某公司生产和销售色拉油，其需求曲线为 $P = 60 - 0.35Q$，色拉油的总生产费用 TCP 和总销售费用 TCS 分别估计为：

$$TCP＝1\ 000＋8Q＋0.1Q^2,\ TCS＝100＋2Q＋0.05Q^2$$

在上述条件下，该公司最优产量是多少？此时的价格是多少？此时的利润是多少？

9. 假设第8题中的公司下放权力，建立两个分公司，一个是制造公司，一个是销售公司，每个分公司都是一个利润中心。在制造公司向销售公司调拨产品时，制造公司有权确定卖给销售公司产品的价格，而销售公司则有权按此价格确定它所需要"购买"的产品数量。销售公司在不同的价格水平上对制造公司产品的需求量可表示如下：$P_T＝58－0.8Q$。其他条件不变。

如果从总公司利润最大化来考虑，最优的调拨价格是多少？此时这两个分公司的利润各是多少？

第八章　不确定性与风险决策

本章学习目的

在学完本章以后，你应该掌握以下内容：

1. 不确定性与风险的基本概念；
2. 风险与收益的关系；
3. 投资、资产定价的基本原理。

　　在前面的论述中，我们总是假定消费者或生产者的决策所产生的结果是肯定而惟一的，或者一个投资方案只有一种确定的结果，这些我们叫确定性分析。然而这一假设是非常不实际的。比如，在西方，农场主的产量不仅取决于他投入多少资本、土地和劳动，而且还要取决于今后一年中的气候状况，这是农场主无法把握的。一项投资决策所涉及的问题具有长期性，它往往关系到将来产品的需求、价格与成本因素，对于这些遥远的将来所要发生的事情，人们今天往往预测得不准确。因而，一般来说，投资方案的结果总是不确定的。在这种情况下的决策就称为不确定性的投资决策。在本章中我们假定一种决策的各种结果的可能性是能够用概率来衡量的，并且在已知各种可能结果概率的情况下，决策最优。

第一节　不确定性与风险概论

一、不确定性与风险产生的原因

　　西方学者对不确定性和风险的定义有所差别。一种观点认为，应把决策的结果偏离预测的情况称为不确定性，并且不能预测出各种客观状况的概率；另一种观点认为，决策的可能结果不是惟一的，并且每一种结果出现的概率是已知的，这便是风险。在这里，不确定性与风险二者的差异不加以区别。

　　正确地分析不确定性与风险产生的原因有助于强化我们的风险观念。我们可以从主观和客观两个方面分析不确定性与风险产生的原因。归纳起来，有下列四种原因：

- 信息的不完全性与不充分性。信息在质和量两个方面不能完全或充分地满足决策的需要。充分性信息只是一种理想化的假设，而获取完全或充分的信息要花费大量的时间与金钱，信息与资源一样也是不充分的、稀缺的。因此，对充分信息的任何偏离都会给决策带来风险。

- 人类的有限理性。物质第一性决定了人的有限理性不可能准确无误地预测未来的一切。人类认识世界的局限性再加上预测工具的限制，决定了决策结果与实际情况肯定有偏差。

- 世界是永恒变化与发展的，未来决不是过去和现在的简单延伸和重复。任何事物都处于变化之中，影响事物变化的因素纷繁复杂。社会、政治、文化、经济等因素的变化会带来不确定性，市场环境、自然资源与工艺水平变化也会带来不确定性。

- 我们生活的世界充满着随机性，随机性就不可避免地导致了风险。运用先进的方法和工具固然可以更好地预测未来，但随机性、偶然性却难以消除，由于影响决策的条件本身就具有随机性，决策的结果就必然会带来风险。

由于上述原因，不确定性与风险是不可避免的，在现实生活中要完全消除风险也是不可能的，我们所能做的就是更好地分析风险，研究应付和避免风险的办法，使决策更优化。

二、个人对待风险的态度

风险在现实生活中是客观存的，要完全消除风险也是不可能的，但人们对待风险的态度则有所不同。在现实中，我们可以明显观察到两种现象：有些人为了减少未来财富和收入的不确定性而到保险公司投保；而另一些人却为了增加生活的不确定性而去赌博。在世界各地，保险公司与跑马场一样生意兴隆。而在中国加入股市或去摸有奖彩票永远能吸引人。人们之所以作出不同的选择，最主要的原因是人们对待风险的态度不一样。为了进一步弄清楚人们对待风险的态度，可以通过下面的试验来区分三类人对待风险的态度。

假定每一个人都可以自愿、自由地参加下面这场"赌博"：

现在有一枚硬币，出现正面与反面的概率各为 50%，如果抛硬币出现正面，则参加者可以得到 1 万元；如果抛硬币出现反面，则参加者须付出 1 万元。这是一场公平的赌博，因为从赌博中可获得的期望值或预期收益为：

$$1 万元 \times 50\% + (-1 万元) \times 50\% = 0 （元）$$

即一个人重复的次数越多，他盈亏的概率越接近。对于这一类型的赌博，第一种人欣然参加，我们称之为风险爱好者；第二种人坚决不参加，我们称之为风险规避者；第三种人觉得这样的赌博无所谓，称为风险中立者。

由上述三种类型人的划分可以看到，风险爱好者喜欢大得大失的刺激；换言之，喜欢冒险，而风险规避者则希望在预期收益既定的情况下，不确定性越小越好，最好风险为零。但是，风险规避者不等于在所有情况下都不会赌博，这要看风险与收益的分布情况。如果一场赌博 90％的可能赢 1 万元，10％的可能输 10 元，则上面这场赌博的预期收益为 1 万元×90％＋（−1）×10％＝8 999元，因此其预期的收益远远高于不参加赌博的预期收益零。相比之下，风险中立者显得对风险毫不关心，在考虑任何经济活动时，他们只关心预期收益是多少，即使有巨大的损失与盈利，也会无动于衷。

然而，现实生活中的人要比理论归类复杂得多，同时参加赌博和购买保险单的人大有人在，那么这一类的人又该划分到哪一类中去呢？像大街上出售的奖券都是不利的赌博，因为返奖率不会是 100％；反过来，如果返奖率为 100％，没有任何一家公司会出售此类彩票。是否能就此断言，购买彩票的人都是风险爱好者呢？对此有几种解释：一种解释为，人们总的来说是厌恶风险的，但在出入金额不大的时候，不少人还是喜欢刺激与风险，并把自己的赌注限制在较小的数额内，而当出入金额相当大时，绝大多数人还是以求稳为主，宁可支付小额保险费来保证在遭受可能的大损失时得到补偿。另一种解释为，人们之所以购买保险是为了应付重大事故，而街上出售的彩票，大多数人仅仅是想试一下，碰碰运气。这一类人并不是真正意义上的赌博，他们之所以去购买彩票在于他们对中奖的主观概率与客观概率的识别，当某人购买一张彩票时，万分之一的中奖概率对他是无关痛痒的，他所关心的是自己的运气如何，当他自己判断中奖率非常之高时，可能参加赌博的效用要高于不参加赌博的效用。

三、预期效用及其函数

人们对不确定情况下的收入或消费应当有一种偏好顺序。但在有风险条件下考虑效用与在无风险条件下的考虑是不一样的，在有风险条件下考虑的是这样的问题：人们偏好"90％的可能赢 1 万元，10％的可能输 1 000 元"要优于"60％的可能赢 1 万元，40％的可能输 100 元"，对于上述问题的偏好顺序就需要考虑预期效用。

预期效用，指的是取决于各种情况出现的概率与相应的概率下可享受的收入或消费。例如，未来可能出现两种状态，即 1 与 2，两种状态出现的概率分别为 P_1 与 P_2，由于只有这两种可能，故 $P_1 + P_2 = 1$，此外，C_1、C_2 分别代表状态 1 与状态 2 的收入与消费，那么预期效用函数定义为 EV：

$$EV = P_1 V(C_1) + P_2 V(C_2)$$

式中：$V(C_1)$ 与 $V(C_2)$ 为一般效用函数，在一般情况下，如果可能出现几种状态，每一种状态出现的概率为 $P_i (i = 1, 2, \cdots, n)$，那么预期效用函数为：

$$EV = \sum_{i=1}^{n} P_i V(C_i)$$

用预期效用函数来分析人们对待风险的态度就非常方便了。假如某人用 100 元的财富参与赌博，50% 的可能性赢 150 元，50% 的可能性输掉 50 元，这场赌博的期望收益也是 100 元。

$$EV = 150 \times 50\% + 50\% \times 50 = 100 \text{（元）}$$

假定消费者的效用曲线如图 8-1 所示，那么这场赌博给消费者带来的预期效用 EV 为 CD 连线的中点 $\frac{1}{2}V(50) + \frac{1}{2}V(150)$ 即 B 点的效用水平。相比之下，确定地拥有赌博的期望值 100 元给消费者带来的效用为 $V(100)$，即 A 点效用水平，显然：

$$V(100) = V\left(150 \times \frac{1}{2} + 50 \times \frac{1}{2}\right) > \frac{1}{2}V(50) + \frac{1}{2}V(150)$$

两者的差距为 A、B 之间的垂直距离。

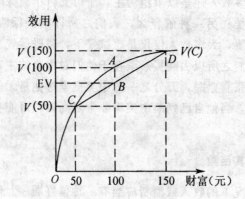

图 8-1　风险规避者的效用函数

以上说明，赌博期望值的效用要大于赌博预期效用，这是一个风险的规避者，因为他宁肯确定地拥有赌博的预期收益，而不愿参加赌博，风险规避者的效用函数必然是凹曲线。

如果是一个爱好风险的消费者，那么他的效用函数曲线应该是凸的，此时，参加赌博的预期效用高于确定地得到赌博期望值的效用，即

$$V(100) = V\left(150 \times \frac{1}{2} + 50 \times \frac{1}{2}\right) < \frac{1}{2}V(50) + \frac{1}{2}V(150)$$

差距为 A、B 点之间的垂直距离（见图 8-2）。

由上面的分析可以看出，效用函数曲线的曲度可以衡量消费者对待风险的态

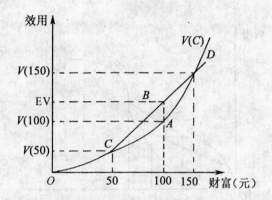

图 8-2　风险爱好者的效用函数

度，风险规避者的效用随财富增长而增加的速度是递减的，用数学语言表达为 $\dfrac{\mathrm{d}V}{\mathrm{d}C}>0,\dfrac{\mathrm{d}^2V}{\mathrm{d}C^2}<0$ 而且效用曲线的凹度越大，消费者规避风险的倾向越强；风险爱好者的效用随财富的上升而增加得越来越快，效用曲线越凸，消费者爱好风险的倾向越强 $\dfrac{\mathrm{d}V}{\mathrm{d}C}>0,\dfrac{\mathrm{d}^2V}{\mathrm{d}C^2}>0$。除了上述两种以外，还有一种风险中立者的效用函数曲线应该不凹也不凸，是线性的。线性函数的含义为从赌博中得到的预期效用等于从赌博的期望值得到的效用，消费者对风险并不在乎，而只关心期望值。也就是：

$$V(100)=V\left(150\times\frac{1}{2}+50\times\frac{1}{2}\right)=\frac{1}{2}V(50)+\frac{1}{2}V(150)$$

风险中立者的效用函数的性质可以表达为下面的方式：

$$\frac{\mathrm{d}V}{\mathrm{d}C}=k\ (k\ 为常数),\ \frac{\mathrm{d}^2V}{\mathrm{d}C^2}=0$$

我们还可以通过效用函数曲线说明为什么同一消费者既表现为规避风险又表现出爱好风险的倾向呢？这是因为在很多时候效用函数是波状的（见图 8-3），而且波的形状与个人的实际财富水平有关。一般说来，个人财富处于较低水平，表现为规避风险的倾向，曲线的形状是凹的；而在财富较高阶段，表现为偏好风险，曲线的形状是凸的。总之，人们对风险的态度取决于财富的变动对边际效用的影响。如果财富增加，边际效用递减，赌博的期望值能产生更多的效用，个人则是风险规避者；而如果财富增加，边际效用不变，赌博的期望值的效用与赌博的预期效用相同，个人是风险中立者；如果财富增加，边际效用递增，赌博能产生更多的效用，个人是风险爱好者。

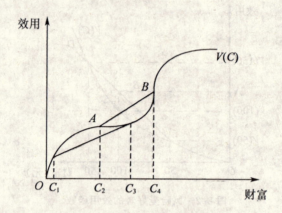

图 8-3　波状的效用函数曲线

四、二次效用函数

前面着重分析了风险规避者、风险爱好者以及风险中立者的短期效用函数的几个性质，但并没有讨论其精确形状，即没有讨论其方程。下面将以风险规避者为例，讨论其曲线的方程。风险规避者的预期效用曲线以递减的增长率增加，而任何一条特定曲线的精确形状取决于要讨论的投资者的态度。要进一步分析，必须做些简化假设，假设效用是财富的二次函数。现设想某人选择投资某一定量 W_0，其财富的每一个可能的量都可与其投资的某个特定的收益率相联系，就这里讨论的问题而言，使用收益率更方便。考虑具有下面形状的预期二次效用函数。

$$u = a + br - cr^2$$

式中：u 为效用；r 为收益率；a, b, c 为常数。按该函数的性质，是一个抛物线，其准确的形状取决于参数 a, b, c 的值。

在 r 的某一个值，比如 r^*，这种类型的函数达到极大，超过这一点后，当收益率增加时，效用实际上减少了，这显然是不能接受的，因此在 $0 \sim r^*$ 的范围内，可以用一条具有下面形式的二次曲线近似。

$$u = a + br - cr^2$$

假设某投资组合给出 k 个收益率 $(r_1, r_2, \cdots, r_k)$，其概率分别为 $P_1, P_2, \cdots, P_k$；令 u_k 为收益率 r_k 的效用，效用为二次，于是：

$$u_k = a + br_k - cr_k^2$$

投资组合的期望收益为：

$$Eu_k = \sum_{k=1}^{k} P_k u_k = \sum_{k=1}^{k} P_k(a + br_k - cr_k^2)$$

$$= a \sum_{k=1}^{k} P_k + b \sum_{k=1}^{k} P_k r_k - c \sum_{k=1}^{k} P_k r_k^2$$

其中
$$\sum_{k=1}^{k} P_k = 1$$

$$\sum_{k=1}^{k} P_k r_k = E_p$$

最后一个表达式稍加改变即可成为熟悉的式子:

$$\sum_{k=1}^{k} P_k V_k^2 = \sum_{k=1}^{k} P_k [(V_k - E_p) + E_p]^2$$
$$= P_k [(V_k - E_p)^2 + 2E_p(V_k - E_p) + E_p^2]$$
$$= \sum_{k=1}^{k} P_k (V_k - E_p)^2 + 2E_p \sum_{k=1}^{k} P_k (V_k - E_p) + E_p^2 \sum_{k=1}^{k} P_k$$

其中
$$\sum_{k=1}^{k} P_k (V_k - E_p)^2 = \sigma_p^2$$

$$\sum_{k=1}^{k} P_k (V_k - E_p) = 0$$

$$\sum_{k=1}^{k} P_k = 1$$

所以有
$$\sum_{k=1}^{k} P_k V_k^2 = \sigma_p^2 + E_p^2$$

于是期望效用的表达式可以写为:

$$Eu_p = a + bE_p - cE_p^2 - c\sigma_p^2$$

上式表明,当期望收益与标准差已知时,某种投资组合的期望效用即可确定(见图 8-4)。

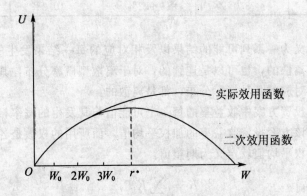

图 8-4 二次效用函数

第二节　风险与收益

在任何经济决策中，实际上都有一个共同点，都需要估计预期的结果及其不能实现的风险。一般说来，预期的结果就是所谓"预期的"收益，而风险则意味着该收益不能实现的概率。如果预期的收益较高，足以补偿所承担的风险，才是有利决策。风险分析至关重要。本节将把风险按不同的方式划分，并给出定义风险的数学方法，回答在给定风险的情况下，需要多大的收益才能补偿这一风险。

一、概率分布与风险分析

从定义的角度讲，风险指的是某一不利事件将会发生的概率，假定某公司有10万元的资金可供投资，投资期限为1年，并且有四种可能的投资方案可供选择，这四种方案分别为：（1）政府债券，投资期限为1年，收益率为8%；（2）公司债券，偿还期为10年，利息为9%，并且在整个偿债期间，利息率随经济的景气与否而波动；（3）、（4）项目投资。项目投资分别投在不同的项目上，每个项目在不同的经济环境下收益率不相同。表8-1分别列出了这四种方案的收益率。

表8-1

发生概率	（1）政府债券	（2）公司债券	（3）项目一	（4）项目二
0.05	8.0%	12.0%	−3.0%	−2.0%
0.20	8.0	10.0	6.0	9.0
0.50	8.0	9.0	11.0	12.0
0.20	8.0	8.0	8.5	15.0
0.05	8.0	8.0	19.0	26.0
期望收益率	8.0%	9.2%	10.3%	12.0%

概率分布定义为一系列可能的结果以及相对应的每一结果发生的可能性大小。概率分布可以是离散的，也可以是连续的，对于离散型概率分布，其可能的结果数目有限。表8-1对应的几种概率分布，都是离散的。

如果把某一投资方案中收益率的每一个可能值与其发生的概率相乘，然后相加求和，即可得到该方案投资收益率的加权平均值，而所用的权数是各收益值实现的概率，得到的加权平均值就定义为期望值。

$$K = \sum_{i=1}^{n} K_i P_i$$

式中：

K——期望值；

K_i——第 i 个可能实现的收益率的数值；

P_i——K_i 发生的概率；

n——收益率可能值的数目。

表 8-1 中项目二的期望值为：

$$K = \sum_{i=1}^{5} K_i P_i$$
$$= K_1 P_1 + K_2 P_2 + K_3 P_3 + K_4 P_4 + K_5 P_5$$
$$= -2.0\%(0.05) + 9.0\%(0.20) + 12.0\%(0.5)$$
$$\quad + 15.0\%(0.20) + 25.0\%(0.50)$$
$$= 12.0\%$$

二、总风险分析

离散型概率分布的概念以及期望值的概念可用于估计投资的风险，只要预计的概率分布中可能的结果多于一个，风险就不可避免。那么，估计风险并使之定量化可以引进方差与标准差。

方差是概率分布相对于其期望值的离散程度的度量，方差越大，所对应的离散程度就越大，方差可用下式计算：

$$\sigma^2 = \sum_{i=1}^{n} (K_i - K)^2 P_i$$

为了求方差，首先要知道其期望收益率，前面求出了项目二的期望收益率 $K = 12.0\%$，那么方差为：

$$\sigma^2 = \sum_{i=1}^{5} (K_i - K)^2 P_i$$
$$= (2.0 - 12.0)^2(0.05) + (9.0 - 12.0)^2(0.20) + (12.0 - 12.0)^2(0.50)$$
$$\quad + (15.0 - 12.0)^2(0.20) + (26.0 - 12.0)^2(0.05)$$
$$= 9.8 + 1.8 + 0.0 + 1.8 + 9.8$$
$$= 23.2$$

方差的单位是期望值的平方，为了理解方便，我们通常用标准差代之用以度量各种可能值相对平均值的离散程度。标准差用 σ 或 SD 表示，通过对方差开平方求得

$$\sigma = SD = \sqrt{\sigma^2} = \sqrt{\sum_{i=1}^{n} (K_i - K)^2 P_i}$$

上面求得方差 23.2 的标准差为 4.82%。标准差衡量了概率分布的离散程度，因此，若是某概率分布的期望值与标准差已知，我们就可以求出有关的概率分布信

息。如果表 8-1 中投资项目（2）的收益率近似于正态分布，我们可以按正态分布的规律推断收益的所有可能值中有 68.3% 位于标准差内，有 95.5% 位于标准差的 2 倍值范围以内，而有 99.7% 不超出 3 倍标准差区间。

在一般情况下，期望收益率较高的投资方案比期望收益率低的方案具有更大的标准差，假设某期望收益率为 30% 的投资项目 X 的标准差为 10%，而另一期望收益率为 10% 的投资项目 Y 的标准差为 5%。那么这两个项目如何比较其风险呢？尽管项目 X 的 σ 值较高，其收益为负值的可能性只有 0.15%；而对于项目 Y，虽然它的标准差只有项目 X 的一半，发生亏损的可能性却要比项目 X 高得多。在期望值不同的项目 X、Y，显然不能直接用 σ 去比较风险大小，而应当将标准差标准化，以使它能度量单位收益率的风险，引进标准差系数，定义为标准差与期望收益率之比。

$$CV = \frac{\sigma}{K}$$

项目 X $CV_X = \frac{10}{30} = 0.33$

项目 Y $CV_Y = \frac{5}{10} = 0.50$

由此可见，项目 Y 的标准差系数大于项目 X，即项目 Y 的单位收益率风险超过项目 X，尽管项目 X 的标准差较大，其风险却小于项目 Y。

三、均值-方差准则

上面着重介绍了衡量风险的若干统计指标，但到目前为止，我们尚未能触及投资方案的选择方法。而均值-方差准则是一种切实可行的判断标准，它可以用于筛选待定的投资方案。而在所讨论的方案中，必须满足两个前提条件：（1）投资决策者厌恶风险；（2）待定方案的收益近似于正态分布。

厌恶风险的含义是：若有两项期望收益相同，但风险不等的待选投资方案，则低风险者入选。大多数投资者都厌恶风险，特别是对其生存攸关之财产的风险厌恶感更为强烈。正因为如此，均值-方差准则是建立在对投资方案比较的基础上，给出了制定投资方案优劣的充分必要条件：

待定方案 X 优于方案 Y，而且仅当

$$K_X \geqslant K_Y \qquad\qquad 且\ \sigma_X^2 < \sigma_Y^2$$

或

$$K_X > K_Y \qquad\qquad 且\ \sigma_X^2 \leqslant \sigma_Y^2$$

这一判断方法在应用时有其局限性，方差较大的投资方案同时具有较高的收益，从而无法判断哪一个方案优于其他的方案，而必须综合其他的条件来一同考虑。

应用均值-方差准则在待定方案的筛选中，必须注意该准则的正态性是否满足，如果将上述准则应用于非正态分布的方案，则有可能发生均值-方差悖论的异常现象，会导致错误的结论。

第三节　组合投资理论

前面有关风险的论述是在几个投资方案互不相关的前提下讨论它们各自的风险。而如果考虑投资组合中资产的风险，将会看到一项资产若构成组合投资的一部分，其风险通常要小于它作为单项资产投资的风险，甚至一项单独投资时风险较大的资产，若能置于适当的组合投资之中，可以完全消除风险。前面分析过的各种投资方案中的风险若从组合的观点分析会得出不同的结论。下面着重从组合投资的角度集中讨论股票、金融资产的性质及其风险与收益。

一、证券市场与期货市场

证券市场不仅仅是一个投机的市场，而且也是一个保险市场，其意义在于它最主要的功能之一是分散风险，从这个意义上来说，是一种保险市场。

假如某人要进行一笔投资，可供选择的行业有两个，那么这两个行业发生亏损或盈利的可能组合就有四个，而不是像投资一个行业，发生亏损或盈利的可能性各占 50%，而前者发生的可能性，即亏损只有 1/4，另外的 3/4 可能盈利，或者不盈不亏。这一简单的例子告诉我们，为了分散风险，有必要把鸡蛋放在不同的篮子里，而证券市场相对于其他类型的投资而言，是最容易进行分散投资的地方，这是由它的特点与属性决定的。

证券中最主要的一种类型——股票指的是股份公司发给持有人作为所有权凭证并分发股息的一种永久性证书，任何人持有股票就享有相同比例的所有权，与所有权相适应享有表决权与分配权，股东对自己的所有权负有限责任，即最大损失为该股东的投资额全部损失掉。任何人只要购买了公司的股票就成为公司的永久性股东，除非在二级市场上出售了，由于股票与实业投资的最大区别是所有权可以在二级市场上发生转移，故使得投资者可以规避风险。比如你认为你持有股票的那家公司采取了一种你看来过于冒险或过于保守的经营策略，你可以在二级市场上卖出这种股票，转而购买你喜欢的股票。

从分散与转移风险的角度来看，股票市场与保险市场颇有相似之处，但两者之间又有所不一样。在保险市场上，通过支付一定的固定费用，个人可以将不确定性减少至零，通过全额保险可使遭受损失和不遭受损失的财富净变动额相等。因此，整个社会不再面临任何风险。而证券市场上情况不一样，即总是存在着风险的可能，既有市场总体上存在的风险，比如系统性风险，针对任何上市公司都存在，这种风险是无法通过组合消除的；也有可能消除的非系统性风险，即存在于每个上市公司本身的风险。由于存在系统风险与非系统风险，即使你拥有与构成股市指数完全同比例的股票或风险彻底分散，不确定性依然存在，这也是证券市场投机性永远存在的原因之一。

除了证券市场以外，农产品、金属产品、金融资产等商品除了现货交易市场之外，还存在一个期货市场，买、卖双方签订一份标准化合约，规定卖方有义务在事先商定的将来某一特定时间，按事先约定的协议价格，向买方交付一定数量的商品，买方则有义务按合约规定的价格付款。

风险规避者与风险爱好者都能在期货市场上从事买卖，但风险规避者从事的叫套期保值业务。期货套期的基本原理就是利用两个市场——现货市场与期货市场同时存在，利用期货合约在期货市场上可以随时方便地进行"对冲"的特点，通过在期货市场上持有一个与将来在现货市场上准备交易的期货合约，来避免未来价格波动可能给入市者带来的损失。如果入市者准备在未来的现货市场上购买，担心在购买时价格会上涨，他就在期货市场上购买相同数量的期货合约，如果价格真的涨了，他在现货市场上的价格损失可以由期货合约所获盈利来弥补；如果现货市场价格下降了，他在现货市场上的盈利可以弥补期货价格下降带来的损失。这里假设的一个前提条件是现货市场的价格与期货市场的价格同方向变动。

还有另外一类也活跃在期货市场上，他们并没有从事实物的买卖，仅仅通过承诺出售或购入期货合约而进行投机活动，这些人称为投机者，投机者的行为往往带有风险爱好的色彩，他们会在合约到期前进行"对冲"，目的是希望通过冒险而赚取差价利润。投机者承担了保值者试图回避价格风险，他们在谋取利润的同时，也促进了市场的流动性。总之，期货市场是一个风险市场，同时也可以在这个市场通过适当的组合达到回避风险的目的。

二、组合投资的期望收益与风险

组合投资中期望收益率定义为投资组合中各项资产期望收益率的加权平均值：

$$K_P = \sum_{i=1}^{n} X_i K_i$$

式中：

K_P——组合投资的期望收益率；

X_i——这一组合中第 i 项资产所占的比重；

K_i——第 i 项资产的期望收益率；

n——投资组合中所含资产的数目。

假设 A 项投资的期望收益率是 K_A，且 $K_A = 10\%$，B 项投资的期望收益率是 K_B，且 $K_B = 15\%$，投资方式此时则有多种选择，或者全部投资于 B，或者 部分

投资于 A 一部分投资于 B。若把所有的资金一半投资 A 项目，一半投资 B 项目而构成一个投资组合，那么该投资组合的期望收益是两种投资方案收益的加权平均：

$$K_P=0.5(10\%)+0.5(15\%)=12.5\%$$

但是由于 A 方案与 B 方案都是以期望收益率计算，因此实际收益率可能会与期望收益率有一定的偏差，组合投资的实际收益率或多或少地有别于期望值 K_P。

组合投资的风险。组合投资的期望收益率是投资组合中每一个单项资产期望收益率的加权平均，而每一资产对投资组合总体期望收益率的贡献为 X_iK_i。然而，组合投资的标准差 σ_P 在一般情况下却不能从对每一个单项投资的标准差 σ_i 加权平均获得，也就是说每一个单项资产对投资总体风险的贡献并非 $X_i\sigma_i^2$。这一点在理论上与实际操作上有非常重大的意义，可以实现风险的完全消除，从而为构成风险 σ_P 为零的两项或多项资产的投资组合提供了条件，即使单项资产的风险相当高，但恰当的组合完全可以消除风险，即 $\sigma_P=0$。

假设现有两种股票 M 与 W 能构成一种组合完全消除风险，那么 M 与 W 之间的收益呈反方向变化，且呈完全的负相关。与完全负相关相对应的是完全正相关，M 与 W 之间的收益呈同方向变化，在这种情况下，组合对风险的减少无任何作用，综合上面的分析可以知道，当两种股票呈完全负相关时，所有风险都可以消除；而当两种股票呈完全正相关时，组合投资对风险的减小不起任何作用。股票市场作为上市公司交易的场所，它们的股票一般呈正相关，但并非完全的正相关，即相关系数等于 1 的正相关，而是在 $0.5\sim0.7$ 之间的一种正相关。在这种状态下挑选的股票所组成的投资组合可以减少风险，但不能完全消除风险。

三、组合投资的风险度量

前面分析了组合投资的风险，那么如何衡量组合投资的风险呢？可以用期望收益的标准差来衡量，如果由几项资产构成的组合投资的标准差为：

$$\sigma_P=\sqrt{\sum_{i=1}^{n}(K_{Pi}-K_P)^2P_i}$$

式中：

σ_P——组合投资期望收益的标准差；

K_{Pi}——组合投资对应于经济状态 i 的收益率；

K_P——组合投资的期望收益率；

P_i——状态 i 实现的概率。

（一）协方差与相关系数

协方差与相关系数是组合投资分析中的核心概念。协方差是两个变量之间的一般变动关系的度量。如果知道了 A 股票与 B 股票之间的协方差就可以根据 A 股票的价格变动判断 B 股票的价格变动趋势。股票 A 的收益与股票 B 的收益之间的协方差（cov）可由下式定义：

$$\text{cov}(AB) = \sum_{i=1}^{n} (K_{Ai} - K_A)(K_{Bi} - K_B)P_i$$

式中：

$(K_{Ai} - K_A)$——股票 A 的收益率在经济状态 i 下对其期望值的离差；

$(K_{Bi} - K_B)$——股票 B 的收益在同一状态下对其期望值的离差；

P_i——该经济状态发生的概率。

协方差具有下面一些基本特点：

● 如果股票 A 与股票 B 收益率的变化趋势相同，则在任何情况下，等式右边和括号内各项的前两个因子将同时为正号或同时为负号。也就是 K_{Ai} 大于其期望值 K_A，K_{Bi} 也大于其期望值 K_B，反之亦然。因此，若 A、B 呈同方向变化，等号右边和括号内各项恒为正；如果 A、B 呈反方向变化，括号内各项将恒为负；如果股票 A、B 的收益任意变动，则括号内各项或为正，或为负，而它们的和接近于零。

● 如果 A、B 保持同方向变动，它们的协方差 $\text{cov}(AB)$ 将为正值；若它们保持反方向变动，协方差 $\text{cov}(AB)$ 将为负值；若它们任意变动，$\text{cov}(AB)$ 为正值，或为负值，并皆接近于零。

● 如果股票 A 和股票 B 的风险较大，即标准差较大，右边括号内的乘积也较大，因而协方差 $\text{cov}(AB)$ 也较大。但是如果 A 与 B 的变动是随机的，则即使 σ_A 较大，在这种情况下，$\text{cov}(AB)$ 也不至于太大。

● 如果在 A、B 两种股票中有一只是无风险股票，标准差为零，则 $K_i - K$ 为零，从而协方差 $\text{cov}(AB)$ 也为零。

● 如果两种标准差较大且同方向变动的股票构成投资组合，协方差 $\text{cov}(AB)$ 的值将较大且为正；如果标准差较大，但呈反方向变动，则协方差 $\text{cov}(AB)$ 虽然较大，但为负数；如果它们随机变动，或是其中之一标准差较小，则协方差 $\text{cov}(AB)$ 的值将较小。

下面以一个具体的例子来计算协方差的过程，设股票 E、F、G、H 的概率分布如表 8-2 所示：

表 8-2

发生概率	收益率分布			
	E	F	G	H
0.1	10.0%	6.0%	14.0%	2.0%
0.2	10.0	8.0	12.0	6.0
0.4	10.0	10.0	10.0	9.0
0.2	10.0	12.0	8.0	15.0
0.1	10.0	14.0	6.0	20.0
K	10.0	10.0	10.0	10.0
σ	0.0	2.2	2.2	5.0

现在按 cov 的定义来计算 cov(FG) 之间的协方差：

$$\mathrm{cov}(FG) = \sum_{i=1}^{n} (K_{Fi} - K_F)(K_{Gi} - K_G)P_i$$

$$= (6-10)(14-10)(0.1) + (8-10)(12-10)(0.2)$$

$$\qquad + (10-10)(10-10)(0.4) + (12-10)(8-10)(0.2)$$

$$\qquad + (14-10)(6-10)(0.1)$$

$$= -4.8$$

上述结果的负号表示股票 F 与股票 G 的收益呈反方向变化。如果计算股票 F 和股票 H 之间的协方差，我们可以通过上面列出的数据计算出 $\mathrm{cov}(FH) = 10.8$，这表明两只股票收益呈同方向变化。而 F 与 G 之间的协方差为零，这表明它们的收益变化并无联系，而是彼此独立的。

股票之间的协动关系，可以用协方差来衡量，但协方差表达的是一种绝对的协动偏差关系，如果要衡量相对的情况，可以用相关系数来度量。相关系数定义为协方差 $\mathrm{cov}(AB)$ 与标准差的积 $\sigma_A \sigma_B$ 的比值，可以认为是标准化的协方差，用于在同等水平下对事物进行比较。相关系数可用下式计算：

$$r_{AB} = \frac{\mathrm{cov}(AB)}{\sigma_A \sigma_B}$$

相关系数的符号表示与协方差相同，正号表示各变量的变动方向相同，负号表示变动方向相反；标准化以后表明它们只能在 $+1.0$ 与 -1.0 之间变化。

如果相关系数为 -1.0，表明这两只股票之间是完全负相关，它们的收益回归线斜率为负值，并且所有点都恰好在同一直线上。

如果求出 F 与 H 的相关系数是 $+0.9$，这意味着强正相关，与此对应的回归曲线的斜率为正值，仅仅是所有点并不都在同一条直线上。

（二）二项投资组合

在每一种证券的收益率为正态分布的假定条件下，可以用下面的公式来确定两项投资组合的总风险。现假定有 A、B 两种股票，X 是投资组合中股票 A 的比重，而 $r_{AB}\sigma_A\sigma_B$ 是股票 A 与股票 B 之间的协方差 $\mathrm{cov}(AB)$，σ_P 为股票 A 与股票 B 在 X 与 $(1-X)$ 的比重下的总风险，那么 σ_P 可用下式表达：

$$\sigma_P = \sqrt{X^2\sigma_A^2 + (1-X)^2\sigma_B^2 + 2X(1-X)r_{AB}\sigma_A\sigma_B}$$

以上公式讨论的目的是为了选择有效投资组合（Efficient Portfolio），有效投资组合的含义为在任意风险下能提供最大收益的投资组合，或者说在一定收益条件下风险最小的投资组合。下面以一个具体的例子来求出这一最优组合。

假设一定量的资金，投资于 A 与 B 两种股票，而且投资于 A、B 之间的比例可以任意分配，股票 A 的期望收益为 $K_A = 5\%$，标准差 $\sigma_A = 4\%$；股票 B 的期望收益为 $K_B = 8\%$，标准差为 $\sigma_B = 10\%$。在上述条件下确定可实现的投资组合。

为确定可实现的组合投资，必须知道股票 A 与股票 B 的期望收益率的相关系数 r_{AB}。为了方便起见，假设 A 与 B 的相关系数为三个典型的数值，即 $r_{AB}=+1.0$，$r_{AB}=0$，$r_{AB}=-1.0$，据此计算组合投资的期望收益率 K_P 与标准差 σ_P。以上仅仅是为了寻求有效集而作的一种假设，实际情况是 A 与 B 之间的相关系数只有一个确定的值。

若 $X=0.5$，在 $K_A=5\%$，$K_B=8\%$ 的情况下，求组合投资的期望收益 K_P：

$$K_P = X_A K_A + (1-X_A) K_B$$
$$= 0.75 (5\%) + 0.25 (8\%)$$
$$= 5.75\%$$

按相同的方法可以分别求出在 $X_A=1$，$X_A=0.75$，$X_A=0.5$，$X_A=0.25$ 以及 $X_A=0$ 的情况下 K_P 的值分别为 $K_P=5.00$，$K_P=5.75$，$K_P=6.50$，$K_P=7.25$ 以及 $K_P=8.00$。

而投资组合的标准差 σ_P 可以按前式求得，σ_P 的大小除了与 σ_A 与 σ_B 有关以外，还与 r_{AB} 有关，对应不同的 r_{AB} 值 σ_P 不一样，假设在 $X_A=0.75$，$r_{AB}=0$ 的条件下可求得一个 σ_P：

$$\sigma_P = \sqrt{x^2 \sigma_A{}^2 + 2 \times (1-x) r_{AB} \sigma_A \sigma_B}$$
$$= \sqrt{0.75^2 (4^2) + 0.25^2 (10^2)}$$
$$= \sqrt{15.25} = 3.9\%$$

同理，在 $r_{AB}=+1.0$、0 以及 -1.0 的情况下，X_A 分别取值 1.00、0.75、0.50、0.25 以及 0.00 时，σ_P 之值用表 8-3 列出：

表 8-3 各种状态假设下 K_P 与 σ_P 的值

X_A	X_B	$r_{AB}=+1.0$		$r_{AB}=0$		$r_{AB}=-1.0$	
		K_P	σ_P	K_P	σ_P	K_P	σ_P
1.00	0	5.00	4.0	5.0	4.0	5.00	4.0
0.75	0.25	5.75	5.5	5.75	3.9	5.75	0.5
0.50	0.50	6.50	7.0	6.50	5.4	6.50	3.0
0.25	0.75	7.25	8.5	7.25	7.6	7.25	6.5
0.00	1.00	8.00	10.0	8.00	10.0	8.00	10.0

下面就表 8-3 列出的几个问题进行讨论，以便进一步明确这几个变量之间的关系：

● 股票 A 与股票 B 之间的相关系数：$r_{AB}=+1.0$、0 以及 -1.0，这三种相关状态仅仅在理论上成立。不论上述哪一种状态，现实生活中并不存在，即不存在绝对正相关、绝对负相关以及完全无相关的状态。就现实的股票市场而言，r_{AB} 一般在 0.5～0.7 之间；而零相关状态（$r_{AB}=0$）所对应的各个数值对股票市场中大多数股票符合较好。

● 按组合投资的期望收益函数 $K_P = X_A K_A + (1-X_A) K_B$ 可知，K_P 的大小与组合投资中资产 A 的收益、资产 B 的收益的相关系数没有关系，并且 K_P 是 X 的线性函数。

● 组合投资的风险 σ_P 在相关系数 $r_{AB}=1.0$ 时是线性的，而在相关系数 $r_{AB}=-1.0$ 时风险可以完全消除，此时 $\sigma_P = 0$。因此，σ_P 的大小依赖于股票之间的相关程度，而 K_P 的大小是不受相关性影响的。

● 如果根据表 8-3 中的 K_P 值与 σ_P 值，在 $r_{AB} = +1.0$、0 以及 -1.0 的状态下，股票 A 与股票 B 的不同组合而构成一个可实现集合，称为可行集。这个可行集除了考虑 K_P 与 σ_P 上述点外，还要考虑其他的点。在仅仅考虑两种股票的情况下，可实现集合可能是一条直线，也可能是一条曲线。

● 在可实现集合内，并不是所有的投资组合都具有相同的可行性。原因在于如果相同的风险条件下，有两个不同的收益与其相对应，对于一个理性的投资者，必定会在收益高的点上作出选择；反之如果收益与风险只有一一对应关系，那么整个可行集同时也就是有效集合。

通过上面的分析，我们可以得到组合投资的收益与风险状况，在 $r = -1.0$ 的极端状态下，风险可以被完全消除；在另外一个极端状态下 $r = +1.0$，组合投资对风险的消除没有任何效果，而在二者之间的范围内变化。两种股票所构成的投资组合可以减少风险，但并不能完全消除投资的内在风险。

（三）多项投资组合的风险

随着投资组合中股票种类的增加组合投资的风险将减少，但是风险并不会因为股票种类的无限制增加而完全消除，这是因为组合投资的风险大小取决于组合投资中各种股票的相关系数。如果组合投资的规模越大，股票的相关系数越小，组合投资的风险就越小；如果零相关和负相关的股票越多，则组合投资的风险几乎可以被消除。在现实的股票中，绝大多数股票的相关系数在 0～1 之间，因此可以消除的是部分风险，而不是全部风险。

期望收益呈完全负相关的股票在现实中是难以找到的。多数股票的价格在经济繁荣时都会上涨，在经济衰退时下跌。由于这一原因，即使是全市场组合的股票，也会由于经济景气的波动而存在着风险。图 8-5 表示纽约股票交易所上市的股票组合规模对投资组合风险的影响。随着组合投资规模的变化增大，组合投资风险逐渐减少并趋近于某一极限值，而这一极限值便是市场投资组合的标准差 σ_M。

按照最新的统计数据表明，单项股票投资的标准差 σ 大约是 28%，而包括所有股票市场投资组合的标准差为 15.1%，即 $\sigma_M = 15.1\%$。这一统计数据的含义在于任何单一股票平均约有 $\sigma_M = 28\%$ 的风险，而组合投资的风险约为 $\sigma_M = 15.1\%$，投资于任一单个股票所冒的风险 28% 可以通过全市场组合投资把风险降到 15.1%，

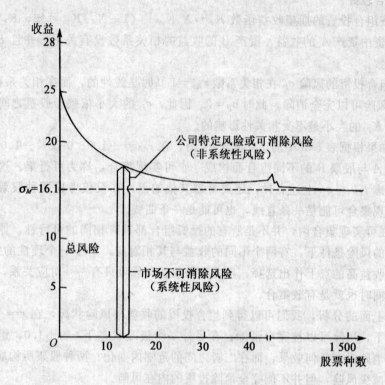

图 8-5　组合规模对组合风险的效应

近乎一半的风险可以通过多样化组合加以消除。在理论上的全市场组合在现实中并不必要包含全部股票，一般来说 40 种左右随机挑选出的股票组合便可以使其风险 σ_P 接近于市场风险 σ_M。正因为如此，在纽约交易所上市的几千家上市公司中，能体现道·琼斯指数涨落的只有 30 家，上证 30 指数、深圳成分指数都是选择有限的代表来描述全市场股票的涨落。在整个股票市场中，任何数量的组合要想完全抵消股票行情的涨落的影响实际上是不可能的。

四、系统风险与非系统风险

前面论及的风险实际上是指总风险，总风险可以分解为两个分量系统风险（Systematic Risk）和非系统风险，非系统风险又可以称为可消除风险（Diversificable Risk），系统风险与非系统风险又包括许多不同的种类。

（一）系统风险

● 市场风险。它是指股票市场上的价格波动所产生的风险，可能由于战争、天灾等突发事件引起，而这些事件往往是难以预料的。因此，当投资者买卖股票时，市场本身发生了与投资者预期方向相反的变化，就会给投资者带来损失，这就是市场风险。

● 购买力风险。它是指价格水平出现上升所带来的风险。当经济发生通货膨胀时，物价水平普遍上升，货币的实际购买力下降。只要投资者的收益率低于物价上涨率，投资者实际上便发生了亏损，这便是购买力风险。

● 利率风险。它是指市场利率水平发生变化使股票价格波动而引起的风险。假如利息率提高，一方面，会使人们把钱存入银行，减少股票的购买；另一方面，公司筹资成本上升而使盈利减少，这两方面的因素促使股票价格下跌，这便是利率的风险。

● 产业风险。它是指产业中某些因素的变化所产生的风险。例如，某个行业因某种原因，致使原材料供应受到影响，或者因受到国外同行的竞争，给该行业的公司造成损失，从而使该行业的股票价格下降，这便是产业风险。

（二）非系统风险

● 管理风险。是指公司因管理方面的原因所产生的风险。如果公司决策失误或者管理不善造成盈利下降，甚至亏损或破产，在这种情况下会给投资者带来风险。

● 财务风险。是指公司财务结构的变化所引起的风险。在公司财务结构中，不仅可以股票筹资，而且可以发行债券或者向银行贷款筹资，由于债券收益和银行利息是固定不变的，因此，一旦公司收益下降，股票持有者只能得到较低的股息，甚至得不到股息。资产负债比例越高，财务风险也就越大。

● 企业风险。是指企业经营不善而产生的风险。当企业资金运用不当或缺乏效率时，公司盈利减少，投资者的股息也会减少。这是企业经营的原因给投资者带来的风险。

按照以上分析我们可以知道系统风险会波及所有的公司，既然这些因素对所有的公司都会产生影响，系统风险就不能为多样化投资组合所消除。相反，非系统风险只源于与公司和行业有关的特定事件，这一类事件本质上是随机的，并且只波及特定的公司或行业，因此，它们对组合投资收益的影响可以通过投资的多样化组合加以消除，其原因在于一个公司的不利事件的影响可以被其他公司的有利事件所抵消。

五、优化边界与风险-收益无差异曲线

投资者愿意承担风险，必须要求有一定的额外收益作为补偿，即某一股票的风险越大，能够吸引投资者购买这种股票的期望收益就越高。但是，在组合投资中，投资者考虑的是组合投资的风险，而不是构成组合投资中个别股票的风险，那么应该如何看待个别股票的风险呢？个别股票的相关风险应该从属于某种组合投资，只有在特定的组合投资中才能考虑单个股票的贡献。例如，对于一个拥有 30 种或 120 种股票组合的投资基金公司，某一种股票的相关风险是该股票对组合投资风险

的贡献，虽然某一种股票单独持有风险很大，但是，如果大部分风险可以通过多样化组合加以消除，则对组合投资风险的贡献就有可能很小。

只有在两种股票组合的情况下，投资的可行集是一条直线或者是一条曲线，而当股票种类增加时，可行集为一个平面区域。图 8-6 中 A、H 与 G 对应于单项股票的组合，而阴影内的其他点包括边界上的点代表了两种以上股票的投资组合，阴影区域称为可行性区域，该区域里的任何一点都对应于一个风险为 σ_P，期望收益为 K_P 的特定投资组合。

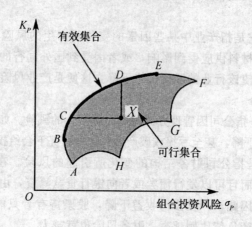

图 8-6　投资的有效集合

下一步就是根据已经给定的组合投资的可行集确定可供投资的股票来构成投资组合。实际上是要确定下列两个因素：（1）投资组合的有效子集；（2）从有效子集中选出最优投资组合。

边界 B、C、D、E 定义了组合投资的有效子集，有效子集左方的组合是不可取的，它们不在可行集内；有效子集右方的组合不合理，因为有其他的组合存在较之更优。C 点与 D 点的组合按风险收益准则都优于 X 点的组合。同时要注意到 BA 段与 EF 段所代表的点并不在有效子集的范围以内，因为按风险收益准则 B 点应优于 BA 段中的其他点，E 点优于 EF 段中的其他点。

为了确定投资者的最优投资组合，首先需知道该投资者对风险所持的态度，不同风险爱好的投资者对风险的态度不一样，那么这种态度如何衡量呢？我们引进风险-收益权衡函数，或称为无差异曲线（Indifference Curve）表达。

经济学中的效用函数和无差异曲线理论可以借鉴到风险-收益权衡函数中来。在图 8-7 中分别以 I_A 与 I_B 曲线代表投资者 A 与投资者 B 的无差异曲线。此时无差异曲线代表的是收益与风险之间的关系，可以假设为期望收益增加，投资者所能承受的风险的变化关系；或者假设为风险增加，所要求补偿风险的期望收益的增加。在一条无差异曲线上，投资者对该曲线上不同的期望收益与风险的组合具有相同的接受程度。例如，对投资者 A 而言，期望收益率为 5%，而风险为零，$\sigma_P=0$ 的投资组合与期望收益率 $K_P=6\%$，风险 $\sigma_P=1.4\%$ 的投资组合是无差异的。对投资者 B 而言，期望收益率为 5% 的无风险组合与期望收益率为 6%，风险 σ_P 为 3.3 的投资组合具有同样的吸引力。

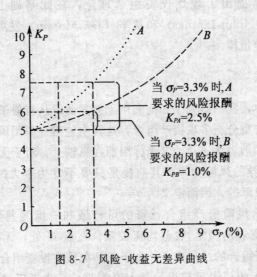

图 8-7　风险-收益无差异曲线

图 8-7 中有 A、B 两条无差异曲线，这两条曲线的含义是在风险相同的情况下，投资者 A 比投资者 B 要求具有更高的期望收益，或者说投资者 A 比投资者 B 更厌恶风险。由于投资者 A 比投资者 B 更厌恶风险，故投资者 A 比投资者 B 要求有更高的风险报酬。这一点可以用无差异曲线的斜率来表示，无差异曲线的斜率越大，它所反映的投资者的风险厌恶感就越强。任一投资者的最优投资组合都可由投资的有效组合曲线与该投资者的无差异曲线中任一条的切点求得，该切点反映了投资者可获得的最佳满意程度。这一切线的斜率我们称之为风险的价格，因为它代表了风险与收益在资产选择中可以此消彼长的相互关系，或者二者之间交换的比例。

如果市场上有许多投资者，不管各人的无差异曲线形状如何，达到均衡时每个投资者风险与收益的边际替代率都应该相等，也就是说，当人们可以充分自由地通过风险资产市场交换风险时，市场上只应有一个风险价格，从这个角度说，风险与普通商品并无不同。风险资产的定价，就是以风险的价格为依据的。

第四节　资本资产定价模型

组合投资的风险一般要小于该组合中各项资产的平均风险，这一结论对风险大小给定时所要求的期望收益具有重要意义。投资者所进行的是一种投资组合，而不是进行个别股票投资。个别股票的风险都应当从它对组合投资风险的贡献来考虑而不能将其从所在的投资组合割裂开来，资本资产定价模型（CAPM）阐述了充分多样化的投资组合中资产的风险与要求收益率之间的平衡关系。这一模型是20世纪五六十年代美国的一些股票分析家提出来的，美国的马柯维茨（Harry M. Markowitz）最早提出了现代投资组合理论，在此基础上由夏普（William F. Sharpe）林特纳（John Lintner）和莫辛（Jan Mossin）发展了资本市场理论，建立起了资本资产定价模型。

一、资本市场线

在前面的内容中，我们研究了如何利用无差异曲线从有效子集中选出最优组合投资的问题。下面着重分析多项资产组合，这其中包括一项无风险资产，无风险资产定义为风险 $\sigma=0$，收益为 K_{RF}，其坐标因而在纵轴上。对于无风险资产（一般为国库券），只有国库券的风险为零，其前提是只要不发生重大的政治、经济事件，国库券的收益是有保障的，因而定义为 $\sigma=0$。

我们还可以标出风险资产组合投资的可行域和一组无差异曲线（I_1，I_2 和 I_3）。后者反映了投资者的风险-收益均衡关系，在点 N 处，无差异曲线和有效曲线相切，代表了投资组合的一种选择，由于正是在风险投资组合的有效曲线上的一点，对于给定风险 σ_P 投资者可获得的最大可能收益，或者反过来讲，对于给定的期望收益承担的风险最小。

事实上，投资者可能达到更高层次的无差异曲线，除了风险投资组合的可行集之外，还可以提供收益 K_{RF} 的无风险资产可供投资；投资者可以对无风险资产和有风险资产进行组合投资，沿着 K_{RF} 点和 M 点的连线而到达任意的风险-收益点，M 点为 $K_{RF}M$ 线与有效投资组合曲线的切点，显而易见，线段 ME 上的所有点都优于曲线 NMB 上的风险投资组合。

$K_{RF}ME$ 给定了一个新的投资机会的组合，投资者可以利用 $K_{RF}ME$ 线段上的各点提供的机会选择一部分以点 K_{RF} 为代表的无风险资产和一部分以 M 点为代表的风险资产组合，从而构成新的投资组合。如果投资者不仅能够以无风险收益率 K_{RF} 借出资金，还可以用同样的利率借入资金，他就从 $K_{RF}M$ 线段移至 ME 线段（见图 8-8）。

在 CAPM 模型假设条件下，所有投资者都应当选择 $K_{RF}ME$ 上各点所代表的投资组合，这表示投资者所选择的是无风险股票与风险股票 M 所构成的有效组合，由于无风险股票的加入，有效子集变为线段 $K_{RF}ME$，而不是无风险股票加入前的 $ANMB$ 曲线。同时还假设，如果资本市场处于均衡状态，则 M 点所代表的投资组合所包含的任一资产的比重，必然恰好等于该资产在所有资产的市场价值中

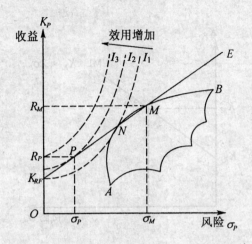

图 8-8　投资者均衡：无风险资产与市场组合

所占的比重。任何一个投资者都将选择一个有效投资组合，它的期望收益与标准差对应于线上的某一个特殊点，该点取决于投资者的无差异曲线与 $K_{RF}ME$ 线相切的位置。

$K_{RF}ME$ 就定义为资本市场线（CML），它在纵轴上的截距为 K_{RF}，斜率为 $(K_M-K_{RF})/\sigma_M$，方程可以表达为：

$$K=K_{RF}+\left(\frac{K_M-K_{RF}}{\sigma_M}\right)\sigma_P$$

上式的含义为：任意有效投资组合的期望收益率等于无风险收益率与风险报酬之和，该风险报酬等于 $(K_M-K_{RF})/\sigma_M$ 与该投资组合标准差的乘积。由此可见，CML 定义了期望收益率与风险之间的一个线性关系，它就改写为：

$$K_P=K_{RF}+\lambda\sigma_P$$

上面的两个式子都表明，资本市场均衡状态下的有效资本组合的期望收益，等于无风险收益与风险报酬之和，而风险的报酬等于风险的市场价格与该投资组合的收益标准差之间的乘积，后一项表达了让人们承担风险而必须给予的补偿。CML 线是一条直线，其截距为 K_{RF}，表示无风险收益，斜率等于风险的市场价格，$\lambda=(K_M-K_{RF})/\sigma_M$，风险的市场价格即 CML 的斜率是投资者对风险态度的总体反映（见图 8-9）。

二、股票市场线

CAPM 模型可以用于分析个别股票的风险与收益，在 CAPM 模型中，个别股票的风险是用该股票的 β 系数度量的，而个别股票的风险与收益之间的关系可以用

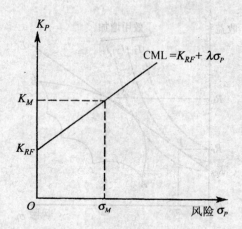

图 8-9　有效组合的期望收益

股票市场线 (Security Market Line, SML) 来表示。

$$K_i = K_{RF} + b_i(K_M - K_{RF})$$

式中：

　　K_i——任意股票 i 的要求收益率；

　　K_{RF}——无风险收益率；

　　K_M——平均股票的要求收益率，包括了所有股票投资组合的要求收益率；

　　$K_M - K_{RF} = K_{PM}$——市场风险报酬，即平均股票的风险价格；

　　b_i——股票 i 的风险系数；

　　$b_i(K_M - K_{RF}) = K_{Pi}$——股票 i 的风险报酬；如果 b_i 小于、等于或大于 1.0，则个别股票的风险报酬小于、等于或大于平均股票的风险报酬。

　　对于 SML 线，可以作如下几点说明：

● 纵轴表示要求的收益率，横轴表示由 b 度量的风险，而非 σ_P 度量的风险。

● 对于无风险股票，$b = 0$，从而 K_{RF} 表现为 SML 线的纵轴截距。

● SML 线的斜率为 $\dfrac{\Delta Y}{\Delta X} = \dfrac{\Delta K_P}{\Delta b_i}$ 显然可以找到两个特殊的点，K_M 对应 1.0；

K_{RF} 对应 0.0，故 $\dfrac{\Delta Y}{\Delta X} = \dfrac{K_M - K_{RF}}{1.0 - 0.0} = 4\%$，它反映了股票市场总体的风险厌恶程度。平均投资者的风险厌恶感越强，则 SML 线的斜率越大，风险的溢价越高，整个资本市场对风险资产所要求的收益也越大。

● SML 线的斜率不是 β 系数，而是市场风险报酬（见图 8-10）。

从 SML 线可以看出，要求收益率不仅决定于由除数衡量的市场风险，而且受

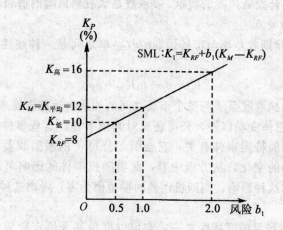

图 8-10　股票市场线

到无风险收益率和市场风险报酬的影响。由于上述三个变量是有可能变化的，故 SML 线也是可以变化的。例如通货膨胀增加，投资者要求无风险收益率也相应增加，SML 的截距上升；投资者更厌恶风险，会引起 SML 线的斜率增加。

三、组合投资的 β 系数

（一）β 系数的概念

平均股票定义为与整个股票市场保持同步涨落的股票。按照上述定义，平均股票的 β 系数 $b=1.0$，它表示，如果全市场上涨 10%，则该股票也上涨 10%；反之，若全市场下跌 10%，则该股票也下跌 10%。一个 β 系数 $b=1.0$ 的股票组合将随着市场的总体水平涨落，与平均股票具有同等的风险。值得注意的是纽约道·琼斯 30 种工业股票指数、深圳成分股指数以及上证 30 指数皆为成分指数，其风险与全市场（或平均股票）的风险是不一样的，即成分指数组合的 β 系数并不等于 1.0。

（二）组合投资的 β 系数

组合投资的 β 系数为各股票的加权平均值：

$$b_P = \sum_{i=1}^{n} X_i B_i$$

式中：

X_i——第 i 种股票所占的份额；

B_i——第 i 种股票的 β 系数。

显然，较低的 B_i 所组成的股票组合具有较低的 β 值，反之，较高的 B_i 所组成的组合具有较高的 β 值。或者在原来 β^* 的基础上加入大于 β^* 的股票 B_i，会使新的

组合投资的 β 系数大于原来的值，即组合投资的风险增加。因此，一种股票的 β 系数值度量了它对组合投资风险的贡献，β 系数是该股票风险的适当度量。

（三）β 系数的特点

1. 股票 J 的预期收益率与市场预期的收益率之间是一种线性关系，并且具有如下形式：

$$K_J = \sigma_J + b_J K_M + e_J$$

线性函数的特点意味着股票 J 与整个市场之间的关系也适用于将来。

2. 除市场的总体变动以外，公司还面对其他事件，这些事件与宏观经济环境无关，而只与公司的特定事件有关，它会引起公司 J 的股票收益率的变化或多或少有别于整个市场的变化，从方程中看，此类随机事件的影响可以用随机误差 e_J 表示出来。不考虑这种影响，则随机误差的期望值为零；考虑这种影响，其期望值不为零。

3. β 系数是市场灵敏度指标之一，它可以度量某个给定股票 J 相对于平均股票或市场的相对变化。个别股票随股市行情涨落的性质构成了风险，而且市场的波动无法利用多样化投资组合来消除，这种风险也称为不可消除风险，构成了总风险的一个分量。

4. 任何一种股票的总风险、市场风险以及可消除风险之间的关系式可以用下式表达：

$$总风险 = 方差 = 市场风险 + 非市场风险$$
$$\sigma_J^2 = b_J^2 \sigma_m^2 + \sigma_{eJ}^2$$

式中：

σ_J^2——股票的收益率方差，即所谓总风险；

σ_m^2——市场收益率的方差，b_J 是股票的系数；

σ_{eJ}^2——股票 J 的回归方程误差的方差。

如果所有的点都恰好位于回归线上，即满足方程 $K_J = \sigma_J + b_J K_M$，则误差项的方差为零，从而该股票的所有风险都是市场相关风险。

如果股市行情保持稳定，则无所谓市场风险可言，仅仅存在非市场风险。股市保持稳定是一种理想化的模式，市场的波动总是无法避免的，因而市场风险必然存在，即使充分多样化的投资组合也难免有风险。以美国为例，近年市场收益的标准差一般在 15% 上下波动，这属于正常的情况。而在非正常情况下，股票市场的波动就大于 15%，例如 1929 年的股市暴跌以及最近一次的大暴跌，1987 年 10 月的全球股市大暴跌。至于发展中国家的新兴市场，股价的波动就更大，其波幅大大高于 15% 的正常情况。

5. 可消除风险应当被投资的多样化消除，因而其相关风险就是市场风险，而不是总风险。若股票 J 的 $b = 0.5$，那么它的相关风险就是 $b_J \sigma_m = 0.5 \ (15\%) = 7.55\%$。此类 β 系数股票所构成的投资组合，其期望收益的标准差为 $\sigma_P = 7.55\%$，

为 $b=1$ 时的平均股票组合的期望收益标准差的 $1/2$。若股票 J 是高值 β 系数股票（$b=2.0$），则其相关风险是 $b_J\sigma_m=2.0(15\%)=30\%$，$b=2.0$ 的股票所构成的投资组合的标准为：$\sigma_P=30\%$。

6. 一种股票的风险报酬只取决于市场风险，而不是总风险，其原因是充分多样化的组合以后，每一股票的风险报酬趋于其相关风险，即市场风险决定的水平，而受该种特定股票的风险影响不大。

四、组合投资的应用：共同基金的作用

进行组合投资的一个基本目的就是消除每一种资产自身特有的风险。个别资产特有的风险应该独立于总体风险因素，相互之间也应独立。于是，按照大数法则，在由多种资产组成的组合投资中，个别资产的特殊风险对收益带来的影响应该大致正负相抵，因此，组合投资的收益将不再会受特定风险的影响，而只取决于宏观经济因素，即系统性风险，这种风险不能以组合投资方式消除。

（一）组合投资的实证研究

组合投资的风险与资产种类的数目之间存在着这样的关系：随着资产种类的增加，组合资产的风险会下降并无限接近于某一水平 σ_m，因为即使该投资是全市场组合投资，依然会有系统风险存在（见图 8-11）。

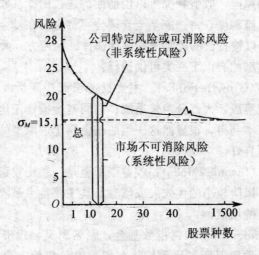

图 8-11　组合规模对组合风险效应

按照实证研究的结果，随着资产种类的增加，标准差起初下降明显，超出某一数目以后，就趋于缓慢。美国的威廉·夏普在 20 世纪 70 年代对股票市场作了实证检验，当投资组合种类为 5 种股票时，非系统风险占总风险的 14%，股票增加到

10 种时，这一比例下降到 7％，股票增加到 20 种时，非系统风险只占 3％，如果进一步充分多样化，非系统风险将被消除。资产组合理论的创始人马柯维茨在《资产组合选择》一书中指出："一个好的资产组合远非一张长长的优质股票与债券的名单，它是一个平衡的整体，提供给投资者防备多种意外的保护与机会。"这里，马柯维茨所强调的一个平衡的整体是指充分多样化，而非简单地优质资产的组合。图 8-11 表达了组合资产的风险与资产种类数量之间的关系。

（二）共同基金的作用

资本资产定价模型可以用于比较不同投资的风险与收益，而组合投资的一个目的便是在一定的收入水平下使风险降到最小，这一理论的一个最典型应用便是受到大众欢迎的一种投资方式——共同基金（Mutual Funds）。共同基金是由大型投资机构吸收个别投资者的资金形成的，机构把这些资金分散购买各种上市公司的股票或各种债券。

投资者投资于共同基金的好处是：（1）个别投资者各有职业和专业，不一定熟悉和擅长股票投资业务，通过共同基金可以委托给专家管理，减少个人投资的盲目性。（2）投资的多样化是降低投资非系统风险的最有效的方法，但中小投资者无力做到股票投资多样化，因而也就不能有效地分散风险。

投资者如何选择共同基金取决于投资者的风险偏好。从投资者的主观愿望出发，都希望选择预期收益高、风险又小的基金，而在实际上收益越高，风险也就越大。衡量一个基金的风险、收益状况可以用前面讲述过的 β 系数来代表某一种资产相对于整个市场的风险程度，每一家基金管理公司都会公布基金在历史上各个时期的 β 系数，投资者可以按自己的风险偏好进行选择。在西方，共同基金的种类非常多，但一般来说最典型的有以下三类可供选择。

- 增长型基金（Growth Funds）：主要投资于那些既活跃，收益又稳定增长的股票，又称之为蓝筹股，大部分为普通股，共同基金投资于这些股票既可以获得红利，又可以得到资本利得，很显然这一类的基金属于进取型的投资基金，多为年轻、进取的投资者所喜好。

- 收益型基金（Income Funds）：收益型基金是一种比较稳健的投资基金，一般投资于收益稳定、风险较小的优先股或债券，其主要特点是收益相当固定，此类基金适合于养老基金的增值。

- 指数基金（Index Funds）：指数基金，顾名思义，投资于市场上的指数所含有的股票，并且每种股票所占比重与其在指数中的权数完全相同，因而此类基金的收益与指数的涨跌是完全同步的。比如，最常用的道·琼斯（Dow-Jones Index）30 种工业股票指数，斯坦·普尔指数（Standard & Poor's Index），后者是对纽约股票交易所登记的 500 种工商业企业普通股票编制的加权平均综合价格指数。

指数型基金可以评判其他各类基金的业绩，如图 8-12 所示。按指数基金的定义，它的 β 系数应为 1，预期收益为 K_1，则可以作出 A 点的坐标 $(K_1,1)$，然后作出 B 点的坐标 $(K_F,0)$，K_F 为无风险收益的大小，β 系数此时为零，连接 AB 两点便可以得到市场线。该市场线的作用是该线上任意一点都可以通过调整无风险资产与指数基金相对比重得到。从这一意义上说，管理指数基金更容易。

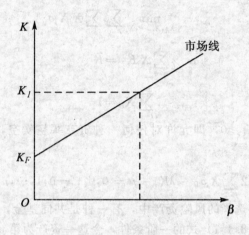

图 8-12　股票市场线

有关统计资料分析表明，大多数基金所提供的收益与风险的组合位于市场线下方，而位于上方则是很偶然的情况，因此接受市场的平均收益与平均风险不失为一种明智的策略。

五、资本资产定价模型的验证

资本资产定价模型是在一系列的假定条件下扩展的，如果这些假定成立，则 CAMP 模型定然成立；如果这些假设条件有某种程度的修正，比如有相当一部分投资者没有实现充分多元化，从而不能从他们的投资组合中完全消除可消除的风险，β 值则应重新考虑。此外，如果投资者对借入资金所支付的利率高于无风险收益率，则资本市场线无法保持其直线的形状。因此首先在假设成立的条件下推导出该模型，然后考虑其验证。

（一）资本资产定价模型的证明

假定投资者可以在下列资产中进行选择：无风险资产以及几种风险资产，其期望收益分别为 $K_0,K_1,\cdots,K_n$，如果投入每一种资产的比例为 $X_i(i=0,1,2,\cdots,n)$，那么组合投资的期望收益与方差分别为：

$$K = \sum_{i=0}^{n} X_i K_i$$

$$\sigma^2 = \sum_{i=0}^{n} \sum_{j=0}^{n} X_i X_j \sigma_{ij}$$

式中，σ_{ij} 为资产 i 与资产 j 收益的协方差（$i \neq j$），或者第 i 种资产收益的方差（$i=j$）。

资产组合选择就是解决下面的条件极值问题：

$$\min_{x_0, x_1, \cdots, x_n} \sum_{i=0}^{n} \sum_{j=0}^{n} X_i X_j \sigma_{ij}$$

$$\text{s. t.} \quad \sum_{i=0}^{n} X_i K_i = \overline{K}$$

$$\sum_{i=0}^{n} X_i = 1$$

此时并不要求 $X_i \geqslant 0$，即允许对任何一种资产买空卖空，求极值的一阶条件为：

$$2 \sum_{j=0}^{n} X_j \sigma_{ij} - \lambda K_i - \mu = 0, \quad i = 0, 1, \cdots, n \qquad (8.4.1)$$

如果在几种可供选择的风险资产中，有一种是共同基金，且这一基金是均值-方差最优的，符合（8.4.1）式的一阶条件，令这一资产为第 e 种资产，那么 $X_e = 1$，$X_i = 0$（$i \neq 0$）的投资方式也是最优的。在（8.4.1）式中，$X_j = 0$（$j \neq e$），从而第 i 个一阶条件变成了：

$$2\sigma_{ie} - \lambda K_i - \mu = 0 \qquad (8.4.2)$$

若 $i = 0$ 或 $i = e$

$$-\lambda K_0 - \mu = 0 \qquad (8.4.3)$$

$$2\sigma_{ee} - \lambda K_e - \mu = 0 \qquad (8.4.4)$$

当 $j = 0$ 时，$\sigma_{ee} = 0$，该资产为无风险资产；当 $i = e$，$\sigma_{ie} = \sigma_{ee}$，为资产 e 的方差。

$$\lambda = \frac{2\sigma_{ee}}{K_e - K_0} \qquad (8.4.5)$$

$$\mu = -\lambda K_0 = \frac{2\sigma_{ee} K_0}{K_e - K_0} \qquad (8.4.6)$$

将（8.4.5）式、（8.4.6）式代入（8.4.2）式，可解出：

$$K_i = K_0 + \frac{\sigma_{ie}}{\sigma_{ee}} (K_e - K_0) \qquad (8.4.7)$$

资产 e 是一种特殊的共同基金，且假定在基金 e 中，第 i 种资产所占比例为 X_i^e，那么有 $\sum_{i=1}^{n} X_i^e = 1$。假定 m 代表投资者，W_K 代表第 K 位投资者投入风险资产的财富，X_{Ki} 代表第 K 个人购买风险资产 i 的数量，P_i 为单位资产 i 的价格，由于每个人持有的资产组合都相同，那么：

$$X_i^e = \frac{P_i W_{Ki}}{W_K}, K = 1, 2, \cdots, m \tag{8.4.8}$$

两边同乘以 W_K 并以 K 累加：

$$X_i^e = \frac{P_i \sum_{k=1}^{m} X_{Ki}}{\sum_{k=1}^{m} W_k} \tag{8.4.9}$$

$\sum_{k=1}^{m} W_k$ 为风险资产的总市值，$P_i \sum_{k=1}^{m} X_{Ki}$ 为资产 i 的总市值，所以 X_i^e 正好就是风险资产 i 在风险资产总值中所占的比重，故可写为：

$$K_i = K_0 + \frac{\sigma_{im}}{\sigma_{mm}}(K_m - K_0) \tag{8.4.10}$$

m 代表市场总体，令 $\beta_i = \frac{\sigma_{im}}{\sigma_{mm}}$ 就得到 CAPM 之结论：

$$K_i = K_0 + \beta_i(K_m - K_0)$$

通过以上数学推导，我们可以把 β 表达为：某一种资产收益和市场收益的协方差与市场收益的方差之比。

（二）资本资产定价模型的验证

1. 关于 β 系数稳定性的验证。按照 CAMP 模型，用于度量股票市场风险的系数反映了投资者对股票易变性的一种估计。人们无从知道某种股票与市场的关系将来如何发展，人们只知道该种股票易变性的历史数据，用它们来描绘特征线。如果历史的系数值比较稳定，则其历史的系数可能就是对其期望的 β 系数的有效替代。有关 β 系数还有另外的深入研究：个别股票的系数是不稳定的，但是随机抽取 10 个以上的股票的投资组合的 β 值则相当稳定，因此组合投资的 β 值就可以作为可能的预测指标。其原因在于，组合投资中个别股票的 β 值误差总能相互抵消。

2. CAMP 模型有效性验证结果，大致有下列几种情况：（1）在实现的收益率与系统风险之间有一正比关系，但比值通常小于 CAPM 模型所估计的斜率。（2）风险与收益之间的关系为线性关系，没有证据表明风险与收益之间存在非线性关系。（3）关于市场风险与公司特定风险重要性的评估未能得到确切的结论。公司风险并非像 CAPM 所指出的那样无关重要，这两种风险与股票的收益都成正比，因此投资者所要求的风险补偿更高。（4）虽然从理论上讲，CAPM 适应于所有的资本资产，但债券虽为金融资产，而它们并不符合 CAPM 模型。

复习思考题

1. 判断正误

　　(1) 无论人们的风险偏好如何，都会愿意参加某些赌博，而不愿意参加另一些赌博。

　　(2) 投资于风险资产（如股票）的人都是风险爱好者。

　　2. 某种赌博产生以下结果：(1) 赢 100 元的概率为 0.2；(2) 赢 250 元的概率为 0.5；(3) 赢 300 元的概率为 0.3。

　　请回答：(1) 该赌博的期望值是多少？(2) 该赌博的方差是多少？(3) 风险规避者是否愿意付 235 元来参加这项赌博？如果风险中立者可在接受 240 元与参加赌博中作一选择，他会如何选择？

　　3. 假定某人的效用函数为：$U=W^{\frac{1}{2}}$，他面临这样一种不确定性：未来收入有一半可能为 36 元，一半可能为 100 元。

　　(1) 多少元的稳定收入会使他觉得境况与不确定情况下完全相同？

　　(2) 这一"赌博"的风险溢价是多少？

　　(3) 如果他支付 32 元来购买"保险"，即无论发生哪种情况都能保证得到 100 元收入（或当坏的结果发生时，可得到 64 元补偿），他是否愿意购买保险？为什么？

　　4. 无风险资产的收益率为 6% 以下，某种风险资产的预期收益率为 9%，标准差为 3%。

　　(1) 如果将标准差控制在 2% 以下，你的资产组合可以达到的最高预期收益率是多少？

　　(2) 投入风险资产的财富占总财富的比重多大？

　　(3) 此例中风险的价格是多少？

　　5. 某种股票的 β 值为 1.5，市场平均收益率为 10%，无风险资产收益率为 5%。

　　(1) 按照 CAPM，这种股票的预期收益应达到多少？

　　(2) 如果预计此种股票未来的价格将为 100 元，目前的市场价格会是多少？

　　6. 政府为了遏制犯罪和各种违法行为，考虑实行两种方法：加重惩罚（如从重判刑、加重罚款等）和提高违法行为被抓获的概率（如提高破案率等），如果所有的潜在违法分子都是风险规避倾向很强的人，请问哪种方法对违法行为更具威慑力？为什么？

　　7. 某君因其脾性怪僻的叔父逝世而继承遗产 10 万美元。然而遗嘱要求将全部遗产都投资于普通股票，并且具体规定，全部遗产的 50%，即 5 万美元须用来购买一种股票（一种股票的投资组合），而另 5 万美元须用来购买 100 种股票而组成投资组合。遗产继承者非常厌恶风险，从而希望能最大限度地减少风险。

　　(1) 你认为他应该怎样挑选一种股票的组合投资中的股票？

　　(2) 他应该怎样挑选 100 种股票组合投资中的股票？

（3）你是否认为一种股票组合投资的风险是独立的，或者认为他实际上拥有一个包括 101 种股票的投资组合？

8.（实现收益率和组合投资效应）有关股票 A 和股票 B 的股利和股价的历史数据如下：

年份	股票 A		股票 B	
	股利	年终股价	股利	年终股价
1981	—	22.50	—	43.75
1982	2.00	16.00	3.40	35.50
1983	2.20	17.00	3.65	38.75
1984	2.40	20.25	3.90	51.75
1985	2.60	17.25	4.05	44.50
1986	2.95	18.75	4.25	45.25

（1）计算这两种股票历年的实际收益率（或持有期收益率）。假设某人的投资组合包括 50% 的 A 股票和 50% 的 B 股票，计算从 1982 年到 1986 年每年的组合投资的实现收益率，各种股票的平均收益率和组合投资的平均收益率各是多少？

（2）分别求出各种股票及投资组合的收益标准差。

（3）根据组合投资的风险较之于这两种股票单独拥有时减小的程度，你能否判断这两种股票的相关系数是近似于 0.9 还是 −0.9？

（4）如果在投资组合中随机加入更多股票，下列判断中哪一条更确切地反映了此举对 Q_P 的影响如何？ A. 保持不变；B. 减少到 15% 左右；C. 如果组合中包括了足够多种股票，将趋于零。

9. 假设：$K_{RF}=10\%$，$K=14\%$，$b_A=1.4$。试问：

（1）股票 A 的要求收益 K_A 是多少？

（2）现假设 K_{RF}（1）增至 11%（2）减至 9%，SML 线的斜率保持不变，但系数（1）增至 1.6，（2）减至 0.75。这对 K_A 又有什么影响？

10. 超级增长投资基金有五种股票，投资总额达 4 亿美元（具体数据见下表）：

股票	投资额（百万美元）	各股票 β 小数
A	120	0.5
B	100	2.0
C	60	4.0
D	80	1.0
E	40	3.0

整个投资基金 β 系数可以借助于对各项投资的系数加权平均求得。本期的无风险收

益是 9%，下期的市场期望收益有如下分布：

概率	市场收益率/%
0.1	8
0.2	10
0.4	12
0.2	14
0.1	16

试回答：

（1）求出股票市场线（SML）的近似方程。

（2）计算该基金下期的要求收益率。

（3）假设市场上有一种新股票可供投资，所需投资额为 5 000 万美元；期望收益为 16%；β 系数约是 2.5 左右。该项投资是否应该采纳？当期望收益为多少时，公司对购买这种股票持无所谓态度？

11. 给出下列历史收益率数据（特征线与股票市场线）：

年份	股票 X	NYSE
1	−14.0	−26.5%
2	23.0	37.2
3	17.5	23.8
4	2.0	−7.2
5	8.1	6.6
6	19.4	20.5
7	18.2	30.6

试回答：

（1）应用具有线性回归功能的计算器（或计算机软盘）求出股票 X 的系数，或将下列数据制成散点图，并绘出回归线，然后求出 β 系数值。

（2）分别求出给定时期股票 X 和 NYSE 的收益率和算术平均值，并计算它们各自的收益标准差。

（3）假设（1）从第一年至第七年的趋势将持续到将来（即，$K_x = K_x$，$K_M = K_M$，C 和 O 保持原值）；（2）股票 X 趋于均衡状态（即 X 是股票市场线上的点）。求出无风险收益率。

（4）绘出股票市场线。

（5）假设将股票 X 加入一个大规模的充分多样化的投资组合，或是将一个 β 系数与股票 X 相同，但具有更高标准差的股票 Y 加入该投资组合。这两种股票的期望收益相同：$K_X = K_Y = 10.6\%$，应该选择哪一种股票？

第九章　长期投资决策

在学完本章以后，你应该掌握以下内容：

1. 长期投资的决策过程；
2. 货币的时间价值、现金流量的估计与资金成本的估计；
3. 投资方案评价的基本方法；
4. 投资决策原理在一般情况下、风险条件下的运用。

为了使企业的价值最大化，我们经常会遇到这样两类问题：一是如何最优地使用现有资源；一是如何最优地使用新增加的资源。前面我们讨论的决策问题属于研究如何最优地使用现有的资源，本章讨论第二类问题，长期投资决策问题，由于长期投资的独特性质，故研究长期投资的方法有所不同。尽管如此，但仍可沿用前面的边际分析方法。传统经济学总是假定企业为了得到最大利润，必须满足 $MR = MC$ 的条件。应用此方法于投资决策中，就是要求投资的边际利润率和投资的边际资金成本相等时，企业的投资量才是最优的，或者说判断一个投资方案是否可行的关键在于该方案为投资带来的效益能否大于投资支出。下面就按照这一基本思路对问题展开讨论。

第一节　投资及其决策过程

投资决策问题的关键是对不同的投资方案怎样进行评价，进而在所有这些可能的方案中选择一个最优的方案。这一基本方法是进行项目可行性研究的基础，因此了解和掌握投资的概念以及投资的决策过程是一个投资项目成功的前提条件。

一、投资的定义

投资（Investment）按西方经济学的定义是指一种当前的支出，这种支出能够在以后较长的时期内（通常是一年以上）给投资者带来效益。投资按大的范围划分可以分为直接投资，比如购买厂房设备、修建公共设施以及设备的更新改造，这些都属于直接投资的范围。另一类是间接投资，不是直接投资于资产的实物形态，而是投资于其价值形态，比如购买股票和债券，这也属于另一类重要的投资形式。除此以外，还有培训工人与干部、广告费以及研究与发展费用。以上所论及的投资原则上可以用本章所述的方法，但是在后面的叙述中主要还是介绍以直接投资为主的方法。

投资按定义是一种支出，经营费用也是一种支出，二者的差别在哪里呢？经营费用这种支出只能在短时期以内取得收益，这个时期按定义在一年以内，一般是一次性的。而投资带来的收益往往要延续几年以上，有的公共工程甚至要延伸几十年以上。

由于投资延续的时间很长，所以投资决策有两个重要特点有别于前面的生产决策或利润决策。投资决策的两个重要特点为：（1）在投资决策中，需要把近期的现金收支与远期的现金收支相比较，但是近期的货币价值与远期的货币价值是不同的，因此必须考虑货币的时间价值。（2）在投资决策中，需要估计未来的收支，由于未来的企业所面对的市场环境会发生变化，因此这里面就包含了很大的不确定性，因此，在投资决策中，就必须考虑风险问题，必须借助于前一章所分析的风险因素对长期投资进行风险分析。

由于长期投资所引起的收益延续时间很长，因此不仅会影响企业当前的利润大小，而且会影响企业长期的收益，关系到一个企业的长远发展，而许多企业与政府投资的科学与否又决定着一个国家的发展后劲。一旦一个长期投资的决策失误，其后果将是无可挽回的，所以必须认真研究科学地进行长期投资决策的方案。

二、投资决策的一般过程

投资决策的过程实质上就是一个从确定目标开始，到调查研究、收集资料、分析探索有关信息、拟订各种可能的方案、编写可行性研究报告，最终对方案进行评价与优选的过程。

（一）确定投资目标与方案

投资的方案是来自投资的目标，或者说是由投资的需要而提出来的。目标是指在一定环境条件下，希望达到的某种结果，它包括一定的量化目标、一定的时间限度以及相对明确的责任。例如某电脑厂商生产的家用电脑占全国市场的 8％，而电脑的销售量又以 12％的速度增长，为了保持它的市场占有率就必须扩大生产能力，而要扩大生产能力就需要投资。前面我们在解释投资的概念时把投资分成了若干类别。因此，这时厂商可以选择的方案包括：（1）新建厂房，增加新的设备，进行固定资产的投资。（2）对原来的设备进行更新改造，而不新增固定设备。（3）通过资产重组，兼并、收购一些相关企业达到扩大生产能力的目的。以上所述的这些方案都可以扩大生产能力，因此在第一阶段仅仅是提出能达到这一目标的各种可能的方案，只有在充分地提出好方案的基础上才能作出好的决策。

（二）收集资料估计数据

提出各种可能的投资方案的目的就是要对这些方案进行评价。在评价方案以前必须先收集和估计评价方案所需要的数据。只有所收集和估计的数据是准确的、可靠的、及时的并且是全面的，那么，作出的决策才可能是正确的。因此不仅要掌握历史的资料，还要了解分析现状，预测未来，还需要各部门的参与和合作。所收集的资料一般应着重在以下几个方面：

- 反映生产技术水平、工艺先进程度的技术资料及经济资料；
- 国内外同行业的相关指标资料；
- 市场供需方面的资料，包括过去、现在以及未来的供需变化；
- 原材料、劳动力等各种生产要素的成本状况；
- 有关国家的政策资料，包括这些国家的宏观政策、产业政策的最新动态。

虽然在投资决策中所占有的资料很多，但是与决策直接有关的资料有两类：一类是与决策相关的现金流量，即因实施投资方案而引起的货币收入与支出；另一类是资金成本，即企业为了获得资金而必须支付的成本，由于获取资金的方式可以是多种多样的，因此必须以最小的成本取得资金。

（三）对投资方案进行评价

投资方案有关的数据评估出来以后，就可以根据这些数据评价不同的方案，以便选出最有利于企业价值最大化的方案。（1）应从技术上、经济上和社会效益等方面进行总体评价。（2）财务管理、经营管理人员主要对方案的经济性进行评价，盈利是否可靠、成本是否合理以及有多大的风险。（3）由于投资引起的费用和效益往往发生在不同的时间，在评价一个方案对企业价值的影响时，必须要考虑货币的时间价值，属于此类的评价方法主要有：净现值法、盈利指数法以及内部利润率法三种。除此以外还有一种投资的评价方法——返本法，该种方法的特点是不考虑资金的成本，方法简便。从评价的阶段上看，应分为初步评价和详细评价，在列出的可能方案中，可能没有一个方案能合理地一次就满足预定的目标。因此，通过初步评价阶段，一经发现问题，可以淘汰不合理的方案，或者在某方案基础上补充、修正、优化方案，然后再进行详细评价，最后能达到满意目标。

（四）对方案的实施进行监督评价

最优的投资方案选出之后，在实施的过程中还必须进行监控。所谓监控就是把实际完成的情况与预期的数据进行比较，看是否有偏差，检验决策是否科学、预测是否准确，如果有偏差，应分析和解释出现这些偏差的原因，并针对这些问题找出原因，对正在实施的投资方案采取必要的改进措施。

第二节　货币的时间价值

投资取得收益要延续若干年，由于这一特点，投资引起的货币收入与货币支出不是在同一个时点上，而不在同一个时点上的货币是不能直接比较的。把不同时点上的货币换算为同一时点就称为计算货币的时间价值，把过去用静态的观点分析不同时期的费用与收益变为动态化。通常的做法是以期初与期末为基准，以期初为基准的称为现值，以期末为基准的称为终值。在后面将要讨论的是现值计算。

一、单一款项的现值

"时间就是金钱"这句名言把时间与金钱这两个完全不同的概念等同起来，体现了货币的一个重要特性就是它具有的时间价值。今年的1元钱不等于明年的1元钱，并不是说面值不同，而是使用价值不同，因为时间不同，货币贬值，亦称为无形磨损。货币的时间价值还体现在货币只要在你手中，不管是存入银行或投入生产或到流通领域去周转，在运动中资金一经与时间结合，其价值就会发生变化，并随着时间的递延不断增值，这部分的增值就是货币的时间价值。由此可见，货币的时间价值表现形式有两种：把资金投入生产或流通领域产生的增值，称为利润或盈利；把通过银行借贷资金所付出的或得到的增值叫利息，利息就是使用资金的成本。

今年你手中的1元钱，则比明年的1元钱价值更高。如果利息率是12%，那么期初的1元钱到一年期末就变成为：

$$S_1 = 1 \times (1 + 12\%) = 1.12 \ (元)$$

到明年末就变为：

$$S_2 = 1 \times (1 + 12\%)^2 = 1.25 \ (元)$$

依此类推，如果到第 n 年，则

$$S_n = 1 \times (1 + 12\%)^n$$

可见，S_n 可以表达为：

$$S_n = PV(1 + i)^n$$

或

$$PV = \frac{S_n}{(1 + i)^n}$$

式中：

PV——现值；

i——贴现率（或称为资金成本）；

n——期数；

S_n——现在的 PV 到第 n 年末时的价值（本与利之和）。

以上的公式称为复利公式，或称为"利滚利"法，即将每一期的利息加入本金一并计算下一期的利息，每一期如此，依此类推。

【例 9-1】 某先生一次性将 1 000 元存入银行，年利率为 8%，3 年后终值是多少？

解：根据上式 $S_n = PV(1+i)^n$ 可知

$$PV = 1\ 000\ 元，i = 8\%，n = 3$$

故

$$S_3 = 1\ 000\ (1+8\%)^3$$
$$= 1\ 260\ （元）$$

或者可以查附表中的一次性支付的终值系数 $i = 8\%$，$n = 3$ 时终值系数为 1.260

故

$$S_3 = 1\ 000 \times 1.260 = 1\ 260\ （元）$$

3 年后的终值为 1 260 元。

现在假定遇到另外一类问题，张先生计划 10 年以后取出 5 万元购房，如果银行利率为 10%，现在一次性要存入银行多少钱？

显然，这一问题是上一个问题的逆运算，即已知终值，贴现率与期数求现值的问题，或者称现值是今后一定时期可以收到或付出的款项扣除按复利计算的贴现率所得出的现在价值。因此按上面的公式：

$$S_n = PV(1+i)^n$$

故

$$PV = \frac{S_n}{(1+i)^n}$$

上例中

$$S_n = 5\ 万元，i = 10\%，n = 10$$

故

$$PV = \frac{5}{(1+10\%)^{10}} = 1.927\ 5\ （万元）$$

为了使计算简化，编制了现值系数表，从这个表中，根据贴现率的大小与期数的大小，就可以查出将来 1 元钱的现值是多少，现值系数等于 $\frac{1}{(1+i)^n}$，10%，10 年的现值为 0.385 5，故：

$$PV = 5 \times 0.385\ 5 = 1.927\ 5\ （万元）$$

从现值系数表中可以看到：贴现率越高，现值系数就越小；时间越长，现值系数也越小；当贴现率为零时，现值系数等于 1，此时，将来的款项与其现值相等，贴现率为零的含义是货币没有时间价值。

二、不均匀现金流系列的总现值

在现实的经济生活中，特别是一笔投资在回收的期间，每年的现金流量是不规则的，这一类问题称为不规则现金流系列。不规则现金流系列的总现值等于每一笔现金流量的现值之和。假定第 1 年到第 n 年末每年的现金流量分别为 $R_1, R_2, \cdots,$

R_n，这一现金流系列的总现值为 TPV，那么：

$$TPV = \frac{R_1}{1+i} + \frac{R_2}{(1+i)^2} + \cdots + \frac{R_n}{(1+i)^n}$$

$$= \sum_{t=1}^{n} \frac{R_t}{(1+i)^t}$$

【例 9-2】 某公司计划在今后的 5 年内，每年分别得到如下的现金流量的机会（表 9-1）：

表 9-1 （单位：元）

年份	现金流量
1	500
2	600
3	800
4	1 000
5	1 100

假设贴现率为 12%，问该公司为了获得这一机会，现在最多愿意支付多少？

解：这一问题是一个不均匀的现金流系列，现在最多愿意支付的金额实际上就是上述 5 年现金流量的总现值。

查表 12% 贴现率 1～5 年的现值系数分别为 0.892 9、0.797 2、0.711 8、0.635 5 和 0.564 7，那么：

$$TPV = 500 \times 0.892\ 9 + 600 \times 0.797\ 2 + 800 \times 0.711\ 8$$

$$+ 1\ 000 \times 0.635\ 5 + 1\ 100 \times 0.564\ 7$$

$$= 2\ 750\ (\text{元})$$

因此，该公司为了获取这一投资机会，现在最多愿意支付的现金为 2 750 元。

三、年金系列的总现值

如果假设在上述不均匀年金系列中的一种特殊情况，每年的现金流量相等，就称为年金系列。在 n 年中，每年年末的现金流量为 R，它的总现值为 TPV，那么 $R_1 = R_2 = \cdots = R_n = R$，则

$$TPV = \sum_{t=1}^{n} \frac{R}{(1+i)^t} = R \sum_{t=1}^{n} \frac{1}{(1+i)^t}$$

同样针对这一类问题，为了简化运算，编制了总现值系数表。该表列出了贴现率为 i，年份为 n，每年年末收入 1 元的总现值系数是多少。

$$\text{总现值系数} = \sum_{t=1}^{n} \frac{1}{(1+i)^t}$$

$$TPV = R \times \text{总现值系数}$$

【例 9-3】 某公司购买一项专利技术，预计每年平均可获利 200 万元，在年利率 6% 的情况下，5 年后要求连本带利全部收回，问期初购买专利一次性投入应以多少钱为限才合算？

解： 已知 $R = 200$，$i = 6\%$，$n = 5$

查表可得年金现值系数为 4.212，代入上式，得

$$TPV = 200 \times 4.212$$
$$= 842.4 \text{（万元）}$$

因此，购买此项专利的金额不能超过 842.4 万元才合算。

上述公式同样可以进行逆运算，根据总现值计算年金，其公式为：

$$R = \frac{\text{总现值}}{\text{总现值系数}(i, n)}$$

运用上述公式又可以解决另一类问题。

【例 9-4】 某房地产公司贷款 200 万元开发房地产，银行要求 4 年以内等额收回全部投资贷款，已知贷款利率为 10%，那么该房地产公司平均每年的净收益至少应有多少才能还清贷款？

解： 查表利率为 10%，4 年期的总现值系数为 3.170。

$$R = \frac{200}{3.170} = 63.09 \text{（万元）}$$

该房地产公司每年的净收益至少应有 63.09 万元才能够还清贷款。

第三节 现金流量的估计

对一个投资方案的评价，首先要估计和确定投资方案在各个时点（一般为每一个会计年末）的现金流量。只有在正确地估计现金流量的基础上，才能进一步地计算其货币的时间价值，比较投资方案的成本和效益，从而正确地评价投资方案的优劣。任何类型的一笔投资，都必须通过现金流量（正的现金流量）加以回收，以下将通过阐明估计现金流量的原则，现金流量的构成，进而正确地计算现金流量。

一、计算现金流量的原则

（一）现金流量原则

现金流量原则是指在评价一个投资方案时，必须用现金流量来计算其成本与效益，而不能用不属于现金流量的收支。

现金流量定义为货币的实际收入与支出，它不同于会计上成本的收支，每一年的现金流量表现为当年的现金收入扣除当年的现金支出，在许多地方，现金支出与成本是一致的并且不矛盾，但在某些地方，现金支出与成本是不一致的，这种区别最典型地表现在折旧费用上，折旧费是一种成本支出，但折旧费不属于现金流量。虽然每年都有折旧费，但这种折旧费只是在账上摊入成本，并没有实际每年支出这一笔折旧费，而实际上在购买固定资产时就已经一次性地支出。如果在投资决策时，把折旧也当做现金支出的话，则固定资产的支出会重复计算一次；同时，也无法计算货币的时间价值，因为购买固定资产是在期初，而折旧则是逐年摊入的成本。

产生这一问题的原因是现金支出与成本支出在折旧问题上的不同，投资的角度是从全过程来考察投资的回收，每年的净现金流量通过贴现与期初的现金流出量比较；而在计算利润时则按每一个会计年度计算，把固定资产进入价值的折旧部分扣除掉。

除此以外，其他需要跨年度分摊的成本费用，比如新产品试制费、研究开发费也属于这种情况。

(二) 增量原则

增量原则是指在投资决策中使用的现金流量应是未来采用的某一投资方案而引起的现金流量的增加量。其中要充分考虑以下几个方面的情况。

● 不考虑沉没成本。如果有的成本不因决策而变化，比如决策前已经支出的成本，或已经承诺支出的成本，决策对它没有影响，即与决策无关的成本，那么，这种成本即为沉没成本。例如某厂原来投资了 100 万元，但尚未形成生产能力，现在再准备追加 100 万元的投资，才能形成预期的生产能力。在作出追加 100 万元是否合算的时候，只需要考虑再投资 100 万达到生产能力是否合算。对于旧设备的原价与账面价值由于都是过去的支出，故也属于沉没成本，而只应考虑旧设备的更新改造费和添置新设备的现金流出。

● 要考虑机会成本。所谓机会成本是一种资源用于甲用途而放弃乙用途而失去的收益，称为甲用途的机会成本。例如，在某投资方案中使用原来购置的房产，由于现在房地产价格上涨，在考虑投资费时，应以该房产的现在价格计算。换言之，以现在价格计算的原因是假若没有这一房产，那么现在需以该房产的市面价值投入现金。

● 要考虑因投资引起的间接效益。有时一笔投资除了能引起与该投资有关的直接收入以外，还能够引起与此相关的间接收入的增加，这样在评价这一投资方案时，应加上相关的间接收入。比如在某一风景区新开设一旅游景点，由于这一新开的景点使原来的景点的客源增加，这样在评价这一投资方案时，应充分考虑直接的与间接的游客的增加带来的收入。

（三）税后原则

任何企业都应该向政府纳税，在评价投资方案时所使用的现金流量应该是税后现金流量，只有税后的现金流量才能算做是投资者的直接回报。这一原则在后面计算净现金效益量时特别要注意，否则如果不扣除税收的因素，则会夸大实际的现金流入量。

二、现金流量的计算

一般而言，任何一个投资方案的现金流量都可以从三个大的方面划分：（1）净现金投资量；（2）净现金效益量；（3）方案的残余价值。所有的投资方案必定有净现金投资量与净现金效益量，但不一定所有的方案都有残余价值，因为如果某一投资方案的设备残余价值为零，也就不会产生现金流量。

（一）净现金投资量

净现金投资量是指因决策引起的投资费用的增加量。评价一个投资方案的前提是要计算投资费用的大小，由于任何一笔投资都不仅仅是购买机器设备的费用，而应包括人员培训、旧设备的利用以及流动资金的增量，只有充分考虑引起净现金投资量的多种因素的影响，才能正确地计算净现金投资量。计算净现金投资量主要有下列因素：

1. 固定资产投资估算。固定资产投资包括工厂设施和设备的购买、安装调试以及人员培训费，这笔费用是净现金投资量的主要组成部分。与厂房有关的费用估计来自于建筑工程概算，由于进行项目评估时，没有初步设计的文件资料，故根据概算指标进行概算编制。设备的购置费按需要安装或不需要安装、国外引进的或国内配置的分别进行计算，其中应包括与设备有关的各种工具、器具的配备。

2. 流动资金的估算。流动资金的估算这里是指净流动资产的变化。一个新投资方案的实施是为了增加产量和销售收入，因而也会引起流动资产的增加。流动资产一般包括现金、存货和应收账款等。估算流动资金有两种基本方法：一种是按其构成，依据各种定额逐项计算，这种方法计算较为准确，但需要有足够的资料。另一种方法就是采用简便的估算，一般有几种常用的方法：（1）按经营成本的一定比例估算；（2）按固定资产投资的一定比例估算；（3）按年销售收入的一定比例估算；（4）按每百元产值占用的流动资金估算。然后计算净流动资产的增量。

3. 折旧与残值计算。固定资产在使用过程中要逐渐产生有形的和无形的磨损，其价值会逐渐转移到产品成本中去，其耗损掉的固定资产的货币表现称为折旧费。折旧费虽然不是实际的现金流量，但它对项目的净现金流量有直接的影响，其中两个重要方面的影响涉及折旧。一是利用现有设备的机会成本；二是变卖被替换下来的设备收入。如果某一投资方案需要利用原有设备，若该设备出售可得到 50 万元收入，那么该设备的机会成本便是 50 万元。如果投资方案属于设备更新的性质，则被替换下来的设备将被变卖，其变卖的收入应从净现金投资量中扣除。由于利用了旧设备的变卖收入，使实际的净现金投入量减少。

4. 税金对净现金投资量的影响。税收对净现金投资量的影响主要体现在对某些项目的增减。有些国家为了鼓励投资、鼓励培训工人，对这类支出有纳税优惠。有的国家对出售资产时的资本利得征税，对资本损失减税，由于税收的变化，会引起净现金投资量的变化，这类问题在计算时要考虑进去。

【例 9-5】　假定某公司进行一个投资项目，其中购买新机器的买价为 20 000 元，运费为 800 元，安装费为 1 000 元。购买新机器以后与之配套，需追加流动资金 2 000 元，操作人员的培训费为 600 元，培训费可按 40% 减征企业所得税。求净现金投资量（见表 9-2）。

表 9-2　　　　　　　　　　　　　　　　　　　　　　　　（单位：元）

买价	20 000
运费	800
安装费	1 000
新增流动资金	2 000
培训费	600
减征税（40%）	240
实际培训费	360
净现金投资量	24 160

故新机器的净现金投资量估计为 24 160 元。

（二）净现金效益量

净现金效益量是一种经营性的现金收入，说明投资方案在经营期内每年用现金流量衡量的效益大小，它反映了一笔投资的回收状况。它等于因投资决策引起的销售收入的增加量，减去因决策引起的经营费用（不包括折旧）的增加量。这里的经营费用的增加量并不包括折旧，因为折旧并不是一种实际的支出，不属于现金流量。同时，净现金效益量也不同于利润的增加量，因为在计算企业的利润时又要扣除折旧，利润仅仅是净现金效益量的一部分，若以利润计算，则利润加上折旧等于净现金效益量。上面的这一关系可以用下面的公式表达：

$$NCB = \Delta S - \Delta C$$
$$\Delta S = \Delta C + \Delta D + \Delta P$$
$$NCB = (\Delta C + \Delta D + \Delta P) - \Delta C$$
$$= \Delta D + \Delta P$$

式中：

NCB——净现金效益量；

ΔS——销售收入的增加量；

ΔC——经营费用的增加量（不包括折旧）；

ΔP——利润的增加量；

ΔD——折旧的增加量。

一般而言，企业还要交纳所得税，那么评价方案时所用的净现金效益量应当是税后效益量，也就是原来的利润纳税以后变为税后利润，假设税率为 t，则

$$\mathrm{NCB}' = \Delta P' + \Delta D$$
$$= \Delta P(1-t) + \Delta D$$

由于
$$\Delta P = \Delta S - \Delta C - \Delta D$$

故
$$\mathrm{NCB}' = (\Delta S - \Delta C - \Delta D)(1-t) + \Delta D$$

式中：

NCB'——税后净现金效益量；

$\Delta P'$——税后利润增加量；

t——税率。

在运用上述公式计算净现金效益量时，我们仅仅考虑该投资方案的结果，并没有考虑与该方案有关联的其他项目的净现金效益量的增减，若按前面论述的增量原则考虑，则必须充分考虑到与该项目有关的其他项目净现金效益量的增减。

在投资决策中，ΔC 不包括折旧，也不包括利息支出。因为在计算货币的时间价值时，现金流量每一年都要贴现，贴现的过程实际上就是支付利息的过程，如果在计算 ΔC 时也包括利息因素，那么贴现就不必要了，否则就导致利息支出的重复计算。

（三）方案的残余价值

方案的残余价值是指投资方案寿命结束之后剩余资产的清算价值，主要包括设备的残值和流动资产增加量的变卖收入。一般投资期较长的项目残值可以忽略不计，但对经营期较短的方案而言，其残值会较大地影响其净现金效益量。

【例 9-6】　10 年前某公司以 7 500 元的价格购买了一台机器，预期这台机器使用 15 年，其期末残值为零。机器按直线折旧法折旧，故它的年折旧费是 500 元，目前账面价值是 2 500 元。现在又可以 12 000 元（包括运费和安装费在内）买到一台新机器，5 年寿命内使用该机器可将经营费用从 7 000 元降到 4 000 元，经营费用的减少可以使税前利润每年增加 3 000 元。5 年以后预计新机器的销售价为 2 000元，旧机器现有的市场价是 1 000 元，若购买新机器则卖掉旧机器，税率为 40%，在更新的同时，净营运资本增加 1 000 元，求各年的净现金效益量？

1. 求出净现金投资量（见表 9-3）：

表 9-3 （单位：元）

购买新设备费用	12 000
旧机器市场价值	1 000
纳税对旧机器销售的影响	600
流动资金增加额	1 000
净现金投资量	11 400

2. 项目寿命期内净现金效益量（见表 9-4）：

表 9-4 （单位：元）

	第 1 年	第 2 年	第 3 年	第 4 年
税后成本减少额	1 800	1 800	1 800	1 800
新机器折旧额	2 400	3 840	2 400	1 680
旧机器折旧额	500	500	500	500
折旧差额	1 900	3 340	1 900	1 180
折旧税款节省额	760	1 366	760	472
净现金效益量	2 560	3 136	2 560	2 272

3. 考虑残值的净现金效益量（见表 9-5）：

表 9-5 （单位：元）

	第 1 年	第 2 年	第 3 年	第 4 年	第 5 年
新机器的预计残值					1 200
流动资金回收额					1 000
期末总现金流量					2 200
净现金效益量	2 560	3 136	2 560	2 272	4 472

答：该投资方案把上述所有因素考虑进来以后，第 1～5 年的净现金效益量分别为 2 560 元、3 136 元、2 560 元、2 272 元以及 4 472 元。

第四节 资金成本估计

任何一个投资方案的实施都需要有资金，为了获得资金就需要付出一定的代价，这就是资金的成本，即使是企业的自有资金，也有机会成本。资金的成本一般按每年一定的百分率来表示，从资金需求者的角度讲是取得资金需要付出的代价，从资金供给者的角度讲是投资者所要求的必要收益率，只有达到这一必要收益率才能提供这笔资金。

投资决策的一个重要方面就是正确估计资金成本，因为资金成本就是评价一个投资方案、计算货币的时间价值时所用的贴现率。如果高估了这一贴现率就会降低投资方案的回报；如果低估了这一贴现率就会高估投资方案的回报。上述无论哪一种情况出现都会导致错误的投资决策。最佳资金来源的组成，应当使一笔投资不论以何种方式融资，都应当使资金成本最低。

一般企业的资金来源不外乎两类：一是企业的自有资本，包括权益资本和自有留存盈余；另一类是向外举债，包括向金融机构借款和发行债券。任何企业，不会是百分之百地举债，那样会带来较大的财务风险；也不会百分之百地用自有资金，那样就不能发挥财务杠杆作用，一般都有一定比例的负债。下面分别就不同的资金来源如何估计其成本，然后再估计其加权平均资金成本。

一、债务成本

借款是企业筹集资金的一个重要来源，举债筹资包括从银行借款，发行企业债券。这其中又可以按借款时间的长短分为短期负债与长期负债。债务成本就是债务人付给债权人的利息收入。

如果企业要缴纳所得税，利息支出就可以从应纳税收入中扣除，从而可以减免一部分税金。故税后的负债成本就会低于利息率。因此：

$$税后债务成本 = 利息率 \times (1 - 税率)$$

尽管从理论上讲，负债成本的估算并非难事，但在实践中却会存在许多问题。(1) 我们必须决定短期负债的成本是否应计入加权平均成本之中；(2) 并非所有的长期负债都有固定且已确定的偿债期限；(3) 公司的负债有固定利率负债、浮动利率负债、可转换负债以及要求有偿债基金的负债。由于上述情况，在计算加权平均成本时必须充分加以考虑。

【例 9-7】 30 年期且到期还本的一般公司债券，其条件是以面值 1 000 元公开发行，利息 12%，每半年付息一次，发行成本为 1%，即每张债券实收净筹款额为 990 元，该公司的实际税率为 34%，求税后负债成本率为多少？

解：1. 求公司的税前成本：

$$债券净筹款 = \sum_{t=1}^{2n} \frac{每半年付息}{(1 + K_d / 2)^t} + \frac{票面价值}{(1 + K_d / 2)^n}$$

$$990 = \sum_{t=1}^{60} \frac{60}{(1 + K_d / 2)^t} + \frac{1\ 000}{(1 + K_d / 2)^{60}}$$

$$K_d = 12.12\%$$

解：2. 纳税调整：

$$税后负债成本率＝税前成本率×（1-t）$$
$$＝12.12\%×0.66$$
$$＝8.00\%$$

即该公司税后负债成本率为 8.00%。

二、权益资本的成本

长期资金另一个重要来源是权益资本。权益资本包括普通股、优先股以及留存盈余三种。由于这三种类型的权益资本的属性不一样，故资金的成本也不同。

（一）普通股的成本

普通股股东在企业中拥有的财富（或价值）等于他将来从企业预期获得的收益，按股东必要的收益率进行贴现而得到的总现值。必要的收益率是对股东而言，而对企业而言，就是资金的成本。

现假设股东的必要收益率为 k_s，在 t 期内，将来预期每期的股利收入分别为 $R_1, R_2, \cdots, R_t$，股东在企业中的财富为 W，则普通股的期限为无穷年限，这时从理论上讲该股票的价值为：

$$W = \sum_{t=1}^{\infty} \frac{R_t}{(1+k_s)^t}$$

现假定公司每年的股利增长率 g 保持不变，那么，上式可以推导为：

$$W = \frac{R_1}{k_s - g} \qquad （R_1 \text{ 为下年度发放股利}）$$

上式可改写为：
$$k_s = \frac{R_1}{W} + g$$

上式可分解为两部分组成。一部分是股利，其收益率称为股利收益率；一部分为资本利得，股票涨价给股东带来的收益，其收益率称为资本利得收益率。由于投资者的必要收益率也就是资金成本，故普通股的资金成本公式与收益率公式是同一个公式。

这其中有两点必须考虑进来：（1）虽然普通股股利是从税后利润中开支的，它不影响应纳税人收入，从而不影响税金大小，所以，估计普通股的资金成本时，不必计算税后资金成本；（2）普通股筹资若是发行新股需要有一笔发行费用，在估计发行新的普通股资金成本时，需要进行修正，其方法是发行新股得到的每股净收入，等于新股票价格扣去每股的发行费用。

（二）优先股的成本

优先股的一个最大特点是每年的股利是固定不变的，故股利增长率为零。而且优先股的股利如同普通股股利一样，不涉及税款扣减问题，因此在计算优先股成本时，无须经过税赋的调整。

假定优先股的资金成本为 k_P，每年的股利为 D_P，发行优先股的每年净收入为 N_P，则计算优先股资金成本公式为：

$$k_P = \frac{D_P}{N_P}$$

【例 9-8】　假设某公司的投资银行提出，该公司发行优先股，每股面值 100 美元，股息 12%，且投资银行要求发行费用为面值的 2.5%。公司每股发行的实收股金为 97.50 美元，并须支付年股利 12 美元，问优先股的成本为多少？

解： 按优先股本的成本率 $k_P = \frac{D_P}{N_P}$ 计算，则

$$D_P（年支付优先股股利）= 12（美元）$$

$$N_P（公司实收股金）= 97.50（美元）$$

$$k_P = \frac{12}{97.50} = 0.123\ 1 = 12.31\%$$

故该公司优先股本的成本率是 12.31%。

（三）留存盈余的成本

留存收益就是把公司的一部分盈利留在企业作为再投资之用。故它本身不含有外显成本的支出，而具有机会成本。因为如果把这部分盈利作为股利发放给股东，股东可以把这笔钱作为本金进行其他的投资，获得收益。现在把留存盈余用于再投资，股东就失去了这种机会。股东失去的这种收益，就是留存盈余的机会成本。它的大小是公司普通股的收益率，因此，公司留存盈余的成本 k_r 为：

$$k_r = \frac{D_1}{W} + g$$

留存盈余用于再投资，是一个送红股或转赠股本的过程，因此不需要支出股票的发行费用，故在计算它的资金成本时，不必考虑它的发行费用。

三、加权平均资金成本

从筹集资金的来源讲，包括权益资本和借债。一般而言，借债是成本最低的一种资金来源，但任何企业不可能百分之百地使用借款来筹资，如果借债过多就会使权益资本减少，债务的偿还就缺乏保障，加大企业的财务风险。

因此，一个企业筹资如果从资金成本与风险的角度考虑，其资金来自两部分，一部分为权益资本，另一部分为负债，然后有一个合适的比例，也就是通常所说的资产负债率或资本结构，而最优的资本结构是使企业的综合资金成本最低的资本结构。由于债务资本的成本与权益资本的成本不一样，故要求加权资金成本。

若 k_a 为加权平均资金成本；k_d 为税后债务成本；k_e 为权益资本成本；P_d、P_e 分别表示债务与权益资本所占的比重，那么可求出：

$$k_a = P_d k_d + P_e k_e$$

k_a 所计算的是加权平均资金成本，这一成本为该企业在评价投资方案时，应使用的贴现率。

第五节　投资方案的评价方法

对于不同的投资方案的基本数据作出估计以后，就可以对不同的方案进行评价。基本方法是用货币的时间价值原理将项目方案在不同时间发生的费用和效益，换算为同一时间的费用和效益，这不仅使技术方案本身的经济性分析有了科学的依据，而且使不同的方案之间具有了可比性。一般可以分为净现值法、年值法、内部收益率法及投资回收期法。

一、净现值法

净现值是整个项目在使用期间的现金流量，以预先确定的收益率贴现以后，再扣除创办投资成本后（即净现金投资量）的现值。净现值法需要预定一个可以接受的收益率，这个收益率通常等于资本市场上的长期贷款的实际利率，由此计算出整个项目的现值。

如果计算出来的净现值为正数或零，则表示该项目的可盈利率高过或等于预定的收益率，因而该项目是可以接受的；如果净现值为负数，则表示可盈利率比最低的收益率还要低，该项投资就应该放弃。从预期项目执行时开始，把每年现金的流出与流入的差额，按确定的贴现率，计算出逐年所得的净现值，再把这个数据相加，就是该项目的累计净现值。

净现值计算公式为：

$$净现值＝净现金效益量总现值－净现金投资量$$

或

$$NPV = \sum_{t=1}^{n} \frac{R_t}{(1+i)^t} - C_0$$

式中：

NPV——净现值；

R_t——第 t 年来的净现金效益量；

n——投资方案的寿命；

C_0——净现金投资量；

i——资金成本。

若进一步考虑，该投资方案在寿命结束时有残值 S，则必须考虑这一残值，这时的净现值公式为：

$$NPV = \sum_{t=1}^{n} \frac{R_t}{(1+i)^n} + \frac{S}{(1+i)^n} - C_0$$

净现值法即以净现值的正负或大小来判断项目的经济性。

当净现值为正值时，表示该项目的投资效益不仅能获得基准贴现率所预定的经济收益水平，而且能获得此数量的增量，所以该项目投资方案可行，在经济上是可取的。

当净现值为负值时，表示该项目投资效果达不到基准贴现率水平，而且还将损失这一数量的现值，该项目投资方案不可行，在经济上是不可取的。

当净现值为零时，表示该项目的投资效果刚好达到基准贴现率所规定的经济效益水平，但是不能获得任何现值效益，一般也可以认为方案是可行的。

投资额相同的几个方案，净现值越大，项目的经济效果越好。

【例 9-9】　某水库建设投资为 4 050 万元，运行维修费每年为 50 万元，年收益分别为：发电 140 万元，供水 100 万元，养鱼 90 万元，旅游 60 万元。假设基准贴现率为 8%，使用寿命为 60 年。试用净现值法判断该项目的可行性。

解：每年净收益 $R = 140 + 100 + 90 + 60 - 50$

$$= 340 \text{（万元）}$$

初始投资 $C_0 = 4\ 050$（万元）

$$NPV = \sum_{t=1}^{60} \frac{340}{(1+8\%)^t} - 4\ 050$$

$$= 158 \text{（万元）}$$

由于该项目 NPV>0，故该方案在经济上是可行的。

前面讲过如果某一项目有残值，则必须考虑残值的情况。

【例 9-10】　某企业修建一个太阳能灶，投资 3 万元，未建前每年要交电费 1 万元，修建后每年能节省电费 60%，太阳能灶使用期 10 年，10 年后有 2 000 元残值，问方案可行否（基准收益率为 10%）。

解：修建太阳能灶以后，每年实际的净现金流量为节约的电费，即 6 000 元。

$$C_0 = 30\ 000, \quad i = 10\%, \quad n = 10$$

$$S = 2\ 000, \text{代入净现值公式：}$$

$$NPV = \sum_{t=1}^{10} \frac{6\ 000}{(1+10\%)^t} + \frac{2\ 000}{(1+10\%)^{10}} - 30\ 000$$

$$= 36\ 864 + 771 - 30\ 000$$

$$= 7\ 635 \text{（元）}$$

答：该方案的 NPV>0，故该方案是可行的。

净现值法的计算步骤可归纳如下：

- 确定一个目标收益率作为基准折现率；
- 算出项目在整个投资期间的现金流量表；

● 将投资期内发生的所有现金流量按基准收益率折现，并将各现值求和求出净现值；

● 根据 NPV 判断不同的方案。

净现值法的主要优点体现在如下两个方面：

● 已经考虑了资金的时间因素，并且全面考虑了项目在整个投资期内的经营状况，故比较精确。

● 直接以金额表示项目的收益率，比较直观。净现值为正表示该投资项目可以接受，投资者可获得利润；净现值为负表示投资项目不可以接受，投资者将出现亏损。

由于上述特点，在投资方案评估中，净现值法是用得较多的一种。

二、净现值指数法

根据净现值的大小还不足以比较两个方案，为了比较方案，现引进净现值指数的概念，只有根据净现值指数的大小才能进行方案选优。净现值指数又叫做净现值比或投资现值率，它是项目的净现值与净现金投资量的比，或单位净现金投资量的净现值，或者称为盈利指数。

$$盈利指数 = \frac{净现金效益量的总现值}{净现金投资量}$$

或

$$PI = \frac{\sum\limits_{t=1}^{n} \dfrac{R_t}{(1+i)^t}}{C_0}$$

盈利指数表明每元投资所能提供的现金效益的现值是多少，因而常用来衡量不同方案的投资效率的大小。盈利指数大于 1，说明方案的效益大于成本，因而是可以接受的。盈利指数小于 1，说明方案的效益小于成本，因而是不可接受的。

【例 9-11】　某项目按 $i=10\%$ 计算得投资现值总和为 909.92 万元，净现值为 141.26 万元，则

$$PI = \frac{141.26}{909.92} = 0.16 = 16\%$$

结果表明：该项目除保有 10% 的基准贴现率外，每元投资还附加有 0.16 元的现值收入。

三、返本法

这种方法主要是计算投资所需的返本期的长短，假设每年的净现金效益相等，可以用下列公式计算返本期。

$$返本期 = \frac{净现金投资量}{每年的净现金效益量}$$

【例 9-12】　　假如某投资方案的净现金投资量为 15 000 元，第一年的净现金效益量为 9 000 元，第二年为 7 000 元，第三年为 5 000 元，问它的返本期是多少？

　　解：　　　　　　　　$9\,000 + 7\,000 = 16\,000 > 15\,000$

显然不到两年就可以收回全部投资。

运用返本法评价一个投资方案时，需要先确定一个标准返本期，所提出的投资方案的返本期小于标准返本期就是可以接受的，如果上例的标准期为 3 年，则上述两年的投资方案是可以接受的。

我们在运用返本法时，没有考虑货币的时间价值，因此欠精确性，返本法的优点是简便，计算起来较容易。

四、内部收益率法

内部收益率法（Internal Rate of Return）是国内外广泛采用的一种投资效果动态评价指标。特别适合于建设周期长，使用期限长的大中型项目的投资效果衡量。内部收益率法是项目经济效果的一项重要指标，与净现值法一起称为贴现现金流量法。也是现代投资决策中最主要、最普遍的一种方法。

内部利润率法是另一种对未来的现金流量计算现值的方法，它与净现值法不同之处在于：净现值法是先根据投资方案所需的资金成本确定贴现率，然后根据这个贴现率计算方案的净现值。内部利润率法是计算能使净现值为零的贴现率，即当投资方案的净现金效益量的总现值与净现金投资量相等时的贴现率，这个贴现率称之为内部利润率。如果该内部利润率大于资金成本，方案是可取的；否则，就是不可取的。

若已知各年的净现金效益流量 R_t 和期初的净现金投资量 C_0，就可以求出内部利润率 r：

$$\sum_{t=1}^{n} \frac{R_t}{(1+r)^t} - C_0 = 0$$

（一）净现值函数

假设某一投资项目，在经济寿命期 16 年内，净现金流量每年为 100 万元，净现金投资量为 473 万元，当项目净现金流量不变时，净现值 NPV 与基准贴现率 i 的关系，由公式可知：

$$\text{NPV} = \sum_{t=1}^{16} \frac{100}{(1+i)^t} - 473$$

显然，对不同的贴现率 i 的值，都可以求得不同的净现值 NPV 和 i 对应，我们把 NPV 看做是 i 的函数，此函数称为净现值函数。表 9-6 列出了不同的 i 对应的 NPV。

表 9-6

$i\%$	5	10	15	20	25	30
NPV	610	310	122	0	-84	-130

根据上述数据，作图如下（图 9-1）：

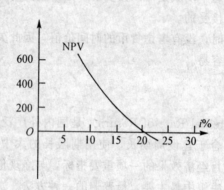

图 9-1　净现值函数

图 9-1 中净现值函数曲线与横轴有一个交点 $i=i_0=20\%$，它表明贴现率 $i_0=20\%$ 时，项目净现值 NPV＝0，则 $i_0=20\%$ 为该项目的内部收益率。故对一个投资项目，当项目的净现金流量不改变时，净现值的大小将随贴现率的增大而减小，而使 NPV＝0 的贴现率即为该投资项目的内部收益率。即 i_0 为下式的解：

$$\sum_{t=1}^{n} \frac{R_t}{(1+i)^t} - C_0 = 0$$

内部收益率的经济含义为：项目方案在这样的利息率下，在项目整个经济效益计算期内，所有净收益恰好将全部投资收回。此时，内部收益率又可以理解为是项目对投资总值的偿还能力，或项目对贷款利息率的最大承受能力。项目的内部收益率越高，它的经济效益就越好。

当　$i \geqslant i_0$ 时，项目投资方案可以接受；

当　$i < i_0$ 时，项目投资方案应予拒绝。

（二）内部收益率的具体求法

按上面的公式求解内部收益率 i_0 是不容易的，一般需要采取试算内插法求解。

我们从净现值函数可知，在 i_0 时 NPV＝0，而小于 i_0 或大于 i_0 时的 i，NPV 分别为正或为负，则 i_0 就在此时的 i 的两点范围以内。

例如，当 $i=20\%$ 时，NPV 为 35，$i=30\%$ 时，NPV＝-133，那么 NPV＝0 时的 i 值，即 IRR 应在 $20\% \sim 30\%$ 之间，因此，可用试算内插法求出 IRR，计算

步骤如下：

● 选择一个适当的折现率代入一个净现值的计算公式，试算出净现值。如果 NPV>0，说明此时试算的折现率偏小，应调高，如果 NPV<0，则说明试算的折现率偏大，应减少。

● 按以上原则反复试算到两个净现值，一个是正值，一个是负值，且对应的折现率不超过 3% 时，可以停止试算。

● 运用内插法公式求出内部收益率的近似解，其计算公式如下：

$$IRR = i_1 + \frac{\text{NPV}(i_1)}{\text{NPV}(i_1) + |\text{NPV}(i_2)|} (i_2 - i_1)$$

式中：

i_1——试算所取的较低的折现率；

i_2——试算所取的较高的折现率；

$\text{NPV}(i_1)$——对应于 i_1 的净现值（正值）；

$\text{NPV}(i_2)$——对应于 i_2 的净现值（负值）。

【例 9-13】　有一投资项目的净现金投资量为 1 000 万元，第一年再追加 800 万元，从第 2 年开始到第 5 年末每年净现金效益量为 500 万元，期末残值为 700 万元，试用试插法求内部收益率。

解：　根据 $\text{NPV}(i_0) = \sum\limits_{t=0}^{n} F_t (1+i)^{-t} = 0$

首先令 $i = 5\%$，代入上式试算：

$$\begin{aligned}\text{NPV}(5\%) &= -1\,000 - 800(P/F, 5\%, 1) + 500(P/A, 5\%, 4) \times \\ &\quad (P/F, 5\%, 1) + 700(P/F, 5\%, 5) \\ &= 475 \end{aligned}$$

试算结果 NPV>0，说明试算的折现率偏小，应加大，用 12% 代入再计算：

$$\begin{aligned}\text{NPV}(12\%) &= -1\,000 - 800\,(P/F, 12\%, 1) \\ &\quad + 500\,(P/A, 12\%, 4) \times (P/F, 12\%, 1) \\ &\quad + 700\,(P/F, 12\%, 5) \\ &= 39 \end{aligned}$$

这时的 NPV 为 39，刚好略大于零，再增大折现率不超过 3% 试算，取 15%，则

$$\begin{aligned}\text{NPV}(15\%) &= -1\,000 - 800\,(P/F, 15\%, 1) \\ &\quad + 500\,(P/A, 15\%, 4) \times (P/F, 15\%, 1) \\ &\quad + 700\,(P/F, 15\%, 5) \\ &= -106 \end{aligned}$$

此次试算的 NPV 为负值（NPV＜0），可见，该内部收益率必然在 12%～15% 之间，用直线内插法求解 IRR 的近似值。将以上两组数据代入上述公式可得：

$$IRR = 12\% + \frac{39}{39 + |-106|} (15\% - 12\%) = 12.8\%$$

故该投资方案的内部收益率为 12.8%。

五、内部收益率法与净现值法的比较

净现值法评价方案是在某一基准收益率下，NPV≥0 的方案是经济上可行的方案，而在多个方案中选择，NPV 较大的方案是较优方案。显然这种评价方法是简洁、可靠的。那么运用内部收益率法又是如何评价方案的呢？

用内部收益率法评价方案的判断依据是基准收益率 i_0，对于单一的方案，方案的内部收益率 IRR＞i_0，则方案是可行的，因为当 NPV 等于零的情况下的 IRR 还大于 i_0，则在 i_0 时计算的 NPV 肯定大于零；反之，如果 IRR＜i_0，说明在基准收益率的情况下，NPV＜0，即方案是不可行的。在这一点上评价单个方案是否可行用内部收益率法与净现值法所得出的结论是一致的，这是两者的共同点。

但两者也有显著的不同。(1)用内部收益率法不需要预先知道最小目标收益率的数值就可以进行计算，当某个投资方案的未来情况和利率都带有高度的不确定性时，采用内部收益率法是一种确定投资方案经济效果的理想方法。(2)用内部收益率法评价多个方案的优劣时，并没有 NPV 法那样简单地认为数值越高，方案越优，用内部收益率法与净现值法得出结论有时一致，有时也会出现矛盾。这是由于出发点是一样的，但是归宿不一样。IRR 仅仅考虑的是边际条件，而 NPV 考虑的是实实在在的回收情况，边际条件包含在 NPV 的大小之中，从这一层意义上讲，两者的侧重点是不一样的。

如果有 A、B 两个方案，IRR(A)＞IRR(B)，在这种情况下能否说明 A 方案一定优于 B 方案呢？用 IRR 法不一定。对多个方案进行评价时，可能会出现这种情况：内部收益率高的方案，其净现值较低；反之，内部收益率低的方案，其净现值较高。这一点可以从净现值函数上得出上述结论。如果简单地把最大的内部收益率的方案定为最优方案，并以此作为选择标准，结论可能会有矛盾。图 9-2 可以说明这个问题：

从图 9-2 中可以看出，当基准收益 i_0 小于 A、B 曲线的交点 C 的横坐标 i^* 时，方案 B 的净现值 NPV(B) 大于方案 A 的净现值 NPV(A)，而内部收益率 IRR_B 却小于 IRR_A，在这种情况下采用内部收益率法和净现值法来选择 A、B 两个方案会得出不同的结论。若采用净现值法比较不同的方案，B 优于 A；若采用内部收益率法进行比较时，方案 A 优于方案 B。那么对于上述的情况，应如何在 A、B 两个方案中进行选择呢？如果基准收益率确定，而资金又相对充裕时，应采用净现值作为判

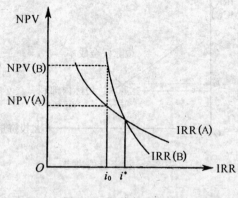

图 9-2　两种方法比较

断标准；而在资金有限的情况下，应采用内部收益率作为标准，内部收益率大的方案，资金的效益会大一些。因此在发达的国家，资金来源充裕，基准收益率容易确定，故较多地用净现值作为比较的标准，这一标准也反映了投资者追求的最终目标是获取最大利润。

第六节　投资决策原理与方法的应用

前面主要探讨了投资决策的基本原理与方法，下面将探讨在许多种不同的情况下，怎样具体运用这些原理与方法。

一、最优投资规模如何确定

最优投资规模的确定原则是能使企业利润达到最大的企业总投资量，这时所决定的投资规模最优。其决定的依据也是边际分析法的原理，即边际收入等于边际成本时，企业的产量和价格能使企业利润最大，但边际分析法用于投资决策中时，边际收入演化为最后投入 1 元资金所能取得的利润，即边际投资方案的内部利润率；边际成本是指最后投入 1 元资金需要支付的成本，称为资金的边际成本。当投资 1 元资金所带来的边际内部利润率大于资金的边际成本时，扩大投资规模能增加企业的利润；反之，当投资的边际内部利润率小于边际资金成本时，减少投资规模能增加企业的利润，从而增加企业的价值。只有二者相等时，这时所决定的投资量才是使企业利润最大的投资量，同时也可以确定企业可以接受的投资方案的最低限度内部利润率（见图 9-3）。

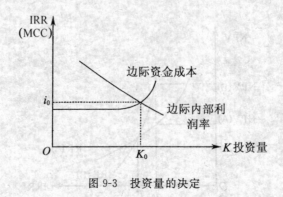

图 9-3 投资量的决定

二、追加投资的动态评价

追加投资的评价选优是假设两个投资额不同的方案，将投资额大的方案现金流量减去投资额小的方案现金流量，多出的这一部分被看成是追加投资或增量投资，然后计算这部分增量投资的内部收益率或净现值，由于这样做是把两个现金流量合为一个现金流量来处理，这样计算的收益率或净现值，$NPV \geqslant 0$，$IRR > i_0$，则说明追加的部分投资值得，也说明投资额大的方案是较优的方案。

在追加投资的评价选优中，主要有两种方法：一是追加投资的内部收益率判断法；二是追加投资的净现值判断法。

（一）追加投资的内部收益率

追加投资的内部收益率可以理解为两个方案现金流量之差的内部收益率，或者理解为两个备选方案的净现值差额等于零的折现率。

设有 A、B 两个投资方案，由于本身规模不同，其净现值函数曲线形状亦不相同，投资规模小的净现值函数曲线就平缓一些；而投资规模相对较大的方案，相应的函数曲线就陡一些。假设有投资规模不等的两条曲线 A、B，当 A、B 相交于 C 点时，C 点的两方案的 NPV 相等，即 C 点两方案的净现值差额等于零。C 点对应的折现率 i^* 也是追加投资的收益率。求出这个追加投资收益率然后与基准收益率 i_0 比较，判断方案哪一个优。如本章上节的图 9-2 中所示，如果基准收益率 i_0 小于 i^*，B 方案内部收益率 IRR 大于 i^*，且净现值大于 A 方案，即 B 方案较优；反之，A 方案较优。从上面的分析中可以得出如下结论：追加投资内部收益率 $i^* > i_0$，投资较大的方案为最优方案；反之，投资较小的方案是较优方案。

上面的分析是回答 A、B 方案哪一个更优，并没有判断哪一个方案，或者两个方案的可行性。因此，在进行比较之前，要先论证较小投资方案的可行性，$NPV > 0$，$IRR > i_0$ 时，再用追加投资收益率来选择最优方案。如果在多于两个方案中进行选择，其选优步骤如下：

- 把各种投资方案按投资额大小由小到大排列。
- 论证较小投资方案的可行性，即 IRR$>i_0$，否则淘汰该方案，再计算较大一点的方案，直至找到一个可行的方案为止。
- 计算可行方案与后一个方案的追加投资收益率 i^*，如果 $i^*>i_0$，保留投资额大的方案，淘汰投资额小的方案；如果 $i^*<i_0$，则保留投资额较小的方案，淘汰投资额大的方案。
- 继续进行上述步骤，直到最后一个方案被保留，那么该方案就是最优方案。

【例 9-14】　　某项目有四个方案，各方案数据如下，寿命周期 10 年，基准收益率 15%，试用追加投资内部收益率法进行优选（见表9-7）。

表 9-7　　　　　　　　　　　　　　　　　　　　　　　　　　（单位：元）

方案	A	B	C	D
净现金投资量	2 800	5 000	8 000	10 000
每年净现金效益量	900	1 400	1 900	2 500

解：方案 A、B、C、D 的投资额从小到大排列。

首先计算 A 方案的内部收益率或净现值，判断其可行性：

$$NPV(A) = -2\ 800 + 900\ (P/A,\ 15\%,\ 10)$$
$$= -2\ 800 + 900 \times 5.019$$
$$= 1\ 717 > 0$$
$$IRR(A) = -2\ 800 + 900\ (P/A,\ i,\ 10) = 0$$

用试插法解之得：

IRR(A)$=29.8\% > i_0$（$=15\%$），故 A 方案可行。

然后，计算 A 方案与 B 方案间的追加投资收益率。

$$\Delta NPV(i^*)_{B-A} = -2\ 200 + 500\ (P/A,\ i^*,\ 10)$$
$$= 0$$
$$i^*_{B-A} = 18.74\% > i_0$$

由于投资增量的内部收益率大于基准收益率，投资额大的方案 B 优于投资额小的方案 A。

再计算 B 方案与 C 方案间的追加投资收益率。

$$\Delta NPV(i^*)_{C-B} = -3\ 000 + 500\ (P/A,\ i^*,\ 10)$$
$$= 0$$
$$i^*_{C-B} = 10.5\% < i_0$$

由于 $i_{C-B}^* < i_0$，故投资较小的 B 方案优于 C 方案，淘汰 C 方案。

最后计算 B 方案与 D 方案间的追加投资收益率。

$$\Delta NPV(i^*)_{D-B} = -5\ 000 + 1\ 100\ (P/A,\ i^*,\ 10)$$
$$= 0$$
$$i_{D-B}^* = 17.6\% > i_0$$

由于 $i_{D-B}^* = 17.6\% > i_0$（$=15\%$），则投资额较大的 D 方案优于投资额较小的 B 方案。方案 D 成为 A、B、C、D 四个方案中的最优方案。

（二）追加投资的净现值

追加投资的净现值就是按基准收益率计算两个方案现金流量之差的净现值，若该净现值大于零，则说明追加投资部分是合算的，因此投资大的方案优于投资小的方案。用追加投资的净现值比较与内部收益率法在原理上是一样的。

【**例 9-15**】 某项目有四个方案，各方案数据如表 9-8，寿命期 10 年，基准收益率 15%，试用追加投资净现值法评优。

表 9-8   （单位：元）

方　案	A	B	C	D
净现金投资量	1 000	1 500	2 300	3 300
每年净现金效益量	300	500	650	930

解： 先将投资额由小到大排列，选择投资额最小的方案作为临时最优方案，然后依次比较。

$$NPV(15\%)_{B-A} = -500 + 200\ (P/A,\ 15\%,\ 10)$$
$$= -500 + 200 \times 5.0188$$
$$= 503.76$$

$NPV(15\%)_{B-A} > 0$，说明 B 方案优于 A 方案，选择 B 方案，并与 C 方案继续比较。

$$NPV(15\%)_{C-B} = -800 + 150\ (P/A,\ 15\%,\ 10)$$
$$= -800 + 150 \times 5.0188$$
$$= -47.2$$

由于 $NPV(15\%)_{C-B} < 0$ 说明投资大的 C 方案较劣，而仍然选择 B 方案，最后将 B 方案与 D 方案比较。

$$NPV(15\%)_{D-B} = -1\ 000 + 280\ (P/A,\ 15\%,\ 10)$$
$$= -1\ 000 + 280 \times 5.0188$$
$$= 405.264$$

由于 $NPV(15\%)_{D-B} > 0$，说明投资额大的 D 方案优于 B 方案，故 D 方案为优，同时，D 方案也是 A、B、C、D 四个方案之中最优的方案。但需要指出的是，这里仅仅是几个不同方案之间的比较，并不能说明哪一个方案可行。

三、比较寿命不同的方案

在现实的经济问题中，当几个不同的方案具有不同的经济寿命期时，方案之间就完全不具有时间的可比性。若要进行比较，必须保证方案的可比性。原则上采用重复类更新假设。应用此类假设有如下两个重要条件：

- 假设被比较的方案的服务年限为无限长，或者是各方案寿命期的最小公倍数；
- 各方案的现金流量都以其使用寿命为周期重复变化。

以上假设是我们分析问题的先决条件。

【例 9-16】 设有 A、B 两个互斥方案，有关数据如下，试选择最佳方案（表 9-9）。

表 9-9

方案	初始投资	年净收益	基准贴现率	寿命
A	120	45	10%	4
B	200	52	10%	6

解： 若用净现值法比较计算，4 与 6 的最小公倍数 12 年为计算年限，那么 A 方案要重复两次，B 方案需重复一次。A＝4×3，B＝6×2。

首先，计算 A 方案与 B 方案在 12 年间的净现值。

$$NPV_{A12} = 45 \, (P/A, \, 10\%, \, 12) - 120 \, (P/F, \, 10\%, \, 8)$$
$$- 120 \, (P/F, \, 10\%, \, 4) - 120$$
$$= 48.7 \, (万元)$$

$$NPV_{B12} = 52 \, (P/A, \, 10\%, \, 12) - 200 \, (P/F, \, 10\%, \, 6) - 200$$
$$= 41.4 \, (万元)$$

由以上的计算可知 A 方案有利。

再用净年金法求解：

首先，计算 12 年间两个方案的净年金：

$$AW_{A12} = NPV_{A12} (A/P, 10\%, 12) = 7.1 \, (万元)$$
$$AW_{B12} = NPV_{B12} (A/P, 10\%, 12) = 6.1 \, (万元)$$

$AW_{A12} > AW_{B12}$，结论同前一样，A 方案有利。

再计算两个方案在各自的一个周期内的净年金，A 方案为 4 年，B 方案为 6 年。

$$AW_{A4} = 45 - 120 \, (A/P, \, 10\%, \, 4) = 7.1 \, (万元)$$

$$AW_{B6} = 52 - 200 \ (A/P, \ 10\%, \ 6) = 6.1 \ (万元)$$

从上面的两组计算可知如下结论：

$$AW_{A4} = AW_{A12}$$

$$AW_{B6} = AW_{B12}$$

上述结论并不是一种偶然的巧合，在重复类更新假设的条件下，可以作出如下推论：

$$AW_{1 \times n} = AW_{m \times n}$$

证明：设第一个周期内净现值为 NPV(1)，则

第二周期为：$NPV(2) = NPV(1)/(1+i)^n$ 直到第 m 周期为：$NPV(M) = NPV(1)/(1+i)^{(m-1)n}$

$(m \times n)$ 年内的总的净现值为：

$$NPV_{m \times n} = NPV(1) \times \left[1 + \frac{1}{(1+i)^n} + \frac{1}{(1+i)^{2n}} + \cdots + \frac{1}{(1+i)^{(m-1)n}} \right]$$

$$= NPV(1) \times \frac{1 - (1+i)^{-mn}}{1 - (1+i)^{-n}}$$

$$AW_{m \times n} = NPV_{m \times n}(A/P, i, m \times n)$$

$$= NPV(1) \frac{1 - (1+i)^{-mn}}{1 - (1+i)^{-n}} \times \frac{i \ (1+i)^{mn}}{(1+i)^{mn} - 1}$$

$$= NPV(1) \frac{i}{1 - (1+i)^{mn}}$$

$$= NPV(1) \frac{i \ (1+i)^n}{(1+i)^n - 1}$$

$$= NPV(1) \ (A/P, \ i, \ n)$$

$$= AW_{1 \times n}$$

故　$AW_{m \times n} = AW_{1 \times n}$

证毕。

因此，如果要比较寿命不同的两个互斥方案，只需要计算各方案在各自一个周期的净年金即可。

如果仅仅计算各方案在各自一个周期内的净现值，结果如下：

$$NPV_{A4} = 45 \ (P/A, \ 10\%, \ 4) - 120 = 22.6 \ (万元)$$

$$NPV_{B6} = 52 \ (P/A, \ 10\%, \ 6) - 200 = 26.5 \ (万元)$$

若按上述数据进行选择，就会导致决策错误。

四、企业兼并及其价格确定

企业兼并就是把企业作为商品进行交易，一家企业收购了另一家企业，其结果是一家企业规模扩大了，另一家企业则消失了。由于是一个企业的交易，比简单的

商品交易要复杂得多，其中最重要的是兼并价格的确定。一般而言，企业兼并既可以通过现金交易，也可以通过股票换股票的方式来进行，在本节中，由于把兼并作为一种投资决策，故只讨论在现金交易的情况下如何确定企业的收购价格。

（一）企业兼并的意义

在现代经济生活中，兼并的案例越来越多，包括一国之间的，也包括跨国之间的兼并，那么为什么企业之间要兼并呢？从全社会的角度来看，兼并是为了使存量资产能够流动起来，使全社会的资源趋于优化配置。从企业微观的角度看，则是为了进一步提高企业的经济效益，提高企业的竞争力。可以从以下几个方面分析其意义。

1. 能优化企业的组织结构。不论何种形式的兼并，都要达到改进企业组织结构，提高企业经济效益的目的。相同类型的小而全企业进行兼并能使企业尽快达到规模经济效应，在规模经济的前提下，企业可以组织专业化生产，购买专业化设备，使用和培训专业化人才，从而提高劳动生产率，达到经济学上所讲的内在经济。同时，不同类型的企业之间也可以通过兼并达到资源的优势互补，特别是在原材料的供应、产品的销售等方面的互补，可以达到外在经济的效果。

2. 可以减少企业的风险，增加兼并后的企业整体抗风险的能力。在一个企业的生存环境中可能会存在各种各样的风险，这些风险虽然不能完全消除，但可以有效地分散，通过分散达到回避、化解风险的目的。通过兼并至少可以使产品多样化，经营多样化达到分散风险的目的。

3. 兼并可以使企业生产要素之间得到互补。不同的企业往往在拥有生产要素上具有各自的优势。有的企业资金充足，有的企业固定设备先进，甚至有的企业具有人才优势。通过兼并就可以做到优势互补，使生产要素得到更充分的利用。在西方也发生过为了求得一个人才而去兼并一个企业的事件。

4. 改变企业的经营管理，扭亏为盈。一家企业如果发生了亏损，往往并不是缺乏资源、缺乏资金，而是经营管理水平差，企业的资源得不到充分地利用，导致亏损。但如果被经营效益好、管理水平高的企业收购以后，就有可能扭亏为盈，这也是抓大放小的目的所在，经营效益不好的小企业可以被拍卖、被收购。

（二）企业兼并的价格确定

企业的兼并行为是一种双方自愿、互利的市场行为。任何一宗收购的意愿，买卖双方都希望通过兼并来增加自己的财富，任何一方认为不能增加财富，就不可能达成兼并协议。这里面的一个问题是买者（收购者）所认为的最高收购价与卖者（被收购者）所认同的最低卖价显然是不一样的，实际的收购价通过谈判，由双方在两种价格之间确定。因此，企业兼并的价格确定实际上包括两个方面：（1）对收购企业来说，主要是探讨如何确定最高价；（2）对被收购企业来说，如何确定可以接受的最低价。

1. 确定收购企业可以接受的最高价格。确定收购企业可以接受的最高价格可以分为如下几个步骤：（1）计算由于兼并企业以后所产生的经济效益，即每年产生的净现金效益量；（2）计算兼并企业以后，为了进行生产和技术的改造而需要的投资增加量；（3）将上述二者加总得出税后现金流量的净增加量；（4）最后用现金流量贴现，计算出其总的现值，这个总现值说明兼并能给企业增加多少价值，即企业可以接受的总的现值，该现值即为买价。

【例 9-17】   假定企业 A 打算收购企业 B，预期收购以后，企业 A 每年的现金流量将出现以下变化（表 9-10）。

表 9-10   （单位：万元）

年　　末	1～5	6～10	11～15	16～20	21～25
税后净现金流量效益量	200	210	140	80	20
净现金投资量	−60	−60			
税后现金流量增量	140	150	140	80	20

假设兼并企业 B 以后并不改变企业 A 的风险程度，企业 A 的平均加权资金成本为 15%。求：企业 A 可以接受的最高价格为多少？

解：表 9-10 给出了在不同的时间段，税后现金流量的增加量，下面就应用上面的这些数据计算其总现值为多少。

$$\text{TPV}_A = 140 \ (P/F, \ 15\%, \ 5) + 150 \ (P/F, \ 15\%, \ 5)$$
$$\times 150 \ (P/A, \ 15\%, \ 10) + 80 \ (P/F, \ 15\%, \ 5)$$
$$\times \ (P/A, \ 15\%, \ 15) + 20 \ (P/F, \ 15\%, \ 5)$$
$$\times \ (P/A, \ 15\%, \ 20)$$
$$= 140 \times 3.352 + 150 \times 3.352 \times 0.497 + 140 \times 3.352$$
$$\times 0.247 + 80 \times 3.352 \times 0.123 + 20 \times 3.352 \times 0.061$$
$$= 872.15 \ (万元)$$

故按上面的计算，872.15 万元就是企业 A 可以接受的最高收购价格。若 B 企业原来负债 500 万元，被收购以后，该笔负债理应由 A 企业承担，此时，企业 A 愿意出的最高价格调整为 372.15 万元。

2. 确定被收购企业可以接受的最低价格。被收购企业能够接受的最低价格应该是被收购企业现在的价值。要估计现在的价值有两种方法：一种是假定被收购企业继续经营下去，每年的现金效益量的总现值；另一种方法是假定该企业停业进行清算，变卖所有的资产所能得到的收入为可接受的最低价格。若两种估计方法所得结果不一致，作为被收购方，按理应选择较高的价格。

【例 9-18】 假如被收购企业 B 不被收购,继续经营下去,预期每年的税后现金效益量如下表(表 9-11):

表 9-11 （单位:万元）

年　　末	1~5	6~10	11~15	16~20	21~25
税后年现金效益量	3	2	1	0	5

解： 企业 B 按上述现金流量贴现

$$TPV_B = 5 \ (P/F, \ 15\%, \ 5) + 3 \ (P/F, \ 15\%, \ 5)$$
$$\times \ (P/A, \ 15\%, \ 5) + 2 \ (P/F, \ 15\%, \ 5)$$
$$\times \ (P/A, \ 15\%, \ 10)$$
$$+ 1 \ (P/F, \ 15\%, \ 5) \times \ (P/A, \ 15\%, \ 15)$$
$$= 5 \times 3.352 + 3 \times 3.352 \times 0.497 + 2 \times 3.352 \times 0.247$$
$$+ 1 \times 3.352 \times 0.123$$
$$= 23.83 \ (万元)$$

若企业 B 停业进行清算,变卖所有的资产可能得到的收入为 120 万元,那么在兼并时,企业 B 会选择 120 万元作为最低价格。实际上 A 企业兼并 B 企业的过程将是一个讨价还价的谈判过程,最终的成交价格将是在 872.15 万元与 120 万元之间确定一个双方都有利可图的价格。

第七节　风险条件下的投资决策

在作出投资决策之前,要对项目的经济效益进行大量的静态的和动态的经济分析,这就需要计算投资回收期、净现值、内部收益率等一系列经济指标。然而,计算这些经济指标所需要的基础数据都是通过对未来的估算和预测得到的,具有一定的不确定性。不管使用何种方法对方案进行有效地预测或估算,都不可能与未来的客观实际完全相符,这就是投资的风险。前一节重点考察了各种风险的一般规律,本节重点考察敏感性分析,概率分析。

一、敏感性分析

敏感性分析又叫做风险分析,是投资项目决策中比较常用的一种不确定性因素的分析方法。

在效益费用中,由于不确定性因素的存在,会直接影响项目经济效益指标的可靠性,不同的风险因素对经济指标的影响是不同的。对项目经济指标影响较大的那些不确定性因素称为敏感性因素,对经济指标影响较小的不确定性因素称为非敏感性因素。敏感性分析就是通过计算各种不确定性因素的变化，对项目经济指标的影响，从中找出敏感性因素。若一个项目的敏感性因素较多，项目的风险也大；反之，风险就较小。

由于敏感性分析揭示了项目中的不确定性因素与经济效益之间的关系，这使得决策者可以对各种不利因素、有利因素做到心中有数，从而尽量减少风险，增加决策的可靠性。

（一）敏感性分析方法

● 确定某经济效益指标为敏感性分析对象。在进行敏感性分析时，应根据不同的项目特点，挑选最能反映经济效益的指标作为分析对象。一般选择净现值、内部收益率、投资回收期等指标为敏感性分析对象。

● 选取需要分析的不确定因素，特别是选取那些在项目的成本与收益的构成中占比重较大和对经济效益影响较大的因素进行敏感性分析。一般情况下主要包括：（1）项目的总投资；（2）产品的经营成本；（3）产品的销售价格；（4）产品的产销量；（5）项目的建设期、经济寿命。

● 确定不确定因素的变动范围，这个范围可以通过各种调查或初步估计获得。在敏感性分析中，不确定因素的变动范围不宜定得太高，否则，敏感性分析失去了现实的意义与作用。

● 计算不确定因素变动以后，引起经济效益指标变动的具体结果，从而确定敏感因素。在计算过程中，先假定其他的因素不变，考察某一个不确定因素的变动幅度在一个范围之内对经济效益指标的变动结果。

（二）敏感性的实例分析

敏感性分析有单因素敏感性分析和多因素敏感性分析。单因素敏感性分析是假定其他因素不变，考察其中某一因素变化的情况。多因素敏感性分析则是假设多个因素同时变动时的情况。由于多因素敏感性分析比较复杂，故在此仅考虑单因素敏感性分析。

【例 9-19】 某厂成衣生产量为每月 1 万件，固定成本每月 5.8 万元，单件产品可变成本为 12 元/件，单位产品售价为 20 元/件，测算售价、固定成本、可变成本产销量变化对利润的敏感性。

解：根据利润公式，按原来条件不变，利润为：

$$\pi = (P - V)Q - FC$$
$$= (20 - 12) \times 10\,000 - 58\,000 = 22\,000（元）$$

现假设其他因素不变，售价分别比原来增加 10%、20%、30% 或减少 10%、20%、30%，按上述变动幅度，售价分别为 22 元、24 元和 26 元或 18 元、16 元和 14 元，代入上式，利润如下表所示（表 9-12）：

表 9-12　　　　　　　　　　　　　　　　　　　　　　　　（单位：元）

增 10%	π = 42 000
增 20%	π = 62 000
增 30%	π = 82 000
减 10%	π = 2 000
减 20%	π = − 18 000
减 30%	π = − 38 000

　　用上面的方法，可以固定其中三个因素，变动其中一个因素，分别按±10%幅度变动可得出售价、可变成本、固定成本、产量变动对利润的影响（见表 9-13）。

表 9-13　　　　　　　　　　　　敏感性分析表　　　　　　　　　　（单位：元）

变化幅度（%）	−30	−20	−10	0	10	20	30
售　　价	−38 000	−18 000	2 000	22 000	42 000	62 000	82 000
产　　量	−2 000	6 000	14 000	22 000	30 000	38 000	46 000
可变成本	58 000	46 000	34 000	22 000	10 000	−2 000	−14 000
固定成本	39 400	33 600	27 800	22 000	16 200	10 400	4 600

　　从表 9-13 中的数据可以分析，售价变动对利润影响最大，售价变动为±10%、±20%、±30%，利润变化则为 90%、180%、270%，即利润变化率是售价变化率的 9 倍，因此，售价是最敏感的因素。同样，可以用相同的方法计算一项投资对 NPV、IRR、寿命以及残值等的影响情况。

（三）敏感性分析的局限性

　　敏感性分析的方法比较简便，而且比较直观，容易掌握。可以具体确定影响项目经济指标的敏感因素，并计算出对经济指标的影响程度。但是这种方法是在两个基本假设前提下进行的，所以不可避免地带来了一定的局限性。

　　● 第一个假设："每次只让一个因素改变一个幅度，其他因素固定不变"。这一假设只是一种理想状况，与实际相比有一定的差异，各种因素之间有相互关联性，一个因素变动时，其他因素也会随之变动。

　　● 第二个假设："各个不确定性因素变动的可能性大小相等"。在整个经济寿命期以内，各个不确定性因素发生相同变动幅度的可能性是很小的。每一个因素给项目带来的风险也是不同的。

　　上述这些问题是敏感性分析无法解决的。为此，在现代西方的经济评估发展中，为了弥补敏感性分析方法的不足，引进了一系列敏感多元分析的方法，考察几个不确定性因素按概率分布同步变化的敏感性分析。虽然较为复杂，但较具有科学性与可信性，它的计算方法是多元的复合函数，再按概率分析它的解，确定敏感性因素。

二、概率分析

概率分析法是使用一定的概率方法，研究预测项目的不确定性因素的变化对项目经济效益指标影响的一种定量分析方法。在现行的项目中主要任务是把不确定性因素的变化"数字化"、"确定化"以后，用一定的概率方法计算项目经济指标的期望值和方差，为决策提供可靠的依据。

【例 9-20】　某商场根据历年冷气机销售情况和对未来市场的需求分析，预测来年冷气机销售量可能有大、中、小三种情况。销售量大时的收入是 800 万元，销售量中时的收入是 700 万元，销售量小时的收入是 560 万元。需求量大、中、小的概率分布分别是 0.3、0.6 和 0.1。

求：概率分布、期望值与标准差。

该商场的销售收入随机变量的分布如表 9-14 所示：

表 9-14

需求量	大	中	小
销售收入（X）	800	700	560
概　率（P）	0.3	0.6	0.1

期望值 $E(X) = X_1 P_1 + X_2 P_2 + X_3 P_3$

$$= 800 \times 0.3 + 700 \times 0.6 + 560 \times 0.1$$

$$= 716 \text{（万元）}$$

即该商场未来销售收入最可能是 716 万元。

标准差 $\sigma = \sqrt{[X_1 - E(X)]^2 + [X_2 - E(X)]^2 + [X_3 - E(X)]^2}$

$$\sigma = \sqrt{(800-716)^2 \times 0.3 + (700-716)^2 \times 0.6 + (560-716)^2 \times 0.1}$$

$$= 68.6 \text{（万元）}$$

按概率统计知识，随机变量的取值在区间 $[E(X) - \sigma(X), E(X) + \sigma(X)]$ 的可能性为 68%，即随机变量取值大于 $[E(X) - \sigma(X)]$ 的概率为 84%。

$E(X) - \sigma(X) = 716 - 68.6 = 647.4$（万元）

故该商场未来销售收入大于 647.4 万元的概率为 0.84。

复习思考题

1. 净现值与内部收益率以及基准收益率有何关系？

2. 为什么会出现一些方案 NPV 比另一方案大，而 IRR 却比另一方案小的情形？

3. 用净现值法与内部收益率法评价选优时，结论有矛盾时如何处理？

4. "现值"与初始投资值有何区别？

5. 试解释直接用内部收益率的大小来比较方案会有利于早期效果好的方案。

6. 试解释基准贴现率在方案比较中的作用。若基准贴现率定得高，那么倾向于选择哪一类项目的方案。

7. 某公司目前拟购一台自动化设备，需款 12 万元，设备寿命 6 年，期满后残值 6 000 元，该设备可为企业每年增加净利 1.3 万元，若基准收益率为 125，试用净现值法，内部收益率法评价此方案是否可行？

8. 某项目的寿命 10 年，各年投资、收益、经营费用如下表，如果标准投资回收期 T_0 为 5 年，问此项目是否可行？

年　　份	0	1	2	3	4	5	6
收益（万元）	0	200	250	340	340	340	300
经营费用（万元）	0	30	30	40	40	40	40
投资（万元）	1 000	0	0	0	0	0	0

9. 某投资项目投资 1 万元。在 5 年内平均收入 5 500 元，并且有残值 2 000 元，每年支出的经营和修理费是 3 000 元，若基准收益率为 10%，用净现值法判断这方案是不是一项理想的投资方案？

10. 新建某企业将投资 45 万元，每年销售所得的总收入为 30 万元，各项作业支出 15 万元，此外设备更换每年又需要 2 万元的开支。预计经济寿命为 20 年，残值可得 15 万元，基准收益率为 20%，试问建设该企业是否合算（分别用净现值法、年值法、内部收益率法进行讨论）？

11. 城市的下水管道还可用 10 年，每年维修费用见表。如果重新铺设具有与旧下水管道相同功能的新下水道系统，寿命仍为 10 年，则投资 1 000 万元可在 1 年内铺设完毕并投入使用，每年维修费用仍列于表中。如果标准投资回收期 T_0 为 5 年，问采用哪一种方案较佳？

年　　份	1	2	3	4	5	6	7	8	9	10
维修费用　旧管道系统（万元）	10	10	10	15	15	18	18	19	22	22
新管道系统（万元）	5	2	2	3	3	3.5	3.5	4	4	4.5

12. 某油井开采方案，零年投资 500 万元，以后每年产油净收入为 200 万元，估计可开采 12 年。油井在第 12 年末报废时需要开支 500 万元。假如产油净收入在每年年末计算，试计算此方案的内部收益率。同时基准收益率应定为多少时方案可行？

13. 若两个项目的净收益及投资如表所示，试选择适当的动态指标比较这两个项目的优劣。设折现率为 10%。

（单位：万元）

	年　　份	1	2	3	4	5	6	7	8	9
项目 A	净收益（万元）	0	150	200	200	200	200	200	0	0
	投　资（万元）	100	0	0	0	20	0	0	0	0
项目 B	净收益（万元）	0	300	300	300	300	300	300	300	0
	投　资（万元）	200	0	0	0	0	0	0	0	0

14. 某工厂迄今为止仍使用人力搬运各种物料，每年需要花费工资 8 200 元。某公司前来建议采用一套运送带，购置费为 1.5 万元，安装后搬运物料的工资费用将减少到 3 300 元。此外，运送带每年需耗电 700 元，维修费 1 100 元。估计这套运输带可用 10 年，残值为 0。若基准收益率为 10%，该工厂是否值得安装此套运送带来代替人力搬运？

15. 经济特区有一块地皮，若目前提供外商使用可估价 8 万元，但随着该区的发展，预期在 5 年内其价值可升高到 15 万元，在此期间若作为临时出租，每年可得 1 500 元，但每年要上交税金 850 元，如果上述估计是正确的，试问这笔投资可获得多大的收益率？假定当时的社会平均投资收益率为 20%，应作出如何决策？

16. 用 1.5 万元能够建造一个任何时候残值均为 0 的临时仓库，估计年收益为 2 500 元，假如基准收益率为 12%，仓库能使用 8 年，那么这项投资方案是否满意？临时仓库使用多少年这项投资方案才能认为是满意的？

17. 某工厂有两个设计方案，第一个方案采用流水线，总投资额为 2 500 万元，年经营费用为 1 500 万元；第二个方案采用自动线，投资总额为 3 000 万元，年经营费用为 1 300 元。问应采用哪个较为合理？设标准追加投资回收期 T。

为 5 年。

18. 现有功能相同的甲、乙、丙三种机器，使用期限都是四年（该厂费用支出向银行贷款年利率为 5%），各机器的购入价格和运转后各年经营费用见下表。试问购买哪种机器最优（用现值法计算）？

（单位：元）

项　　目	甲机器	乙机器	丙机器
购入价格	34 000	32 000	30 000
经营费用：第一年	1 800	2 000	2 500
第二年	1 800	2 200	2 500
第三年	2 000	2 300	2 600
第四年	2 000	2 400	2 800
残　　值	4 000	3 500	3 000

19. 已知下列方案的净现金流量（元），求方案的内部收益率。

年　份	0	1	2	3	4
方案 A	−10 000	5 000	5 000	5 000	5 000
方案 B	−200	100	200	300	400
方案 C	−500	500	1 000	1 000	1 000
方案 D	−100	25	25	25	25
方案 E	−1 000	800	400	700	600

20. 某企业用 3 万元的优惠价格购进一台设备。在 8 年使用期中，该设备每年净收入 1 000 元，第 8 年年末时卖得 3 万元。若利率为 85%，问买此设备合适吗？

21. 某电子公司投资 6 万元购买一台检测设备。第 1 年的运行维护费为 4 000 元，以后每年均为 3 000 元。第 4 年年末该公司转产，这台设备不再使用，并按原价转让。问该台设备在 4 年使用期中的等值额年费用是多少？假定贴现率为 10%。

22. 购买某台设备需 8 000 元，若每年净收益为 1 260 元，设备报废后无残值。试回答：

(1) 若希望使用 8 年后报废，其 IRR 为多少？

(2) 若 IRR 为 10%，则该设备至少应使用多少年才值得购买？

第十章　政府干预与企业决策

本章学习目的

在学完本章以后，你应该掌握以下内容：

1. 市场失灵与市场失灵的原因；
2. 政府干预的必要性与干预方式；
3. 宏观经济政策对企业决策的影响。

从以上几章的分析中可以看到，企业是在市场的环境中作出相应的决策，市场价格机制就像一只"看不见的手"引导着资源得到合理的配置。但是，"看不见的手"也有着种种局限性，从而迫使政府进行干预和管理。因此，企业的生产经营决策不仅要考虑微观的市场经济环境，也要考虑政府的宏观经济政策环境。

第一节　市场失灵

一、帕累托最优

1776 年，被誉为现代经济学创始人的亚当·斯密（Adam Smith）在他的《国富论》一书中写下了如下名言："确实，他通常既不打算促进公共的利益，也不知道他自己在什么程度上促进哪种利益。由于宁愿投资支持国内产业而不支持国外产业，他只是盘算他自己的安全；由于他管理产业的方式目的在于使生产物的价值能达到最大程度，他所盘算的也只是他自己的利益。在这一场合，像在其他许多场合一样，他受着一只'看不见的手'的指导，去尽力达到一个并非他本意想要达到的目的。也并不因为是否出于本意，就对社会有害。他追求自己的利益，往往使他能比在真正出于本意的情况下更有效地促进社会的利益。"

斯密思想的内涵相当明确：竞争的压力和利润的刺激将驱使自利的个人把自己的产品提供给他的需求者。在竞争中，只有能提供适销对路、价格低廉的产品的企业才能生存，从而也有利于消费者。这样，"主观为自己，客观为大家"，使社会利益达到最大。据此可以推论：自由放任的市场能解决一切问题，经济发展中最好一切顺其自然，政府的干预是没有必要的，也必然是无效的。

斯密的上述思想由于以后的经济学家的发扬光大而日益精密化。20世纪初，意大利经济学家帕累托（Vilfredo Pereto）提出了一个著名的福利标准——帕累托最优（Pereto Optimium），进一步论证了市场机制的优越性。简言之，帕累托最优是指：当一个社会的变化使至少一个人境况变好（或变坏）而又不使其他任何人境况变坏（或变好）时，这个社会福利就改善了（或恶化了）。当一个社会的变化可能使一些人境况变好而又不可能不使另一些人境况变坏时，这个社会的福利就达到最大。帕累托最优为衡量经济运行的效率提供了一个标准：如果一种资源的配置还没有达到帕累托最优，那就存在着某种方法来改进资源的配置，至少可使其中一些人的境遇变得更好，而又没有损害其他人的利益。

怎样才能实现帕累托最优呢？西方经济学家认为，帕累托最优的实现需要满足三个条件，而当市场是完全竞争时，可以保证这三个条件的满足。这三个条件如下：

● 生产的有效性，即不可能再找到另外一种生产方式使得增加一些商品的产量而又不减少其他商品的产量。这意味着给定生产要素投入使产出最大；反过来，给定产出，使要素投入最小。可以用生产可能性曲线来表示生产的有效性。生产可能性曲线（Product Possibility Curve）显示了当生产要素和其他商品的产量给定时所能生产的一种产品的最大产量，生产的有效性或帕累托最优要求经济社会在生产可能性曲线上生产。如图10-1所示。

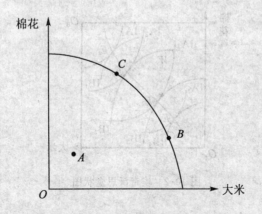

图 10-1　生产可能性曲线

图10-1给出了棉花和大米的生产可能性曲线。横轴表示大米，纵轴表示棉花。

显然，如果人们在曲线内生产，如 A 点，则生产不是有效的，因而不是帕累托最优的。在这种情况下，即使不投入更多的生产要素，人们也能生产更多的棉花或大米，如 B 点所示。当达到 B 点后，人们如果想增加棉花的产量，惟一的可能是减少大米的生产，如 C 点所示。我们知道，价格起着传递信息的作用，它能显示企业所用的各种要素的稀缺性。而当市场是完全竞争时，所有的企业都面临着同样的商品和生产要素的价格，并且一切商品的价格最终等于其边际成本，一切要素的价格等于其边际产品价值，这保证了整个社会以最有效的方式进行生产。

● 各种产品的生产比例的有效性，即生产出来的产品反映了消费者的偏好。这样，帕累托最优把生产和消费结合起来了，它不仅指用最优的可能性进行生产，而且能最好地满足消费者的需要。同样，完全竞争的市场能够保证这个条件成立。假定原有的生产是由图 10-1 中 B 点表示，如果消费者决定购买更多的棉织品从而增加对棉花的需求，这将导致棉花价格的上升，同时对大米的需求减少将导致大米价格下降，因而导致了棉花产量的增加和大米产量的减少，经济将从 B 点移到 C 点。这样，改变生产比例反映了消费者偏好的改变。当市场是完全竞争时，个人对任何两种商品的边际替代率最终等于其商品的生产比例，这保证了整个社会的生产最好地满足了消费者的需要。

● 交换的有效性，即社会生产出来的所有产品都是以有效的方式进行分配的，进一步互利的交换不可能再发生。可以借助英国经济学家埃奇沃思（Edgeworth, Francis Ysidro）的盒状图（Box Diagram）来说明这一点。如图 10-2 所示。

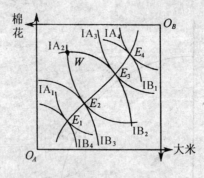

图 10-2　埃奇沃思盒状图

在图 10-2 中，假定一个经济社会只有两个成员 A 和 B，交换两种商品大米和棉花。成员 A 以左下角 O_A 为原点，成员 B 以右上角 O_B 为原点。图中横轴长度代表了全部的大米，纵轴的长度代表了全部的棉花。图中的任意一点代表了 A 和 B 分别在两个坐标系中拥有的大米和棉花的量，两者之和正好是全部的大米和棉花。运用前面所学的知识，可以画出成员 A 不同效用水平的无差异曲线簇 IA_1，IA_2，IA_3，…离 O_A 点越远，效用越高。把图旋转 180°，又可以画出成员 B 不同效用水平的无差异曲线簇，离 O_B 点越远，效用越高。假设在起始时，A 和 B 对大米和棉花的拥有由 W 点来代表，W 点正好是 IA_2 和 IB_2 的交点。显然，在这一点上 A 和 B 都没有得到最大的满足，通过交换可以使他们各自的利益都得到改善。比如，用 A 手中的棉花去交换 B 手中的大米，若沿着 IB_2 线交换，A 的效用不断提高，而 B 的效用保持不变；若沿着 IA_2 线交换，B 的效用不断提高，而 A 的效用保持不变。改善双方的利益为交换提供了动力，交换会继续进行直到双方都无利可图为止。什么时候双方都无利可图呢？只有当两人的两条无差异曲线相切时，例如 E_2 点，在这一点上任何移动都会损害其中一人的利益，这一点就是所谓交换有效，也就是帕累托最优。由于每人都有许多条无差异曲线，图中也就有许多帕累托最优点，把这些点平滑地连接起来，就可以得到一条叫做"契约线"（Contract Curve）的曲线，契约线是最终交换实现、签订合同的点的连线。当市场是完全竞争时，所有的个人和家庭都面临着同样的商品价格，因而他们的边际替代率最终都相等，这就保证了整个社会的有效交换。

总之，帕累托最优意味着资源得到了有效利用，产品被有效地生产，各种产品的生产比例达到了最优，进一步互利的交换不可能再发生，而完全竞争的市场机制保证了帕累托最优的实现。经济学家把这一结果称为福利经济学第一定理。

但是，如前所述，完全竞争的市场只是一种理想状态，现实的市场更多的是不完全竞争市场。当市场不是完全竞争时，帕累托最优就不能实现，市场将不能导致资源的最优配置，从而出现市场失灵现象（Market Failure）。另外，还有其他情况使市场机制不能导致资源的最优配置，如经济活动的外部性、公共物品、市场信息的不对称性等。关于市场不完全竞争导致市场失灵，我们在前面的章节里已经作了分析，下面重点分析外部性、公共物品以及市场信息不对称等引起的市场失灵。

二、经济活动的外部性与市场失灵

（一）外部性的含义

外部性（External Effects）是指未能适当地反映在市场中的经济活动主体间的相互影响，是没有在正常的价格体系运行中得到反映的一个经济活动者对其他活动者福利的影响。简言之，外部性是一方对另一方的非市场的影响。按照外部性的性质，可将其分为正的（有益的）外部性和负的（有害的）外部性。经济学中通常将正的外部性称为外部经济，将负的外部性称为外部不经济。外部性可能发生于不同企业之间，也可能发生于个人与企业之间以及个人与个人之间。

1. 不同企业之间的外部性。假定有两个厂址相邻的企业，一个生产眼镜，一个生产焦炭。生产焦炭的企业处于上风位置，生产眼镜的企业处于下风位置。由于空气的污染程度会影响眼镜精密磨轮的运行，而污染程度决定于焦炭的产量，因此，眼镜的生产水平不仅决定于眼镜生产企业的投入要素多少，还受焦炭生产水平的影响，增加焦炭产量会使高质量的眼镜产量减少，由于生产眼镜的企业不能抵制这种效应，这说明焦炭生产对眼镜生产具有负的外部性。当然在不同企业之间也可能存在正的外部性。英国经济学家詹姆斯·米德曾举过一个著名的例子：有两个企业，一个是养蜂人，另一个是苹果生产者。蜜蜂需要通过吸取苹果花粉生产蜂蜜，从而苹果产量的增加可以增加蜂蜜的产量，即苹果生产者对养蜂人具有正的外部性；反过来，蜜蜂在采蜜的同时可以为苹果传授花粉，增加苹果产量，因此，养蜂人对苹果生产者也具有正的外部性。

2. 企业与个人之间的外部性。企业的生产活动可以直接影响个人的福利。例如，生产焦炭的企业在生产中造成的空气中粉尘增加，这不仅会对生产眼镜的企业造成负的外部性，而且会对附近居民的健康造成损害。又比如，某化肥厂把污水排入附近湖泊使湖水污染，湖中的鱼会减少甚至灭绝，这会使人们无法再享受到钓鱼的乐趣，在这里，化肥厂对钓鱼者具有负的外部性。个人也可能会对企业产生外部性，例如，私人小汽车造成的污染会影响柑橘的生产，顾客的丢弃物需要购物中心出资雇人去清理。在所有这些例子中，受影响的一方都没有一种简便易行的办法使外部性的生产者承担其成本。

3. 个人与个人之间的外部性。一个人的活动也会影响到另一个人的福利。收音机音量过大、在公众场所吸烟等活动都有损于其他人的健康，而在自家庭院栽种赏心悦目的花草，随时扫去自家门前人行道上的积雪等活动会使他人受益。在前一场合，出现了负的外部性，而在后一场合，产生了正的外部性。

（二）社会收益与社会成本

此前关于资源最优配置的分析中暗含着一个重要的假设条件，即私人收益与社会收益，私人成本与社会成本没有差异。事实上，如果把外部性考虑进去，私人收益与社会收益，私人成本与社会成本之间是有差异的，这种差异会对经济资源的配置产生重要的影响。一般来说，由外部性产生的私人成本与社会成本、私人利益与社会利益的差异可以分为以下四种：

● 当生产者的生产活动具有负的外部性时，会使该生产者为这种活动承担的成本小于社会为此种活动承担的成本。例如，一家企业向河流和空气排放废弃物所造成的污染，会使他人蒙受一定的损失，即对他人来说是一种成本，而污染的制造者却不必为自己所造成的环境质量下降支付费用。在这种情况下，私人的成本不能反映全部社会成本，私人成本小于该种活动的社会成本。

● 当生产者的生产活动具有正的外部性时，会使该生产者通过进行这种活动所得到的收益小于该种活动所产生的社会收益。例如，一个企业训练的工人可能转而为另一家企业工作，后者却不必向前者支付培训费。又如，某一行业中某个企业增加产量时，可使为该行业服务的其他行业的企业提高效率，从而使与该企业同行业的其他企业由此受益。在这些情况下，私人与社会的收益之间存在着差别，社会之所得大于某一特定企业的所得。

● 当消费者的消费活动具有负的外部性时，该消费者为此种消费活动支付的成本小于社会为此承担的成本，即某一消费者的行为使他人蒙受损失，而损失的制造者却不必为此支付费用。例如，一个人吸烟有害于另一个人的健康，但吸烟者却不必为其他受害者提供任何补偿。在这种情况下，消费者个人为其本人的消费所支付的成本只是这种消费活动的全部社会成本的一部分。

● 当消费者的活动具有正的外部性时，该消费者通过这种消费活动所取得收益小于此种活动所产生的社会收益。例如，某一个消费者出资建造外观上很漂亮的房屋，并在住宅周围种植花草，这不仅会使该消费者受益，也会使他的邻居受益。在这种情况下，消费者个人的收益只是他的消费活动所产生的全部社会收益的一部分。

（三）外部性导致的市场失灵

在完全竞争的市场中，如果一个人的某种活动可以增进社会福利但自己却得不到报酬，他的这种活动必然低于社会最优水平，对企业来说也是如此。因此，在完全竞争条件下，如果某种产品的生产可以产生正的外部性，则其产量将可能小于社会最优的产量。

同样，如果一个人的某种行为会增加社会成本，但这种成本却不必由其本人承担，他的这种活动在量上将会超过社会所希望达到的水平，企业也是如此。因此，在完全竞争条件下，如果某种产品的生产会产生负的外部性，则其产量将可能超过社会最优的产量。换言之，当存在经济活动的外部性时，完全竞争的市场不能保证追求个人利益的行为使社会福利趋于最大化，即不能保证实现帕累托最优。

在关于眼镜生产与焦炭生产的例子中，假定眼镜市场和焦炭市场都是完全竞争的市场，其价格等于商品的私人边际成本。由于眼镜生产没有外部性，因此其私人成本与社会成本是一致的。焦炭生产的情况则较为复杂。为使利润最大化，焦炭生产者将其产量调整到能使价格等于私人边际成本的水平。但是，由于存在焦炭生产对眼镜生产的负效应，焦炭生产的私人边际成本与社会边际成本将存在一定差距。焦炭生产的社会成本等于私人成本加上由于焦炭生产使眼镜产量下降的损失。焦炭生产者并未考虑与这种外部性相联系的成本，而是按价格等于私人边际成本（它低于社会成本）的标准进行生产。在这种情况下，如果减少配置在焦炭生产上的资源，增加包括眼镜行业在内的其他行业的资源，便可以增进社会整体的福利。也就是说，在这种情况下，单纯依靠自由市场及焦炭生产企业对自身利益的追求，将不能实现社会资源的最优配置。图 10-3 说明了焦炭生产的外部性所导致的资源配置对最优配置状态的偏离。

在图 10-3 中，由于焦炭生产者面临的是完全竞争市场，是被动的价格接受者，

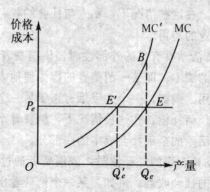

图 10-3　外部性导致的市场失灵

焦炭的需求曲线是位于现行市场价格 P_e 上的水平线。Q_e 点是最大利润点，在这一点上，价格等于生产焦炭的私人边际成本 MC。但由于存在焦炭生产对眼镜生产的外部性，社会边际成本为高于 MC 的 MC′。这说明，在 Q_e 点上，生产焦炭的社会边际成本超过了对应于这一产量的价格 P_e，资源配置偏离了最优配置状态。要实现资源的最优配置，应使产量减少到 Q_e'，即能使社会边际成本与价格相等的水平。随着产量的下降，焦炭的社会成本的减少额 $Q_e'Q_eBE'$ 大于消费者对焦炭支出的减少额 $Q_e'Q_eEE'$，这表明减少焦炭产量能够使资源配置得到改善，消费者可以用这笔钱去购买社会成本低于焦炭的其他产品。

三、公共物品与市场失灵

（一）公共物品的基本特征

公共物品（Public Goods）是指政府（公共部门）提供的供所有人共同消费的产品和服务。典型的公共物品如国防、司法、公共卫生、灯塔、街道等。与公共物品对应的是私人部门提供的私人物品。公共物品具有以下两个显著特征：

● 非竞争性（Nonrivalry）。这可以从消费和生产两方面来看。从消费的角度来看，非竞争性意味着公共物品具有共同消费的特点，同一产品或服务可供所有人同时消费，每个人对这种物品的消费并不能导致任何其他人消费的减少，同一物品可为所有人同时提供效用。比如国防，只要在一国领土范围内，无论任何人都能同时消费（得到保护），一个人的消费并不会减少其他人的消费。从生产供给的角度看，非竞争性则意味着生产成本并不因消费者人数的增加而上升。仍以国防为例，国际费用取决于国防力量的规模，多一个公民（消费者）并不会使国防费用增加。再比如灯塔，通行船只增加并不会增加灯塔的造价。换言之，一定量公共物品可以在边际成本为零的条件下为新增消费者提供效用。

与公共物品相比，私人物品则具有强烈的消费竞争性。一个消费者增加一单位的消费量，其他消费者就永远失去了这一单位消费量，特定物品只能为特定的消费者提供效应，不可分割。比如，某个消费者吃了一个柑橘，获得了效用，其他消费者永远不可能再吃到这个柑橘。从生产供给的角度来说，竞争性意味着生产成本会随着消费者数量的增加而增加，因为多一个消费者，多消费一单位就需要增加资源的使用。

● 非排他性（Nonexclusion）。公共物品在消费上具有非排他性，即不可能把特定个人排除在公用物品的消费之外，阻止其从中获益。换句话说，不管有意无意，每个人都成为公共物品事实上的消费者，平等地享受公共物品的效用。比如国防，只要它存在，国人就都会得到保护，不可能将某个人排除在外。公共物品的非排他性容易造就"搭便车者"（Free Rider），不支付代价而享受公共物品。此外，有的公共物品技术可以做到"排他"，但成本过高，因而是得不偿失的。比如城市中的街道，技术上可以做到处处设"卡"以排除不付费用而使用街道的人，但设卡的代价也许会超过收益，再者，处处设卡的街道也失去了本身的意义。

与公共物品相比，私人物品则具有排他性。某人拥有的物品，其他人除非支付代价，否则不可能享用，因而不产生"搭便车"现象，"没有免费的早餐"突出说明了私人物品这一特征。

根据非竞争性和非排他性的程度不一，可以把公共物品分成以下几类：（1）具有完全非竞争性和非排他性的公共物品，又叫纯公共物品，如国防、司法等。这类公共物品不可能由市场提供，只能由政府以税赋方式强制征收为代价，通过预算有计划地提供。（2）消费上有竞争性但不可能做到排他的公共物品。典型的例子是高峰时期的公路（收费公路除外），消费者之间处于有我无你的对抗状态，从资源配置的角度来说，让要求迫切、出价高者优先通行或许更有效，但技术上做不到这一点。（3）能做到排他但消费上不具有竞争性的公共物品。例如广播电视，可以通过抑制视听器材的销售限制消费者的范围，从这个意义上说排他是可能的，但视听本身并不具有竞争性，一个人的收视收听根本不影响其他人收视收听，消费者增加并不导致广播电视制作成本增加。

（二）公共物品导致的市场失灵

公共物品所具有的非竞争性和非排他性特征，往往会使公共物品的产量低于与资源配置最优状态相应的产量水平，从而造成市场失灵。如前所述，对于具有排他性的物品来说，某个物品的购买者可以独占这一物品所能带来的全部效用或收益。但对具有非排他性的公共物品来说却不是这样，任何购买公共物品的人都不可能享用该物品所能带来的全部效用或收益，并且不能阻止其他人享用该物品，即其他人也可以无偿地享用该物品并获得该物品所提供的效用或收益。这说明公共物品可提供的社会潜在收益大于该物品给任何单个购买者带来的收益。然而潜在的购买者在其作出支付决策时，并不考虑这一购买行为给其他人带来的潜在收益，因此，受市场支配的私人部门配置于公共物品的资源通常会少于合理的水平。

可以举例说明公共物品的非排他性所导致的市场失灵。假设一个消费者居住在小河边，但在河对岸上班。如果大家集资在河上建筑一座木桥，只需 5 分钟就可达到上班地点；如果购买一辆小汽车绕行上班也只需 5 分钟。假设该消费者集资（这里指该消费者个人出资部分）建筑一座木桥的花费和购买一辆小汽车的价格相同。该消费者是选择建筑木桥还是购买小汽车呢？很显然，建筑木桥的社会效用大于购买小汽车的社会效用，但购买小汽车给消费者带来的直接效用大于建筑木桥的直接效用。在这种情况下，追求个人效用最大化的消费者必然会选择购买小汽车而不是建筑木桥。从社会的角度看，这一决策可能不符合资源配置最优化的要求，汽车所增加的社会福利仅限于购买者使用它时所得到的便利和满足，建筑木桥所产生的社会福利则包括给建筑者带来的好处和其他许多人由于木桥方便了交通和节省了时间所增进的福利。但该消费者作出决策时并不将其他人可能得到的好处作为一种收益考虑，尽管他在增进其他人福利时，并不必增加自己付出的成本。因此，从社会的角度看，配置于木桥以及其他公共物品的资源可能少于合理的水平。

以上是说明公共物品具有非排他性从而会导致市场失灵，公共物品的另一个基本特征即非竞争性也会导致市场失灵。如前所述，有些物品是非竞争性的，但却可以实现排他性使用。这些非竞争性物品可能是由私人部门生产的，如私人拥有的游泳池，一些必须付费才能通行的高速公路。对于这些物品，不付费者不能消费，即可以实现排他性使用，因此私人企业可以收回其成本，可以运用市场机制。但在这种情况下，资源配置的效率可能较低，即市场机制不能促进资源的最优配置。例如，就一条并不拥挤的高速公路来说，对通过者收取一定费用并禁止未付费者通过是完全可行的，但这种做法会损害效率。因为禁止不付费者通过会减少他们的效用，却不能使其他任何人的效用增加。

四、市场信息不对称与市场失灵

市场经济的有效运行靠的是价格这只"看不见的手"的调节，产品的生产者和消费者、要素的所有者和雇主都是基于价格来作出对自己最有利的决策。然而，价格调节带来这样一种和谐、有序的局面是有前提条件的，其中最重要的一个前提就是充分的信息，即生产者和消费者拥有一切作出正确决策所需要的信息。生产者需要的信息有：生产的技术条件方面的信息，投入要素的价格信息、产品的市场价格信息，消费者对产品需求的信息。消费者需要的信息有：市场上所有产品的价格信息、产品的质量信息、产品的性能和用途方面的信息。要素的所有者应该知道自己付出一定的劳动应得多少报酬，而要素的雇主应该知道要素主人愿意付出的真实投入量及要素潜在的边际生产力。以上这些条件，对于一个统一、高效的完全竞争市场是缺一不可的。

然而，充分信息只是一种理想化的假设。在现实世界中，作为消费者一般无法了解所有商品市场上待售商品的质量和价格情况；在劳动力市场上，申请人并不知道所有职位空缺的信息，而雇主也无法准确了解每一位雇员的才能和潜力。对充分信息的任何偏离都会带来一系列问题。限于篇幅，在此仅讨论消费品市场上的信息不对称问题。

信息不对称（Asymmetric Information）是信息不完全的特殊表现形式，在包括金融市场、劳动力市场、最终产品市场在内的整个市场体系中，都不难发现市场交易双方信息的不对称现象。在消费品市场上，信息不对称经常表现为卖者拥有相对于买者的信息优势，这种状况的出现除了卖者有意隐瞒之外，也与商品的不同性质有关。在信息经济学中，通常把市场上的消费品分为两类：一类是所谓前验商品，这是指那些在购买前质量很容易加以检验的商品；另一类是所谓后验商品，这是指那些在购买之前很难对其内在质量和效能进行检验确定的商品。在前验商品的交易中，不容易出现严重的信息不对称问题，而在后验商品中，卖者无疑拥有比买者多得多的信息。

为什么会出现上述现象呢？举例来说，衣服和水果是前验商品，顾客若想购买一件外衣或一筐新鲜水果，衣服可以试穿，水果可以试尝。购买前买方可以对它们的质量进行仔细的验证。在这种情况下，卖者企图通过提供虚假信息牟利是很难奏效的，因此，不容易出现信息不对称问题。而超级市场上出售的罐装饮料、香烟、洗涤剂等商品是后验商品，因为买者通常不能仅仅通过商品的标签、外包装和说明材料了解它们的质量。电视机、汽车之类的耐用消费品或许可以进行买前的验证，但对它们的品质、性能、耐久性等，也只有经过长期使用后才能验证，因而也属于后验商品。显然，对于后验商品的质量，卖者无疑比买者拥有多得多的信息。如果没有足够的激励使得卖者向买者主动提供真实信息和担保措施，反而有意扭曲信息，或者在缺乏社会规范的条件下，卖者预先隐瞒、扭曲信息不会受到严厉惩罚，那么就会把消费者置于不利地位，使他们的利益受到严重损害。

相对卖者来说，买者不仅对后验商品的质量缺乏足够知识，而且对于商品的价格也不可能具备充分信息，因为买方购物时搜寻价格信息是要支付成本的。正因为如此，买者购买同一种商品，可以"价比几家"，但绝不可能为买到一份便宜货而价比万家。

在信息不对称、消费者缺乏足够知识的情况下，会导致严重的市场失灵。假设有一个旧汽车交易市场，待交易的汽车为100辆，其中有50辆"好车"，还有50辆"次货"。买者的开价为次货1 000美元/辆，好货2 000美元/辆；卖者的出价为次货1 200美元/辆，好货 2 400 美元/辆。如果买卖双方都确知旧汽车的内在质量，次货的成交价格将介于每辆 1 000～1 200 美元之间，好货的成交价格将介于每辆 2 000～2 400 美元之间。但是旧汽车是后验商品，只有使用之后才能确知其"好"与"坏"。因为信息不对称，买者为了避免过高的信息搜寻成本，就不得不对每辆汽车的质量和内在价值进行猜测。假定代表性的买者认定一辆汽车的好货与坏货的概率相等，均等于 0.5，则他愿意为购买一辆汽车支付的价格就为：0.5（1 200＋2 400）＝1 800 美元。显然，在这个价格上，愿意出售汽车的只有次货的所有者。进而，如果买者确知他只能买到次货，则他连 1 800 美元的价格也不愿支付。因此，旧汽车市场上的均衡价格一定会介于 1 000 美元到 1 200 美元之间。结果，市场上最可能出售的汽车是最不想要的汽车，由于市场上劣质商品比例过高和信息不对称，导致了优质商品交易的消失，市场运行机制受到严重破坏。

第二节　政府干预

一、政府在市场经济中的作用

政府在市场经济中究竟应该扮演什么样的角色，经济学家们对此进行了长期的争论，众说纷纭，莫衷一是。但自 20 世纪以来，总的来看，政府在市场经济中的作用日趋重要。从根本上说，这是生产力社会化的必然要求，但西方经济学家主要还是从纠正市场失灵的角度来论证政府干预经济的必要性的。在他们看来，消费者和企业构成的"民间社会"或"私营部门"是市场经济的主要领域，市场机制是基本的经济机制。但由于市场失灵的广泛存在，有必要借助政府这只"看得见的手"对经济生活施加干预和调节，以便弥补"看不见的手"的缺陷，确保市场机制更有效地运行。具体地说，为达到这一目标，政府大致上应发挥三个方面的作用：提高效率、促进平等和确保稳定。

政府发挥提高效率的作用，主要是针对微观经济领域的市场失灵而言的。相应的政策包括：以处理不完全竞争、防止垄断为目的的政策（如反垄断法、商法、依据民法或财产法对企业活动进行管制的政策、有关厂商进入、退出、价格和投资的管理措施等）；提供或资助公共物品生产的政策（如公用事业投资、提供各种社会公共服务等）；与处理外部性相关的政策（如防止污染的法规、环保标准的制定等）；与处理信息不对称有关的政策（如保护消费者权益、信息公开、广告业管理、保护知识产权等）。政府为了提高经济效率而采取的各种政策、法规和措施，通常称为微观经济政策，也叫做政府管制。

政府发挥促进平等的作用，主要是针对长期以来困扰西方各国的收入分配严重不均现象的。关于收入分配不均的原因，西方经济学家曾进行了多方面的探索，比较一致的看法是市场机制的自发作用必然导致收入分配不均现象的产生。这是因为，在市场经济中，收入分配的基本依据是市场对生产要素供给多少的一种评价和报酬，每个社会成员都是生产要素的供给者，他们相应地从市场取得报酬。市场是根据各个生产要素的稀缺程度和它们提供的经济效率的高低付给报酬的。在稀缺程度不变的前提下，经济效率越高，市场给予的报酬就越多，个人得到的收入也就越高；反之，经济效率越低，市场给予的报酬就越少，个人得到的收入也就越少。但是，收入分配不均等程度如果过于严重，有可能引起一系列社会问题，必须设法解决。政府所起的作用是可以通过它的权威对收入进行适当再分配，主要是通过税率的调节，多抽高收入者的税，少抽或不抽低收入者的税，然后通过社会福利救济的方式或失业补助方式，把收入再分配给那些自己不能通过竞争的方式而生活的人。

政府的收入均等化措施曾经招致许多方面的批评，理由之一是这样做会降低经济效率。但是，最近以来，一些西方经济学家对此提出了不同看法，他们认为，贫富过于悬殊，不仅会造成各种社会问题，而且会阻碍经济的长期增长。这一看法的主要理论依据是美国加利福尼亚大学经济学家保罗·罗默创立的新经济增长理论——"收益递增的经济增长模式"。罗默认为，特殊的知识和专业化的人力资本投资是现代经济增长的主要因素，知识和人力资本不仅能自身形成递增的收益，而且能使劳动和资本等要素投入也产生递增收益，从而整个经济的规模收益是递增的。然而，对人力资本的投资取决于人们收入水平的高低，贫富差距的进一步拉大，会使越来越多的人不能接受良好的教育，不能掌握新知识和新技能。当社会上越来越多的人缺乏新知识和新技能时，雇主将面临合格雇员的严重短缺，从而必然损害企业的经济效率，最终阻碍经济增长。

政府发挥确保稳定的作用，主要是针对宏观经济领域的市场失灵而言的。主要的政策手段包括宏观财政政策和货币政策。宏观经济由微观经济构成，但它又是微观经济运行的外在环境。归根结底，政府的各种宏观经济政策要通过影响微观经济主体的活动才能发生作用。因此，政府宏观经济政策也势必广泛影响企业的经营管理决策。

二、外部性与政府干预

（一）征税

这是 20 世纪 20 年代由英国经济学家庇古（Arthur Pigou）首先明确提出的一种解决外部性引起的市场失灵的方法。如在前述焦炭和眼镜生产的例子中，对焦炭生产者征收附加税可以抑制焦炭的产量，促使其将资源转向其他用途。图 10-4 说明了政府征收附加税对解决外部性问题的作用。

在图 10-4 中，MC 和 MC′分别代表焦炭生产的私人边际成本和社会边际成本，并假定焦炭的市场价格处于 P_e 水平上。在这种情况下，如果政府向焦炭生产者征

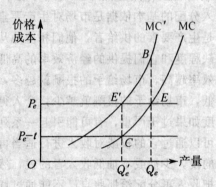

图 10-4 通过征税解决外部性问题

税，则焦炭生产者实际得到的收益将会减少。假定政府对每一单位的产量征收税额为 t 的附加税，则焦炭生产企业实际得到的价格降为 P_e-t，因此，企业会将其产量调整到 Q_e' 的水平上。这样，税收使企业将其产量降低到了从社会整体角度评价的最优点。当产量为 Q_e' 时，私人边际成本为 P_e-t，其中 t 为单位产量给眼镜生产者所造成的损害，即外部成本。由焦炭消费者支付的每单位产量的税收恰好等于单位焦炭产量使眼镜生产者蒙受的损失。

如果这里讨论的不是一个焦炭生产企业，而是整个焦炭生产行业，则这种附加税将使焦炭的市场价格提高。如果该行业是成本不变行业，其价格将与税收同比例提高，从而使焦炭的需求降低到社会最优水平上。通过税收来解决外部性问题的主要困难是政府很难得到充分的信息，从而设计出适当的税收结构。

（二）制定条例

在处理环境的外部性时，许多国家的政府制定一些限制污染的标准，企业和个人可在允许的范围内施放污染，当超过限额标准时，政府将处罚这些企业和个人。利用该方法处理外部性问题时，政策制定者需要解决的一个问题是，什么是污染或污染控制的最优水平？换言之，将一个行业造成的污染控制在什么水平才是对社会最有利的？图 10-5 和图 10-6 说明了这个问题。

在图 10-5 中，曲线 SC 表示在一个行业的产出量既定时，一定的废弃物排放量及由此造成的污染所产生的社会成本，这种成本是由污染本身所造成的一种损失，因而可称之为污染成本。显然，该行业向环境中排放的未经处理的废弃物越多，污染成本越高。CC 表示为将污染限制在某一水平上所需付出的成本，这种成本是为了控制污染所支付的代价，因而可称之为控制污染成本。显然，该行业减少其废弃物排放的数量越大，控制污染的成本越大。TC 表示上述两种成本之和。从整个社会的角度看，该行业应使其产生的污染水平达到这样一点，在这一点上，污

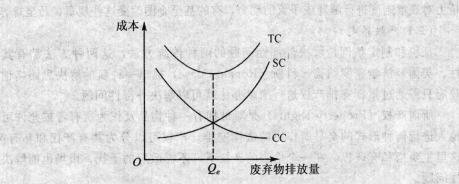

图 10-5 污染的最优控制——污染的社会成本与控制污染成本

染成本与控制污染成本之和最小。在图 10-5 中，Q_e 即是这样的点，这一点也就是污染或污染控制的最优点。如果污染水平低于这一最优点，污染水平提高一个单位时，控制污染成本的减少量将大于污染成本的增加量，因此两种成本之和有所下降。相反，如果污染水平高于这一最优点，污染水平下降一单位时，污染成本的减少量将大于控制污染成本的增加量，从而也可以使两种成本之和下降。

使用边际成本来表示可以使问题更加明确（见图 10-6）。

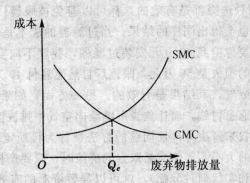

图 10-6 污染的最优控制——边际污染成本与边际控制污染成本

在图 10-6 中，SMC 表示废弃物增加一个单位时的污染成本增量，即边际污染成本；CMC 表示减少一个单位的废弃物排放量时的控制污染增量，即边际控制污染成本。社会对某一行业的最优污染控制水平是上述两条曲线的交点，在这一点上，增加一个单位的污染所带来的边际成本等于减少一个单位的污染所带来的控制污染成本。图 10-5 与图 10-6 是一致的，即社会最优污染水平为 OQ_e。需要指出的是，最优的污染水平并不是没有污染，只不过是把污染控制在一定范围内。对以条例手段处理外部性问题的另一个指责是，在使用这一方法时，企业有花费很多时间和精力对规章制度进行解释或争议的动力，有的甚至企图改变这些规章，乃至舞弊。

（三）产权界定

征税和制定条例是解决外部性问题的两种传统方法，这两种方法都有其局限性。美国经济学家罗纳德·科斯（Ronald Coase）提出一种新的解决思路，他认为政府只需通过重新安排产权这一简单办法就可以解决外部性问题。

所谓产权（Property Rights）是对谁拥有一种物品及作为所有者被允许可以与他人进行何种形式的交易所作出的法律安排。产权可以分为共有产权和私有产权，这里主要指私有产权。在一个恰当的产权下，不需政府的干扰，市场也能解决外部性问题。

仍以前面眼镜生产和焦炭生产为例。科斯的方法是只要眼镜厂和焦炭厂周围的空气被清楚地界定，无论是给眼镜厂还是给焦炭厂，都能导致有效的结果，即不存在使得至少一方比以前更好，而另一方则不会比以前差的其他结果。具体来说，假定焦炭生产给眼镜厂带来的污染损失是 50 万元，则当空气产权被界定给眼镜厂时，眼镜厂可以宣称，如果焦炭厂给眼镜厂 50 万元，眼镜厂就让焦炭厂向空气中排放废气，否则就向法院起诉焦炭厂侵犯其产权。焦炭厂这时可以有两种选择：一是付钱给眼镜厂；二是安装废气过滤器。如果安装废气过滤器的成本是 40 万元，则焦炭厂会选择安装过滤器；如果安装过滤器的成本是 55 万元，则焦炭厂会选择支付50 万元给眼镜厂。两种选择都是有效的，都可以避免被眼镜厂起诉。当空气产权被界定给焦炭厂时，也会得出同样的结果。当过滤器的成本是 40 万元时，焦炭厂可以对眼镜厂说，只要你给我 40 万元安装过滤器，我就不向空气中排放废气。既然废气给眼镜厂带来的损失是 50 万元，眼镜厂自然愿意付 40 万元给焦炭厂而不愿焦炭厂向空气中排放废气，其结果是有效的。另一方面，如果过滤器的成本是 55万元时，眼镜厂就不愿意付钱，而让焦炭厂继续向空气中排放废气。

上述通过界定产权来解决外部性问题的方法被称为科斯定理。科斯定理表明，当交易成本小且收入的大小不影响交易双方的决策时，只要产权被清楚地界定（不管这种财产归谁所有和实行何种分配），就可以导致资源的有效配置。如果说当用条例的手段处理外部性问题时，政府的干预达到最大，那么，用产权界定处理外部性问题时，政府干预最小。这一点，正是科斯定理的吸引人之处。但是，科斯定理也有明显的局限性，当交易成本变得很大时，即当达成协议的成本很大时，协议不可能达成，从而不可能导致有效的结果。

三、公共物品和政府干预

（一）公共物品最优产量的决定

对于市场上的私人物品来说，在任一价格水平上，市场上的总需求量等于每个人在这一价格水平上的需求量之和，因此，私人物品的需求曲线可通过每个人的需求曲线水平相加得出。但对公共物品来说，每个人的消费量都是相同的，即每个人的消费量都是该种公共物品的全部总量。个人对公共物品的需求曲线有时也称做虚拟需求曲线或支付意愿曲线，它反映某个消费者对某一数量的该种公共物品可给自己带来的效用的评价，或为得到这一数量的该种公共物品所愿意支付的价格。某一数量的该种公共物品的社会效用等于每个人的效用之和，或者说，社会为某一数量的该种公共物品所愿意支付的价格等于每个人愿意支付的价格之和。因此，公共物品的市场需求曲线应通过将每个人的需求曲线垂直相加得出。图 10-7 说明了公共物品的需求曲线。

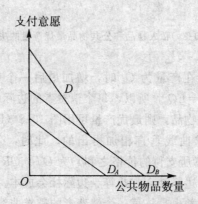

图 10-7　公共物品的需求曲线

在图 10-7 中，有两个消费者 A 和 B，D_A 曲线表示消费者 A 对该种公共物品的需求曲线，D_B 表示消费者 B 对该种公共物品的需求曲线。两条曲线上的每一点都表示消费者对某一数量的该种公共物品可给自己带来的效用的评价，或为得到这一数量的该公共物品所愿意支付的代价。D 表示两个消费者对该种公共物品的总需求曲线，它是由 D_A 和 D_B 垂直相加得出的。总需求曲线 D 上的任何一点都表示某一数量该种公共物品的社会价值，即两个消费者个人效用之和，或两个人愿意为得到某一水平的公共物品而支付的代价之和。

一种公共物品生产多少才能实现资源的最优配置呢？前已指出如果某种物品是在完全竞争条件下生产的私人物品，则其最优产量可以由图 10-8（a）所示。将消费者 A 和消费者 B 的需求曲线水平相加，即可得出该物品的市场需求曲线 D，市场供给曲线为 S，则 D 与 S 的交点 E 所对应的产量 Q_e 就是最优产量，在这一产量水平上，每个消费者的边际收益等于边际成本。这里所谓边际收益是每个消费者为增加最后一个单位的消费品所支付的费用，消费者 A 的边际收益为 $E_A Q_A$，消费者

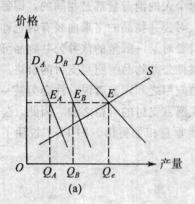 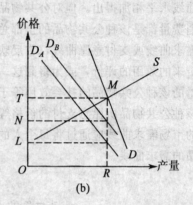

图 10-8 私人物品和公共物品最优产量的决定

B 的边际收益为 $E_B Q_B$。在产量为 Q_e 时，增加最后一个单位产量的边际成本为 $E Q_e$，由于 $E_A Q_A = E_B Q_B = E Q_e$，所以，每个消费者的边际收益都等于边际成本。

如果这种物品是公共物品，则最优产量可用图 10-8（b）表示。在图中，市场需求曲线是通过个人需求曲线垂直相加得出的。此时，公共物品的最优产量为 OR，总价格（各个消费者所支付的价格之和）为 OT。OR 之所以成为最优产量是由于在这一产量水平上，边际社会收益等于边际社会成本。公共物品的产量增加一个单位所能带来的边际收益也是将每一个消费者的需求曲线垂直相加而得出的，这是因为所有的消费者所消费的都是公共物品的全部数量，而边际社会收益是每个消费者的边际收益之和。并且如果该物品一个单位增量的价值等于一个人愿意为此支付的最大代价，每个消费者的边际收益就是其个人的需求曲线到横轴的距离。因此，如果产量为 OR，产量增加一单位时的边际社会收益是 OL 与 ON 垂直相加之和，即等于 OT。由于产量增加一个单位的边际社会成本是 RM（与私人物品的情况相同），而最优产量是能使边际社会收益等于边际社会成本的产量，因此，OR 必然是最优产量水平。

以上分析表现出一个重要的事实：对于一种私人物品而言，经济效率要求每个消费者的边际收益等于边际成本；对于一种公共物品而言，经济效率要求所有消费者的边际收益之和等于边际成本。

（二）由私人生产时的公共物品供给

以上说明了公共物品最优产量的决定，但这种数量公共物品不能由私人企业提供，在由私人企业生产公共物品的情况下，公共物品的产量总是低于最优产量，而公共物品产量少于最优产量的幅度则在很大程度上决定于共用者人数的多少。当共用者人数很少时，个人也许会认为，作出努力并付出一定成本生产一定的公共物品是值得的，但即使在这种情况下，如果人们都只是按个人利益行事，仍然会存在只生产较少公共物品的倾向。而当共用者人数很多时，个人常常会认为，这样做会使太多的人无功受禄，而且对自己的福利影响也不大，所以，公共物品的产量低于最优产量的数额将会更大。

1919 年，德国经济学家埃里克·林达尔（Erik Lindahl）曾探讨了通过自愿方式实现公共物品生产均衡和实现资源最优配置问题，图 10-9 描述了林达尔的观点。

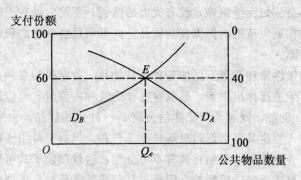

图 10-9 林达尔均衡

在图 10-9 中，假定一个社会中只有 A 和 B 两个人。图中横轴为某种公共物品的数量，但纵轴并不是通常所代表的该种物品的价格，而是两个人所需支付的该种公共物品成本的份额（以百分比表示），D_A 是 A 对该种公共物品的需求曲线，该曲线具有负的斜率，表示由他为生产该种公共物品负担的成本份额越多，他对这种公共物品的需求量越小，D_B 是 B 对该种公共物品的需求曲线，但他所负担的成本份额是以图中右边的纵轴表示的，而且其份额比例是倒过来表示的，即越靠近右上角，他所付出的份额越小。D_A 和 D_B 相交于 E 点，这一点对应的公共物品的产量为 Q_e，在这一产量水平上，A 愿意为生产公共物品支付 60％的成本，B 愿意支付40％的成本。E 点是一个均衡点，即林达尔均衡点。如果产量低于 Q_e，A、B 两人所愿意支付的份额之和大于 100％，即两个人所愿意支付的成本之和高于生产这些公共物品所需要的全部成本，这意味着他们愿意提高该种公共物品的产量。相反，如果产量高于 Q_e，A、B 两人所愿意支付的份额之和小于 100％，即两人所愿意支付的成本之和低于为生产那些公共物品所需要的全部成本，这说明他们一致认为应减少该种公共物品的产量。只有当产量为 Q_e 时，才能实现林达尔均衡，即人们愿意为生产这些公共物品所支付的成本之和等于生产这些公共物品所需要的成本。

不幸的是，在现实经济中，很难在自愿的基础上实现这一均衡状态。特别是在共用者人数众多的情况下，消费者会认为，任何个人的单独行动都不会对该物品的产量产生重要影响，他们可能不会自愿为生产这些物品作出任何贡献，而是希望不付任何代价地使用可能生产出来的这种物品,换言之,消费者将会发现,作为一个搭便车者将更为有利。如果每个人都从个人利益出发,都想成为搭便车者,最终必然会使公共物品的产量过低。

(三)政府干预与成本-收益分析

既然单纯依靠市场调节不能使公共物品的产量达到最优,政府就有责任生产公共物品。在许多国家,像国防、邮政服务、教育等公共物品,都是由政府提供的。就提供公共物品这一点而言,政府与其他向其成员提供某些服务的组织(如工会、专业协会、互助会、妇女组织等)没有太大的区别,不同之处在于政府可以进行更大规模的生产和在更大范围内提供公共物品,并可通过强制性的税收为这些公共物品的生产提供资源。

为向社会提供性质和数量不同的各种公共物品,政府机构必须不断就各项具体干预政策是否应予施行作出决策,而政府在作出这种决策时,也应以各项政策的成本-收益为依据。例如,政府负责修建的公路是一种公共物品,由交通部具体负责公路的修建工作。假定某年某部门想新修 9 条公路,但由于可用于新建公路的预算是固定的,每条公路作为一个项目具有不可分性,这就限定了其可用于修建新公路的资金总额及其可进行的项目数量。因此,某部门就需要对每条公路所需要的成本和可以带来的社会收益进行分析,以便确定最终能修几条公路,修建哪几条公路。表 10-1 给出了每条公路的成本与收益情况。

表 10-1 　　　　　　　固定预算下的成本-收益分析　　　　　(单位:亿元)

可能修建的公路	收益	成本	成本收益率(%)
A	3.0	2.0	1.50
B	3.0	2.4	1.25
C	1.0	0.8	1.25
D	1.8	2.0	0.90
E	7.0	4.0	1.75
F	4.0	3.0	1.33
G	4.0	2.0	2.00
H	3.6	3.4	1.20
I	3.5	2.0	1.75

按照成本-收益分析选择项目就是要使总收益和总成本之间的差额最大化,而在某部门可用于新建公路的预算固定的情况下,总成本是不变的,因此,总收益最大也即总收益与总成本的差额最大。为使选定的项目所能产生的总收益最大,某部门应计算每个项目的成本收益率,并选择成本收益率最高的项目。假定某部门可用于新建公路的预算总共有 10 亿元,就应该选择修建表中 A、E、G、I 这几条公路,因为这几条公路的成本收益率较高,且其成本之和恰好等于 10 亿元。

以上分析假定政府机构的预算是固定的，而且每个项目不可分割。如果预算不是固定的，而是可变的，某部门为新建表中所列公路的开支可以是其需要的任何数量，则所有成本收益率大于 1 的项目都应实施。如果每个项目是可分的，则政府机构在各个项目间分配资金时，应使每个项目增加 1 元的资金所产生的边际收益相等。当政府机构的预算是可变的，而且项目也是可分的，则还应使每个项目增加 1 元的资金所产生的边际收益等于私人部门增加 1 元资金所产生的边际收益。

成本-收益分析有助于政府决定是否要施行某项经济政策。但在现实中，要计算出每个项目的成本和收益常常是很困难的。有些收益是无法直接计算的，例如，一个水坝的修建会对一国其他地区的消费者和企业产生间接的影响。有些成本和收益是无形的，例如，水坝的修建可能破坏自然景观，而这种无形的成本很难用市场价值衡量，甚至是根本无法量化的。所以，成本-收益分析不是万能的，其适应范围是有限的。

四、政府对信息不对称的干预

如前所述，信息不对称也是市场失灵的原因之一。与外部性、公共物品等引起的市场失灵不同，当存在信息不对称引起的市场失灵时，企业本身也具有主动提供市场信息的动力，只不过它无法从根本上解决信息不对称问题，甚至有可能加剧市场秩序的混乱。在前面有关旧汽车交易市场的例子中，如果旧汽车中"好货"的卖者主动向买者提供汽车质量信息并提供担保，也可以起到促进销售的作用（次货的车主不具备这种能力），因此，卖者主动提供信息是有助于改善资源配置效率的。这一点可通过现代广告业的迅速发展得到充分证实。例如，到 20 世纪 80 年代中期，美国广告业支出就已占到 GNP 的 2.3%，这笔费用可以被看做是社会用于改进信息供给而付出的成本。毫无疑问，广告业的发展提高了商品信息供给的专业化、社会化水平，已成为消除信息不对称现象的有力工具。但是，广告业等市场信息供给产业的发展费用，归根结底是由市场的直接交易人承担的，它也要耗费大量资源。并且，只要有人能从信息不对称中获利，也就无法排除部分企业耗费资源，利用广告发送错误信息，从而对消费者进行误导的可能。因此，各国政府都采取了行政的和法律的手段对广告业实施严格的管制，以确保市场信息的有效供给。

在现代经济生活中，政府还采取了多种措施强制企业提供必要的商品信息。例如，市场销售的袋装、罐装的食品必须按规定详细注明产品的品质、价格、生产日期等有关信息；上市股份公司也必须按规定公布有关公司资产、利润等财务状况的数据。可以说，现代市场上大量商品和劳动的生产销售，实际上都是产品加信息的生产销售，这既是确保市场正常运行的条件之一，也是企业得以生存和发展的重要条件。此外，各国政府还普遍对食品、药物等直接关系公众健康和安全的物品的产销实施管制，强制推行了一系列安全卫生标准。这些标准，一方面迫使企业提供合格的产品，另一方面也等于为消费者提供了某些质量和安全方面的担保。图 10-10 说明了政府增加信息供给的积极作用。

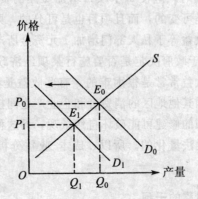

图 10-10　政府增加信息供给的积极作用

在图 10-10 中，假设某行业提供的优质品、劣质品混杂，消费者对此不能分辨确认。在这个信息不对称市场上，市场需求曲线为 D_0，供给曲线为 S，D_0 和 S 相交于 E_0 点，决定价格和产量为 P_0、Q_0。现在如果由政府提供有关这种产品的信息，或促进了真实信息的供给，消费者将提高对优劣产品的供给能力。在意识到购买风险的情况下，消费者会减少或停止对劣质品的购买。这样，市场需求曲线会从 D_0 下移至 D_1，D_1 是一条代表消费者拥有更多信息的市场需求曲线，它与供给曲线 S 相交于 E_1，决定价格和产量为 P_1、Q_1。在这种情况下，一方面，价格降低使消费者受益；另一方面，虽然交易量减少，但优质品的产销比例却提高了。

五、政府管制失灵

（一）管制失灵的原因

政府管制的目的在于矫正市场失灵，提高经济效率。但是，如同不能把现实的市场理想化一样，也不可将理想化的政府等同于现实的政府。在实际生活中，不仅存在市场失灵，也存在政府管制失灵的可能性。那么，为什么会出现政府管制失灵呢？

一般认为，政府当局要克服市场失灵，促进经济效率的提高，是以公众或消费者福利最大化为目标的。但这种理论假设与现实存在着明显的矛盾：（1）政府管制政策的制定是通过政治程序进行的。在所谓"民主社会"中，经济决策依靠市场机制的作用，而政治决策则依靠选民投票。但是，正如美国经济学家阿罗所证明，在投票过程中，多数票原则会产生结果自相矛盾的"投票悖论"，通过投票从个人偏好次序达到社会偏好次序，求出社会福利函数是十分困难的。因此，政府并不必然能准确地反映公众意愿，从而作出合理的社会决策。(2) 公众或消费者不是铁板一块，他们分为不同社会阶层和利益集团，同时，也并无充分理由把私人企业排除于公众的范围之外。大量事例证明，最能直接影响和左右政府决策的，往往不是抽象的公众，而是与政府联系最为密切的利益集团。(3) 政府产生于社会又凌驾于社会之上，作为相对独立的政治主体、经济主体，它不可能完全没有自己的独特利益偏好。更具体地说，政治管制当局可分解为专门机构和官员个人，他们也都有自己的利益追求，所以，公众与政府的目标发生背离也就在所难免。

再从政府与企业的关系看：(1) 它们的关系是管制者与被管制者的关系，政府管制不仅会制约企业行为，而且还会改变企业的利益格局，只要企业是自利的，"上有政策，下有对策"的现象就无法杜绝。其实，政府与企业之间也是信息不对称的，企业即被管制方拥有明显的信息优势，也具备提供错误信息的动因和能力。这样，政府当局信息不全，又要以一当十，以一当百，往往会寡不敌众，难以实施有效管制。(2) 政府与企业也完全可能结成共谋或勾结的关系。在理论上，管制机构是为保护公众或消费者利益建立的，但按照美国经济学家施蒂格勒（George Stigler）的"俘虏假说"，它们最终可能会偏重于为其所管理的企业谋利，这是因为管制机构与被管制者之间有更多的接触机会，企业也愿意比分散的消费者花费更多的精力表达自己的利益和愿望，更努力地影响管制机构的决策。(3) 管制当局是法定的垄断者，拥有相当程度的自由裁决权，因此，企业不仅会通过说服，甚至也会通过"收买"的方式力促当局采用于己有利的管制政策和措施。这种情况在经济学中被称为"寻租行为"，当企业的"寻租行为"与部分官员、机构"出卖"公众利益、以权谋私的腐败行为相结合时就会给被管制者和管制者带来超额利润，使由此产生的费用成为公众的额外负担，反而减少社会福利。

与市场自发运行要耗费交易成本一样，政府管制也要耗费成本。具体来说，管制成本包括：(1) 有关信息搜寻处理的成本。例如，政府要对自然垄断进行价格管制，必须对有关垄断厂商的成本条件、需求状况、生产能力等信息有确切的了解。(2) 为确保管制政策得以协调各方利益并确保其执行，还需付出与企业进行讨价还价谈判的成本以及监督调节政策执行情况的成本。(3) 为维持庞大的政府管制机构的正常运行同样需要支付高昂成本。这样，一方面，管制会促进效率提高，为社会带来收益；另一方面，管制本身也要耗费成本，虽然这种成本是制度性的而非生产性的，但如果它过于高昂，甚至大于由此带来的效益，管制的效率就会降低甚至失效。

另外，政府管制过多过细或方式不当还会引起企业内部的无效率，主要表现在：(1) 管制可能削弱企业的自主经营权力，降低企业的生产积极性和主动性。(2) 某些管制措施对企业的维护，如限制其他企业进入、最低价格限制等，会削弱企业提高效率开发新技术的动因，从而导致创新行为的停滞。

（二）管制改革

解决管制失灵的最常用的办法是不管制——非管制化，即在离开政府管制竞争仍能够存在的行业中取消管制，直接让竞争发挥作用。在主要的市场经济国家，20世纪70年代和80年代，掀起了一场以非管制化为特征的管制改革。在美国，管制改革涉及许多方面，包括汽车运输业、航空运输业、有线电视、石油和天然气开采、金融系统、劳动保护、环境污染等，众多行业和部门都进行了管制改革。

概括地说，非管制化的主要内容就是在市场机制可以发挥作用的行业完全或部分取消对价格和进入市场的管制，使企业在制定价格和选择产品上有更多的自主权。具体做法包括：（1）运用新的标准来定义倾销价格，放宽或取消最低限价和最高限价，允许企业根据实际情况制定季节差价等。（2）逐步减少价格管制所涵盖的产品的范围。（3）放宽或取消进入市场的管制。

对于非管制化改革的结果还存在不少争论，但有一点是肯定的，它说明无论市场或政府都不是万能的，现代市场经济有效运行，要求市场机制与政府干预实现某种有效的结合和互补，而企业恰好是在"看得见的手"与"看不见的手"的双重调节下从事生产经营决策的。

第三节　宏观经济政策与企业决策

一、税收政策与企业决策

企业是微观经济主体，企业和消费者的微观经济活动构成宏观经济运行；反过来，宏观经济运行又对微观经济活动产生复杂的制约作用。如同微观经济要受到政府多方面管制一样，现代宏观经济更是有政府宏观经济政策作用其中。这里我们着重讨论宏观经济政策对企业经营管理决策的影响。

（一）企业的名义收益与可支配收益

如前所述，企业作为独立的市场经济主体，在内在利益的驱使下，它总会在既定的技术条件、需求状况和成本条件下谋求最大利润。所谓最大利润，可以从如下两个角度说明：（1）最大利润表现为企业总收益与总成本的最大差额；（2）最大利润是企业边际收益与边际成本相等时的利润。但是，在这里，无论是与总成本相比较的总收益，还是与边际成本相比较的边际收益，都还只是名义上的收益量，而并非实际的可以由企业自由支配的收益量。仅把企业目标设定为对名义收益的追求，还远远不足以说明在有政府宏观经济政策介入条件下企业实际会有的决策方式。

事实上，企业更看重的是可支配收益而不是名义收益。所谓可支配收益是指在名义收益中扣除不能由企业自主支配的部分，再加上外部追加给企业支配部分的收益数额。引入政府财政收支因素后，可支配收益也就是从名义收益中减去交给政府的税收，再加上各种政府补贴的收益数额。很显然，只要政府征税或对企业予以补贴，并且随着宏观经济形势的变化对税收和补贴的水平加以调整，企业真正得到的收益就不能只用市场价格水平作为惟一的衡量尺度。换言之，只要继续维持企业是追求自身经济利益的市场主体的假定，它们就不可能仅仅依据名义收益的多少来确定自己的行为，而必定还要考虑政府在市场价格之外的经济干预对其切身利益的影响。

(二) 不同税收形式对企业决策的影响

下面具体分析政府通过征收各种不同形式的税收对企业决策的影响。为使分析简便，这里假定不存在政府补贴，于是，厂商的名义收益与可支配收益的差额就等于税收。

1. 从量税。从量税是按购买或销售每单位商品、劳务的数量征收的税，它通常与买卖的实物量保持固定比例。征收从量税会影响企业的名义收益。例如，假设市场上每加仑汽油售价为 1.5 美元，从量征收的汽油税为每加仑 0.12 美元，税收由销售者承担，如果某汽油销售商每天售出 100 加仑汽油，其名义总收益就是 150 美元 (1.50×100)。但扣除了从量税后，其可支配收益则为 138 美元[(1.50－0.12)×100]。

设 Q 表示销售量，P 表示市场价格，T 表示税收，用公式表示的企业名义收益为：

$$TR=PQ$$

企业的可支配总收益为：

$$TR=(P-T)Q$$

对企业来说，企业决策的现实依据是税后的可支配收益，而不是名义收益。为追求利润最大化，企业将把可支配总收益与总成本加以比较。

2. 从值税。从值税是按每单位商品售价的百分比征收的税，最为常见的例子是从值销售税。我们知道，当企业无须纳税时，为了实现利润最大化，它将按边际收益等于边际成本的原则决定产销量，即企业利润最大化的条件是 MR＝MC。但是，如果企业必须按照特定的税率 t 交纳从值销售税 ($0<t<1$)，则企业多产销一单位产品所带来的实际收益的增量将是 $(1-t)$MR，而不是 MR。此时，企业将按下述条件进行产量决策：$(1-t)$MR＝MC。而按照这一条件确定产销量，企业将提供比没有税收条件下较少的产量。图 10-11 描述了从值税对企业产量决策的影响。

在图 10-11 中，假定市场是完全竞争的，MR＝P。若没有税收，当 P_1＝MC 从而确定均衡产量为 Q_1 时，企业边际收益为 OP_1＝EQ_1。但交纳了从值税后企业的边际收益为：OP_1-T＝EQ_1-EF＝FQ_1。由此可见，征税实际上等于使 MR 曲线向下移动了，通过使可支配边际收益与边际成本相等所决定的产量当然会随之减少，即从 Q_1 降至 Q_2。在垄断性市场上，从值销售税也会减少企业边际收益，从而

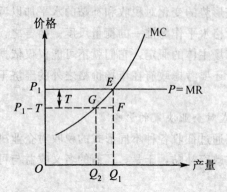

图 10-11　从值税对企业产量决策的影响

减少产量，只不过它不是简单地表现为 MR 曲线向 F 移动，而是向下旋转罢了。

3. 公司所得税。企业的净收益也会成为课税对象，按照利润的一定百分比征收的公司所得税就是对企业净收益征收的税。对企业征收公司所得税会使名义利润转化为可支配利润。在西方国家，公司所得税又有若干种形式，并与个人所得税类似，往往按累进税征收。但是，对于某个具体企业而言，在一定时期内的公司所得税率也可视为常数，即也可用 t 来表示。再令 π 代表企业利润，则没有征税时企业的名义利润为 $\pi = TR - TC$；交纳了公司所得税后，企业的利润变为可支配利润，即：$\pi = (1-t)TR - TC$。

显然，与征收从值税的结果相仿，对利润按一定比例征税，也可能导致企业减少产量或提高价格，并产生相应的宏观经济效应。不过，许多经济学家认为，对价格征税和对利润征税的后果是不同的，公司所得税对产量或价格造成的影响不像从值税那么大。原因是只要对利润课征的税收与企业的名义利润保持固定的比率，可支配利润就成为名义利润的增函数。名义利润增加了，可支配利润也总会增加。这样，当企业按照 MR＝MC 的原则获取最大名义利润时，可支配利润也同时达到最大。因此，对利润征税或变动税率，就不会对企业的产量或价格决策产生太大的影响。

（三）税收负担原理

以上的讨论假定政府对企业课征的税收全部由企业负担，但事实上，企业既有可能用提价的方式将税收负担转嫁给消费者，也有可能通过压低工资、利率、租金等要素价格的方法将税收负担转嫁到要素供给者头上。在这些情况下，税收就有可能并不对企业的可支配收益或成本造成实际影响，从而丧失应有效力。

企业究竟能在多大程度上转嫁税收负担，要视产品的供求弹性大小而定。从需求方面看，需求价格弹性越大，消费者的实际负担就越小，当需求价格为完全弹性时，消费者的实际负担为零；需求价格弹性越小，消费者的实际负担就越小，当需求价格完全无弹性时，消费者实际负担了全部税额。从供给方面看，情况也类似，供给价格弹性越大，企业对税收的实际负担就越小，反之则越大，这就是所谓税收负担原理。图 10-12 给出了在不同供求弹性下，消费者和企业对税收负担的比较。

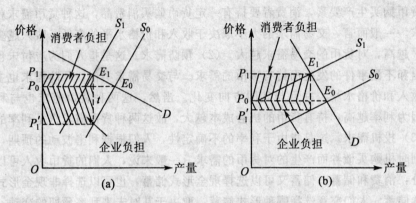

图 10-12　税收负担与供求弹性

在图 10-12 中，假设政府对企业征收从值税，企业可将税额列入成本。若每单位产品征税 t 元，则生产的平均成本就上升 t 元，供给价格也上升 t 元，供给曲线将上移 t 的距离，在图 10-12 （a）中，供给曲线由 S_0 移到 S_1，市场均衡点从 E_0 移到 E_1，市场价格由 P_0 上升到 P_1。在未征税前，消费者每单位产品付出 P_0，现在要付出 P_1，比税前增加 $P_1 - P_0$。而企业原来每单位产品的收益为 P_0，现在每单位产品的收益为 $P_1' = P_1 - t$。这说明消费者对每单位产品征收 t 元税收中实际负担了 $P_1 - P_0$，而企业实际负担了 $P_0 - P_1'$。图 10-12 （b）中情况与此类似，但由于需求曲线弹性变小了，而供给曲线弹性增大，所以，企业实际负担 $P_0 - P_1'$ 小于消费者实际负担 $P_1 - P_0$。

二、货币政策与企业决策

前面曾经讲到，投资决策是企业最重要的决策内容之一，企业为通过投资实现资本最大化增值，就要对预期投资收益率进行估算，并合理确定投资的资本成本率即市场利率，然后才能通过二者的比较确定最佳投资数量。但是，在那里，我们假定利率是给定的，侧重探讨的是投资估算问题。但是，利率并非固定不变的，而是可变的。那么，利率是如何决定的，又有哪些因素会引起利率的变化呢？凯恩斯以前的传统经济学认为，利率是由资本市场的供求关系决定的。但是，现代市场经济在某种意义上已发展为信用经济，随着生息资本运动形式的普遍化，闲置资本和居民储蓄都可转化为生息资本，借入资本和自有资本都要计息。这样，就使利率跳出了单纯资本借贷关系的范围，而演化成一种在经济生活中普遍发生作用的重要经济范畴。所以，当代经济学家普遍认为，利息是一种货币现象，利率的高低是由货币市场上货币需求与货币供给共同决定的。

所谓货币需求是指人们由于各种原因持有一定量货币的愿望或要求。具体来说，人们对货币的需求，按其目的不同可以分为三种：（1）交易需求。企业要持有一定货币购买生产要素，消费者要持有一定货币购买消费品，这种货币需求就是交易需求。一般而言，交易需求的大小取决于收入和价格水平的高低。收入越多，价格水平越高，对货币的交易需求越大。（2）预防需求。这是指人们为应付未预料到的支出和不测事件的发生而持有货币的需求。与交易需求类似，预防需求也主要取决于收入和价格水平，并且与其同方向变化。当然，这两种货币需求也与利率有关，因为利率越高，持有货币的机会成本越大，故这两种货币需求都是利率的减函数。（3）投机需求。这是指由于利率的不确定性，人们根据利率波动的预期，为了在有利时机购买债券而产生的对货币的需求。一般来说，人们的货币收入可以分成两部分：消费和储蓄。储蓄又可以选择现金形式储蓄，也可以选择非现金形式如购买债券储蓄。人们究竟选择哪种形式储蓄，取决于其对未来利率预期的变动。由于债券价格和利率之间存在一种反方向变化的关系，所以，如果人们预期未来利率会趋于下降，他们就会购买债券；反之，如果人们预期未来利率会上升，就会抛出债券而握有现金。而市场利率越低，人们预期今后利率升高的趋势越强，从而债券价格今后下跌的可能性越大，人们持有货币量也就越大；反之则相反。所以，对货币的投机需求主要取决于利率，并与利率升降成反方向变化。这样一来，上述三种货币需求，尤其是货币投机需求均与利率成反比。据此我们就可以得到一条反映货币需求 M_d 与利率 r 之关系的货币需求曲线。这是一条向右下方倾斜的曲线，如图 10-13 所示。

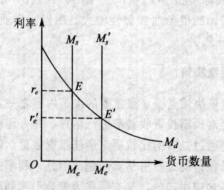

图 10-13　均衡利率的决定

所谓货币供给是指在某一时点上一个经济社会可资利用的货币存量。货币供给量的计算有广义和狭义之分，但大多数经济学家认为，严格意义上的货币供给量是指狭义的货币供给量，它由现金和活期存款构成。现金即通货，它的大小是由货币发行当局控制的，在大多数国家，发行通货的权利掌握在该国中央银行手中。活期存款的大小受商业银行左右，并且在现代银行制度下，由于支票流通制的实行，现金很少流失出银行体系，商业银行活期存款的增加即是其贷款的增加，所以，商业银行具有派生存款的功能。但商业银行这一功能作用的大小取决于中央银行的货币政策，中央银行可以通过改变法定准备金率、再贴现率及在公开市场上买卖政府债券来影响商业银行的业务。所以，从某种意义上说，货币供给量的大小是由一国货币当局——中央银行操纵或控制的，而与利率无关。这样，一定量的货币供给就可以由图 10-13 中的垂直的货币供给曲线 M_s 来表示。

在图 10-13 中，货币需求曲线 M_d 与货币供给曲线 M_s 相交于 E 点，在这一点上，货币需求等于货币供给，由此决定了均衡货币数量为 M_e，均衡利率为 r_e。

既然均衡利率是由货币需求和货币供给决定的，如果由于某种因素引起货币需求或货币供给发生变化，那么，均衡利率也会随之发生变动。由于货币供给量的大小可以由货币当局——中央银行操纵和控制，所以，在货币需求不变的情况下，政府的货币政策就可以影响货币供给量进而引起利率的变化，而利率的变化也会影响企业的投资决策。例如，在经济萧条时期，如果政府采取了扩张性的货币政策，增加了货币供给量以刺激总需求，货币供给曲线就会如图 10-13 所示由 M_s 右移至 $M_s{}'$，$M_s{}'$ 与 M_d 相交于 E' 点，决定均衡利率为 $r_e{}'$，$r_e{}' < r_e$。这说明，扩张性的货币政策导致均衡利率的下降，而随着利率的下降，企业的投资需求就会增加，投资的增加又会导致国民收入的增加。反之，如果政府实行紧缩性货币政策，就会引起货币供给量的缩减，进而引起均衡利率的上升，随着利率的上升，企业的投资需求就会减少，投资的减少又会导致国民收入的减少。

至于政府的货币政策在多大程度上影响企业的投资决策，这在很大程度上取决于投资需求函数的利率弹性，也就是投资需求对利率的反应程度。一般来说，如果投资需求函数的利率弹性较大，那么，在货币供给量增加引起利息率下降的同时，企业投资就会有较大的增加，这时货币政策的作用效果就较大。反之，如果投资需求函数的利率弹性较小，那么，在货币供给量增加引起利率下降时，企业的投资需求就只会有较小的增加，此时，货币政策就不太有效。

复习思考题

1. 解释下列名词

帕累托最优　　市场失灵　　外部性　　公共物品　　信息不对称　　政府管制
产权　　政府管制失灵

2. 经济活动的外部性是如何干扰市场对资源的配置的？

3. 公共物品为什么不能靠市场来提供？

4. 为什么说充分信息只是一种理想化的假设？市场信息不对称是如何引起市场失灵的？

5. 政府在市场经济中的作用是什么？

6. 什么是科斯定理？作为解决外部性问题的一种方法，它与其他方法有什么不同？

7. 什么是公共物品的最优产量？政府干预有助于公共物品最优产量的实现吗？

8. 引起政府管制失灵的原因有哪些？

9. 宏观经济政策对企业经营决策有什么影响？

10. 你是如何认识政府、市场、企业三者之间关系的？

第十一章　　博弈论与企业决策

本章学习目的

在学完本章以后，你应该掌握以下内容：

1. 博弈的概念与企业决策；
2. 完全信息条件下静态博弈理论；
3. 完全信息条件下动态博弈理论；
4. 不完全信息条件下的静态与动态博弈理论；
5. 博弈理论在企业决策中的应用。

　　在前面的章节里，我们已经开始对经济人的最优决策进行了一定的探讨（如厂商如何针对成本、需求、价格等客观市场因素作出合理的产量和定价决策等），但这些都仅限于简单环境下的分析，没有考虑到经济人之间决策互相影响的问题。例如，厂商所作出的产量和定价决策会引起它的竞争者怎样的反应？竞争者的反应又会对厂商的经济利润产生什么样的影响？如何阻止潜在的竞争者进入？在需求和成本发生变化，或者有新的竞争者进入市场时，厂商如何做定价决策？

　　针对这些问题，本章将建立复杂环境下的决策理论——博弈论（Game Theory），来扩展我们对厂商决策的分析。本章首先对有关博弈论的基本知识及概念进行简单介绍，然后部分地列举出博弈论在企业决策中的运用，最后根据博弈过程及信息结构的不同将博弈分为四类：完全信息静态博弈、完全信息动态博弈、不完全信息静态博弈、不完全信息动态博弈，并在这四类情况下分别对博弈论的运用进行具体阐述。

第一节　　博弈论概论

一、博弈论及其在企业决策中的运用

　　博弈论又称对策论、游戏理论或策略运筹学。它用以研究决策主体的行为发生直接相互作用的时候如何作出决策以及这种决策的均衡问题。简单地说，它帮助我

们解决了这样一个问题：如果我的竞争者是理性的，且追求其最大利润，那么要达到我自己利润最大化的目标，在作决策时我应该如何考虑它们的行为？

博弈论是一种决策理论，但它与传统经济学中的有关决策理论存在着较大的区别：后者所涉及的个人决策，是在给定价格参数和收入的条件下，追求效用最大化的决策（消费者均衡或生产者均衡）；个人效用只依赖自己的选择，而不在于他人的选择；个人最优选择只是价格和收入的函数，而不包含其他人选择的函数。然而在博弈论看来，个人的效用不仅依赖于自己的选择，而且依赖于其他人的选择；个人最优选择是一个包含着价格、收入以及其他人的选择等多重因素的复杂函数。

博弈论的应用是微观经济学的重要发展，但严格说来，博弈论并不是经济学的分支，而是一种方法，属于数学范畴，可以广泛运用于政治、军事、外交、公共选择甚至日常生活的方方面面。在经济学领域，它可以指导我们用深远的眼光看待市场中的各种复杂因素，策略性地作出决策。

博弈论的发展不仅对经济理论和经济政策产生了重大的影响，而且对企业的微观经济活动也产生了重要影响。对于企业经营者来说，博弈论的指导作用不言而喻。在价格和产量决策、经济合作和经贸谈判、引进和开发新技术或新产品、参与投标拍卖、处理劳资关系，以及在与政府的关系和合作等众多方面，博弈论都是企业经营者十分有效的决策工具和比较科学的决策思路。

在西方国家，博弈论得到十分广泛的运用。许多大公司专门聘请博弈论专家担任顾问和决策参谋，为公司的重要的经营决策，包括定价、定产、收购、兼并、投标、拍卖等活动提供重要的、决定性的参考意见。

在我国，由于公有经济占主体，政府对经济活动影响较大，在市场架构中，始终有很强的政策力量在起作用，经济关系比一般的市场经济国家更为复杂。人们在作经济决策时，除了考虑竞争对手或合作伙伴的利益和反应以外，还必须注意政府的反应和政策的变化，经济活动的"博弈性"比一般市场经济国家更强。因此，博弈论在我国企业进行决策中所起到的作用更为广泛和重要。

二、博弈论的基本概念

下面，我们从一个简单的例子来了解一下博弈论的基本概念。

假如市场上存在两家厂商 A 和 B，厂商 A 正在考虑是否进入一个新的领域，开发一种新的产品。面临的选择有两种：开发或是不开发。如果决定开发，必须投入 1 000 万元资金；如果不开发，则投入为 0。开发与否关键看是否有利可图。

开发一种新产品，其风险首先来自新产品市场需求的不确定性，同时还源于竞争对手（厂商 B）。让我们假设厂商 B 也面临着与厂商 A 同样的决策问题：是否投入 1 000 万元开发同样的新产品。

假定，若两家厂商同时推出新产品，如果市场需求大，则厂商 A 和 B 均可获得 1 400 万元的收入，如果市场需求小，则均可获得 700 万元的收入；若只有一家推出，需求大时可获 1 800 万元的收入，需求小时可获 1 100 万元的收入。这样，将出现 8 种可能的结果：

(1) 需求大，A 开发，B 不开发；A 获利 800 万元，B 获利为 0。

(2) 需求大，A 开发，B 也开发；A、B 获利均为 400 万元。

(3) 需求大，A 不开发，B 开发；A 获利为 0，B 获利 800 万元。

(4) 需求大，A 不开发，B 也不开发；A、B 获利均为 0。

(5) 需求小，A 开发，B 不开发；A 获利 100 万元，B 获利为 0。

(6) 需求小，A 开发，B 也开发；A、B 获利均为 -300 万元。

(7) 需求小，A 不开发，B 开发；A 获利为 0，B 获利 100 万元。

(8) 需求小，A 不开发，B 也不开发；A、B 获利均为 0。

在这个例子中，无论是厂商 A 还是厂商 B，在决定是否开发时都要同时考虑市场需求和竞争对手的行动。我们假定双方同时决策，每一方作出决定时不知道对方的决定，双方都知道市场需求。那么，如果市场需求大时，双方都会开发，各获 400 万元利润；如果市场需求小，一方是否开发依赖于对手是否开发。

在市场需求双方都不能确定的情况下，是否开发则依赖于各自对市场需求的判断以及竞争对手是否开发。比如，如果双方都认为市场需求大的可能性为 0.5，那么，无论对方是否开发，每一方的最优决策都是开发，因为在最坏的情况下（对方也开发）开发可带来 50 万元的期望利润，而不开发的利润为 0。

$$Ey = 0.5 \times 400 + 0.5 \times (-300) = 200 - 150 = 50（万元）$$

但是，如果双方都认为需求大的概率为 0.3，那么，一方只有当认为对方开发的概率小于 31/40 时才会选择开发。证明如下：设 A 认为 B 开发的可能性为 x，那么，A 开发的期望利润为：

$$Ey = 0.3 \times [400x + 800(1-x)] + 0.7 \times [-300x + 100(1-x)]$$

A 不开发的期望利润为 0。令 $Ey \geqslant 0$，解得 $x \leqslant 31/40$。

更为复杂现实的情况是，市场需求不确定，而且不同厂商开发决策在不同的时间作出。比如说 B 的决策要在 A 之前作出，但 B 在决策之前通过市场调研对需求有了确切的了解，而 A 却没有。那么，B 应该如何决策呢？如果 B 在对市场需求有了完全了解的情况下作出"开发"（或"不开发"）的决定，A 应该如何决策呢？显然，如果需求是大的，B 会选择开发；如果需求是小的，B 是否开发依赖于他在多大程度上相信 A 会开发，而 A 是否开发依赖于 A 在多大程度上认为需求是大的。假定 A 认为高需求的概率为 0.5，且 B 知道 A 的这个"先验"信仰，B 将选择不开发。这是因为，如果 B 开发，A 关于高需求的"信仰"不会向下调整，A 将选择开发，B 的利润为 -300 万元。由于这个原因，均衡结果将是：如果 B 知道需求是大的，B 决定开发，A 也开发，各得利润 400 万元；如果 B 知道需求是小的，B 决定不开发，A 开发。当然，在需求小时，如果 B 有办法使 A 相信需求确实是小的，B 就会决定开发；给定 B 开发的情况下，A 的最优选择将是不开发。

现在，我们就从这个例子来分析博弈论中的基本概念：参加者，行为，次序，信息，策略，得益，结果，均衡。

1. 参加者（players）也叫局中人，指的是一个博弈中的决策主体。他的目的是通过选择行动（或战略）以最大化自己的支付（效用）水平。参加者可能是自然人，也可能是团体，只要在一个博弈中统一决策、统一行动、统一承担结果，不管组织有多大，哪怕是一个国家，甚至是国家组成的集团，都可以作为博弈中的一个参加方。在上面的例子中，"厂商 A" 和 "厂商 B" 就是两个参加者。在博弈论中常把 "自然" 作为 "虚拟参加者" 来处理。

2. 行为（actions），是参加者在博弈的某个时点的决策变量。参与者的行为可能是离散的，也可能是连续的。比如上例中，每个参加者都只有两种行为可以选择，即 "开发" 与 "不开发"。几个参加者的行为的有序集叫 "行为组合"。如上例中，A 选择不开发，B 选择开发，那么，（不开发，开发）就是一个行为组合。

3. 次序（orders），在现实的各种决策活动中，当存在多个独立决策方进行决策时，有时候为了公平起见，需要各参加者同时作出选择，而更多时候各参加者的决策又有先后之分，并且，有时一个参加者还要作不止一次的决策选择。这不免有一个次序问题。即使博弈的其他方面都相同，次序不同就是不同的博弈。上例中，一个可能的次序为：自然先选择需求，然后 A 选择是否开发，最后 B 选择是否开发。

4. 信息（information），是参加者有关博弈的知识，特别是有关 "自然" 的选择、其他参加者的特征和行为的知识。信息集理解为参加者在特定时刻有关变量值的知识。比如上例中，如果 A 不知道市场需求是大还是小，而 B 知道，那么，A 的信息集为 ｛大，小｝，B 的信息集为 ｛大｝ 或 ｛小｝。

5. 策略（strategies），是参加者在给定信息集的情况下的行为规则。它规定参加者在什么时候选择什么行动。因为信息集包含了一个参加者有关其他参加者之前行动的知识，策略告诉该参加者如何对其他参加者的行动作出反应，因而策略又叫参加者的 "相机行动方案"。

6. 得益（payoff），是指在一个指定的策略组合下参加者得到的确定效用水平，或者是参加者得到的期望效用水平。它是所有参加者策略或行为的函数。绝大多数博弈本身都有数量的结果或可以量化为数量的结果，例如收入、利润、损失、个人效用和社会效用、经济福利等。在上例中，收入就是参加者的得益。

7. 均衡（equilibrium），是所有参加者的最优策略组合或行为组合。一个博弈中可能出现多个均衡。在上例中，假定厂商 A 与厂商 B 同时选择行动，那么，如果需求大，则（开发，开发）是惟一均衡；如果需求小，则（开发，不开发）是一个均衡，而（不开发，开发）也是一个均衡。

三、博弈的分类

博弈的种类可以从不同的角度进行描述。例如，根据参加者的数量可分为单人博弈、两人博弈和多人博弈；根据参加者策略的数量可以分为有限博弈和无限博弈；根据得益情况可以分为零和博弈、常和博弈和变和博弈；根据博弈过程可以分为静态博弈、动态博弈和重复博弈；根据信息结构可分为完全信息博弈和不完全信息博弈；最后还可以根据参加者的理性和行为逻辑差别分为完全理性博弈和有限理性博弈，以及非合作博弈和合作博弈。

博弈的分类相互之间都是交叉的，并不存在严格的层次关系。但是，我们仍然可以根据各种分类对博弈分析方法影响程度的大小排出大致的顺序：

- 博弈分为非合作博弈和合作博弈两种类型。经济生活中的很多活动就同时包含两种形式的博弈。而我们所谈到和讨论的博弈论一般是指非合作博弈。
- 在非合作博弈的范围内，可分为完全理性博弈和有限理性博弈。一般地，博弈论讨论所涉及的基本概念、原理和分析方法都以完全理性假设为基础。
- 博弈分为静态博弈和动态博弈以及重复博弈这种特殊的动态博弈。由于静态博弈和动态博弈在表达和分析方法上都有很大的不同，我们会对它们分别进行讨论，而重复博弈会放入动态博弈中特殊分析。
- 在以上三个层次的基础上，将博弈按照信息是否完全分类，分为完全信息静态博弈、完全信息动态博弈、不完全信息静态博弈以及不完全信息动态博弈。

与上述四种博弈相对应的是四个均衡概念，即纳什均衡、子博弈精练纳什均衡、贝叶斯纳什均衡以及精练贝叶斯纳什均衡。以下我们将分别对其进行讨论。

第二节 完全信息静态博弈

完全信息静态博弈是最简单的一种博弈。它是指各参加者在不知道其他方行动的情况下同时决策,且所有参加者对各方得益都了解的博弈。例如田忌赛马、石头·剪子·布、古诺产量决策等都属于这种决策。

我们对博弈进行分析的目的是预测博弈的结果，找出最终的均衡状态。纳什在1950～1951年发表的两篇论文中定义了非合作博弈及其一般解，并证明了这个均衡解的存在。在完全信息静态博弈的讨论中我们将先分析纳什均衡的特殊情况。

一、上策均衡

一般来说，博弈中每个参加者的效用（支付）是博弈中所有参加者策略的函数，每个参加者的最优策略的选择依赖于其他所有参加者的选择。但是有这样一种特殊的博弈：不管其他参加者选择什么样的策略，某参加者的某个策略给他带来的得益始终高于其他策略，或至少不低于其他策略。在这种博弈中，无论其他参加者策略如何，该参加者总能找到一种最优策略，使自己的支付对自己最为有利。我们称这种策略为该参加方的一个"上策"（Dominant-strategy）。

进一步，如果一个博弈的某个策略组合中的所有策略都是各个参加者各自的上策，那么这个策略组合肯定是各参加者自愿选择的，必定是该博弈比较稳定的结果。我们称这样的策略组合为该博弈的一个"上策均衡"（Dominant-strategy Equilibrium）。

假定厂商 A、B 生产同种产品，同时面临是否为自己的产品进行广告促销的策略决策，支付矩阵如下（见图 11-1）：

广 告 战

企业 B 的策略

企业 A 的策略		广告促销	不做广告
	广告促销	10，5	15，0
	不做广告	6，8	10，2

图 11-1

表格中的数字代表双方选择相应的策略所能获得的支付（效用），该例中表示利润水平。例如左上角的支付（10，5），表明当厂商 A、B 同时策划广告促销策略时各自可获得的利润水平。

在此例中，厂商 A 的上策为采取广告促销。因为对于厂商 A 来说，如果厂商 B 采取广告促销，厂商 A 同时采取广告促销可获利润 10（单位），不做广告则利润为 6，选择广告促销效用更大；如果厂商 B 不做广告，厂商 A 广告促销可获利润为 15，不做广告则利润为 10，选择广告促销效用更大。因此，无论 B 选择哪种策略，A 都会选择做广告。

同理，企业 B 的上策也是做广告。所以支付组（10，5）构成该博弈的均衡点，对应于企业 A、B 的上策，构成上策均衡。

从上例可以看出，上策均衡反映了所有参加者的绝对偏好，性质十分稳定，根据上策均衡可以作出最肯定的预测。因此，我们进行博弈分析时，可以首先判断各参加者是否都有上策，是否存在上策均衡。但事实上并非每个参加者都有这种绝对偏好的上策，而且常常是所有参加者都没有上策，上策均衡并不普遍存在。

二、重复剔除的最优策略均衡

上策均衡在博弈分析中具有一定的局限性，但在有些博弈中我们仍然可以应用最优策略的逻辑找到均衡。

假定实验室的笼子里有一只大猴和一只小猴，笼子的一头装有一个按钮开关，只要按动开关，笼子另一头的水龙头就会流出 8 单位的牛奶，但同时需要付出 2 单位的成本。若大猴先抢到水龙头，则可以获得 7 单位，小猴只能得到 1 单位；若小猴先抢到水龙头，则大猴和小猴各获 4 单位；若两猴同时到达，大猴获 5 单位，小猴获 3 单位。考虑到 2 单位的成本，支付矩阵如图 11-2：

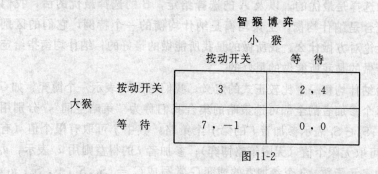

图 11-2

这个博弈没有上策均衡。因为尽管"等待"是小猴的上策，但大猴没有上策：如果小猴选择"等待"，大猴的最优策略是"按开关"；反之，如果小猴选择"按开关"，大猴的最优策略是"等待"，也就是说，大猴的最优策略依赖于小猴的策略。

现在，我们根据"重复剔除严格下策"（Iterated Elimination of Strictly Dominated Strategies）的思路找出均衡：首先找出参加者的下策，把这个下策除去，重新构造一个不包含这个下策的新的博弈；然后再剔除新的博弈中的下策，直至惟一的策略组合，即均衡解。这个均衡解称之为"重复剔除的最优策略均衡"。在上例中，我们首先剔除小猴的下策"按开关"。在剔除小猴"按开关"这个策略的新博弈中，小猴只有一个策略"等待"，大猴仍有两个策略选择，此时"等待"是大猴的下策，剔除这个策略，剩下的惟一策略组合就是（按开关，等待）。也就是说，对于小猴一定会倾向于选择"等待"，大猴考虑到小猴的这种倾向，选择"按开关"是上策。

这是一个"多劳不多得，少劳不少得"的均衡，这个博弈结果有很多应用例子。比如股份公司中，在监督成本一定的情况下，大股东从中得到的好处显然大于小股东。大股东类似大猴，小股东类似小猴。博弈的结果是大股东尽其所能、多方搜集信息以监督管理者的行为，而小股东则依赖大股东，"搭便车"。同样，市场中大企业和小企业在新产品开发上也存在这样的均衡，大企业投入大量财力、人力开发出新产品，小企业往往可能只会去模仿，等大企业开发出新产品，用广告打开市场后制造廉价仿制品。

当然，重复剔除的最优策略均衡也具有相当的局限性，因为大多数博弈中，某参加者的不同策略之间往往不存在绝对的优劣关系，只存在相对的、有条件的优劣关系。重复剔除严格下策的方法无法普遍使用，不是博弈分析的一般方法。

三、纳什均衡

纳什均衡（Nash Equilibrium）是完全静态博弈解的一般概念。它指在知道其他参加者采取的策略后，能够使自己的支付效用最为有利的策略组合。即如果 B 的选择给定，A 的选择是最优的；以及 A 的选择给定，B 的选择最优的话，我们就说这一对策略组合是纳什均衡。上策均衡是纳什均衡的一个特例，它们的区别是：上策均衡指无论对方做什么，我所做的是我所能做的最好的；纳什均衡指给定对方做什么，我所做的是我所能做的最好的。

现在我们来给纳什均衡一个比较正式的定义。我们常用 G 表示一个博弈：如 G 有 n 个参加者，每个参加者的全部可选策略的集合我们称为"策略空间"，分别用 $S_1, S_2, \cdots, S_n$ 表示；$S_{ij} \in S_i$ 表示参加者 i 的第 j 个策略，其中 j 可取有限个值（有限策略博弈），也可取无限个值（无限策略博弈）；参加者 i 的得益则用 u_i 表示，u_i 是各参加者策略的多元函数。n 个参加者的博弈 G 常写成 $G = \{S_1, S_2, \cdots, S_n; u_1, u_2, \cdots, u_n\}$。现将纳什均衡定义如下：

在博弈 $G = \{S_1, S_2, \cdots, S_n; u_1, u_2, \cdots, u_n\}$ 中，如果由各个参加者的每一个策略组成的某个策略组合 $(s_1^*, s_2^*, \cdots, s_n^*)$ 中，任一参加者 i 的策略 s_i^*，都是对其余参加者策略组合 $(s_1^*, s_2^*, \cdots, s_{i-1}^*, s_{i+1}^*, \cdots, s_n^*)$ 的最佳对策，也即 $u_i(s_1^*, s_2^*, \cdots, s_{i-1}^*, s_i^*, s_{i+1}^*, \cdots, s_n^*) \geqslant u_i(s_1^*, s_2^*, \cdots, s_{i-1}^*, s_{ij}, s_{i+1}^*, \cdots, s_n^*)$ 对任意 $s_{ij} \in S_i$ 都成立，则称 $(s_1^*, s_2^*, \cdots, s_n^*)$ 为 G 的一个"纳什均衡"。

从一个简单的例子我们来看一下简单的纳什均衡。假定 A、B 都是生产麦片的企业，现在各自都有两种策略可选择，即生产甜麦片或生产脆麦片。A、B 企业的支付矩阵见图 11-3：

麦片商博弈

企业 B 的策略

		生产甜麦片	生产脆麦片
企业 A 的策略	生产甜麦片	−5 , −5	10 , 10
	生产脆麦片	10 , 10	−5 , −5

图 11-3

如果 A、B 之间存在合作，双方可以通过协商共同瓜分市场，这属于合作博弈的范畴。如果 A、B 之间不存在合作，如何达到均衡呢？如果 B 知道 A 生产甜麦片，那么 B 肯定会生产脆麦片；反之，如果 A 知道 B 生产甜麦片，A 肯定会生产脆麦片。上例中，支付矩阵右上角和左下角两组支付，分别对应着知道对手策略后另一方的最佳策略，构成纳什均衡。

一旦达到纳什均衡，A、B 都不会改变策略，因为一旦偏离纳什均衡，对双方来说都是不利的。因而，纳什均衡是一个均衡解。同时，我们从上例也可以看出一个博弈中可以同时存在多个纳什均衡解。

还有一个著名的纳什均衡博弈例子：斗鸡博弈。我们小时候曾经听过小羊过桥的故事：一只小白羊和一只小黑羊都想过河，同时走上一座独木桥，相遇在桥中央，两只小羊谁也不想让谁，都选择了继续向前冲，对峙的结果是两只小羊都因体力不支掉下了河。如果这两只小羊懂得博弈的话，相信结果将会不同。在这个博弈中，每只小羊都有两种策略：前进，或者后退。若两只小羊都向前冲，必将两败俱伤；若一方前进，另一方后退，则前进者骄傲，后退者觉得吃亏；若两者都后退，则双方都没有收获。其支付矩阵如图 11-4：

斗 鸡 博 弈

小黑羊的策略

		进	退
小白羊的策略	进	−3，−3	2，0
	退	0，2	0，0

图 11-4

这个博弈中也有两个纳什均衡：如果小白羊进，则小黑羊的最优策略应是退；如果小黑羊进，则小白羊应选择退。两方都进或者都退不是纳什均衡。但斗鸡博弈中的问题是：究竟谁愿意选择败下阵来，因为一方退步比两败俱伤好，但终归觉得不光彩或心里不平衡。若双方都寄希望于另一方退步，则两败俱伤的情况也会出现。日常生活中夫妻吵架是典型的斗鸡博弈。

四、混合策略纳什均衡

纳什均衡普遍存在，可以解决许多博弈问题。但如果博弈中不存在纳什均衡或纳什均衡不惟一，纳什均衡就会无法对参加者的选择和博弈结果作明确的预测。

在之前的分析中，我们一直把每个行为人的策略选择看做一次性的决定，这种每个行为人只作出一个选择并始终坚持这个选择的策略叫做纯策略（Pure Strategies）。在纯策略中往往就会找不到纳什均衡。我们现在来考虑行为人的另一种策略选择方法：行为人将其策略选择随机化，也就是说，行为人按照一定的概率分布在可选策略中进行随机选择的决策方式。这种策略选择方式称为混合策略（Mixed Strategies）。运用混合策略，我们可以解决博弈中不存在纳什均衡或纳什均衡不惟一的问题。在这里，我们给混合策略一个比较正式的定义：

在博弈 $G = \{S_1, S_2, \cdots, S_n; u_1, u_2, \cdots, u_n\}$ 中，参加者 i 的策略空间为 $S_i = \{s_{i1}, s_{i2}, \cdots, s_{ik}\}$，则参加者 i 以概率分布 $p_i = (p_{i1}, p_{i2}, \cdots, p_{ik})$ 随机在其 k 个可选策略中选择的"策略"，称为一个"混合策略"，其中 $0 \leqslant p_{ij} \leqslant 1$ 对 $j = 1, 2, \cdots, k$ 都成立，且 $p_{i1} + \cdots + p_{ik} = 1$。

从这个定义我们可以看出：纯策略其实是混合策略的一种特殊情况，即选择相应纯策略的概率为1，选择其他纯策略的概率为0；反之，混合策略可以看做纯策略的扩展，即给每个参加者的纯策略空间赋予不同的概率分布，形成不同的混合策略，所有的混合策略构成一个混合策略的策略空间，如果把参加者在这个混合策略空间的选择看做一个博弈时，原博弈的混合策略就成了扩展出来的博弈的纯策略。此时，纳什均衡仍成立。在严格意义上的混合策略组合上构成一个纳什均衡，成为"混合策略纳什均衡"。

在社会福利博弈中，参加者是政府和流浪汉。流浪汉有两种策略：寻找工作或游荡；政府也有两种策略：救济或不救济。政府救济流浪汉的前提是后者努力寻找工作，否则不予救济；而流浪汉只有在得不到救济时才会努力寻找工作。支付矩阵如图 11-5 所示：

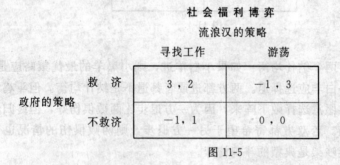

社 会 福 利 博 弈

流浪汉的策略

		寻找工作	游荡
政府的策略	救济	3, 2	-1, 3
	不救济	-1, 1	0, 0

图 11-5

这个博弈不存在纯策略纳什均衡：给定政府救济，流浪汉最优选择为游荡；给定流浪汉游荡，政府的最优选择为不救济；给定政府不救济，流浪汉最优选择为寻找工作；给定流浪汉寻找工作，政府的最优选择为救济。

但是这个博弈存在混合策略纳什均衡。假如政府以 1/2 的概率选择救济，以

1/2 的概率选择不救济，那么对于流浪汉来说，选择寻找工作的期望效用为 $1/2 \times 2 + 1/2 \times 1 = 1.5$，选择游荡的期望效用为 $1/2 \times 3 + 1/2 \times 0 = 1.5$。流浪汉选择任何混合策略的期望效用都相等，因此他的任何一种策略都是对政府所选策略的最优反应。

反过来，当流浪汉以 1/5 的概率选择找工作，以 4/5 的概率选择游荡时，政府选择救济的期望效用为 $1/5 \times 3 - 4/5 \times 1 = -0.2$，政府选择不救济的期望效用为 $1/5 \times (-1) + 4/5 \times 0 = -0.2$，政府以 1/2 的概率分别选择救济或不救济也是政府对流浪汉选择的混合策略的最优反应。

这样，我们得到一个混合策略组合，其中政府以 1/2 的概率分别选择救济或不救济，流浪汉以 1/5 的概率选择找工作，以 4/5 的概率选择游荡时，每个参加者的混合策略都是给定对方混合策略的最优选择。这个混合策略组合是一个纳什均衡。

社会福利博弈是一个不存在纯策略纳什均衡而存在混合策略纳什均衡的博弈，性别大战是存在多个纯策略纳什均衡，需要用混合策略纳什均衡解决问题的例子。

迈克和珍妮是一对恋人，周末约会时或者看摔跤，或者听歌剧。迈克喜欢看摔跤，珍妮喜欢听歌剧，但他们都宁愿在一起而不愿分开。支付矩阵如图 11-6：

性 别 大 战

珍妮的策略

		摔跤	歌剧
迈克的策略	摔跤	2 , 1	0 , 0
	歌剧	0 , 0	1 , 2

图 11-6

在这个博弈中存在两个纯策略纳什均衡：（摔跤，摔跤），（歌剧，歌剧）。但是，我们究竟选择哪个均衡很难确定。实际生活中往往会形成一种默契，这次看摔跤，下次就听歌剧，或者谁先买到票就听谁的。

事实上，在这个博弈中还存在一个混合策略纳什均衡。设迈克以 p_m 的概率选择看摔跤，则他会以 $1 - p_m$ 的概率选择听歌剧，他希望自己的概率选择使珍妮两种选择的期望效用相等：

$$p_m \times 1 + p_m \times 0 = (1 - p_m) \times 0 + (1 - p_m) \times 2$$

得到 $p_m = 2/3$，即迈克会以 2/3 的概率选择看摔跤，以 1/3 的概率选择听歌剧。同理，珍妮会以 2/3 的概率选择听歌剧，以 1/3 的概率选择看摔跤。这时，迈克的期望效用为 $2/3 \times 1/3 \times (2+0) + 1/3 \times 2/3 \times (0+1) = 2/3$，珍妮的期望效用 $1/3 \times 2/3 \times$

$(1+0)+2/3\times1/3\times(2+0)=2/3$，他们的总效用为 4/3。迈克分别以 2/3 或 1/3 的概率选择看摔跤或听歌剧，珍妮分别以 2/3 或 1/3 的概率选择听歌剧或看摔跤是一个混合策略纳什均衡。

五、纳什均衡的几点说明

（一）纳什均衡的普遍存在性

纳什均衡具有普遍存在性，它在我们所遇到的大多数博弈问题中是一种基本的分析方法。纳什在他 1950 年的经典论文中提出纳什定理，证明了在相当广泛的博弈类型中，混合策略意义上的纳什均衡是普遍存在的。1950 年以后，纳什及其他人将有限策略博弈中纳什均衡的普遍存在性扩展到策略不可数、收益函数连续的无限博弈中。

（二）纳什均衡的一致预测性

一致预测性是指：如果所有参加者都预测一个特定的博弈结果会出现，则所有参加者都不会利用这种预测能力去选择与预测结果不一致的策略，即没有谁有偏离这个预测结果的愿望，这个预测结果最终成为博弈结果。一致预测性是纳什均衡的本质属性，也只有纳什均衡才具有一致预测性。

（三）纳什均衡分析方法的扩展

1. 帕累托上策均衡。帕累托上策均衡是指一个博弈中的某个均衡结果给所有参加者带来的利益之和最大，对比其他均衡结果，参加者一致倾向于选择这种结果，这个均衡结果称之为帕累托上策均衡。换句话说，纳什均衡并不一定能导致帕累托有效结果，即纳什均衡并不一定是帕累托上策均衡，帕累托上策均衡只是纳什均衡的一种特殊情况。

"战争与和平"是典型的帕累托上策均衡模型。图 11-7 反映了两个国家在战争与和平之间的选择和收益：

战 争 与 和 平

国家 1 的策略

		战争	和平
国家 2 的策略	战争	$-5, -5$	$8, -10$
	和平	$-10, 8$	$10, 10$

图 11-7

这个博弈中存在两个纯策略纳什均衡：（战争，战争）与（和平，和平）。其中，（和平，和平）构成本博弈中的一个帕累托上策均衡。和平共处对双方更有利，这也正是帕累托上策均衡的现实意义和基础。

而最经典的博弈模型"囚徒的困境"揭示了纳什均衡并不一定能导致帕累托有效结果的问题。假设囚徒 1 和囚徒 2 被警察抓到后被分别关在两间审讯室，每一个囚徒都有两个选择：交代或者不交代。在自己和对方不同的交代选择中，他们将面临不同的徒刑。支付矩阵如图 11-8：

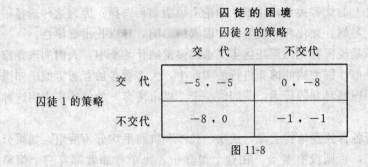

囚 徒 的 困 境

囚徒 2 的策略

		交　代	不交代
囚徒 1 的策略	交　代	−5，−5	0，−8
	不交代	−8，0	−1，−1

图 11-8

运用我们之前的分析方法，我们会发现（交代，交代）是纳什均衡，也是这个博弈中的惟一均衡。（不交代，不交代）尽管不是帕累托上策均衡，但是导致了帕累托有效结果。囚徒的困境正是反映了个人理性与集体理性的冲突，在实际生活中这类问题广泛存在，如裁军计划、"走后门"问题、"三个和尚没水喝"，等等。

2. 风险上策均衡（极大化极小策略均衡）。猎鹿博弈是风险上策均衡的一个典型例子：两个猎人同时发现一只鹿和两只兔子，鹿价值 10 单位，每只兔子价值 3 单位。如果两人合力，就可以抓住鹿，而失去兔子；如果两人分别去抓兔子，则每人都可以得到一只兔子，而失去鹿；如果一人抓鹿，一人抓兔子，则可以抓住兔子，而失去鹿。支付矩阵如图 11-9：

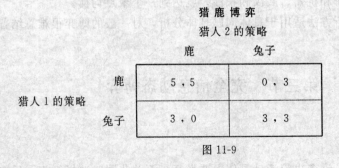

猎 鹿 博 弈

猎人 2 的策略

		鹿	兔子
猎人 1 的策略	鹿	5，5	0，3
	兔子	3，0	3，3

图 11-9

在这个博弈中存在两个纳什均衡，即（鹿，鹿）和（兔子，兔子），而且前一个纳什均衡是本博弈的帕累托上策均衡。如果其中一人选择抓兔子，选择抓鹿的人将一无所获，而只要选择抓兔子就有确定的 3 单位收入。例如一方分别以 1/2 的概率选择抓鹿和抓兔子，此时另一方选择抓鹿的期望得益为 2.5，小于选择抓兔子时3 单位确定性收入。因此，（兔子，兔子）是这个博弈的风险上策均衡。

3. 聚点均衡。性别大战的三个纳什均衡（包括两个纯策略纳什均衡，一个混合策略纳什均衡）中，混合策略纳什均衡给双方带来的总效用 4/3 小于纯策略纳什均衡给双方带来的总效用 3，它的帕累托效率最低。而两个纯策略纳什均衡之间不存在帕累托效率意义上的优劣关系，很难从理论上说明如何选择。因为这种选择很容易受心理、生理、习惯、文化和环境等多种因素的影响，难以找出规律性。

但实际上，并不是说所有无帕累托优劣关系的多重纳什均衡中，人们的选择都没有规律性。在对类似性别大战的博弈进行的实验中，大多数参加者通常似乎知道如何选择，并能互相理解对方的行为。我们借一个"城市博弈"的例子来说明这种情况：

要求两个参加者各自独立地将上海、武汉、长沙和杭州平均分为两组，如果分法相同则各得 100 元，否则没有奖金。在这个博弈中，每个参加者都有三个策略（上海和武汉，长沙和杭州）、（上海和长沙，武汉和杭州）以及（上海和杭州，武汉和长沙）。显然，这个博弈中存在三个纯策略纳什均衡。但是，如果是两个稍懂地理常识的中国人参加这个博弈，通常会同时选择（上海和杭州，武汉和长沙），因为上海和杭州位于华东，而武汉和长沙位于华中。

我们可以看出，在这样的博弈中参加者往往会利用博弈规则之外的特定信息，如共同的文化背景、习惯、规范、知识、特定意义的事物特征、特殊的数量等作出选择，并充分相信对方也很有可能会考虑到这些信息，作出相同的选择。这样选择出来的策略被称之为"聚点"（Focal Points），在多重纳什均衡的博弈中，可能存在几个聚点。双方同时选择一个聚点构成的纳什均衡称为"聚点均衡"（Focal Points Equilibrium）。在上例中，（上海和杭州、武汉和长沙）就是一个聚点，参加者同时选择（上海和杭州、武汉和长沙）就达到一个聚点均衡。

聚点均衡的分析方法适用于具体问题具体分析，对一般的博弈很难总结普遍规律。

第三节　完全信息动态博弈

一、动态博弈

在现实生活中，许多决策活动是依次选择行为而并非同时选择行为，后选择者可以看到先选择者的选择内容，我们把存在这种选择顺序的博弈称为动态博弈

(Dynamic Games)。例如讨价还价、拍卖中的轮流竞标、收购与反收购等都属于动态博弈。以前我们分析的静态博弈都是博弈的标准型,其表达有三个要素:参加者;可选策略;支付函数。现在我们将介绍博弈的扩展型——动态博弈,其表达有五个要素:参加者;每个参加者选择行动的时点;每个参加者在每次行动时可供选择的行动集合;每个参加者在每次行动时有关对手过去行动选择的信息;支付函数。

在动态博弈中,各个参加者的选择和行为有先后之分,后行为者可以观察先行为者的选择,两者的地位不对称。一般地,如果有机会获取更多的信息则可以减少决策的盲目性,有利于针对性地选择。但是,在两人博弈中,有时反而可能出现相反的情况。

同时,一个参加者的选择可能不止一次,更为重要的是,不同阶段的选择和行为之间存在内在联系,是不可分割的。动态博弈的参加者预先设定的,在整个博弈的各个阶段,针对前面阶段的情况作出相应选择和行为的整个计划才构成该参加者的策略,各个参加者这种计划的组合共同确定博弈的结果。因此,动态博弈的分析将比静态博弈的分析更为复杂,我们先来分析完全信息下的动态博弈。

二、可置信威胁与精练纳什均衡

动态博弈中参加者的策略实际上没有强制力,参加者可以随时根据自己的利益需要在博弈过程中改变计划,这是一种相机抉择。相机抉择使参加者在认真考虑自己的策略中,各个阶段、各种情况下所采取的行为是否具有"可置信威胁"(Credible Threats),即能否通过自己的行为向其他参加者发出信息,以期对方采取的行为符合自己的预期,也就是使自己预期对方下阶段采取的行为具有可信性,从而使自己的策略计划顺利实施。

前面所介绍的纳什均衡并没有考虑到这种影响,也就在事实上允许了"不可置信威胁"(Incredible Threats)的存在,于是增加了纳什均衡的个数。泽尔腾(Selten)引入动态博弈分析完善了纳什均衡的概念,定义了与动态博弈相对应的"子博弈精练纳什均衡"(Subgame Perfect Nash Equilibrium),将纳什均衡中包含的不可置信威胁的策略剔除,缩小了纳什均衡的个数。子博弈精练纳什均衡要求参加者的决策在博弈的任何阶段上都是最优的,参加者必须相机抉择,不固守旧略。

下面,我们举一个例子来说明以上的几个概念。

A 想投资一个收益为 800 万元的项目,需要资本 300 万元,A 自有资本 100 万元,B 正好也有 200 万元可以投资,A 希望 B 能将资金借给自己,并许诺收益与 B 平分。而一旦 B 将资金借给 A,A 却背信弃义不分收益的话,B 将一无所有。如果 B 选择不借,则至少可以保证 200 万元本金安全。如果按照静态的观点来分析,支付矩阵如图 11-10:

借 贷 博 弈

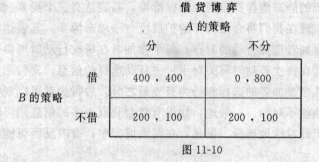

图 11-10

我们通过分析得出，（不借，不分）是该博弈惟一的纳什均衡，因为 A 的许诺不可信，借贷行为最终无法发生。以上分析忽略了两者策略发生的前后顺序，无法完整地反映整个博弈的过程，现在我们用扩展型来分析图 11-11：

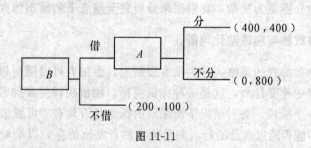

图 11-11

从图 11-11 看出，该博弈由两个阶段构成，尽管第二个阶段很可能不会发生。

可是，（不借，不分）并不是最佳结局，不利于社会财富增加。这时，B 可以采取一些威胁的手段，促使 A 完成平分利益的许诺。例如在借钱之前签订一份合同，注明各种事项，一旦 A 违反许诺，B 可以打官司，将 A 诉诸法律。当然，打官司也是需要成本的，而且往往不能充分保证胜诉当事人的全部利益。假如最终 B 通过打官司可以收回 200 万元，而 A 在法律的惩罚下将一无所有，则整个博弈过程如图 11-12：

该博弈变为由图 11-12 表示的三个阶段组成的动态博弈。第三个阶段的加入使博弈的结果大为不同。在 A 不平分利益的情况下，B 必然会选择打官司。A 考虑到这一点，肯定不会选择"不分"，从而使自己遭到血本无归的境地。这时，A "分"的承诺是可信的。考虑到 A 一定会选择"分"，B 自然乐意"借"，以获取利益。此时，B 发出"可置信威胁"，使（借，分）成为该博弈的结果。

但如果 B 通过法律无法收回自己全部的本钱，减去打官司的成本，最终反而损失 100 万元，而 A 只在经济上遭受一定的损失，最后还有 100 万元，可以保证自己的本钱，则整个博弈过程如图 11-13 所示：

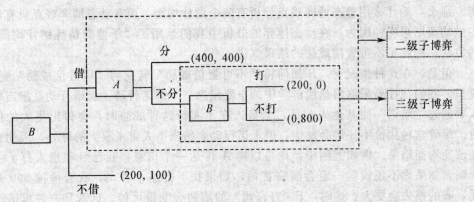

图 11-12

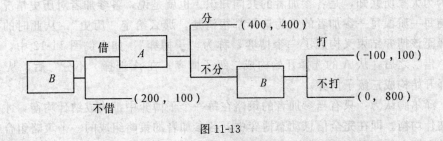

图 11-13

此时，A 不平分利益的情况下，B 选择打官司会遭受进一步的损失，而 A 还可以保住本钱，而如果 B 选择不打官司，则 B 只遭受本钱损失。考虑到 B 打官司会遭受进一步的损失，第二阶段中 A 会选择不分。这时，A "分" 的承诺是不可信的。B 打官司的威胁变得不可信，是一种 "不可置信威胁"，B 想通过打官司的威胁产生（借，分）的结果无法实现。最终还是使（不借，不分）成为该博弈的结果。

而如果我们再来按照静态的观点来分析，其支付矩阵如图 11-14：

借 贷 博 弈

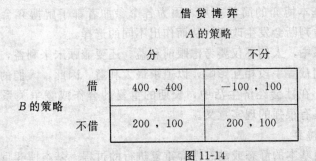

		A 的策略	
		分	不分
B 的策略	借	400，400	−100，100
	不借	200，100	200，100

图 11-14

我们通过分析得出，此时（不借，不分），（借，分）是该博弈的两个纳什均衡。那么，为什么用静态博弈观点分析有两个纳什均衡，而有动态博弈观点只有惟一的均衡结果呢？因为，在动态博弈的分析中我们运用了"子博弈精练纳什均衡"的方法，剔除了不可置信威胁的结果（借，分）。

但是，在这种情况下，B 如何将"不可置信威胁"转化为"可置信威胁"呢？这里，我们往往要采取信息经济学中的重要概念——承诺行动。承诺行动是指当事人要通过"承诺"使其他人相信，当事人在不实行这种威胁时，会付出更大的代价。尽管这种代价不一定会发生，但承诺行动会给当事人带来很大的好处，因此它会改变均衡结果。例如上例中，B 可以向 A 传达一个信息：我已经和别人打了一个赌，如果你不还钱就一定会面临官司，如果我不打这个官司，我会输掉 300 万元，我的损失会更大。这时，B "打官司"的威胁会变得可信。这就是一种承诺行动，它会改变上例的均衡结果。

现在，我们从理论上给这几个概念一个定义。在动态博弈中，各参加者之前的行为为大家所共知，是各参加者的共同知识。也就是说，各参加者对历史情况，即之前每一阶段每一参加者的行为选择都很清楚，那么给定"历史"，从此时的行动选择至该博弈结束又构成了一个博弈，称为"子博弈"。如上例图 11-12 中，B 选择"借"之后，从 A 的选择开始构成二级子博弈；在 A 选择"不分"后，从 B 的选择开始构成三级子博弈。

泽尔腾认为：只有当参加者的策略在每一个子博弈中都构成纳什均衡，才是精练纳什均衡。即在完全信息动态博弈中，各参加者的策略组成的一个策略组合在整个动态博弈及它所有的子博弈中都构成纳什均衡，则该策略组合称为"子博弈精练纳什均衡"。

在经济学中，寡占的斯塔克博弈模型、劳资博弈模型、讨价还价博弈模型以及委托人-代理人理论模型都是经典的动态博弈模型。

三、重复博弈

在博弈的分类中，我们已经介绍过重复博弈（Repeated Games）是一种特殊的动态博弈。虽然它形式上是由基本博弈重复构成的博弈过程，但参加者的行为和博弈结果却不一定是基本博弈的简单重复。因为各个参加者都了解博弈会重复进行，这使参加者对利益判断会发生改变，从而作出不同的选择。

同时，在长期关系中，人们不仅要考虑眼前利益，还要兼顾未来利益，并可以通过树立信誉、进行制裁等手段相互影响，以追求最大利益。因此，人们的选择和博弈结果会更为复杂。在社会经济生活中，长期的重复的合作或竞争关系普遍存在，重复博弈的研究具有很强的现实意义。

（一）有限次重复博弈

重复博弈是一个由基本的静态或动态博弈重复进行的过程。基本博弈重复的次数以及信息的完备性是影响重复博弈均衡的重要因素。根据基本博弈重复的次数不同，我们将重复博弈分为有限次重复博弈和无限次重复博弈。有限次重复博弈是指由基本博弈有限次重复构成的博弈；相应地，无限次重复博弈是指由基本博弈无限次重复构成的博弈。在这里，"无限次"是指没有可预见的结束时间，并不是绝对意义上的无限。有限次重复博弈的存在更加普遍。

我们还是从"囚徒的困境"为例来看看有限次重复博弈。同样采取前例的假设，我们给两个囚徒两次交代机会，两个囚徒最后的得益为两个阶段博弈各自得益之和（见图 11-15）。

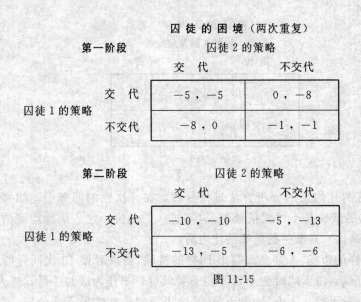

囚 徒 的 困 境（两次重复）

第一阶段

囚徒 1 的策略	囚徒 2 的策略	
	交　代	不交代
交　代	−5，−5	0，−8
不交代	−8，0	−1，−1

第二阶段

囚徒 1 的策略	囚徒 2 的策略	
	交　代	不交代
交　代	−10，−10	−5，−13
不交代	−13，−5	−6，−6

图 11-15

无论第一阶段的结果如何，在第二阶段的博弈中，各参加者选择策略的惟一原则都是要实现各自利益的最大化。因为是最后一次博弈，双方觉得不再需要合作，期望从坦白中获取好处，所以与一次性博弈对策一样，（坦白，坦白）是最优选择。因此，两个囚徒仍然会同时选择坦白，双方的收益（−5，−5）。回到第一阶段，理性的参加者会预计到第二阶段这种必然的结果，不会选择合作的态度，因为如果自己选择不坦白的话，对方仍然可以采取背叛的态度，坦白交代。双方都这么考虑，同样还是选择（坦白，坦白）。因此，两次选择中，（坦白，坦白）都是最优的。

同理，如果有 N 次选择的机会，对第 N 次博弈来说，（坦白，坦白）是最优选择。则在第 $N-1$ 次博弈中，考虑到这种结果，双方也都会坦白。依此倒推，在 N 次博弈中，（坦白，坦白）都是最优的。一般地，只要博弈重复的次数是有限的，则博弈的结果就将与一次性博弈的结果相同。

从"囚徒的困境"有限次重复的结果，我们可以看出，在有限次重复中并不能摆脱这种低效率的均衡，这与人们的直觉经验并不一致。例如，类似于"囚徒的困境"的寡头之间的价格战，按这种理论分析应当普遍存在，但事实上寡头之间的价格合作是相当普遍的，这就构成了"重复囚徒困境悖论"。

另一个问题是泽尔腾 1987 年提出的"连锁店悖论"：一个在 n 个市场都开设连锁店的企业，对于各个市场的竞争者是否应该打击排斥的策略选择。用一个动态均衡的例子来说明这个问题：企业 A 面临企业 B 进入市场的挑战，如果 B 进入市场，A 的策略选择有低价打击和高价合作，若 B 不进入市场，则 A 维持高价利润。则支付矩阵如图 11-16：

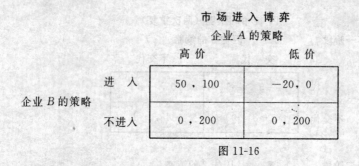

市场进入博弈

企业 A 的策略

		高价	低价
企业 B 的策略	进入	50，100	−20，0
	不进入	0，200	0，200

图 11-16

运用子博弈精练纳什均衡的分析方法进行分析，在一次性的博弈中，如果 B 先行动，A 低价打击的威胁是不可置信威胁，（不进入，低价）这一纳什均衡结果应当剔除，（进入，高价）是惟一的精练纳什均衡。

如果有 10 个这样的市场，A 都要面临 B 同样的挑战，可以看做 10 次同样博弈的重复。在第 10 个市场，由于此时企业 A 不再需要低价打击作为威胁手段，（进入，高价）是最优的选择；对于第 9 个市场，由于第 10 个市场的均衡结果不会改变，则 A 此时也不再需要低价，B 仍然选择进入。依此类推，所有的市场上 A 都选择高价，B 都选择进入。但是，实际上连锁企业对前几次的进入不计成本的打击通常足以吓退其他市场上的进入威胁，总体上还是合算的。这就是"连锁店悖论"。

（二）无限次重复博弈

无限次重复博弈没有结束重复的确切时间，因此不存在"最后一次博弈"。在有限次重复博弈中，正是最后一次博弈破坏了各参加者利益和行为的相互制约关系，无法达到更高效率的均衡。同时，无限次重复博弈中各方也会试图合作和惩罚不合作，这是构造高效率均衡的核心要件。

同样地，还是"囚徒的困境"这个模型，如果这个博弈重复无限次，则结果就会大大不同。这时，博弈的一方可以有机会影响另一方的行为。例如，如果这一次你拒绝合作，并从我的合作中获取利益，下一次我将采取不合作的态度对你进行惩罚，直到你重新采取合作，我才会再度合作。这就是所谓的"针锋相对策略"（Tit for Tat)。换句话说，针锋相对策略就是：上一次博弈中对方选取什么策略，在这一次博弈中我方就采取什么策略。

"针锋相对"的策略是一种比较有效的策略，而且在实践中得到证明。只要双方关心各自未来的收益，那么将来不合作的威胁足以产生"置信"效果，使双方采取帕累托有效的策略。

同时，"针锋相对"的策略是一种宽恕的策略。对于对手的每一次背叛，只作暂时的惩罚，直到对手采取合作策略；对于对手的合作态度，针锋相对策略就会以合作作为回报。这是在无限次重复博弈中达到有效结局的令人满意的机制。

相对于针锋相对策略，还有一种"冷酷策略"：只要对方第一次"背叛"了我，采取不合作策略，那么我将永远采取不合作策略，对你的"背叛"进行惩罚，不再给你"悔过自新"的机会。这一种策略给对方最大程度的威胁，除非对方希望对抗到底，否则不会轻易采取不合作的态度。但是，这同时也断了自己的后路，对自己的利益也是一种很大的威胁。实践证明，这种策略并不是最好的策略。

重复博弈促进合作和帕累托有效的结果，克雷普斯提出的"声誉模型"中有关"声誉"的观点可以用来说明这一点。声誉观点提出：在契约不完全的情况下，买卖双方利益冲突不可能在事先全部解决，有些事必须事后解决。这时，如果市场上只进行一次或有限的几次交易，很难达到高效率。如果是进行多次或无数次交易，当双方知道下次还要打交道，进行交易时，双方为了下一次也能获取利益，不能不采取合作的态度，维护自己良好的"声誉"，以免"声誉"的破坏有损今后的利益。这时，双方都会尽量选择合作，以树立自己良好的形象。

重复博弈能否促进合作、提高效率，最终还是依赖于现实生活中决策者的选择。因此，经济生活中决策者是否有足够的能力和相互的理解，能否发现并运用高效率的子博弈精练纳什均衡，对于重复博弈均衡和效率的改善起着重要的实际作用。这也是我们研究重复博弈的现实意义。

第四节 不完全信息静态博弈

一、不完全信息

在前面两节的分析中，我们一直假定博弈的每个参加者对所有其他参加者的支付函数有完全的了解，并且大家都知道彼此之间互相了解各自的支付函数，即支付函数是所有参加者的共同知识(Common Knowledge)。满足这种假设的博弈称为"完全信息博弈"(Games of Complete Information)。但现实生活中，许多博弈并不满足完全信息的要求。例如，你在想买一辆旧车时，你并不知道它的真实质量如何等。不满足完全信息假设的博弈称为不完全信息博弈，在不完全信息博弈中，至少有一个参加者不知道其他参加者的支付函数。但是,不完全信息并不是完全没有信息,不完全信息的博弈方至少具备有关其他博弈方得益分布的可能范围和分布概率的知识。

概括起来说,不完全信息博弈中的信息不完全是指下列几个方面:(1)各博弈方都有关于自己得益的完全信息;(2)至少有一个博弈方不完全清楚其他某些博弈方在某些情况(策略组合)下的得益;(3)当博弈方属于没有完全信息时,他至少有其他博弈方得益分布的可能范围和分布概率的知识。

二、不完全信息静态博弈与贝叶斯纳什均衡

现实社会经济活动中许多静态博弈关系都具有不完全信息特征,现在我们从一个简单的例子来初步了解不完全信息静态博弈:

在这个例子中,潜在进入者(企业 B)现在要决定是否进入一个新的产业,但是不知道在位者(企业 A)的成本函数,也不知道在位者是会高价合作还是会低价斗争。进入者关于在位者的成本信息是不完全的,但是在位者知道进入者的成本函数。假定在位者有两种可能的成本函数:高成本或低成本。对应两种成本情况的不同战略组合的支付矩阵如图 11-17 所示:

市场进入博弈 : 高成本情况

企业 A 的策略

		高 价	低 价
企业 B 的策略	进　入	50 , 100	−20 , 0
	不进入	0 , 200	0 , 200

市场进入博弈 : 低成本情况

企业 A 的策略

		高 价	低 价
企业 B 的策略	进　入	30 , 150	−20 , 180
	不进入	0 , 300	0 , 300

图 11-17

从图 11-17 可以看出:如果在位者是高成本,给定进入者进入,在位者最优选择是高价合作;如果在位者是低成本,给定进入者进入,在位者最优选择是低价斗争。低成本下在位者选择斗争,可能正是因为其生产成本如此低,从而他在非常低的价格下获得的垄断利润(此时,进入者无利可图)高于在高价合作下分享的寡头利润。

如果是完全信息，进入者知道在位者是高成本，其最优选择是进入；进入者知道在位者是低成本，其最优选择是不进入。进入者的最优选择取决于他在多大程度上认为在位者是高成本还是低成本的。

在这之前，人们认为这种情况是无法解释的，直到海萨尼（Harsanyi）1967年提出一种思路，其具体方法是：（1）引入一个虚拟参加者——"自然"，"自然"的作用是在实际博弈开始之前，为实际参加者按随机的方式选择他们各自的类型；（2）被选择的参加者知道自己的真实类型，但部分或全部的参加者并不知道该参加者的类型，而知道该参加者类型的概率分布，且被选择的参加者知道其他参加者心中这个概率分布函数——分布函数是"共同知识"；（3）参加者根据自己的类型以及其他参加者类型分布最大化期望效用。

海萨尼的这种思路使不完全信息博弈变得可以分析，在此基础上他还定义了"贝叶斯纳什均衡"：在静态不完全信息博弈中，参加者同时行动，无法了解别人的选择。给定别人的策略选择，每个参加者的最优策略依赖于自己的类型。由于每个参加者仅知道其他参加者的类型的概率分布而不知道其真实类型，他不可能知道其他参加者会选择什么策略；但是，他能准确预测到其他参加者的选择是如何依赖于其各自的类型。这样，他的决策目的就是在给定自己的类型和别人的类型依从策略的情况下最大化自己的期望效用。贝叶斯纳什均衡是这样一种类型依从策略组合：给定自己的类型和别人类型的概率分布的情况下，每个参加者的期望效用达到了最大化，也就是说，没有人会积极选择其他策略。

再回到"市场进入"的例子中，此时，由于企业 B 只有一种类型，企业 A 却有两种类型，则进入者 B 具有不完全信息，企业 A 具有完全信息。"自然"首先选择企业 A 的类型是高成本还是低成本，企业 A 知道自己的成本类型，而进入者 B 不知道 A 是高成本或是低成本，仅知道高成本或低成本的可能性各为多少。给定企业 B 进入的情况下，企业 A 选择斗争还是合作依赖于它的类型：如果企业 A 是高成本，则选择高价合作；如果企业 A 是低成本，则低价斗争。现在，进入者 B 不知道企业 A 的真实类型，但假定知道它的高成本可能性为 p，低成本的可能性为 $(1-p)$。那么企业 B 在选择进入时的期望利润为 $50p+(-20)(1-p)$，而选择不进入的期望效用为 $0 \times p + 0 \times (1-p) = 0$。通过计算可得：当 $p > 1/7$, 企业 B 选择进入的期望利润大于选择不进入的期望利润。因而，假定 $p > 1/7$，那么贝叶斯纳什均衡为：企业 B 选择进入，对于企业 A 来说，如果是高成本就选择高价，如果是低成本就选择低价。

三、贝叶斯纳什均衡的运用

（一）不完全信息的古诺模型

古诺寡头竞争模型最早体现了纳什均衡的思想，它的出现比纳什的定义早了

100多年。为了便于理解和比较，我们首先从博弈的角度来分析一下完全信息静态博弈中的古诺模型：

假定参加者企业 1 和企业 2 是某市场的两个寡头，现在进行同时决策的产量竞争；两个寡头的策略为选择产量 (q_1, q_2) 分别为多少，各自的支付为所获利润 (π_1, π_2)；利润是两个企业产量的函数。这里，我们假定需求函数如下：

$$P = a - (q_1 + q_2);$$

假定两个企业成本分别为 C_1, C_2，且每个企业具有不变的单位成本，我们得到两个企业的利润分别为：

$$\pi_1 = [a - (q_1 + q_2)] \cdot q_1 - C_1 q_1 \tag{1}$$
$$\pi_2 = [a - (q_1 + q_2)] \cdot q_2 - C_2 q_2 \tag{2}$$

要使各自利润最大化，则将二式分别对产量求导，并令导数等于 0：

$$\pi_1' = a - (q_1 + q_2) - q_1 - C_1 = 0 \tag{3}$$
$$\pi_2' = a - (q_1 + q_2) - q_2 - C_2 = 0 \tag{4}$$

由（3）、（4）式解得纳什均衡为：

$$\begin{cases} q_1^* = (a + C_2 - 2C_1)/3 \\ q_2^* = (a + C_1 - 2C_2)/3 \end{cases}$$

如果 $C_1 = C_2 = C$，则有 $q_1 = q_2 = (a - C)/3$，这时，每个企业的纳什均衡利润分别为：

$$\pi_1^*(q_1^*, q_2^*) = \pi_2^*(q_1^*, q_2^*) = (a - c)^2/9$$

这是寡头市场的情况，为了比较，我们来计算一下垄断企业的最优产量和最大利润。垄断企业的情况为：

$$\pi = Q[a - Q - C]$$

求利润对产量的导数，并令其等于 0，得到 $\pi' = a - 2Q - C = 0$，可求出垄断企业的最优产量为：$Q^* = (a - c)/2 < (q_1^* + q_2^*) = 2(a - c)/3$；其垄断利润为：$\pi = (a - c)^2/4 > (\pi_1^* + \pi_2^*) = 2(a - c)^2/9$。

可见，垄断企业以比寡头企业总产量小的产量取得了比寡头企业总利润大的利润，这是因为每个寡头在选择自己的产量时，只考虑了对自己企业利润的影响，而忽视了对另一个企业的外部负效应。这是典型的囚徒困境的问题（张伯伦的寡头竞争模型避免了囚徒困境的问题，这里不作介绍）。

现在，我们回到不完全信息静态博弈中来：假定企业 1 的单位成本 C_1 是共同知识，而企业 2 的单位成本有两种类型：高成本 (C_2^H) 和低成本 (C_2^L)；企业知道自己是哪种成本类型，而企业 1 并不知道，仅知道 $C_2 = C_2^H$ 的概率为 p，$C_2 = C_2^L$ 的概率为 $(1 - p)$。

由已知条件可得：$\pi_2 = [a - (q_1 + q_2)] \cdot q_2 - C_2^H \cdot q_2$ 或者 $\pi_2 = [a - (q_1 + q_2)] \cdot q_2 - C_2^L \cdot q_2$；为使利润最大化，对上面两式求导，并令其等于 0，可得：$q_2 = (a - C_2^H -$

$q_1)/2$ 或者 $q_2=(a-C_2^L-q_1)/2$。

也就是说：当企业 2 为高成本，即 $C_2=C_2^H$ 时，企业 2 的最优产量为：

$$q_2^H=(a-C_2^H-q_1)/2$$

当企业 2 为低成本，即 $C_2=C_2^L$ 时，企业 2 的最优产量为：

$$q_2^L=(a-C_2^L-q_1)/2$$

企业 2 的产量不仅依赖于企业 1 的产量，还依赖于自己的成本类型。由于企业 1 不知道企业 2 的真实成本类型，仅知道其概率分布，从而企业 1 不知道企业 2 的最优产量，因此，企业 1 的期望利润为：

$$E\pi_1=q_1(1-q_1-q_2^H)p+[q_1(1-q_1-q_2^L)](1-p)$$

令 $(E\pi_1)'=0$，得：$q_1=[1-(1-p)\cdot q_2^L+p\cdot q_2^H]/2$

现在，我们假定 $p=1/2, a=2, C_1=1, C_2^L=3/4, C_2^H=5/4$。代入两个企业的均衡产量，得到：

$$\begin{cases} q_2^H=(3/4-q_1)/2; \quad q_2^L=(5/4-q_1)/2 \\ q_1=(1-q_2^H/2-q_2^L/2)/2 \end{cases}$$

联合三式求解，得：$q_1=1/3; q_2^H=5/24; q_2^L=11/24$。

现在，我们来比较一下不完全信息下的贝叶斯均衡与完全信息下的纳什均衡。如果企业 2 的成本是 $C_2=3/4$，企业 1 知道 $C_2=3/4$，得双方的最优产量为：

$$\begin{cases} q_1=(1-q_2)/2 \\ q_2=(5/4-q_1)/2 \end{cases} \quad 解得：\begin{cases} q_1=1/4 \\ q_2=1/2 \end{cases}$$

纳什均衡产量为：(1/4, 1/2)。

类似地，如果企业 2 的成本是 $C_2=4/5$，企业 1 也知道 $C_2=4/5$，则这种情况下，纳什均衡为 (5/12, 1/6)。

与完全信息情况相比，在不完全信息的情况下，低成本企业的产量相对较低，高成本企业的产量相对较高。这是因为：当企业 1 不知道 C_2 时，只能生产预期的最优产量，这个产量高于完全信息下对低成本竞争对手时的产量（$1/3>1/4$），低于完全信息下对高成本竞争对手时的产量（$1/3<5/12$）。企业 2 在这个分析的基础上作出自己的选择。

（二）暗标拍卖

拍卖和招投标是典型的不完全信息静态博弈，它具有两个基本的功能：揭示信息和减少代理成本。当买者比卖者更清楚一件物品对买者的价值时，卖者一般不愿意首先提出价格，而常常采取拍卖的方式以获取最高价格。这在古董和名画的交易中最为普遍。同时，当直接的买者和卖者是以代理人的身份出现时，拍卖有助于减少买者和卖者之间损害委托人利益的合谋行为的发生。例如，某政府兴建政府大楼，如果项目负责人因为接受某建筑公司的贿赂而将工程以不合理的价格承包给该公司，则政府的利益会受损。如果采取拍卖的方式，则这种寻租成本会大大降低。

　　暗标拍卖，又叫一级密封价格拍卖，它有这样几个特征：（1）密封递交标书；（2）统一时间公正开标；（3）标价最高者以所报标价中标。我们假设拍卖不设底价，参加拍卖成本为 0，这时，该暗标拍卖构成这样一个不完全信息静态博弈：参加者是所有投标人，数量至少两个以上；各参加者的策略是根据自己对物品的评价以及对其他参加者评价的判断选择自己的出价；中标者的得益是其对拍卖标的的估价与成交价格（即自己的标价）之差，未中标者的得益为 0。

　　由于各参加者的标书密封递交并同时开标，各参加者在选择自己的策略之前无法知道其他参加者的策略，而仅知道其概率分布。这时，投标者面临一个两难的选择：一方面，报价越高，中标可能性越大；另一方面，给定中标的情况，报价越高，利润越小。我们通过分析可以证明：每个投标者的标价依赖于他的类型（对物体的评价），一般说来，贝叶斯纳什均衡低于这种评价，两者的差异随着投标人数的增加而减少。因而，参加投标的人越多，对拍卖人越有利。

　　我们先考虑两个投标者的情况，参加者 $i = 1, 2$。两投标者的出价分别为 b_1，b_2；两投标者对物品价值的评价分别为 V_1，V_2。假定参加者的估价 V_1，V_2 相互独立，都是在 $[0, 1]$ 上的标准分布，各参加者知道自己的估价和另一方估价的概率分布。再设两参加者风险中性，即一单位期望得益和一单位确定性收益价值相同。上述假设各参加者都清楚。我们可以推断，参加者 i 出价 b_i 是其估计价值 V_i 的增函数且可微（也就是说，$b_i > 1 > V_i$ 不可能出现，因为没有人愿意支付比物品价值更高的价格）。这样，我们得到双方的支付（利润）如下：

$$\pi_1 = \begin{cases} V_1 - b_1, & \text{当 } b_1 > b_2 \\ 1/2(V_1 - b_1), & \text{当 } b_1 = b_2 \\ 0, & \text{当 } b_1 < b_2 \end{cases}$$

与
$$\pi_2 = \begin{cases} 0, & \text{当 } b_1 > b_2 \\ 1/2(V_2 - b_2), & \text{当 } b_1 = b_2 \\ V_2 - b_2, & \text{当 } b_1 < b_2 \end{cases}$$

　　在这里，假定两个参加者出价相同时，拍卖人随机分配。但在连续分布情况下，可认为相同的概率为 0。假定均衡出价策略为 $b = b^*(V)$。给定 V 和 b，投标人 1 的期望支付是：

$$E\pi_1 = (V - b)\text{Prob}(b_2 < b) \tag{11.4.1}$$

　　因为出价策略为严格递增，可得 $\text{Prob}(b_2 < b) = \text{Prob}(b_2 \leqslant b)$。

　　又因为 $b_2 = b^*(V_2)$，所以 $\text{Prob}(b_2 < b) = \text{Prob}\{b^*(V_2 < b)\} = \text{Prob}\{V_2 < b^{*-1}(b)\} = \text{Prob}\{V_2 < \Phi(b)\}$

这里，$\Phi(b) = b^{*-1}(b)$ 是 b^* 的逆函数，即当投标者选择出价 b 时，他的价值为 $\Phi(b)$。

因为 V_2 属于 $[0,1]$ 区间上的均匀分布函数,所以,$\text{Prob}(b_2 < b) = \text{Prob}\{V_2 < \Phi(b)\}$ $= \Phi(b)$,代入 $(11.4.1)$ 式,得

$$E\pi_1 = (V-b)\Phi(b),$$

为使 π_1 最大化(这是均衡条件),令 $(E\pi_1)' = 0$,得到

$$(E\pi_1)' = (V-b)\Phi'(b) - \Phi(b) = 0$$

如果 $b^*(V)$ 是投标人的最优选择,$\Phi(b) = V$(之前我们提到当投标人选 b 时,他的价值为 $\Phi(b)$,也就是说 $\Phi(b) = V$)。因此:

$$\Phi(b) = (\Phi(b) - b)\Phi'(b) \qquad (11.4.2)$$

将 $(11.4.2)$ 式化简:$\Phi(b) + b \cdot \Phi'(b) = \Phi(b)\Phi'(b)$

$$\mathrm{d}(b \cdot \Phi(b)) = \Phi(b)\Phi'(b)$$

$$\frac{\mathrm{d}(b \cdot \Phi(b))}{\mathrm{d}\Phi(b)} = \Phi(b)$$

$$\frac{\mathrm{d}(Vb)}{\mathrm{d}V} = V$$

$$\mathrm{d}(Vb) = V\mathrm{d}V$$

两边同时积分,得:$\int \mathrm{d}(Vb) = \int V\mathrm{d}V$,推得 $Vb = V^2/2$,所以,$b = V/2$。

从上式解得投标者 1 的均衡出价 $b^* = V/2$,由于这个博弈是对称的,故同理用投标者 2 的期望支付也能求出其均衡出价也为 $b^* = V/2$。

这就是说,这个博弈的贝叶斯均衡是每个投标者的出价是他实际估价的一半:$b_i^* = V_i/2$。在均衡的情况下,被拍卖品归估价最高的投标人所得,这从资源配置的角度来说是有效率的。随着投标人数量的增加,我们用同样的方法可以得到:

$$b^*(V) = V(n-1)/n \qquad (n \text{ 为投标者的个数})$$

显然,当 n 越大时,出价与实际价值差距越小,对卖者越有利,当 $n \to \infty$ 时,卖者得到买者价值的全部。

除了暗标拍卖,双方报价拍卖也是一种典型的不完全信息静态博弈,它们虽然只是拍卖问题的很少一部分,但通过这些分析我们对不完全信息静态博弈的贝叶斯纳什均衡分析以及拍卖本身都有了比较基本的认识。拍卖问题是不完全信息静态博弈的典型代表,许多信息不完全的经济交易问题可以用拍卖模型进行研究。不过,我们前面所讨论的给定拍卖规则下的投标人竞争只是拍卖的一个方面,拍卖还有另一个同样也很重要的方面,那就是拍卖规则的设计问题。拍卖规则的设计,例如在上述假设中加入交易底价以维护卖者最低收益,要求一定的投标费用使参加投标者积极争取中标,从而提高成交率和成交价格等,不仅在拍卖问题中有意义,而且在其他博弈问题中也是有意义的,例如委托人-代理人博弈模型换个角度也是博弈规则设计问题。因此,对拍卖及其规则的设计深入研究具有十分重要的现实意义。

第五节　不完全信息动态博弈

一、不完全信息动态博弈

在不完全信息动态博弈（Dynamic Game of Incomplete Information）中，"自然"首先选择参加者的类型，参加者自己知道，其他参加者不知道；在自然选择之后，参加者开始行动，参加者的行动有先有后，后行动者能观测到先行动者的行动，但不能观测到先行动者的类型。但是，因为参加者的行动是类型依存的，每个参加者的行为都传递着有关自己类型的某种信息，后行动者可以通过观察先行动者所选择的行动来推断其类型或修正对其类型的先验信念（Prior Beliefs）（概率分布），然后选择自己的最优行动。先行动者预测到自己的行动将被后行动者所利用，就会设法选择传递对自己最为有利的信息，避免传递对自己不利的信息。因此，博弈过程不仅是参加者选择行动的过程，而且是参加者不断修正信念的过程。

这里，我们通过几个日常生活中的小例子对不完全信息动态博弈进行初步了解。

在打麻将的过程中，通过仔细观察，甲发现乙有一个缺点：当他知道自己牌很好或者马上就要和牌的时候，他的手就会发抖。根据这个信号，甲十分明确自己应该在什么时候特别小心，于是甲经常赢。甲把这个发现告诉乙之后，乙打牌竟然会经常性故意手抖，这使甲十分紧张，还产生了失误。后来，甲经过观察，又发现当乙的手微微发抖时，说明是好牌；当乙的手抖得比较厉害，而且不太连续的时候，这就是假装的。根据这个发现，甲沉着应战，终于占了上风。

"黔驴技穷"实际上也是一个关于不完全信息动态博弈的故事。贵州以前没有驴子，一个外地人带了一头毛驴到贵州，丢在了山岭里。老虎初见毛驴，觉得是一个庞然大物，不知有多大本领，因此有些害怕，不敢贸然冒犯。过了几天，老虎发现驴子每天只是吃草，好像没什么可怕的。慢慢地，老虎走出树林，逐步接近毛驴，想获取有关这个庞然大物真实本领的信息。有一天当老虎走到驴子跟前进行试探的时候，驴子忽然大叫一声，老虎受惊，夺路而逃。这是老虎的最优选择，因为毛驴大叫是老虎意料之外的，在不知道驴子还会采取什么措施的时候，老虎最好是选择逃跑。又过了几天，老虎对毛驴的叫声习惯了，发现它没有什么特别的本领，但终归没有获得毛驴本领的全部信息，心里还是有些害怕。于是，老虎还是采取了试探的方式获取信息，而且这次老虎对毛驴挨得更近，并用挤、碰的手段故意冒犯它。毛驴忍无可忍，就用蹄子去踢老虎。这一踢向老虎传达了这样一个信息："毛驴的本事不过如此"，所以老虎反而高兴了。这时，老虎得到了全部信息，所以就扑过去把毛驴吃了。在这个故事里，老虎通过毛驴行为逐步修正对毛驴的"信念"，直到看清它的真实面目，把它吃掉。老虎的每一步行动都是给定情况下最优的，最终达到精练贝叶斯均衡。当然，毛驴的行动也是很理性的，只是它技不如虎，所以不到万不得已，它不会用那仅有的一技，否则，它早被老虎吃掉了。

二、精练贝叶斯均衡与贝叶斯法则

对应于不完全信息动态博弈的基本均衡概念是"精练贝叶斯均衡"（Perfect Bayesian Equilibrium），它是泽尔腾关于完全信息动态博弈所提出的子博弈精练纳什均衡与海萨尼关于不完全信息静态博弈所提出的贝叶斯均衡的结合，是最高层次的均衡。

简单地说，精练贝叶斯均衡的要点就是当事人要根据所观察到的他人的行为来修正自己有关后者的"信念"（主观概率），并由此选择自己的行为。这里，修正的过程使用的是贝叶斯法则（Bayes' rules）。这一点意味着，每个参加者都假定其他参加者选择的是均衡策略。

具体来讲，精练贝叶斯均衡是所有参加者策略和信念的一种结合，它满足如下条件：（1）给定每个人有关其他人类型的信念的情况下，他的策略选择是最优的；（2）每个人有关其他人类型的信念都是使用贝叶斯法则从所观察到的行动中获得的。所以，精练贝叶斯均衡不能仅仅定义在策略组合上，它必须同时说明参加者的信念，因为参加者选择最优策略是相对自己的信念而言的。

这里谈及的贝叶斯法则是概率统计学中应用所观察的现象修正先验概率的一种标准方法，其数学公式为：

$$\frac{P(B/A) \cdot P(A)}{P(B)} = P(A/B)$$

根据这一法则，我们可以作出以下判断：在给定某人甲做了 x 件这类事情的条件下，判断他属于 A 类型的概率 $P(A/B)$（后验概率），等于（你所认为的）甲属于 A 类型的先验概率 $P(A)$ 乘以 A 类型的人会干 x 件这样的事情的概率 $P(B/A)$，再除以甲可能干这件事的"边际"概率 $P(B)$。

例如，我们用 A 表示好人，B 表示做了一件坏事。假设在开学之初，你对新同学甲不了解，你可能判断他的品格好坏的概率各为 1/2（先验概率），即 $P(A) = 1/2$。因为好人不会做坏事，只有坏人才会做坏事，所以 $P(B/A) = 0$。假如有一天，你发现甲做了一件坏事，你很可能就会修正对他的看法，断定他是坏人。这里，实际上你是运用了贝叶斯法则修正了你对甲的看法，使自己在甲做了一件坏事的情况下，认为甲是好人的概率 $P(A/B) = 0$。

三、精练贝叶斯均衡的运用

（一）信号传递模型

信号传递是动态博弈的基本部分，精练贝叶斯均衡的一个重要运用就是"信号传递模型"（Signalling Game）。信号传递模型由斯宾塞（Spence）开创，是一种简单而具有广泛的运用领域的不完全信息动态博弈。

在信号传递博弈中，有两个参加者，$i=1，2$；参加者 1 为信号发送者，参加者 2 为信号接收者；参加者 2 的类型为公共知识，参加者 1 知道自己的真实类型，但参加者 2 不知道。博弈顺序如下：（1）"自然"首先选择参加者 1 的类型，参加者 1 知道自己的类型，但参加者 2 不知道，他只具有关于参加者 1 类型的可能范围及其概率分布的"先验信念"；（2）参加者 1 在知道自己类型后发出有关信号；（3）参加者 2 观测到参加者 1 发出的信号，使用贝叶斯法则对先验概率进行修正得到后验概率，然后选择行动。

当参加者 1 发出信号时，他预测到参加者 2 将根据他发出的信号修正对自己类型的判断，因而会选择一个最优的类型依存信号策略；同样，参加者 2 知道参加者 1 选择的是给定类型和考虑信息效应情况下的最优策略，因此使用贝叶斯法则修正对参加者 1 的类型的判断，选择自己的最优行为，从而达到精练贝叶斯均衡。

斯宾塞运用信号传递模型分析了劳动力市场中工人的教育水平如何传递有关能力的信息。在这个模型里，企业的生产效率取决于工人的实际能力。工人的实际能力有高有低，工人自己知道，但雇主不知道。然而，受教育的程度能帮助雇主找到能力高的工人。假定工人的劳动效率与教育无关，教育本身并不能提高工人的能力，但它却可以传递有关这种能力的信息。原因是教育需要成本（这里，成本不仅包括需要货币支付的各种上学费用，还包括机会成本，需要努力的成本等），而能力高的劳动者教育成本低于能力低的劳动者。因为一个能力低的人要获得同等的学历会比能力高的人付出更大的努力，经受更大的痛苦。所以，能力高的人要使自己与能力低的人划清界限则要选择接受更多的教育，传递更清晰的"我的能力高，我可以为雇主创造更多的价值"的信号。因此，企业就可以通过教育程度的高低来判断职员能力的高低，从而选择支付工资的高低。

（二）垄断限价模型

米尔格罗姆（Milgrom）和罗伯茨（Robertz）1982 年提出的垄断限制性定价模型是信号传递博弈在产业组织理论中的第一应用。垄断限价模型试图解释现实中观测到的这样一个现象：垄断企业规定的产品价格一般低于微观经济学定义的最优垄断价格（即边际收益等于边际成本时的价格）。以前对这一现象的解释是：如果价格等于垄断价格，其他企业有利可图，就会进入；相反，如果价格低一些，其他企业看到无利可图，就不会进入，这样垄断企业就可以继续保持垄断地位。这显然是一个完全信息静态博弈的均衡解释。

但是，我们在之前对市场进入博弈的分析中知道，价格作为一种承诺是不可信的。因为不管垄断者试图索取什么价格，一旦其他企业进入，垄断者就会改变现行价格。因此，靠降低价格是不可能阻止进入的。

直到 1982 年，米尔格罗姆和罗伯茨采用动态不完全信息博弈理论对这一问题作了全新解释：垄断限价反映了这样一个事实，其他企业不知道垄断企业的生产成本，垄断者降低价格只是为了提供自己低成本的信息，这样进入会无利可图。

现在将市场进入博弈模型具体化：假定有两个时期，$t = 1$，2。在 $t = 1$ 时，市场上有一个垄断企业 A 在生产，一个潜在进入者企业 B 考虑是否进入。如果 B 进入，在 $t = 2$，市场变成双寡头竞争；否则，A 仍然是一个垄断者。企业 A 有两个潜在类型：高成本和低成本。在博弈开始时，B 知道 A 是高成本的概率为 p，是低成本的概率为 $1-p$。这个概率称为 B 的先验概率。假定 B 只有一个类型，进入成本为 2，如果进入，生产成本与 A 在高成本时相同。

在 $t = 1$ 时，B 决定是否进入之前，作为垄断者的企业 A 要决定该时期的价格（或产量），假定这时有三种可能的价格选择：$P = 4$，5，6。如果 A 是高成本，对应三种价格的利润分别是：2，6，7；如果 A 是低成本，对应的利润为：6，9，8。因此，A 在高成本时单阶段最优垄断价格是 $P = 6$，低成本时单阶段最优垄断价格是 $P = 5$。

在 $t = 2$ 时，如果 B 进入，企业 A 的成本函数变为共同知识。如果 A 是高成本，两企业成本相同，对称的古诺均衡产量下的价格为 $P = 5$，每个企业 3 单位利润，扣除 2 单位的进入成本，B 的净利润为 1；如果 A 是低成本，两个企业的成本函数不同，非对称古诺均衡产量下的价格为 $P = 4$，A 的利润为 5，B 的利润为 1，扣除进入成本，B 的净利润为 -1。在 $t = 2$ 时，如果 B 不进入，A 仍然是一个垄断者，不同价格选择下的利润水平与 $t = 1$ 阶段相同。从以上分析得出：在完全信息情况下，如果 A 是高成本，B 选择进入；如果 A 是低成本，B 选择不进入（见图 11-18）。

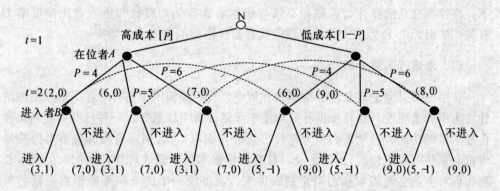

图 11-18

以上是一个简化的扩展式表述。企业 A 知道"自然"选择（自己的类型），企业 B 能观察到企业 A 的价格，而不能观察它的成本函数。即企业 B 能观察到 $P=4,5,6$，但每一种价格既可能是企业 A 高成本时的价格选择，也可能是企业 A 低成本时的价格选择。图 11-18 省略了第二阶段博弈的扩展式，代之以古诺均衡的支付向量和垄断利润。这是因为，在进入第二阶段博弈后，如果企业 B 进入，古诺产量是每个企业的最优策略；如果企业 B 没有进入，单阶段垄断产量是企业 A 的最优选择。

尽管进入第二阶段博弈后，企业的行动是一个简单静态博弈决策问题，但第一阶段的选择要复杂得多。企业 B 是否进入依赖于它对企业 A 成本函数的判断：只有当企业 B 认为企业 A 是高成本的概率 $P>1/2$ 时，才会选择进入。这一点与上一节讨论的不完全信息静态博弈一样。但是与静态博弈不同的是，现在，在观测到在位者企业 A 第一阶段的价格选择后，企业 B 可以修正对企业 A 成本函数的先验概率，因为 A 的价格选择可能包含着有关其成本函数的信息。

比如说，无论哪种情况下，低成本的企业 A 是不会选择 $P=6$ 的（$P=6$ 不仅无法达到垄断利润最大化，还会使进入者误认为自己是高成本的）。如果 B 观测到 $P=6$，它就可以断定企业 A 是高成本的，选择进入有利可图。同时企业 A 也知道，如果选择 $P=6$，企业 B 一定会进入，故企业 A 即使在高成本时也不会选择 $P=6$，尽管 $P=6$ 是最高垄断价格。

同理，低成本的企业 A 也不会选择 $P=5$（尽管 $P=6$ 是最高垄断价格），因为在 $P=5$ 的情况下，企业 A 所获得的巨额垄断利润会招致企业 B 进入。

因此，问题的核心是企业 A 必须考虑价格选择的信息效应：不同的价格选择影响进入者的后验概率，从而影响进入者的进入决策。一个非单阶段最优价格会减少现期利润，但如果它能阻止进入者进入，就会在第二阶段获得垄断利润而非古诺均衡利润（寡头利润）。如果垄断利润比寡头利润大很多，企业 A 就将有足够的耐心，选择一个非单阶段最优价格，这种选择是最优的。我们将看到，在均衡情况下，在位者究竟选择什么价格，不仅与成本函数有关，而且与进入者先验概率 P 有关；然而无论 P 为多少，单阶段最优垄断价格都不构成一个均衡。

四、承诺行为再分析

在第三节对完全信息动态博弈的分析中，我们强调了承诺行动在子博弈精练纳什均衡中的重要性。在精练贝叶斯均衡中承诺行动同样重要。一种行动要起到某种传递信息的功能，行动者必须为此付出代价（成本），否则，所有其他类型的参加者都会模仿（或不相信）。就是说，只有负担成本的承诺才可信。例如，低成本者要告诉对方我是低成本从而阻止别人进入，就得定一个比短期垄断价格更低的价格；而高能力者要把自己与低能力者区分开，就要接受更多的教育。

这种为传递信息支付的成本是由信息不完全导致的，但是，不完全信息不一定就是坏事。克雷普斯有关博弈论的应用方面最著名的"声誉"理论就证明，在有限次重复囚徒困境博弈中，不完全信息可以导致合作的结果，而这在完全信息下不太可能（完全信息中，必须是无限次博弈才能导致合作）。他举例说，连锁店对较早加入的竞争者的打击可以阻止以后的加入者，并且处于"囚徒困境"的博弈者会试图建立一种愿意合作的声誉。需要指出的是，这里所讲的声誉模型应当与一般的贝叶斯模型区分开，因为它允许有关偏好的更广的不确定性。在前面提到的连锁店和处于囚徒困境的博弈者的例子中，都允许博弈者犯"傻"（支付承诺的成本）。声誉模型的核心是要使对手相信，如果对方做出有损你的事情，你将会做一些不合理的事使对方付出更大的代价。例如，在重复的市场进入博弈中以赔本的价格打击开始的进入者等，这就是有成本的承诺行动。而这样成功时会取得较高的均衡报酬。克雷普斯等允许竞争者猜想对手可能犯"傻"，但是，他们认为这种概率很小，并强调在长期反复的关系中是与大多数贝叶斯模型不同的，在那些模型中各类型的概率一般都较大，掌握信息的一方必须在小范围内维持声誉。这种分析中令人感兴趣的一点是需要取得声誉（精明人装傻）的博弈重复次数可能很小。

复习思考题

1. 解释下列名词

博弈　　策略　　策略组合　　上策均衡　　纳什均衡　　纯策略　　混合策略　　帕累托上策均衡　　风险上策均衡　　聚点均衡　　子博弈　　子博弈纳什均衡　　可置信威胁　　承诺行动　　重复博弈　　有限次重复博弈　　无限次重复博弈　　连锁店悖论　　不完全信息静态博弈　　贝叶斯纳什均衡　　暗标拍卖　　不完全信息动态博弈　　精练贝叶斯均衡　　信号传递博弈

2. 你正在考虑是否投资1 000万元开发房地产。假设情况是这样的：你决定投资开发，则0.35的概率你将收益3 000万元（包括投资），而0.65的概率你将全部亏损；如果你不投资开发，则你能保住本钱但不会有利润。请回答：（1）用得益矩阵和扩展形来表示该博弈；（2）如果你是风险中性的，你会怎么选择？（3）如果你是风险规避的，你会怎么选择？（4）如果你是风险偏好的，你会怎么选择？

3. 一个逃犯从监狱逃走，一看守奉命追捕。如果逃犯逃跑，有两条路线可选，看守只要追捕方向正确，就一定能抓到逃犯。逃犯逃脱可少坐10年牢，但一旦被抓住就要加刑10年；看守抓住逃犯能得1 000元奖金。分别用得益矩阵和扩展形来表示该博弈，并作简单分析。

4. 运用完全信息静态博弈的均衡概念和思想来分析下列支付矩阵表示的静态博弈：

A 的策略

	L	R
U	6，6	2，7
D	7，2	0，0

B 的策略

5. 在第三节借贷博弈的例子中，如果 B 选择打官司后的结果不确定，即如果 A 违约，B 打官司后两者的支付（a，b）数值不确定。试讨论本博弈可能有哪几种可能的结果？如果要本博弈中 B 的威胁"可置信"，a 或 b 应满足什么条件？

6. 求出习题 4 中静态博弈的均衡结果，并说明有限次和无限次重复该博弈时，两博弈方的均衡策略。

7. 如果有下列假设：（1）"自然"以均等的概率选择博弈方 1 的两种可能类型，并让博弈方 1 知道自己的真实类型，而仅让博弈方 2 知道这个概率分布；（2）如果博弈方 1 是类型 1，则支付矩阵如下：

博弈方 2 的策略

	L	R
U	1，1	0，0
D	0，0	0，0

博弈方 1 的策略

（3）如果博弈方 1 是类型 2，则支付矩阵如下：

博弈方 2 的策略

	L	R
U	0，0	0，0
D	0，0	2，2

博弈方 1 的策略

找出该博弈中所有纯策略贝叶斯均衡。

8. 下图是一个信号传递博弈：（1）"自然"以均等的概率选择博弈方 1 的两种

可能类型，并让博弈方 1 知道自己的真实类型，而仅让博弈方 2 知道这个概率分布；（2）博弈方 1 选择信号 L 或 R；（3）博弈方 2 通过信号，选择自己的行动 U 或 D。支付向量如下图所示。试运用精练贝叶斯均衡的思想分析这个博弈。

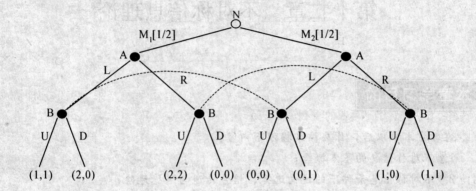

第十二章 不对称信息理论

本章学习目的

在学完本章以后，你应该掌握以下内容：

1. 不对称信息的基本概念；
2. 不对称信息条件下的逆向选择、信号传递与道德风险；
3. 委托代理理论及其在企业决策中的应用；
4. 不对称信息与效率工资理论。

第一节 不对称信息概论

一、不对称信息概述

这里，不对称信息（Asymmetric Information）指的是在市场交易中，当市场的一方无法观测和监督另一方的行为或无法获知另一方行动的完全信息，抑或观测和监督成本高昂时，交易双方掌握的信息所处的不对称状态。在绝大多数经济研究中，都以参与人具有完全信息为假定。如果商品的质量很容易检验和区分，这个假定就可以获得解释。但是，如果关于质量的信息是要花代价获取的话，这个假定恐怕就不那么合理了。在现实世界中，肯定有许多这样的市场，在这样的市场中获取商品质量的信息可能要花很高的代价，甚至根本就不可能。因此，在大量的经济活动中，经济行为人之间不可能具有相同的信息。

不对称信息是很多商业情况的特点。通常，销售者对于一个产品的质量比消费者知道得多。工人对他们的技术和能力要比他们的雇主知道得多。而商业经理们对于厂商的成本、竞争地位以及投资机会要比厂商的所有者知道得多。

当然，卖主并不总是比买主具有更多信息，例如，人寿保险的购买主对于自己的健康状况一般要比出售保险的保险公司知道得多。另外，一个人对保险的购买有可能会导致他的行为倾向于增加保险公司赔付的概率。比如，如果你向保险公司购买了大量的财产保险，那么你就可能不再细心保管你的贵重物品。因为如果你的物品被偷了，保险公司会如数赔偿。但保险公司并不知道你在这方面已经疏忽了。

此外，不对称信息解释了我们社会中许多制度安排。它说明了为什么汽车公司为新车的零部件和服务提供保证；为什么厂商与雇员签订包括刺激和奖励的合同；以及为什么公司的股东需要监督经理。

在双方掌握的情况有差异时，拥有信息优势的一方就有可能为了获得更有利于自己的交易条件，故意隐瞒某些不利于自己的信息，甚至扭曲信息或制造虚假信息，这就必然影响契约的签订和交易的质量。在本章中，我们将看到不对称信息怎样影响买卖双方的决策和市场的行为。对于不对称信息的分析有助于解释现代经济中的许多现象，从旧车市场上的不成比例的低质量车数量到劳动市场上存在的大量失业。另外，还将表明如果存在不对称信息，为什么在完全竞争市场中也会存在市场失灵。正如我们将看到的，在这些情况下，市场机制不能正常运转。

二、旧车市场：一个不对称信息的典型例子

分析不对称信息最早的模型是乔治·阿克诺夫（George A. Akerlof）的旧车市场。但其分析的价值却远远超出了旧车市场，保险、金融信贷，甚至就业等市场都具有不对称信息的特点。为了理解它的含义，我们先来考察旧车市场，然后看看同样的原则是如何适用于其他市场的。

在旧车市场上，汽车质量的情况很复杂，有多种等级。并且在通常情况下，一辆旧车的卖主对于它的性能和缺点要比买主清楚得多。这种信息在买主和卖主之间的不对称分布会影响到旧车市场的正常运行。为了弄清这一问题，我们先假定：所有的新车分为两类，要么是高质量车，要么是低质量车；一个人买了一辆新车后，他会发现这车是高质量车或是低质量车；后来由于某种原因（并不一定是车的质量问题）他要把该车（当旧车）出售，而一个潜在的买主（在购买使用之前）不能确定车是高质量车还是低质量车。

在这样一种情况下，旧车的均衡价格将低于新车的价格。在旧车市场上，由于买主并不能区分高质量车和低质量车，因此，这两种车都是以同一价格进行买卖的。很显然，旧车市场上的车价必定要低于新车的价格。否则人们都将去买新车，如果证明是低质量车，把它卖了再买一辆新车，并且还可从中渔利。显然，这是不合理的，除非旧车的价格比新车的价格低，否则就不会存在对旧车的需求。另一方面，我们可以设想自己作为旧车未来的买主，那么我们会关心什么样的问题呢？即便你可以雇一个技工来检查所想要购买的旧车，并且出售者可以提供车的质量保证书，但是出售者对车已有了经验，因而对它更加了解。你会觉得奇怪，为什么这辆车要出售？出售车这一事实本身就暗示着该车可能是"次品"（即低质量车）——为什么要出售一辆可靠的车？结果，一辆旧车的未来买主总是对它的质量存有疑虑，并且这种疑虑是很有道理的。因此，买主对旧车所愿意的购买价格就可想而知了。

"次品"可能在要出售的旧车中占有很大的比重，这将导致旧车的均衡价格的下降。这是因为在买主眼中无法区别高质量车与低质量车，许多好的旧车的所有者可能发现旧车的均衡价格太低，因而就放弃了出售它们的意愿。另一方面，"次品"可能在要出售的旧车中占有相当大的比重，这也使潜在的买主更倾向于为旧车支付比较低的价格。

旧车的买主如果能够确定买的是一辆高质量的旧车，那么他将愿意以高于均衡价格的价格进行交易，这样高质量车的卖主也将愿意达成这样的交易。但是，由于不对称信息，即对于这辆旧车是高质量车还是低质量车，卖主知道而买主不知道，这使得上面假设的交易很难达成。面对这种情况，旧车的卖主试图用各种方法使买主相信他的车是高质量车。他们会提供关于车的各种信息，鼓励买主在购买之前用他的经验对车加以检查，并且他们还提供退款保证或免费检修的合同。

三、图形分析：信息对称与信息不对称

为了对旧车市场问题进行全面的分析，我们首先来考察在完全信息情况下，旧车市场会如何运作：即旧车的交易双方都具有完全的信息，在购买之前买主能够清楚地知道车子的质量。

假定旧车有两种质量类型：一种是高质量的，另一种是低质量的。相应地，高质量汽车的价格较高，而低质量的价格较低。在完全信息情况下，买卖双方能很好地识别旧车的质量，那么两种质量的旧车就会分为两个旧车市场，分别以不同的价格进行交易（见图 12-1）。

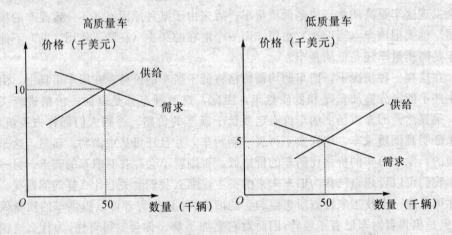

图 12-1 完全信息

如图 12-1 所表示的情况，在任何给定的价格下，高质量车市场的供给曲线高

于低质量车市场的供给曲线，这表示高质量车的供给价格高于低质量车的供给价格，这是因为高质量车的买主更不愿意与他们的车分离，从而必须得到更多的价格才愿意这么做；而高质量车的需求曲线高于低质量车的需求曲线，是因为买主愿意为得到一辆高质量的车支付更多的钱。在质量易于识别的时候，质优价优，两种产品都能实现均衡。如图 12-1 所示，高质量车的市场价格是 10 000 美元，低质量车的市场价格是 5 000 美元，两种车销售的数量都是 50 000 辆。

　　现在我们考察，当我们意识到旧车的所有者对他们的车的状况和质量比潜在的买主知道得多，上面的情况会怎么变化。也就是说我们假定旧车的买主只有在购买了车，并开了一段时间之后，才发现其质量问题的。下图表示了这一变化了的情形（见图 12-2）。

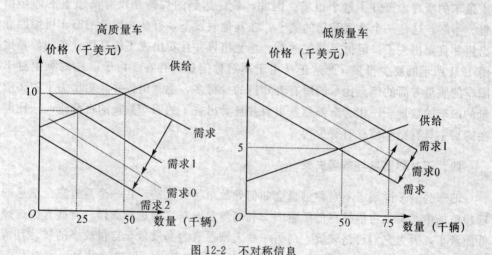

图 12-2　不对称信息

　　将图 12-1 和图 12-2 详细进行比较可以看出，高质量车和低质量车的供给曲线没有受到影响。这是由于，车主愿意供给的车（高质量车和低质量车）的数量不会受到买主是否知道是高质量车还是低质量车的影响。但由于潜在的买主（在购买前）不能区分高质量车和低质量车，高质量车的需求曲线就有了相当大的改变。

　　起初，买主可能会猜测他们买的旧车是高质量的可能性是 50%，因为如果买主和卖主都知道质量，每种车会出售 50 000 辆，高质量车和低质量车的数量各为一半。因此，买主会把所有的车都看做是中等质量的，并愿意以其平均价格来购买。然而谁愿意按这个价格出售他们的汽车呢？低质量车的车主肯定愿意出售他们的汽车，而高质量车的车主却不大愿意按这一价格出售汽车。这样，在图 B 中，对中等质量车的需求用曲线"需求 1"来表示。对高质量车的需求减少，而对低质量车的需求增加。这时，市场上就有较多的（75 000 辆）低质量车和较少的（25 000 辆）

高质量车成交。

当消费者意识到大多数售出的车（约 3/4）都是低质量车时，他们对旧车质量的猜测也会降低，即会认为旧车的质量是中低水平的。这将会导致需求曲线继续下移，在图 12-2 中表示为由曲线"需求 1"向下移到"需求 0"。在新的低价水平上，高质量车的卖主更加不愿意出售他们的汽车，使得汽车的组合进一步转向低质量。这一移动会持续下去，直到低质量车全部卖完。在这一点上，市场价格太低而导致任何高质量车都不能进入市场出售，因此购买者正确的估计他们购买的任何车都是低质量的，而需求曲线就将回到原来的位置，在图 12-2 中表示为低质量车市场中的"需求"曲线。

由于旧车是次品的概率太大，潜在的买主愿意支付的价格将会很低，以至于高质量车的所有者离开了这个市场。因此，最终达到的均衡是没有高质量的旧车出售。当然，这是一个高度简化的例子。在其他假设下，有些高质量的旧车可能愿意出售并且卖出去了。但值得关注的是，愿意出售并且卖出去了的高质量车的数量比图 12-1 所示的要少得多，而这正是由于不对称信息的存在。由于潜在的买主对于旧车的质量方面的信息比车的所有者知道的少得多，愿意出售并且卖出去了的高质量的旧车的数量——作为全部愿意出售并且卖出去了的旧车数量的百分比——比潜在的买主具有完全信息时要少得多。

四、不对称信息与市场失灵

旧车的例子说明了不对称信息会如何导致市场失灵的。在一个具有完全信息的理想市场中，买主将能够在低质量旧车和高质量旧车之间进行选择。有些人会选择低质量车，因为它们价格较低，而另一些人则愿意为高质量车支付较多的钱。其情形如图 12-1 所示。在此情况下，双方都能从交易中获益。但遗憾的是，不对称信息问题阻碍了这种互利交易的发生。因为，事实上买主在购买和使用前不能很容易地确定一辆旧车的质量，这使得高质量旧车的价格下降到很少有人愿意出售的水平上。在极端的情况下，其情形高质量车被驱逐出旧车市场，出现了市场失灵，如图 12-2 所示。

若这个问题仅限于旧车市场，就不是一个值得关注的问题。但事实上，在大量的市场经济活动中，经济行为人之间不可能有相同的信息，而不对称信息在许多市场上都存在。比如，在信贷市场，贷方（如银行）在信息方面处于劣势，而借方处于优势，因为借方了解所选投资项目的风险程度。风险是决定所借用资金价格（利率）的一个重要因素，风险越大，偿还债务的可能性就越小，相应利率回报就应当越高。如果贷方对项目风险知之甚少，风险因素便不能通过供求关系反映到价格上来，价格也就失去了调节供求平衡的作用。具体来讲，贷款企业的投资回报率（盈利率）有高有低，这是公开的信息，而盈利率高的企业风险也大，但风险程度只有企业自己知道。当银行调高利率以排斥低质量投资项目时，盈利率低的企业自然先推出市场。而利率高了，风险也增大了，银行的利润率可能反而下降，资金的供给也会跟着下降。带来的结果是，随着利率的提高，借贷资金需求下降，供给也下降，仍不能实现均衡。信贷市场的例子可以看做是隐藏信息的类型。

与隐藏信息相似但有所不同的另一类经济行为是隐藏行动，即败德行为或道德风险的行为，这也是由信息不对称现象引起的，这类行为在保险市场最为普遍。例如，当投保人为自行车购买了保险以后，可能就会有意识地放松对自行车失窃的防范。他可能嫌麻烦而未给自行车装锁，或贪图便宜仅仅使用轻便锁或低劣质量的锁，而同时，他的这一行动不会被保险公司察觉。这与他未买失窃保险时的行动完全不一样，因为未买自行车保险时，他需要自己承担自行车失窃的全部费用，因此他会采取谨慎的防盗措施，比如说买昂贵的车锁，每次使用后不厌其烦地锁好。如果保险公司对自行车失窃的个人实行全部赔偿，个人在其自行车失窃后，即可通过简单的程序得到重新购买一辆自行车的赔偿金，个人就会采取不防范、少防范的行为，这种行为的低效率是显而易见的。如果没有相应的措施或适当的激励机制，使得投保人放弃这种机会主义行为，保险业务甚至整个保险业也都将面临巨大的问题。

第二节　逆向选择：隐藏信息问题

旧车只是一个程式化的例子，用来说明影响许多市场的一个重要问题——逆向选择（Adverse Selection）问题。当不同质量的产品在购买者或出售者买卖时没有充分的信息来确定产品的真实质量，从而不同质量的产品以单一价格出售时，逆向选择就出现了。结果，市场上就会有太多的低质量产品和太少的高质量产品出售。正如我们所见的那样，这种逆向选择问题可以变得十分严重，以致出现市场失灵，甚至完全摧毁市场。下面我们来具体考察逆向选择的其他几个例子，然后讨论政府或私人厂商会如何对此作出反应。

一、保险业中的逆向选择

保险业中逆向选择的出现同样是由信息不对称所引起，因为保险公司事先不知道投保人的风险程度。我们首先来看一下在财产保险中的这一问题，说明它为什么会出现，以及它的出现对保险市场有效运行有何影响。

假设一家保险公司提供财产失窃保险，那么它就需要事先设定投保的费率（即保险的价格）。在信息对称的情况下，保险公司可以对投保人的失窃率有准确的估计，那么以失窃率为基础设定的投保费率是有效的。投保人可通过保险公司提供的服务免除财产损失的后顾之忧，保险公司也可以从收取的投保费用中获得收益。但是，情况往往与此不同，保险公司只能获得平均的失窃率，却无法区分高失窃率地区和低失窃率地区，更无法考虑每个投保人之间不同的安全情况。如果保险公司决定根据平均失窃率提供保险，那么居住在安全地区的人不会购买财产保险，居住在低失窃率地区的人也很少会购买财产保险，而居住在高失窃区的人则最希望购买财产保险。

　　保险公司在信息不对称情况下面对的就将是这种逆向选择，客户的逆向选择迫使保险公司放弃按照平均失窃率来确定投保费的办法，因为按这一标准收取的投保费将无法支付实际上高于这一水平的赔偿额，保险业务无法进行。因此，保险公司将会把投保费建立在高失窃率的基础上，但这时低风险客户将不再愿意购买这种高价保险。随着低失窃率地区居民退出保险市场，高风险地区的投保者将成为主要的客户，保险公司面临的实际平均风险率进一步提高，这又使得保险公司进一步提高投保费用。这样，最后只有少数失窃率很高的地区的居民参加保险，保险市场不断萎缩。

　　健康保险也存在着同样的问题。老年人得严重疾病的风险很大，但由于信息的不对称使得保险公司无法提高保险价格以反映这一较高的风险。因为即使保险公司坚持要做医疗检查，购买保险的人对他们总的健康情况也要比任何保险公司所希望知道的清楚得多，结果就像旧车市场那样，出现了逆向选择。由于不健康的人可能更需求保险，不健康的人在被保险人总数中的比例提高了。这迫使保险的价格上升，从而使那些较健康的人（由于知道自己的低风险）做出不投保的选择，这进一步提高了被保险人总数中不健康的人的比例，而这又迫使保险价格上升，如此等等，直到绝大多数想买保险的人是不健康的人。在这个时候，出售保险就变得无利可图了，恶性循环再次发生，保险市场的功能大大受到限制。

　　逆向选择的问题实际上是由信息不对称与自愿选择相结合而发生的，是人们企图利用信息不对称，为自己获取更多利益所致。此时，改变自愿选择为某种强制，可能更为有效。可见，在信息不对称的情况下，以自愿选择为特征的市场机制表现出无效性，不得不求助于政府的强制。这样，对于健康保险，它为赞成医疗照顾方案或其他政府为老年人提供的有关形式的健康保险提供了论据。通过为所有65岁（相同的一般论点也适用于所有年龄组）以上的老年人提供保险，政府消除了逆向选择的问题。

　　不对称信息下逆向选择的分析，还可以有助于解释在许多发达市场经济国家存在的社会保障安排。一般情况是，雇主把保障计划作为一揽子附加福利的组成部分提供给他的雇员。强制性地规定雇主为其雇员投保，以保证无偏选择。保险公司便能够将投保费率建立在所有雇员平均风险的基础上，并保证收支平衡。

　　这一分析也向我们揭示了政府作用所在，低效率发生的原因是逆向选择，而逆向选择的原因在于投保的自愿性。消除失灵的方法只需实行强制投保，而无需全盘否定整个保险市场，政府的强制规定与保险公司的市场运作相结合，可以有效地克服市场运作存在的弊端。

二、资本市场中的信息问题

在资本市场上，也存在着类似的逆向选择问题。大多数企业对资本有所需求，并且无论经营该企业的经理人员是优秀的，还是较为无能的，他们一般都会愿意选择出售股票来获得投资者的资金。但投资者在作出投资选择时，对股票的质量不具备完全的信息。股票投资者的风险是可想而知的，如果出现以下某种情况，投资者就会无所收益：（1）公司没有将筹集的资金用于原项目的投资上；（2）公司经营不善导致无盈利或亏损；（3）公司虽然赚了钱，但谎称没有赚到钱。因此，投资者受信息不对称的约束无法知道每一种股票的投资收益，无法了解其切身利益，只能根据预期收益作出决策。

重要的是资本市场中存在的这种信息不对称易于导致筹资者的逆向选择。股票市场和债券市场都存在逆向选择问题，但由于股票代表的是公司的剩余索取权，因而存在更多难以监控的因素，逆向选择问题就更为突出。股票市场上发行股票，意味着筹集资本，虽然投资者希望发行股票的公司具有很强的盈利能力，但实际上如果没有十分严格的限制和约束，不论盈利能力如何，公司都会乐于从股市获得资金，特别是以高估的市场价格发行的股票。这就是一种逆向选择。这种逆向选择的普遍存在使投资者有理由相信，公司之所以发行新的股票是因为股票市场价格高于股票价值。如果股票价格低于其价值时，公司是不愿意发行新股的。由此推论，发行新股会导致股票价格的下跌。因此，在发达国家成熟投资者会把发行新股看成是该公司的"利空"消息，这样就限制了股票需求。另一方面，为了克服资本市场信息不对称造成的不良影响，资本市场中建立起一套增加筹资方信息供应的制度，要求筹资方公开某些"私人信息"。筹资方为了避免过度暴露，常常回避股票发行而转向债券市场。难怪在资本市场很发达的西方国家，发行股票只占企业外部筹资的很小比例，其重要性排在银行贷款和债券融资之后。

市场经济中，在利益的驱使和诱惑下，经济主体往往会利用信息的不透明，把信息的失真进行夸张，甚至捏造虚假信息，去牟取一种严重损害他人利益的经济收入。其结果必将是信用的下降，甚至是信用关系的破裂。这样，一方面，中小投资者的利益受到巨大损害会直接导致投资萎缩；另一方面，投机、行贿、腐败也会迅速滋生和蔓延，两方面的作用将会使整个经济失去活力。其首要问题是信用问题，即信息不对称问题。正因为市场机会太少，盈利空间狭小，投机者才把资本大量注入房地产和股市。亚洲金融危机证明：一个以投机心态支持的系统一旦集体信心崩溃，那么整个系统也就难以维系。信用链条一旦断裂，企业交易不规范，财务信息不对称，所有的交易就难以发生，消费与投资停滞不前，最后受害的是金融系统。社会公信力下降，信息不对称和信息失真的恶果，会使市场安全性下降，导致金融股票市场波动幅度加剧。

　　具体到我国的股票市场，其影响主要表现在以下两点：（1）信息不对称引发股市泡沫。完全充分信息下的有效市场是一种假定下的理想境地，实际上，股票投资机构和个人只能通过上市公司的财务报表得到一定的信息，因而其与上市公司之间存在着较大信息不对称，从而决定了股价信息中总包含有许多的"泡沫"和"噪音"。当噪音大到一定程度，股票价格便会与公司经营的业绩严重脱离，投资者不再对是否是上市公司的股东身份感兴趣，只关心股价的变动，而不关心公司业绩，他们不再寻求更多的信息和进行谨慎投资，反而追求股票市场上的投机所得。（2）信息不对称挑战股票市场公开、公平、公正和诚实信用的基本原则。由于不对称信息的存在，在股票市场中出现了许多利用虚假的财务报告、股利政策和所谓的内部信息，操纵股票市价，赚取大量利润的现象。信息不对称发展到一定程度就会成为信息失真，对于投资者来说，更应加强甄别不完全信息的能力，合理预期企业的经营情况，防止企业利用虚假信息欺骗自己，从而作出错误的决策。

　　信息不对称的情况在我国股票市场中的例子有很多。这些现象的大量存在，使我们有理由相信，信息不对称已经成为我国资本市场上一部分人获利的手段，这对大多数投资者来说是很不公平的。因此，建立动态的信息披露机制，强化和完善股票市场信息公开披露制度，加强信息披露监管，是中国股票市场走向有效股票市场的基础。

三、信贷市场中的逆向选择问题

　　大多数信用卡允许持有人透支一定的金额，而许多人都会申请几张信用卡。信用卡的存在使得许多人可以借钱而不提供任何抵押品，发行信用卡的公司则通过对借款余额收取利息来赚钱。但在信贷市场上，逆向选择的问题同样会再次发生，这是由于信用卡公司或银行很难区分高质量借款人（那些偿还债务的人）和低质量借款人（那些不偿还债务的人）。显然，借款人对他们会不会偿还借款要比信用卡公司清楚得多。

　　信用卡公司和银行必须对所有的借款人收取同样的利息，这会吸引较多的低质量借款人，迫使信用卡公司或银行提高利率，而进一步增加低质量借款人的人数，并进一步迫使利率上升，等等。

　　事实上，信用卡公司和银行在一定程度上能够利用电脑化的信用史来区分"低质量"和"高质量"借款人，而这种电脑化的信用史是它们之间经常分享的。当然，这种信用史需要在高度网络化的基础之上才能够实现。电脑化的信用史虽然引起了关于这是否对于私密侵犯的争论，但重要的是信用史消除或大大削弱了不对称信息和逆向选择问题。否则，这一问题可能使得信贷市场无法运作。没有这些信用史，即使是有信用的人也会发现借钱的代价极其昂贵。

四、声誉机制和标准化的作用

除了上述市场，不对称信息情况在其他许多市场中广泛存在。各种商品，大到家用电器，乃至房屋，小到鞋帽和日化用品，制造厂家和零售商店都存在着信息不对称的问题。这种情况在服务行业也同样存在。比如说，零售商店一般不会修理或允许退回已售出的有缺陷的产品，商店对其政策要比消费者清楚得多；再比如，在饭店就餐时有哪位客人会走进厨房去检查厨师的用料是否新鲜是否卫生？我们都知道在这一问题上，饭店对其情况要比消费者清楚得多。

在所有这些情况下，销售者对产品质量的了解都比购买者多得多。除非销售者能够向购买者提供有关产品质量的信息，否则低质量产品和服务就会把高质量产品和服务驱逐出去，从而出现市场失灵。因此高质量产品和服务的销售者就极想让消费者相信，他们所提供的确实是高质量的产品和服务，而这一切主要取决于声誉。消费者通常会在特定的商店购物，因为这一商店在产品的质量和售后服务方面的声誉很好，他知道在这家商店可以买到高质量的商品并享受很好的售后服务。而我们大都愿意到熟识的餐厅就餐，除了这家餐厅可以提供美味的食物外，更重要的是因为它具有使用新鲜配料的声誉，并且我们所知道的人中间没有一个是在那里吃了之后生病的。

这种厂商或销售者向购买者提供有关产品和服务质量的信息行为称为发送信号。发送信号的作用在于纠正，至少缓解信息不对称性，矫正购买者对厂商和销售者机会主义行为的预期，以避免追逐劣品。

发送信号是花费成本的，赠送产品、展示样品、做广告、附产品质量保证书等都是发送信号的方式。而最有效的信号是消费者使用过商品后对该商品的良好评价，这就是声誉。声誉是厂商以自己过去产品的质量来发送信号形成的。在信息不对称的情况下，购买者自然会根据以往的信号或来自别人的信息作出判断。可见，良好的声誉对于一个企业来说是一种无形资产，而对整个经济活动而言，声誉则成为矫正市场失灵的一种有效机制。由此可以认为，政府应当诱导企业实施品牌战略，支持有声誉的企业实施扩张兼并、连锁经营、拓展名牌产品的规模，以使市场健康、有效地运作。

麦当劳快餐店的成功经营说明了声誉机制的市场效果。尽管人们平时并不经常光顾麦当劳，但麦当劳标准化的生产及服务提供的产品质量给人们留下的印象是深刻的。人们出差旅行走到陌生的地方，不知到哪里就餐较为可靠时，就会感到麦当劳的吸引力。因为它的各个连锁店都实行标准化的生产和服务，麦当劳的牌子等于给了人们一个保证质量的信号，人们在还没进去之前就确切地知道在那里能买到什么。

声誉机制也是促进资本市场发展的一种重要社会机制。公司经理良好的声誉有利于消除投资者的种种顾虑，如果公司已经凭借自己良好的声誉在资本市场上筹集资金，并希望继续从资本市场上筹资，那么这个公司必须维持它的声誉。声誉机制的产生需要经历时间的检验。在声誉机制广泛发生作用以前，信任机制是早期资本市场上起着重要作用的机制。早期资本市场上，金融交易通常集中于某一家庭内部成员之间。这种以重复博弈为特征的金融交易，有利于保证执行合同。因为违约的惩罚，除了使用经济手段外，在家族成员之间还可以采用其他非经济手段（这一点已涉及我们后面要谈到的道德风险问题了）。此外，参与者之间的相互了解的确起到缓解负债能力信息不完全的问题，能够防止或减少逆向选择的发生。

第三节　市场信号传递

前面的分析说明了不对称信息能够导致逆向选择及市场失灵。由于卖主对一个商品的质量比买主知道得多，买主会假定质量是低的，只愿意接受较低价格，从而导致市场上只有低质量商品出售。此外，政府干预（如强制购买健康保险）或声誉机制的发展（例如在服务业）能够缓解这一问题。为避免不对称信息问题，传达产品和服务质量的信息，厂商和个人都在从事一项被称为市场信号传递（Market Signaling）的活动。上节我们曾谈到发送信号的作用，在这里我们将会对这一问题作进一步的考察。

市场信号传递的概念是由迈克尔·斯宾思（Michael Spence）首先提出来的，他着重研究了劳动力市场上存在的有关雇员能力的信息不对称问题，并指出在某些市场卖方向买方发出传递产品质量信息的信号。

为了说明市场信号传递是如何起作用的，下面我们来考察一下劳动力市场。厂商在准备雇用一些新员工的时候会考虑该员工质量的一系列信息，例如技术水平、工作能力、责任心、努力程度，等等。但雇员（劳动的"卖方"）对自己能够提供的劳动的质量比雇主（劳动的"买方"）知道得多。他们清楚自己会多么努力的工作，会多么负责任，技术如何，等等。厂商只有在工人被雇用并工作了一段时间之后才会了解这些。而在他们被雇用之时，厂商对他们以后的生产能力到底如何是几乎不了解的。

为解决这个问题，厂商可以采用试工或实习的办法，即雇用若干工人，看谁干得好就留下谁，并辞退其余的工人。虽然这种方法是可以使用的，但往往成本太高，并不合算。在很多情况下，厂商必须对新工人的在职培训花费不少钱，而且在许多工作岗位，熟悉工作需要较长时间，三个月甚至半年的工作也不能有效地说明一个工人的能力。另外，解雇已经工作了数月的工人或职员并不很容易，往往要付出解雇费等代价。因此，厂商在雇用前对潜在的雇员进行评价非常感兴趣。

为进行这种评价，厂商常常把教育作为一个人的生产率的重要指标或信号。受教育水平可以通过学历、学位、授予学位的大学或学院的声誉以及这个人的学习成绩来表示。这是可以理解的，由于人们受教育的程度越高，就越倾向于在很多岗位上更有效率，因为学校教育传授的信息和技能对他们更有效地工作是有帮助的。即使教育也许并不能提高一个人的生产率，但它仍可能是一个有价值的信号。因为生产率较高的人往往智力较强、精力旺盛、做事努力、较为理性、有进取精神，而这些特质在学校学习中也有用。并且，通常情况下受教育的机会是由充分竞争获得的，需要通过考试择优录取，这样教育水平就具有较强的过滤作用。即便是缺乏严格淘汰的升学制度，教育的过滤作用仍然存在，因为除了学费支出外，读书本身是要努力的，是要花费成本的。如果某人不具有生产率较高的人所具有的那些特质，他在学习中必然要比别人付出更多的代价，这种代价或成本往往会阻止他进一步深造。所以，一个人的能力和素质与受教育程度是相关的。

从这个意义上说，即使不能直接或间接提高生产率，教育也能作为生产率有用的信号。人们选择受教育其实也就是通过受教育来发送有关自己生产率的信号。

一、模型：作为一种信号的教育

要分析信号是如何起作用的，讨论一个简单的模型将会有助于理解。下面，我们就在这个模型的基础上分析以受教育方式发送的信号对劳动力资源的开发、劳动力交易效率的影响。

我们假设所有工人均属于两个组：高生产率工人（甲组）和低生产率工人（乙组）。高生产率工人的边际产出大于低生产率工人，假设前者的平均边际产出为2，后者的平均边际产出为1，厂商生产的产品的销售额为10 000元，并且厂商会预期每个工人的平均工作年限为10年。我们再假设一半的工人在甲组，另一半的工人在乙组，从而所有工人的平均边际产出为1.5。另外，预期从甲组工人得到的收益为200 000元（20 000元/年 × 10年），而从乙组工人得到的收益为100 000元（10 000元/年 × 10年）。

如果厂商（在雇用之前）能够识别求职者的生产率，他们就会向工人提供与边际收益产出相匹配的工资。甲组的工人会得到每年20 000元，乙组的工人会得到每年10 000元。但是如前所述，通常厂商无法（在雇用工人之前）判断求职者是属于高生产率工人还是属于低生产率工人。这样，他们就会向所有的工人支付平均工资——15 000元。在这一情况下，乙组的工人就会以甲组的工人为代价挣得更多：乙组的工人得到15 000元而不是10 000元；甲组的工人却只得到15 000元而不是20 000元。这种支付安排的效率如何呢？不能干的工人的报酬高于其边际产出，能干的工人因其报酬低于潜在生产率而影响其生产能力的发挥。可见，厂商所得的产量和利润将会小于他能完全察知工人类型时的产量和利润。

现在我们来考察在有教育信号的情况下会发生什么。假定一种教育的所有特征

（所获得的学历、学位、平均成绩等）都能够概括在代表教育年数的指标 y 中。所有的教育都有成本，教育水平 y 越高，成本也越高。这个成本包括学费、书费、放弃工作的机会成本，以及必须努力学习的心理成本。在此需要强调的是，低生产率工人的教育成本要比高生产率工人的成本要高。考虑到学习能力的差别，我们可以做出这一预期：（1）低生产率工人可能不会那么勤奋学习，他们要想通过一门课程所花的精力代价会更多；（2）低生产率工人在完成学习计划时取得的进步可能较慢，他们所完成一定学分所花的时间会更长。

假定甲组即高生产率的工人获得教育水平 y 的成本由下式表示：

$$C_{\mathrm{I}}(y) = 20\,000\,y$$

而乙组即低生产率的工人的成本则是：

$$C_{\mathrm{II}}(y) = 40\,000\,y$$

再假定厂商使用这一决策规则：任何受教育水平达到或高于 y^* 的人都作为甲组的工人并给予 20 000 元的工资；任何受教育水平低于 y^* 的人都作为乙组的工人并给予 10 000 元的工资。厂商所选的特定水平 y^* 是任意的，但是这一规则必须是有效的，厂商可以通过这一规则正确地识别工人的生产率水平，否则厂商就会改变规则。在这一模型中，为了便于分析并符合常理，我们假定 y^* 以四年本科教育为限。

在决定接受多少教育时，人们把教育的收益与成本进行比较。每一组别的人都进行下列成本—收益计算（即净收入）：如果净收入为正，则说明收益至少与这一教育的成本一样大，这样就接受教育水平 y^*；否则，就会选择不接受教育（见表 12-1）。

大学毕业所增加的终身收入和大学教育的成本

表 12-1	（高生产率工人和低生产率工人）		（单位：元）
	大学毕业所增加的终身收入	大学教育的成本（四年）	大学毕业的净收入
高生产率工人	100 000	80 000	20 000
低生产率工人	100 000	160 000	−60 000

那么，工人们对受教育程度如何进行选择呢？显然是在无教育（即 $y=0$）和教育水平为 y^* 两者之间选择。这是因为任何教育水平低于 y^* 得到的收益都是 100 000 元（10 000 元/年 × 10 年，预期每个工人的平均工作年限为 10 年），因此接受高于 0 但低于 y^* 水平的教育没有收益。同样，接受高于 y^* 水平的教育也没有收益，因为 y^* 足以使人享受较高的 200 000 元（20 000 元/年 × 10 年）的总收入。可见，对于两个组来说，接受 y^* 水平的教育所带来的收益都是 100 000 元。然而，

两组的成本不同。对于甲组，成本只有 20 000y 元，而对于乙组，成本则是 40 000y 元。则完成大学本科四年的教育，高生产率的人所需的成本为 80 000 元，而低生产率的人却需要付出 160 000 元的成本。

高生产率的人凭着较强的能力，可以很快地完成学业并得到更多的资助；而低生产率的人则会发现，即使他们可能毕业，所付出的也要远远大于可能得到的。如表 12-1 中所示，对高生产率工人来说，80 000 元的成本小于 100 000 元的收益；而对于低生产率工人而言，160 000 元的成本远大于 100 000 元的收益。在这种情况下，只有高生产率工人会获得大学教育，因为这对他们来说有利可图，但对低生产率工人来说却不是这样。

因此，为了传递他们生产率的可靠消息，求职者对教育进行投资，而厂商用这种信号来识别求职者。现在，当一家厂商面试没有受过大学教育的求职者时，它正确地假设他们具有低生产率，从而向他们提供 10 000 元的工资。同样，厂商对于受过四年大学教育的人就会正确地假设他们的生产率高,从而支付给这些人 20 000 元的工资。

事实上，在这一高度简化的模型中，教育是生产率的一个完美指标，因为所有大学毕业生都是高生产率工人，而所有没有大学文凭的求职者都是低生产率工人。其结果是，厂商会继续把教育作为这种标准，而高生产率工人仍发现获得大学教育有利可图。在厂商和工人（高生产率工人和低生产率工人）都没有理由改变他们的行为的意义上，我们得到了一个均衡：高生产率的人会用接受大学教育来发出他们生产率的信号，而厂商会读出这一信号并向他们提供较高的工资。

对于这一模型，我们应该注意的是，即使教育对一个人的生产率没有任何影响，结果仍然是一样的。当然，教育并不能提高生产率的假设显然是有局限性的。在现实世界中，教育不仅提供了许多有用的专业知识，也提高了一个人的基本素质。同时，教育也起到了信号的作用，特别是在所学的专业与工作的性质无关的情况下。有些厂商在招聘时，只是要求应聘者具有本科或以上学历，并不关心其所学专业，在这时，学历更大程度上是作为信号而不是别的在起作用。

在本节中，我们对教育的种类和影响并没有作任何假设。由于所有的教育都提供信号，那么不管一个人获得的是什么文凭都没有关系。而在现实生活中，情况却并非仅此而已。厂商往往会根据求职者所提供的教育信号的不同而对其作出区别对待，这种区别对待不仅包括工资的高低不同，并且企业在招聘时常常会以较优厚的待遇来吸引高层次人才。举例来讲，有些企业会在招聘告示上声明：博士毕业生享受三室一厅房子的待遇，硕士毕业生享受两室一厅的待遇，而本科毕业生则享受单间的待遇。从这一层面上，我们可以对教育所传递的市场信号作出新的认识，同时这也可以对近年越来越热的"考研大潮"现象作出解释。

二、保证机制

以上，我们分析了教育作为信号在劳动力市场上的作用，但信号还能够在其他许多具有不对称信息的市场上起重要的作用。来看一下产品市场，对于像电视机、音响、照相机和冰箱这样的耐用商品而言，高质量产品的制造厂商传递其产品的质量信息是非常重要的。因为许多厂商生产这些东西，并且某些牌子比其他牌子更可靠。如果消费者不知道哪些牌子更可靠，质量更好，那么较好的产品就不可能以较高的价格出售。因此，生产质量较高、较可靠的产品的厂商就会愿意让消费者意识到这点，但是他们怎样才能以有说服力的方法传递其产品的质量信息呢？一种重要的方法是签发保证书或保单。

保证书或保单有效地发出了关于产品质量的信号，因为一项内容广泛的保证书对低质量产品的生产者来说要比高质量产品的生产者成本更高。比如，一个电视机生产厂商可能会签发保单，保证在购买后两年内承担一切维修费用。这种保单传递的就是生产商的电视机是高质量的信号。因为，如果它们不是高质量的，这样的保单对生产商来说成本就太高了（低质量产品更需要修理服务，而这都将由生产者支付）。结果，出于他们自身利益，低质量产品的生产者就不会提供内容广泛的保证书。因而，生产商签发了保证书（进而它能够并且会执行）的事实就传递了产品高质量的有效信息。消费者就能因此而把一项内容广泛的保证书看做是高质量的信号，并为提供了保证书的产品支付较多的钱。

第四节　道德风险：隐藏行为问题

现在我们来考察道德风险问题。在一方购买了全额保险，而一家信息有限的保险公司又不能准确地监督他的话，保险方可能采取会提高事故或受伤可能性的行为，从而增加了保险公司的赔偿概率，这时，就出现了道德风险。道德风险（Moral Risk），又称道德危险或道德祸因，指的是市场中的一方不能察知另一方行为的情况。这里的信息不对称是指一方对另一方有关行为的信息不对称，由于这里隐匿的是不利对方的行为，所以又叫败德行为。道德风险和逆向选择虽然都是由信息不对称而引起的，看似相仿，但两者是有差别的。逆向选择源于在有关方面从事交易或合同关系之前不能发现一个人的某些特征，而道德风险源于在他们进入合同关系之后不能发现一个人的行为。因此，道德风险可称为是隐藏行为问题，而逆向选择则是有关隐藏信息的问题。

道德风险的概念可以普遍应用，各种保险中都可能存在，还可应用于工人在雇主不能监督他们行为时不尽力工作（"偷懒"），等等。一般来说，当被保险的一方的行为（不采取防范措施的行动）能够影响导致赔偿的事件的可能性或程度时，就可以认为发生了道德风险。例如，购买了全额医疗保险的人可能在预防、保健方面的支出就要减少，而较之于没有购买保险的人，他们在生病时就会更频繁地去医院看病，并接受更昂贵的治疗。

考察一种极端情况，在全额保险的健康险中，保险公司会补偿保险单持有者全部医疗费用。这时，如果一个人病了，他不需要为治疗付一分钱。显然，与不享有这一服务的情况相比，在这种情况下，病人消费的医疗服务很可能要高很多。任何药品或治疗，不管什么价格，医生都可以开列，因为医生知道是保险公司而不是病人付钱。当然，其结果是，医疗费用增加，而保险的价格也会上涨。对此，如果保险公司能够监督被保险人的行为，它就能对那些索赔较多的人收取较高的保费。但是如果保险公司不能监督其行为，它就会发现它的赔偿比它预计的要大得多。在有道德风险的情况下，保险公司可能被迫提高它们的保险费或干脆拒绝出售保险。

针对这一问题，保险公司经常对一份保单所负担的医疗服务的数量加以限制。比如，一份具体的保险单对做胆囊手术只负担不超过 4 天的住院费用。另外，保险公司还设计出让投保人也承担一部分风险的机制，这就是在保险单中加入一定的"免赔额（Deductible）"。对于含有免赔规定的保险单，持单人必须承担（所投保的）到某一限度内的损失。例如，一份医疗保险单可能规定病人必须支付他一年的医疗费的 20%。因此，若投保人一年的医疗费是 1 000 元，则其本人必须负担其中的 200 元。可见，通过这种使消费者支付部分赔偿金额的办法，保险公司就能让消费者始终有一种激励去采取提防行动。

道德风险并不仅仅是保险公司的问题，从整个社会经济角度来看，它还改变了市场有效配置资源的能力，造成了资源配置的非有效性。例如，驾车人对其所驾驶的汽车投保时，如果发生道德风险，就会出现这一情况。

在一定时间里（比如一个星期），汽车行驶的路程与其行驶成本之间存在一定的关系，即行驶的路程越长，其成本也越高。这是因为行驶的路程越长，发生意外损坏的可能性也就越大。而人们对每周驾车行驶路程的需求也是由行驶成本所决定，因为随着行驶成本的提高，有些人会减少驾车路程而改用其他交通工具，因此行驶成本和对行驶路程的需求之间却存在着一种负相关，此消彼长。

假定行驶成本包括保险成本，并且保险公司能够准确地衡量汽车一定时间内行驶过的路程数，在这种没有道德风险问题的情况下，保险公司可以根据每辆汽车行驶的路程数来确定它的保险费。而驾驶员也知道行驶得多就会增加他们的保险费，从而提高其总的驾驶成本，因此也会根据情况来选择合适的行驶路程。比如说，在驾驶成本是每公里 1.50 元（其中 0.50 元是保险费）的情况下，驾车人会选择每周行驶 100 公里。

而当信息不可能是完全的时候，道德风险也随之发生，并改变了以上的这种均衡情况。保险公司难以检查个人的驾驶习惯，更不大可能了解每个汽车投保人的行驶路程，因此保险费并不取决于行驶的路程数。结果，驾车人会认为他们所承受的任何额外成本的事故风险都分布在所有驾车人之中，而自己所承受的只是微不足道的很小一部分。由于保费是一定的，并不随他们行驶的路程数而变化，那么额外的1公里的行驶成本就将是 1.00 元，而不是 1.50 元。这样，如果需要，驾车人就存在一种动机，增加每周的行驶路程，比如每周行驶 130、140 公里，甚至更多。这种情况如果发生，行驶的路程数就会从 100 公里增加到 140 公里的社会无效率水平，并改变了市场有效配置资源的作用。

在上例中，在每公里 1.50 元的行驶成本中，包含了因事故赔偿、过度损耗所需的费用，这个成本反映了全部社会成本。而当保险费不随行驶路程增加时，本该耗费的相当于保险费支出的这部分成本并未由驾车人承担，这就加大了保险公司的潜在支付，也即社会的潜在成本，驾车人仅根据自己承担的费用来选择对于自己最有利的行驶路程，使汽车行驶路程超过了从社会来看的最合适的路程数，从而导致了市场配置资源的浪费。

认识到道德风险可能损害竞争市场的有效性是十分重要的。道德风险不仅存在于保险业，还广泛存在于其他许多行业中，防止或减少道德风险是保证市场机制有效运行的重要措施和必要前提。在实际经济运行中，人们正在进行各种尝试和探索，试图找出克服道德风险的各种方式，由于隐藏行为的具体形式在不同的交易中是不同的，因而克服道德风险的方式也是各不一样的。下面，我们以金融业的储蓄贷款为例来看一看解决道德风险的出路。

在 20 世纪 80 年代末和 90 年代初，美国经历了储蓄贷款业的金融崩溃。到了90 年代初，绝大多数的储蓄贷款机构不赚钱，可即便是这样，储户仍不断把钱存进这些机构中。而这一切都是由于美国政府采用了一项基础广泛的金融保险制度。联邦存款保险公司为在商业银行的存款进行保险，而联邦储蓄和贷款保险公司则为在储蓄贷款机构的存款进行保险。

因为有联邦政府的保险，储户没有必要去留心储蓄贷款机构的经理人员的能力以及他们是否诚实，因而也就没有限制经理人员冒险和欺骗的通常约束。存款人可以把钱借给任何金融机构而不管向该机构贷款有多大风险都无需承担任何风险，这些因素为存款人的道德风险埋下了祸根。此外，存款人的道德风险又与储蓄机构所有者的道德风险结合了起来。由于存款是保了险的，许多储蓄机构的所有者把钱不受限制地做高度投机的投资，而却没什么动力来评估所涉及的风险。

存款保险基本上使得储蓄贷款机构相对于没有保险情况下在更大的规模上进行更有风险的贷款，再加之道德风险的逆刺激，使得许多储蓄机构倒台。

针对于此，政府已修改了它的保险制度，虽然前景还不明朗，但已经出现了一些有希望的迹象。现在，联邦存款保险公司管理储蓄贷款和银行业，而储蓄机构面临更严格的资本要求，并需要经理们对其投资政策的结果承担一定的经济责任，这一规定就限制了他们去进行投机性投资。

另外，一些改革也有助于消除存款人和储蓄贷款机构所有者的道德风险问题。影响存款人的建议包括下列几个方面：（1）降低保险补偿的数量；（2）将最高补偿适用于每一个人，而不管这个人有多少个账户；（3）允许共同保险，从而使存款保险赔偿损失建立在低于1美元对1美元的基础上。对付所有者的建议包括下列两个方面：其一，储蓄贷款保险费的收取建立在储蓄贷款组合的风险上——风险越大，保险费越高；其二，限制给储蓄贷款机构所有者的投资机会。

第五节　委托代理问题

如果监督工人的生产率是无成本的，那么厂商就能够确保他们的管理人员都有效地工作。然而，在大多数企业，厂商并不能监督雇员所做的一切，这是由于雇员的信息比厂商多。在这种信息不对称的情况下，当一个厂商的管理人员追求他们自己的目的，而减少了厂商所有者的利润时，就产生了委托代理问题。

谈到委托代理问题，这里有必要先对"委托人"和"代理人"的概念作些说明。这两个概念来自法律，在法律上，当 A 授权 B 代表 A 从事某种活动时，委托代理关系就发生了，A 称为委托人，B 称为代理人。但经济学上的委托代理关系泛指任何一种涉及不对称信息的交易，交易中有信息优势的一方称为代理人，另一方称为委托人。当然，这样的定义背后隐含的假定是，知情者的私人信息（行动或知识）影响不知情者的利益，或者说，不知情者不得不为知情者的行为承担风险。总之，只要在一种安排中一个人的福利取决于另一人所做的，代理关系就存在了。委托人与代理人之间的信息不对称产生了激励问题，这就要研究如何激励代理人显露私人信息特别是激励代理人减少或消除败德行为，使代理人的行为更加符合委托人的利益。

委托代理关系在社会中广泛存在。例如，医生作为医院的代理人为病人服务，这样一来，他就可能根据个人的偏好而不一定是医院的目标来看病。同样，物业经理人可能并不按照业主想要的那样去保养物业。有时被保险人可被看做是代理人，而保险公司看做是委托人。此外，股东与经理、经理与员工、房东与顾客、土地所有者与佃农、雇主与雇工，甚至买者与卖者、债权人与债务人之间的关系都可以归结为委托人与代理人的关系。

如表 12-2 中所示，市场经济中委托代理关系是普遍存在的，并不仅限于表 12-2 中所列出的，还有很多的交易关系也同样可以用委托代理关系来理解。代理活动的质量直接影响到经济活动的效率，因此委托代理关系中的激励机制的设计问题就成为经济学研究中备受关注的一个领域。

表 12-2   委托代理关系的类型

委托人	代理人	代理人道德风险所在
土地所有者（使用权拥有者）	佃农	耕作是否努力
股东	经理	管理决策与工作是否努力
债权人	债务人	项目风险
住户	房东	房屋修缮
房东	住户	房屋维护
选民	议员或代表	是否真正代表选民利益
公民	政府官员	是否廉洁奉公
雇主	雇员	工作是否努力
病人	医生	诊断质量与节约诊疗费
原告/被告	代理律师	努力办案
经理	员工	工作是否努力
保险公司	投保人	风险防范
买者	卖者	质量保证

一、企业的委托代理问题

企业中的委托代理问题是具有典型意义、更为普遍而且面广量大的问题，下面我们就着重对企业的委托代理问题做一分析。任何委托代理分析的中心问题都可以归结为如何能够使代理人具有为委托人的利益而工作的动力。不完全信息和代价高昂的监督会影响代理人的行为，并且影响人们经济活动结果的因素除了人的活动或努力，还有自然状态条件。这两类信息都是代理人的私人信息，因此，代理人工作的努力程度即使事后也无法督察。比如说，企业亏损经理人应承担多大的责任呢？这很难辨别是由于经理人不善经营、管理无方，还是市场行情发生不可预料的突变。又如，工人干活常常可能是出工不出力，出力不出活。管理人员虽然可以记录某个职工工作的时间，但是不能计量出他出力多少，他可能抱怨工作环境、气候、前道工序的影响等自然状态不理想。可见，激励机制的问题就是要诱使代理人在既定自然状态下选择对委托人最有利的行动。

正如前面所谈到的，由于信息的不完全，企业中存在着雇主（厂商）与雇员（工人）、所有者（股东）与管理者（经理人）这两类委托代理问题。相对而言，企业中的激励机制就可分为两个层次：一是对企业负责人厂长经理的激励；二是对企业职工的激励。激励的基本方式是将代理人的报酬与那些可观察并且反映代理人工作努力情况的变量相挂钩。

例如，计时工资制是以工作时间来反映劳动投入量，而计件工资则是选用劳动成果作为替代指标。一般来讲，劳动成果更能反映劳动投入量，所以凡是在能够使用计件工资制的工厂车间都会倾向于使用这种制度，而不用计时工资制。新古典经济学认为工资水平是由边际生产率来决定的，但发展经济学家发现，在发展中国家，二者的关系似乎正相反：边际生产率的决定取决于工资。后来人们发现这一推断似乎也适用于发达国家，特别是在企业支付的工资高于劳动力市场的出清工资水平时，显然，这一现象与新古典理论的假设不相符。一种可能的解释是，过高的工资是为防止工人偷懒而采取的激励办法。当企业不可能时时监督工人的行为时，只有通过解雇偷懒工人的方式来解决偷懒问题，工资水平的提高意味着被解雇的机会成本增加，从而有利于减少工人偷懒的倾向。

而在各种层面的激励机制中，对企业经营管理者的激励是最为重要的。在管理者和所有者是同一个体时，所有权提供了强烈的内在动力，因而不存在外部激励问题。私人业主体制的企业就是如此。可是，现代企业规模往往较大，管理需要专门人才，所有者与经营管理者的分离在所难免。特别是在股份公司中，股权高度分散，股东不可能直接参加经营管理，必须聘请专职的管理者。这时，所有者股东成为委托人，而经理人员成为代理人。所有者关心的是企业的盈利和自己的投资收益，而经理人却可能有其他的目标。他可能追求企业规模的扩大和自己社会地位的提高，也可能追求个人及职工货币和非货币收入的最大化。在经理具有与所有者、股东相对立的目标时，如何使拥有信息优势的经营管理者尽可能地努力工作，满足所有者的目标就成为激励理论的主体部分。

二、激励机制 I：对企业雇员的激励

正如前面所讲到的，雇员和雇主间存在的委托代理关系可能导致工人在被雇用之后隐蔽行为的潜在可能性：偷懒。我们考察对企业雇用工人的激励问题就是要解决工人偷懒问题。而雇主怎么才能设计出激励机制使工人的工作与雇主的目标一致呢？下面我们就以一个简单的模型为例来分析这一问题。

一个手表制造企业，其所有者想使他们的利润最大化。他们必须依靠生产工人的劳动付出和机器生产手表，工人的努力程度会影响到厂商的利润水平。同时，利润还取决于其他随机因素，诸如部件的质量和其他劳动的可靠性。由于监督成本很高，所有者既无法直接衡量工人的努力程度，也不能确定同样的努力会产生同样的利润水平。

我们假定，小李是这家手表制造企业的一个工人。如果他努力工作，在他运气好的时候，他每月给他的雇主挣得 50 000 元的利润；如果运气不好，就只有 30 000 元。如果他不努力工作，在他运气好的时候，他每月给他的雇主挣得30 000元的利润；如果运气不好，就只有 20 000 元（这些利润数字还没有扣除小李的工资，为得到他给雇主创造的纯利润，还必须减去工资）。在这种情况下，如果小李

在某一月创造了 30 000 元的利润，他的雇主就没有办法辨别他是工作得努力但运气不好呢，还是运气好但工作不努力。即便是他的雇主想尽办法要监督他的行为（这可能费用太高，很难做得到），但对于他在工作中投入了多少努力，可能也没有准确的度量方法。

现在我们可以从所有者的角度来说明委托代理问题了。在给定结果是不确定的以及工人的行为是无法监督的情况下，所有者的目标是使预期的利润最大化，因此，雇主会很想诱导小李努力工作，以提高所创造的利润。对此，我们比较两种效果不同的工资支付方案，是颇有启发意义的。在第一种支付方案的情况下，不管小李创造了多少利润，他得到的都是固定工资，比如每月 4 000 元。显然，这种支付方案不能诱导他努力工作，因为即使他努力工作，所得到的也不会比偷懒时得到的多。假定，小李一月之中运气好与运气不好的可能性各为 50%。那么，在固定工资的情况下，除非小李本身就喜欢工作，否则他就不会努力工作。这样的话，平均算来，他的雇主可以预期小李每月将创造的利润为 $0.5 \times 20\,000 + 0.5 \times 30\,000 = 25\,000$（元）。从小李所创造的这一总利润中减去 4 000 元的工资，他的雇主每月得到的平均净利润为 21 000 元（如表 12-3 所示）。

小李的预期月收入和他的雇主的预期月利润

表 12-3　　　　　　　　　　**两种工资支付方案**　　　　　　　（单位：元）

支付方案	小李的预期收入		小李的最大预期收入	雇主的预期利润
	努力	不努力		
固定月工资 4 000	4 000	4 000	4 000	25 000 − 4 000 = 21 000
创造利润 50 000 时，工资为 10 000；其他情况，工资为 2 000	6 000	2 000	6 000	40 000 − 6 000 = 34 000

如表中所示，在第二种支付方案下，如果小李创造了较高的利润，他就可以得到一笔奖金。如果他在某月创造了 50 000 元的利润，他就得到很高的工资，比如 10 000 元；但如果他在某月创造了 20 000 元或 30 000 元的利润，他就只能得到较低的工资，比如 2 000 元。因为好运气与坏运气的概率是均等的，都是 50%，这样小李可以预期，如果他努力工作，平均算来，他每月将得到 $0.5 \times 2\,000 + 0.5 \times 10\,000 = 6\,000$（元）。另一方面，如果他不努力工作，他每月则肯定只能得到 2 000 元。因为在他不努力的情况下，无论运气好与不好，他都只能创造 20 000 元或 30 000 元，这意味着他得到的月工资为 2 000 元。

与第一种支付方式相比，现在小李就有努力工作的激励，因为他努力工作所得到的月收入比不努力工作所得到的要高得多。这样，他的雇主也可以预期，平均算来，小李每月将创造的利润为 $0.5 \times 30\ 000 + 0.5 \times 50\ 000 = 40\ 000$（元）。从这一总利润中减去 6 000 元的工资，他的雇主每月得到的平均净利润为 34 000 元，这一收益要大于固定工资情况下的 21 000 元的收益。显然，较之于第一种方案，在第二种方案下，小李和他的雇主的福利都得到了改善。

这个例子说明的重要的一点是：当直接衡量努力不可能的时候，采用奖金支付系统奖励高水平努力结果的激励结构能够诱使工人追求厂商所设定的目标。当然，也可以采用其他激励机制。比如说，厂商可以建立一种利润分享系统，使得工人将基本工资加上超出某一特定数量的利润的某个百分比。如果设计得合理，这种激励也可以为工人的努力提供激励，并同时增加厂商的利润。

三、激励机制Ⅱ：对企业经理人的激励

20 世纪 80 年代，人们在解释是什么力量约束经理人员维持一定的努力水平时，提出了声誉理论。一种市场竞争因素的声誉理论认为，经理人员之所以重视对自己行为的约束确实是为了提高声誉。而提高声誉的直接原因是来自经理市场的竞争压力。其代表人法玛（Fama，1980）认为，激励问题在委托代理问题中被夸大了，在现实中，"时间"可以解决问题。法玛强调的是代理人市场对代理人行为的约束，他认为，在竞争的经理市场上，经理人的市场经济价值（收入）决定于其过去的经营业绩，从长期来看，经理人必须对自己的行为负完全的责任。因此，即使没有显性激励合同，经理也有积极性努力工作的，因为这样做可以改进自己在经理市场上的声誉，从而提高未来的收入。

另一方面，伦德纳（Radner）和罗宾斯坦（Rubinstein）对于这一问题给出了与法玛不同的解释。他们使用重复博弈模型证明，如果委托人和代理人之间保持长期的关系，代理人不可能用偷懒等损害委托人利益的方式来增加自己的福利。在这里声誉效应起着决定性作用。如果代理人期待着与委托人的第二期合作，他必须在第一期努力工作，保持良好的业绩，以证明他是委托人值得信赖的合作者；如果代理人希望第三期的合作，他必须继续努力，保持良好声誉。因此，只要代理人期待与委托人之间有长期合作关系，而不是在一个不长的时期内结束这种关系，代理人就必须以其努力工作及其业绩赢得声誉。

上述声誉理论实际上是对现实中经理人为何会保持一定努力程度这一问题的解释。但它仍不能代替我们需要解决的激励问题，现实中激励机制设计面临的一个非常棘手的问题是如何建立代理人业绩的评价标准。委托人总是希望评价标准尽可能客观一些，因为评价标准越客观，对代理人的努力水平的推断越准确，激励机制越强。对于标准化的生产来说，可以用时间动作研究来制定工作量定额，但管理者的

工作完全是非标准化的,很难实现定额管理。在这种情况下,最有效的方法可能是将同一代理人过去的业绩作为标准,因为过去的业绩包含着有用的信息。但问题是,过去的业绩与代理人的主观努力有关,代理人越努力,好业绩出现的可能性越大,"标准"也就越高。当代理人预测到他自己的努力将提高"标准"时,他努力的积极性也就下降,便会根据预期来调整即降低自己的努力程度,以调低"标准"。这种标准随业绩上升的趋向被称为"棘轮效应"。在中国,类似的现象被称为"鞭打快牛",当然,这种现象在西方市场经济中同样存在。比如说,西方国家政府对垄断企业的价格管制就存在类似的问题:企业生产成本越低,价格越低;另外,企业内部对员工的奖惩也存在同样的问题。

声誉效应与棘轮效应虽然都是根据经理人过去的业绩推断其经营能力,但是在经理人报酬的决定上却给出了相反的结论。在声誉效应模型中,根据经理人过去的业绩推断其经营能力将强化激励机制;而在棘轮效应中,根据经理人过去业绩推断企业的内在生产率将弱化激励机制。这是由于,在声誉效应模型中,过去的业绩传递的是有关经理人经营的信息,经营能力的所有权属于经理人。经营业绩越好,市场所认为的经营能力越高,经理人的报酬也越高,因此,经理人努力工作的积极性也就越大。相反,在棘轮效应模型中,不存在或不考虑声誉效应,过去的业绩传递的是有关企业内在生产能力的信息,企业内在生产能力的所有权属于委托人。经营业绩越好,委托人认为的企业的内在生产能力越高,经理人应给委托人上缴的份额越高。因此,经理人过去的经营业绩便成为他自己进一步提高收入的障碍,也就弱化了经理人努力工作的积极性。

声誉效应与棘轮效应的结果并不一致的主要原因在于是否重视声誉的作用。前者对这一点给予充分肯定,即委托人重视其声誉的作用,相信经理人只要有能力,一定会全部发挥出来,实际努力与其潜在能力之间不存在重要差距。而后者不考虑声誉的作用,并认定经理人经过激励后所能达到的业绩与其过去的业绩之间总有距离,也就是说,只要有足够的激励和压力,经理人便能发挥出更大的潜力。这一假定在"棘轮"运转的最初也许是合理的,但随着潜力的发挥,尚未发挥的潜力越来越少,经理人发挥边际潜力的成本不断上升,同时其进一步努力的边际收益会因为棘轮效应而为下一周期更大的付出所抵消。因此,在现实中棘轮效应不会是长期的无限的,经理人的消极抵制会促使委托人做出让步,最终使棘轮效应弱化。

声誉效应的有效与否取决于声誉是否能够发挥其作用,而这一点至少要依赖两方面条件:(1)委托人与经理人之间存在着长期合作关系,即存在重复博弈关系。因为一个不准备长期从事经理职业的人不会重视作为经理的声誉。(2)声誉的作用还依赖于经理人市场及其竞争性。(3)我们要说明的是声誉激励方式是较弱的,它所能产生的作用主要是使经理人将自己的努力程度和工作业绩维持在保留住代理人职位的水平上。如果说,每年15%的利润或与此相应的一个利润指标就足以使某人继续担任经理人，那么他也就可能没有足够的动力为争取更多的利润而奋斗。

针对这一问题，在实际生活中许多公司对经理人采取工资加奖金的支付方式，而奖金则与公司实现的利润挂钩。这一支付方式的原理类似于我们前面讲到过的对雇员的激励机制中的利润分享系统，其实质都是对剩余索取权的分享。这种在每一定量超额利润中都有自己一份的激励方式，能够激励经理人充分发挥其才能。当然，激励的强度是与分享的比例以及绝对数额息息相关的。

第六节　效率工资理论

我们来研究劳动力市场上的不对称信息对失业的影响。当劳动力市场在竞争的时候，所有愿意工作的人都会在工资等于其边际产出时找到工作。但实际上，尽管许多人在积极地寻找工作，大多数国家仍有大量的失业者。我们设想一下，如果失业者愿意接受低于就业者工资水平的工作，那么，预期到的大规模的失业就应该倾向于消失。因为，厂商会愿意削减工资，提高就业水平，从而提高他们的利润，这一情况直到实现完全充分的就业。可是，为什么我们看不到这种情况的发生呢？在这一节我们所讲到的效率工资理论将对这一问题做出解释。

到目前为止，我们是根据工人的能力和厂商对资本的投资来确定劳动生产率的。而效率工资理论提出了不同的假设：它假定工人的生产率（即他每小时的劳动产出）依赖于工资率水平。对于这一关系，偷懒模型（the shirking model）作出了较好的解释。由于监督成本很高或者不可能，厂商对于工人的生产率具有不完全信息，从而存在着委托代理问题。为了简化起见，偷懒模型假设市场是完全竞争的，因此所有的工人都有同样的生产率并得到同样的工资。一旦被雇用后，工人的表现有可能是进行有效的生产，也有可能会偷懒。但由于关于他们表现的信息有限，工人可能不会因为偷懒而被解雇。

在这种情况下，如果一个厂商支付使劳动的需求量等于劳动的供给量的工资 W^*（即市场出清的工资），其工人就会有偷懒的刺激。因为厂商的管理者可能不会发现他们偷懒，而即使被发现了并被解雇，这些工人也很容易在其他地方以相同的工资水平就业。因此，解雇的威胁并不构成工人的成本，工人努力工作的激励就很小。为使工人不偷懒，厂商必须支付高于市场出清水平的工资。这时，工人就不会偷懒，因为如果他们因偷懒或其他原因而被解雇，那么他们在另一家厂商以 W^* 被雇用，他们的收入就会大打折扣。如果工资的差异足够大，工人就不愿意放弃他们所挣的较高的收入，这就诱使他们努力工作，而这家厂商就没有工人偷懒的问题。这种不发生偷懒的工资就是效率工资，效率工资高于完全竞争工资（即市场出清工资）。

在现实中，所有的厂商都面临着工人偷懒问题，这意味着所有的厂商都将支付

高于市场出清工资 W^*，比如说 W_e（效率工资）。不过，这并不代表会使工人努力工作的动机减弱。因为所有的厂商提供的效率工资高于市场出清的工资，因此对劳动的需求量小于供给量，从而就存在失业。其结果是，如果一个工人因偷懒而被解雇了，他在找到另一份工作前，可能就会面临一段时间的失业。所有的工人都不愿付出失业的代价，这便成为工人努力工作的有效激励。

如图 12-3 所示，劳动的需求曲线 D_L 出于传统的理由是向下倾斜的。如果没有偷懒，D_L 与劳动供给曲线 S_L 的相交会使市场工资确定在 W^* 上，并导致充分就业 L^*。然而，有了偷懒，各个厂商就放弃了支付 W^*。相反，对于劳动力市场上的每一种失业水平，厂商都愿意支付某种大于 W^* 的工资以诱使工人有效率地工作，这一工资水平由无偷懒约束曲线和劳动的市场需求曲线的交点决定。无偷懒约束曲线显示了，相对于每一种失业水平，工人为了不偷懒而需要得到的最低工资，换句话说，表示在每一工资率为防止偷懒而需要的失业数量的曲线就是无偷懒约束曲线。

另外需要注意的是，为使工人不偷懒的最低工资率与失业水平呈负相关。也就是说，失业水平越高，效率工资与市场出清时的工资水平之间的差距就越小。这是因为在失业水平高的时候，偷懒的人要冒长时间失业的风险，因此就不需要很大的诱因来激励他们有效率地工作（见图 12-3）。

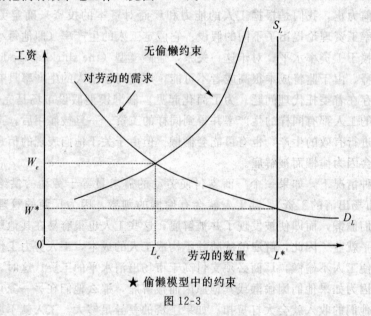

★ 偷懒模型中的约束

图 12-3

在图 12-3 中，均衡工资处在无偷懒约束曲线与劳动的需求曲线 D_L 的交点上，厂商以高于竞争性有效率的工资 W_e 雇用了 L_e 数量的工人，产生了 $L^* - L_e$ 的失业。无偷懒约束曲线给出了厂商能够支付并能避免偷懒的最低工资，厂商不需要支付大于这一数目的工资来得到他们所需要的工人人数，但也因为偷懒而不会支付小于这一数目的工资。并且，无偷懒约束曲线从不与劳动供给曲线相交，这意味着在均衡时总有一些失业现象存在。

虽然这是一个高度简化的模型，但仍可以用来解释各种现象。例如在1914年，亨利·福特的著名决定，即给每个工人每天的劳动支付5美元，并还把劳动时间从9个小时减到8个小时。对于一个厂商来说，宣布把它支付的工资率翻倍是很不寻常的。而福特本人则说"这是我们最好的降低成本的措施之一"。仔细地分析确实证实了这一点：在宣布这一决定之后，福特汽车的平均成本下降了，而劳动的平均产品则增加了。较高的工资吸引较好的工人稳定在工作岗位上，而声誉也帮助了福特的销售。根据数据统计，福特的这一做法将生产率提高了51％，旷工减少了一半，并且由各种原因导致的解雇也大大下降。现有的证据表明，正是福特支付的效率工资，使得他能够比他的竞争者得到更好的工人。

复习思考题

1．解释下列名词

逆向选择　道德风险　柠檬市场　信号传递　教育　效率工资　教育成本　委托代理

2．贝叶（Bayer）阿司匹林往往比普通（不注册的）阿司匹林的价格要高。以此为例来说明品牌名称能不能提供有用的质量信号？为什么？

3．假设某保险公司正在考虑三种类型的盗窃险：（1）赔偿全部损失；（2）赔偿5 000元免赔额以上的全部损失；（3）赔偿80％的损失。哪一种保险单最可能导致道德风险？为什么？

4．小王是毕业不久的大学生。在新的工作岗位上干了6个月之后，他终于存足了钱购买他的第一辆车。（1）小王对轿车的式样和型号之间的区别知道得很少。他如何利用市场信号、声誉或标准化来进行比较？（2）假设你是一家银行的贷款员。在选好了一辆车之后，小王到你这里来寻求贷款。由于他刚毕业不久，没有较长的信贷史。尽管如此，该银行具有为新毕业生融资买车的悠久历史。这一信息在小王的例子中是否有用？如果是的，怎样用？

4．一家重点大学禁止给D或F类的成绩。他为自己的行动辩解说，学生在没有因不及格而退学的压力时，他们的表现会超过平均水平。该大学说，它希望所有的学生都得到A或B的成绩。如果目标是把总体成绩提高到B或以上的水平，这是不是一项好的政策？结合道德风险问题进行讨论。

5．小李刚被一家私立大学的经济学系聘用。董事会主席刚刚声明，该大学要为本科生提供最高质量的教育。开学两个月后，小李还没有到教室讲课。看来他把所有的时间都用于经济研究而不是教学。小李争辩说,他的研究会给系和大学带来更多的声誉。应当允许他继续只搞研究吗? 请结合委托代理问题进行讨论。

6. 据报道,哈里·戴维森公司的雇员罗姆提出了一种新的切具设计,可以使切具的成本减少60%。一个厂商可以采用什么样的激励机制来鼓励雇员的这种行为? 关于这种发明活动,是否存在委托代理问题? 如果存在,是什么样的?

7. 一家厂商的短期收益由 $R = 10e - e^2$ 给出,其中 e 为一个典型工人(所有工人都假设为是完全一样的)的努力水平。工人选择他减去努力以后的净工资 $W - e$(努力的单位成本假设为1)最大化的努力水平。根据下列每种工资的安排,确定努力水平和利润水平(收入减去支付的工资)。解释为什么这些不同的委托代理关系产生的结果不同。

(1) 对于 $e \geqslant 1$, $w = 2$;否则 $w = 0$。

(2) $w = R/2$。

(3) $w = R - 12.5$。

8. "亨利·福特怎么可能通过把最低工资从2.34美元提高到5.00美元而增加利润呢? 工资是成本。如果一个厂商增加工资,成本必然上升,利润必然下降。"试解释之。

9. 许多企业对它们的很多产品都用一个商标名。例如,通用电气对它的冰箱、洗衣机、灯泡等产品都用GE这个商标。以本章所给出的信誉理论为基础,试解释它们为什么这样做?

第十三章 需求估计与经济预测

在学完本章以后,你应该掌握以下内容:

1. 需求估计与需求预测的基本概念;
2. 需求估计的基本方法;
3. 经济预测的基本方法;
4. 能运用需求估计与预测方法解决现实问题。

企业要作出正确的决策就离不开对市场需求的正确估计。在前面的章节中,针对与企业决策有关的需求、需求函数、需求曲线和需求弹性等概念进行了探讨。然而,这些概念讨论的前提是需求情况的数据为已知的,如不同价格与消费者收入水平下对特定产品的需求量等。只有这样,所谓需求函数与需求曲线才是现实的,把它们用于实际的决策工作中才会有意义。那么,这些数据是如何取得的呢? 如何利用这些数据进行正确的预测和决策呢?本章将研究这个问题。

第一节 需求估计与需求预测的基本概念

一、需求估计与需求预测的概念及原则

(一) 需求估计与需求预测的概念

本章将根据需求数据是属于现实的还是属于未来时期的,把对需求数据的研究分为需求估计与需求预测两个部分来讨论。实际上需求估计与需求预测并没有什么严格的界限,它们是相互关联的,从后面的分析中可以看到,需求估计是需求预测的基础。需求估计是指找出相对各种价格与其他决策变量的现时需求量的过程,它对于企业制定营销策略和现行价格,或评价现行定价与推销政策,以及在这方面作出日常决策来说都是十分必要的。需求预测是指找出未来时期的需求量,它对企业制定生产计划、存货计划、新产品开发计划、投资计划,以及其他有连续性影响的决策来说都是

十分必要的。

（二）需求估计与需求预测的原则

1. 连续性原则。市场的需求变化从总体上来说，遵循着一定的经济规律。不同的发展阶段，既有各自的特点，又有相互间的联系和共同点。整个发展过程，既有随机突变的脉冲型，又有相对平稳的平滑型。每一周期的发展趋势与前一周期的发展紧密相关。因此，未来的市场状况必然在一定程度上和过去及现在的状况有相似之处。根据这一原则，就有可能在分析已有市场信息资料的基础上，按其规律，运用一定的方法，预测未来市场的需求状况。

2. 大样本原则。在进行市场需求预测时，应选取较大的样本容量，这是确保预测精度的一个重要先决条件。对于时间序列资料，在满足一定条件的前提下，年代越长越完整越好；对于横截面资料，则其覆盖面越宽越好。

3. 模拟原则。需求市场的发展变化有其内在的规律性，这种规律性通常可以运用一定的手段加以模拟，即用所谓的"模型"来描述市场需求的特征和结构，并进行其变化趋势的研究。

4. 测不准原则。决定市场需求变化的因素非常庞杂，其中还有许多随机性因素。同时，由于资料的有限性和统计本身的误差，使市场需求预测不可能达到百分之百的准确。预测时间的跨度越大，其精度将越低。因此，在选择预测方法时必须充分考虑其对时间跨度的适用性。在预测完成后，必须进行必要的检验，以确定预测值的精度，同时还要进行适度跟踪控制，不断反馈被预测对象的实际发展情况，以此来修正预测模型和以后的预测值。

二、需求估计与需求预测的基本程序

市场需求预测是一项系统工程，归纳起来有以下几个主要步骤：

（一）确定预测目标

进行市场需求预测，必须明确这项预测的具体目标。只有目标明确具体，才能根据目标去收集所需的资料，选用适当的方法，收到较好的效果，为企业计划管理中的数量、财务管理中的经济指标、销售管理中的定价以及试制过程中的功能和成本制定界限，为企业新产品开发与研究进行技术导向，使企业掌握未来一定时期的市场需求趋势。

（二）搜集资料

市场需求预测结果的精度，在很大程度上取决于所搜集资料的完整性与准确性，而搜集什么资料是由预测的目标和选用的预测方法决定的。在资料搜集上，要力求完整、准确、适用，并在资料搜集的基础上进一步整理、分析，去伪存真，填平补齐，口径划一，将资料整理成一个一个的数据样本。

（三）建立预测模型

根据经济理论和数学方法以及所选用的预测方法,通过对资料的分析和推理判断,揭示其内在的结构和变化,作出各种假设,建立预测数学模型,以便真实地表达有关经济变量之间的数量关系。建立好预测模型是搞好定量需求预测的重要一环。

（四）模型参数估计

模型参数估计是一个技术问题。它的目的是对模型的理论基础加以正确确认之后,确定变量之间的相关程度,通过一定的数学估计手段,获得模型的必要参数。

（五）模型检验

模型建立以后,必须对其结构、参数进行检验和评定,以便确定其可靠性。首先要进行的是经济意义上的检验,即市场需求预测的模型必须符合经济理论,同时也要符合人们对经济生活的正常理解和常识。对那些不能正确描述市场需求预测的模型,应加以调整、修改,乃至重新构造。其次,要进行统计检验。统计检验是为了对预测模型的结构参数进行可靠性评价。

（六）预测与结果分析

进行预测就是根据建立的预测模型和选定的预测方法进行预测计算。然而,市场需求预测的结果,是否能比较准确地描述未来需求的趋势,还需要进行检验。最根本的检验方式是实际数据与预测值的吻合程度的检验。对预测结果应作出正确的估价,以便为企业决策提供合理的依据。

市场需求预测的正确性,在很大程度上取决于所选择的预测方法的科学合理性。市场需求预测的方法有许多种,一般可以分为定性预测和定量预测两大类。其实,对于一个具体的预测问题,不存在一个绝对最好的预测方法,也不存在一个绝对准确的预测方法。预测是科学和艺术的结合,它需要定性与定量分析相结合;它不仅需要正确运用数学模型和电子计算机,而且更需要充分发挥预测人员的经验、才智和主观判断能力。如果有可能,应该尽量多用几种不同的预测方法,把所得到的结果加以综合分析,进行综合预测,以便提高预测精度。

第二节　　需求估计

确定市场需求预测模型,就是要把需求量和其影响变量间的关系,用明确的函数形式表达出来,这是需求估计的需要。前面已经研究了需求函数,它就是需求量与影响这一数量的诸因素之间的函数关系。需求函数在模型估计中用处很大,常用的需求函数形式有两种:一是线性函数;二是幂函数。

需求函数的线性表达式为:

$$Q = a + b_1 x_1 + b_2 x_2 + \cdots + b_n x_n \tag{13.2.1}$$

式中：

Q —— 需求量；

x —— 影响需求量的诸因素，即函数中的自变量；

$a,b_1,b_2,\cdots,b_n$ —— 方程中的待求参数。

线性函数有两个重要的性质，一个性质是每个自变量的边际需求量是一个常数；它的值等于这个自变量的参数。在式（13.2.1）中，$x_1,x_2,\cdots,x_n$ 的边际需求量就分别为 $b_1,b_2,\cdots,b_n$，亦即若 $b_1=4$，就意味着 x_1 增加一个单位，将导致 Q 增加 4 个单位。另一个性质是，它最便于用最小二乘法来估计其方程的参数。

需求函数的幂函数表达式为：

$$Q = ax_1^{b_1} x_2^{b_2} \cdots x_n^{b_n} \qquad (13.2.2)$$

式中：

Q —— 需求量；

x —— 影响需求量的诸因素，即函数中的自变量；

$a,b_1,b_2,\cdots,b_n$ —— 方程中的待求参数。

幂函数形式看起来很复杂，但是它可以用对数方法转化为线性形式，然后利用最小二乘法找出其参数。在实际应用中，许多非线性形式的参数估计都可以转化为最简单的线性形式。

上述式中的需求量（销售量）Q 是价格、广告、消费者收入、消费者爱好等变量的函数；各系数是各变量数值一个单位的变化所带来的销售量的增减数。式（13.2.1）就是建立的需求预测的数学模型。下面要探求的是这些变量的系数，即 $a,b_1,b_2,\cdots,b_n$ 的数值。如果求出这些系数，就可以利用这个模型进行需求预测，这对企业决策是非常重要的，其意义在于：当改变某特定变量的数值而其他变量保持不变时，其销售量所出现的变化从该变量的系数中就可以看出来。这正是一个企业在研究变量变化对它们目标的有利影响时，所需要了解和掌握的资料，以便进行控制与作出适宜的决策。

对一个企业决策者来说，不是需求函数中所有的自变量都能控制和调整其水平的。一般可以控制的变量大致有价格、推销工作、产品设计与销售地区等方面的因素，其他如消费者收入、消费者爱好、竞争、人口、政治、社会环境等因素都不是企业所能控制的。即使这样，了解这些变量的系数可以帮助减少变量的不确定性，对企业决策是大有益处的。

一、需求估计的数据来源

上述需求预测模型系数的确定即为需求的估计。需求估计的第一步是数据的获取，获取数据的目的是利用这些统计数据估计出需求函数的参数，即 $a,b_1,b_2,\cdots,b_n$。

其方法主要有:市场调查法、市场试验法、专家意见法、经营人员和销售人员意见法、历史记录法等。主要是通过了解消费者的所需、所想,包括访问调查、模拟市场情况和在控制下进行市场试验等方法,根据所得资料获得消费者需求信息的数据。具体方法如下:

(一)市场调查法

需求信息应直接来自于消费者,向消费者进行访问或做消费者意向调查,是最直接的需求估计方法。通过对消费者的具体调查来了解消费者在不同价格、不同收入以及其他变量有所变化下愿意购买某种产品的数量,估算出确定需求函数所需的种种数据,当然是有效的第一手资料。市场调查首先要根据调查目的确定调查范围、对象;拟订调查提纲,设计消费者购买意向调查表或问卷;拟订调查方式,是全面调查还是重点调查,是典型调查还是抽样调查等;选择调查方法,是面询、函询、电话询问还是留存问卷或调查表等。

这个方法看起来似乎既直截了当又简单,然而实行起来却也问题不少。如:(1)被访问对象的代表性问题,即他们的回答是否能代表市场意向问题。一般来说,要想得到一个合理的估计,调查抽样必须达到一定的规模,要有一定的代表性,当然这也就涉及调查费用和可能性问题。显然,无论采用何种方法,如果它所带来的效果的价值抵不过其费用支出,这种方法是不可取的。(2)消费者回答问题的可靠性问题。实际上再精心设计的调查,也不可能精确地预测消费者的需求,这是由于被调查者在某种情况下没有足够的信息来决定他们的购买。如问对即将上市的新产品在做广告后的购买行为如何,可能被调查对象不知道你的广告的特点与可能的影响,很难确定具体的反应。(3)消费者可能会不愿回答某些问题或不能准确地回答所提的问题,从而影响所得资料的可靠性。因此,为了取得可靠的调查访问结果,调查表的制定与问题的提出就需要下点工夫研究,如提问的方式、用词的选择以及正确的引导和兴趣的激发等方面。美国在对其重要的耐用消费品和工业领域的需求估计时,对重要的问题大多是通过几种形式提出的,以便加以核对,经验证明这种方法是有价值的。

市场调查法具有成本不高、使用方便和广泛适用等特点,是企业或有关部门普遍采用的一种需求预测方法。另外,对消费者需求的了解还可以用专家意见和销售人员意见征求法。

(二)市场试验法

所谓市场试验就是通过直接研究市场上消费者的实际行为,以取得关于产品需求函数的有用信息,即通过运用市场试销法来取得有关统计数据或印证调查统计数据研究的结果。进行市场试验一般采用两种方法:(1)企业选择一个或几个市场试点,改变需求函数中的可控变量,来观察需求在一个时期或在几个市场之间所发生的变化,如改变价格、增减广告费用、改变产品的包装或式样等,看需求变动情况。(2)进行"市场实验室"试验,如给顾客一笔款项让其在一家模拟的商店里购货,通过改变产品的价格、包装、陈列等方式,了解消费者的购买行为;由于市场试验法要求消费者直接付款进行购货,所以能够真实地反映市场需求情况,其结果常是较准确的,但其缺点是成本较高。

（三）专家意见法

专家的集体判断可以是信息的重要来源。事实上,有些预测几乎完全是根据几个关键决策者的个人见解来做的。有些经理根据他们对企业面临经济条件的评估,共同商量,制定规划,就属于这种情况。还有的时候,企业聘请顾问,根据他们对行业情况的了解来做预测。尽管专家们的预测并不总是根据"硬数据",但这种预测的有用性是不应低估的。事实上,他们对一个行业的情况比较熟悉这一事实,对他们做好预测是很有帮助的。

有许多方法可用来提高来自专家的信息的价值。其中最有用的一种方法是德尔菲法(Delphi technique)。下面用一个简单的例子来说明它的使用。假定企业外部有一个专家小组,共6人,被请来预测企业下年度的销售量,他们都独立工作。有2个人预测增长率为8%;3个人预测增长率为5%;1个人预计销售量不会增长。然后,每个专家又参考别人的数据来修正自己的预测。有些原来估计销售量会迅速增长的专家,在参考了他同事的预测之后,在第2轮中可能会变得不那么乐观了;反之,有些原来估计销售量增长较慢的专家,在参考了别人的数据之后,会把自己的预测往上调。但也有些专家可能决定不改变他们原来的预测。

假定该小组第2轮发表的意见为:1个人估计销售增长2%;1个人估计销售增长5%;2个人估计销售增长6%;2个人估计销售增长7%。然后把这个预测结果再告诉每个专家,并要求他们再考虑。这一过程一直进行到大家取得一致意见,或进行到大家不准备再修改意见时为止。

德尔菲法的价值在于,它有助于每个专家对他们的预测做出评价。实际上,它迫使每位专家考虑,为什么他的判断和其他专家有区别。如果理想的话,每一轮发表意见都会使预测结果更为准确。

德尔菲法的一个问题是它可能很费钱。专家意见是否有价值取决于这些专家的学识和技巧。往往请行业中知识最渊博的人来做咨询工作的费用是很高的;另一个可能的问题是,有些人自认为是专家,不愿意考虑小组中别人的预测意见,结果可能会使以后几轮预测没有多大变化。

（四）经营者意向调查法

经营者是指负责商品生产或销售的人员。经营者意向调查法是预测人员向经营者,这里主要是向经理人员、营业人员和推销员作调查,听取他们对未来产品销售情况的估计和预期完成任务的计划情况,综合归纳,作出预测。

1.经理人员评判意向法。由本企业负责人召集各职能部门负责人进行座谈,广泛交换意见。各职能部门都应提供实际资料并充分发表对未来情况的看法和意向。如有不同意见,应认真分析原因,然后由负责人综合归纳进行整理,作出预测。

2.销售人员意向调查法。销售人员意向调查法是指对企业的销售人员进行调查,让他们对未来的销售量及其可能性作出估计,然后用平均指标作为其综合指标。由于销售人员最接近市场和顾客,他们比较熟悉和了解消费者以及竞争对手的情况,尤其对自己的"辖区"更为了解。因此,他们所作出的销售预测具有很大的参考价值。一般情况下,销售人员为数众多,综合他们的意见所作出的预测是具有较高现实性的。

3.综合判断法。综合判断法就是综合经理人员和销售人员的意见,用加权平均法进行需求预测的方法。也就是把经理人员的意向综合指标和销售人员的意向综合指标,根据主次,给予权数,再计算其加权平均数,作为经营者意向综合预测值。

（五）历史数据法

历史数据法就是以国家宏观统计、行业统计公布的历年信息和数据为样本采集数据对象;以企业历年的历史统计数据为样本采集数据对象,其实就是以历史数据作为需求参数估计数据的采集对象。

二、需求估计的方法 —— 回归分析法

需求估计的第二步就是利用数理统计的方法将收集的数据进行处理,估计出需求函数的参数,通常主要是用回归分析法。用回归分析法估计需求参数就是根据调查的数据,用数理统计的方法,找出影响需求量的诸因素与需求量之间的相互关系,并用一个确定的需求函数表示出来。具体是先选择需求函数的形式,然后用最小二乘法确定需求函数中的诸参数,使这个需求函数能最好地拟合调查统计的数据。

前面已经确定了需求函数为式(13.2.1)所示的多元线性方程的形式,下面所要研究的问题就是如何利用最小二乘法来估计方程式(13.2.1)中的参数问题。

（一）一元线性回归分析

1. 基本原理及公式。为了使问题简单易懂,首先考虑只有一个自变量的需求函数,即一元线性方程:

$$y = a + bx \tag{13.2.3}$$

若现有一组调查数据$(x_1, y_1), (x_2, y_2), (x_3, y_3), \cdots, (x_n, y_n)$,在$x = x_i$时,就对应有一个$y$的估计值$\hat{y}_i$;

$$\hat{y}_i = a + bx_i \quad (i = 1, 2, \cdots, n)$$

一般实际值y_i与估计值$\hat{y}_i$是不相等的,它们存在一个偏差,称为估计误差或残差,以e_i表示:

$$e_i = y_i - \hat{y}_i \text{ 或 } e_i = y_i - a - bx_i (i = 1, 2, \cdots, n)$$

最小二乘法是以误差平方和最小这一项原理对参数a、b作出估计。设W表示误差平方和,则有:

$$W = \sum_{i=1}^{n} e_i^2 = \sum_{i=1}^{n} (y_i - \hat{y}_i)^2 = \sum_{i=1}^{n} (y_i - a - bx_i)^2 \qquad (13.2.4)$$

由多元微分学极值原理可知,使 W 达到最小的 a、b 值必须满足:

$$\frac{\partial W}{\partial a} = -2 \sum_{i=1}^{n} (y_i - a - bx_i) = 0$$

$$\frac{\partial W}{\partial b} = -2 \sum_{i=1}^{n} (y_i - a - bx_i) x_i = 0$$

求解上述方程组得:

$$b = \frac{n \sum_{i=1}^{n} x_i y_i - \sum_{i=1}^{n} x_i \sum_{i=1}^{n} y_i}{n \sum_{i=1}^{n} x_i^2 - (\sum_{i=1}^{n} x_i)^2} \qquad (13.2.5)$$

$$a = \frac{1}{n} \sum_{i=1}^{n} y_i - \frac{b}{n} \sum_{i=1}^{n} x_i \qquad (13.2.6)$$

令 $\overline{x} = \frac{1}{n} \sum_{i=1}^{n} x_i$ 为 x 的平均值,$\overline{y} = \frac{1}{n} \sum_{i=1}^{n} y_i$ 为 y 的平均值。

分别将 $\overline{x}$、$\overline{y}$ 代入 $(13.2.5)$ 式和 $(13.2.6)$ 式中,并将 $\sum_{i=1}^{n}$ 简写为 $\sum$,则有

$$b = \frac{\sum x_i y_i - \overline{x} \sum y_i}{\sum x_i^2 - \overline{x} \sum x_i} = \frac{\sum x_i y_i - n \overline{x}\overline{y}}{\sum x_i^2 - n \overline{x}^2} \qquad (13.2.7)$$

$$a = \overline{y} - b \overline{x} \qquad (13.2.8)$$

根据 $(13.2.7)$、$(13.2.8)$ 两式,只要已知一组 x 和 y 的观察数据,就能算出式 $(13.2.3)$ 这个一元线性回归方程的参数 a 和 b,且这个回归方程能满足 x 和 y 之间的实际关系。下面举例说明其计算方法。

【例 13-1】 某地区人均收入与某耐用消费品销售额的资料如表 13-1 所示。

表 13-1 　　　　　　　　　　某耐用消费品销售额与人均收入的关系

年　　份	1998	1999	2000	2001	2002	2003
人均年收入 x/元	680	760	900	940	1 120	1 240
耐用消费品销售额 y/万元	164	180	200	228	280	288

将表 13-1 的样本资料列出计算表,如表 13-2 所示。

表 13-2 数 据 计 算

序号	x_i	y_i	x_i^2	y_i^2	$x_i y_i$
1	680	164	462 400	26 896	111 520
2	760	180	577 600	32 400	136 800
3	900	200	810 000	40 000	180 000
4	940	228	883 600	51 984	214 320
5	1 120	280	1 254 400	78 400	313 600
6	1 240	288	1 537 600	82 944	357 120
合计	5 640	1 340	5 525 600	312 624	1 313 360

将计算表中的数据代入(13.2.5)、(13.2.6)式,即可得到参数 a、b 的估计值为:

$$b = 0.240$$
$$a = -2.267$$

因而,一元线性回归模型为:

$$y = -2.267 + 0.24x$$

由此可知,人均年收入每增加 1 元,某耐用消费品的销售额就增加 0.24 万元。

2. 相关系数。对于任何给定的一组样本值 (x_i, y_i) 都可以用最小二乘法拟合出一条回归直线。但是,并非所有拟合的回归直线都有意义。事实上,只有当变量 x 和 y 之间存在某种线性关系时,其回归直线才有意义。

检验回归直线是否有意义,一方面可用丰富的专业知识和实践经验,另一方面也可以利用统计学的方法,即用相关系数 r 进行检验。相关系数是表明自变量与因变量之间线性关系的密切程度的指标。如果自变量与因变量之间的线性关系越密切,所得的计算结果的可靠性就越高;如果自变量与因变量之间的线性关系越不密切,则所得的计算结果越不可靠。因此,计算相关系数可以说明计算的可靠程度。

相关系数的计算公式如下:

$$r = \frac{\delta_{xy}^2}{\delta_x \delta_y} = \frac{\frac{1}{n} \sum (x_i - \overline{x})(y_i - \overline{y})}{\sqrt{\frac{1}{n} \sum (x_i - \overline{x})^2} \sqrt{\frac{1}{n} \sum (y_i - \overline{y})^2}} \quad (13.2.9)$$

式中:

r —— 相关系数;

δ_x —— 自变量数列的标准差,$\delta_x = \sqrt{\frac{1}{n} \sum (x_i - \overline{x})^2}$;

δ_y——因变量数列的标准差，$\delta_y = \sqrt{\dfrac{1}{n}\sum(y_i - \overline{y})^2}$；

δ_{xy}^2——自变量数列的标准差，$\delta_{xy}^2 = \dfrac{1}{n}\sum(x_i - \overline{x})(y_i - \overline{y})$。

如上例，计算相关系数为：

$$r = 0.982\,5$$

相关系数数值介于 -1 与 $+1$ 之间。计算结果为正数，表示正相关；计算结果为负数，表示负相关；计算结果为零，表示不相关；接近于零，表示弱相关；接近于 -1 或 $+1$，表示强相关。计算相关系数的原始数据不能太少，数据太少可信度就会降低。通常为了检验需求估计的可信程度，还要使用相关系数检验表 13-3 作进一步检验。具体做法是用实际资料算出的相关系数大于相关系数检验表中相应数值时，应用回归直线来描述自变量和因变量的关系才有意义，据此作出的估计结果才具有可信度。

表 13-3 相关系数检验表

自由度	$a = 5\%$	$a = 10\%$	自由度	$a = 5\%$	$a = 10\%$
1	0.977	1.000	11	0.553	0.684
2	0.950	0.990	12	0.532	0.661
3	0.878	0.950	13	0.514	0.641
4	0.811	0.917	14	0.497	0.623
5	0.754	0.874	15	0.482	0.606
6	0.707	0.834	16	0.468	0.590
7	0.666	0.798	17	0.456	0.575
8	0.632	0.765	18	0.444	0.561
9	0.602	0.735	19	0.433	0.549
10	0.576	0.708	20	0.423	0.537

上例中，取 $a = 5\%$（即置信度为 95%），查相关系数检验表，得

$$r_a = 0.05 = 0.811。$$

则有：$r = 0.982\,5 > r_a = 0.05$，即说明用 $y = -2.267 + 0.24x$ 模型进行预测时，其预测结果是比较可靠的。

3. 预测与置信区间。求出回归预测模型的目的是为了预测需求量，因而根据预测模型可以进行预测。首先确定自变量的预测值，然后根据模型求出因变量的预测值。

如上例中，经调查研究和运用其他预测法测得该地区 2004 年人均年收入为 1 400 元。则该地区 2004 年某耐用消费品销售额的预测值为：

$$y = (-2.267 + 0.24 \times 1\ 400) = 333.7(万元)$$

预测值 333.7 万元是一个平均数，而实际值离预测值有多远，就要作置信区间估计，即估计预测结果的波动范围，方法如下：

(1) 标准离差。计算标准离差的公式为：

$$S = \sqrt{\frac{1}{n-2}\sum(y_i - \hat{y}_i)^2} \times \sqrt{1 + \frac{1}{n} + \frac{(x_0 - \overline{x})^2}{\sum(x_i - \overline{x})^2}} \qquad (13.2.10)$$

式中：

S —— 标准离差；

x_0 —— 自变量预测值。

从式中可以看出标准离差分为两个部分，第一部分的因素是考虑自由度 $(n-2)$ 后的标准差，第二部分是调整预测中 x_i 和 $\overline{x}$ 的偏离程度，即 x_i 和 $\overline{x}$ 之差。

上例中的标准离差列表计算如表 13-4 所示。

表 13-4　　　　　　　　　　　　　数 据 计 算

i	y_i	x_i	$\hat{y}_i$	$y_i - \hat{y}$	$(y_i - \hat{y}_i)^2$	$x_i - \overline{x}$	$(x_i - \overline{x}_i)^2$
1	164	680	161	3	9	−260	67 600
2	180	760	180	0	0	−180	32 400
3	200	900	214	−14	196	−40	1 600
4	228	940	223	5	25	0	0
5	280	1 120	267	13	169	180	32 400
6	288	1 240	295	−7	49	300	90 000
合计	1 340	5 640	1 340	0	448	0	224 000

$$S = \sqrt{\frac{448}{6-2}} \times \sqrt{1 + \frac{1}{6} + \frac{(1\ 400 - 940)^2}{224\ 000}} = 15.38$$

(2) 确定置信区间。数学证明，如果取置信度为 $(1-a) \times 100\%$，则其置信区间为：

$$y \pm (t_{\frac{a}{2}}, n-2) \times S \qquad (13.2.11)$$

式中：$(t_{\frac{a}{2}}, n-2)$ 是在显著性水平为 a，自由度为 $n-2$ 时的统计量，它可以通过查 "t 分布表" 得到，如表 13-5 所示。

表 13-5　　　　　　　　　　**t 分 布 表**

自由度	0.025	0.01	自由度	0.025	0.01
1	12.706	53.657	11	2.201	3.106
2	4.303	9.925	12	2.170	3.055
3	3.182	6.841	13	2.160	3.012
4	2.776	4.604	14	2.145	2.977
5	2.571	4.032	15	2.131	2.947
6	2.447	2.707	16	2.120	2.921
7	2.365	2.499	17	2.110	2.898
8	2.306	3.355	18	2.101	2.878
9	2.262	3.250	19	1.093	2.861
10	2.228	3.169	20	2.086	2.845

一般取置信度为 95%，这就意味着预测值有 95% 将落在置信区间之内，则：

$a = 1 - 95\% = 5\%, \dfrac{a}{2} = 0.025$。上例中 $n = 6$，自由度为 $n - 2 = 4$。查"t 分布表"得到：

$(t_{0.025}, 4) = 2.776$，则其置信区间计算为：

上限　　$(333.7 + 2.776 \times 15.38) = 376.39$（万元）

下限　　$(333.7 - 2.776 \times 15.38) = 291.01$（万元）

第三节　经济预测

一、预测的意义

1943 年，IBM 董事长托马斯·沃森说："我认为世界上存在大约 5 万台计算机的需求。"这句话说明了经理人员在准确预测未来商务前景时所遇到的困难。因为公共部门和私人企业中的经理人员都要在不确定性条件下经营，所以管理经济学家最重要的作用之一就是预测。预测只不过是对未来的一种预见。几乎企业的各个领域都需要预测：必须进行销售估计才能规划未来适当的生产水平；财务经理需要估计厂商未来的现金流量，这又需要对未来可能的销售、生产、收入、支出以及资本支出水平作出预测；在规划资本投资时，需要预测未来的经济活动，才能估计出资本投资产生的收益;还要对货币和信用条件进行预测,以便使厂商的现金需求能以尽可能最低的成本得到满足。

公共部门的管理者和非盈利机构的经理人员也必须进行预测。例如,城市政府官员预测一个预算期内各部门所需服务的水平,需要多少警力来处理社区的公共安全问题?下一年度有多少街道需要修缮,花费是多少?等等。医院的管理者面临的问题是预测社区的健康保健需求以及医院为病人提供保健活动设施的数量和成本。要有效地完成这项工作,必须进行估计,不仅要估算人口增长的绝对规模,还要估算不同年龄组中人员数量的变化以及这些不同年龄组将具有的不同医疗需要。高校要预测学生入学注册人数、运营成本以及很多情况下由学费和政府财政所提供的资金水平。

显然,要减少制定大多数管理决策所处环境中的不确定性,准确的预测是必不可少的。预测技术中所要求的精细程度随问题的重要性而不同。许多决策仅仅要求对未来做出非常简单的假设。在决策相对不太重要(潜在的利益和损失都很小)而且只有短期影响的情况下,适当的预测可能仅仅以"未来与现在类似"的假设为基础。当一项错误预测的成本提高、预测的时间增加时,采用更为正规和精细的预测方法就变得有必要了。

大多数企业决策都有一定程度的不确定性 —— 经理们很少能准确知道他们的选择会导致什么结果。减少决策中的不确定性的方法之一就是进行预测。它包括对将来经济条件的预测和它们对企业经营影响的评估。

预测的目的常常是预测需求。在有些情况下,经理们对产品的总需求感兴趣。例如,办公用品制造商进入家庭计算机市场的决策,就要根据对整个行业销售增长情况的估计来做。还有些时候,企业主要是要预测它可能达到的市场份额。如果预测表明,行业中现有企业销售额的增长不能保证其成功地进入企业就要做出决策在其他领域扩展业务。

预测还能为合理的产品组合提供信息。对像通用汽车公司那样的制造商来说,经理们必须确定大型轿车和小型轿车的生产比例。从短期来看,这一决策主要受企业生产每种轿车的现有设备的限制。但从长远来看,经理们可以新建或改造生产设施。但这种选择必须在车辆离开生产线之前就要做出。准确的预测能减少因这一提前期很长而引起的不确定性。例如,如果汽油价格预期会上涨,对小型轿车的需求也就可能减少;反之,如果预期价格稳定或下降,就会刺激大型轿车的需求。

预测是一项重要的管理内容。在大企业里,重大的决策几乎都要根据某种预测来做。有时候,预测不过是一些与决策有关的人凭感觉对将来进行评估。

有时候,预测则要花费数千工时和数万美元的经费。它可能首先由企业自己的经济学家提出,然后由专门从事预测的咨询公司来进行,或者根据政府机构提供的信息来做。

二、选择预测技术的标准

在预测过程中由于各种影响因素的复杂程度不同,对预测结果要求的精度不同等原因,使预测的费用和预测的复杂程度也不同。有些预测技术适合于短期预测,有些则适合于中、长期预测。其中影响预测技术方法的因素主要有:

第一,和使用某种技术而产生的潜在收益相比,与建立预测模型相关的成本。

第二,将要预测的各种关系的复杂程度。

第三,预测的时间(长期或短期)。

第四,模型要求的精确性。

第五,制定决策所必需的前导时间,这些决策取决于预测模型所估计的变量。

三、预测技术

企业对未来需求量的预测比现行需求估计要复杂一些,因为在需求估计中,已知自变量的现行数值,或者可以弄清它们,主要问题是求系数;而在需求预测中,既要测出自变量,又要求出这些变量的系数。所幸的是,企业在预测自己产品的未来需求时,有很多资料可以利用,这是由于政府、银行以及其他机构也同样关心这个问题。从整个国民经济到各个行业都有大量的预测活动在进行,因而企业可以取得和利用这些预测结果,通过适当的修订形成企业自己的预测。如美国商务部出版的《市况研究文摘》,就是美国企业一个很好的免费需求数据的供应来源。经济预测方法和技术已经成为一门科学,在这里将对需求预测的主要方法作一简单介绍。

(一)调查研究预测法

当影响预测对象发展变化的因素很多,难以直接预测时,要求参加经济活动的人员提供他们关于该预测对象未来情况的期望,由预测者综合分析,作出预测结论,这种方法称为调查法。这种方法在需求预测中经常使用,主要有下列几种:

1. 消费者意向调查法。消费者意向调查法是通过调查消费者的购买计划和打算,用来估算需求量的一种需求预测方法。如向生产企业调查其生产资料需要计划,向居民调查生活资料需求打算等。由于消费者最了解自己的购买计划、未来的购买意向和购买数量,因而只要消费者愿意与预测者合作并如实回答预测者提纲中的问题,一般预测的精度是会比较高的。在预测中如果消费者对经济前景和自己能保持较高收入水平的可能性持悲观态度,对近期或中期购买耐用品、半耐用品迟疑不决,则可预计这些产品的需求在未来时期会减少。反之,这些产品的未来需求将会增加。但有些产品,特别是非耐用消费品如食物等,即使在前一种情况下,仍可预计消费者将按一个相对不变的水平继续购买。对于生产资料的生产者们在做需求预测时,必须要了解投资者的意向。投资者的意向通常在很大程度上取决于对未来国民经济活动水平的预计。

2.经营者意向调查法。经营者意向调查法是预测人员向经营者,这里主要是向经理人员、营业人员和推销人员作调查,听取他们对未来产品销售情况的估计和预期完成任务的计划情况,综合归纳,作出预测。

3.专家意向调查法。这种方法是由美国兰德公司在 20 世纪 40 年代末创立的一种定性预测方法。它是一种向专家进行调查研究的专家集体判断预测方法,是通过一个专家小组并利用其集体智慧对经济情况的未来进行预测的方法。它与经营者意向调查法的不同之处在于它不是把一组专家召集在一起开会讨论,而是由预测机构或人员采用调查表的方式与专家分别通信联系以征询预测问题的答案。它的特点是应用系统的程序,采用匿名和反复进行函询的调查方式,拟订调查提纲即问卷,并提供背景材料,经过几轮的征询与反馈,使各种不同意见渐趋一致,最后汇总,用数理统计反复进行收敛,从而得出一个比较统一的预测结果,以供决策者参考。

（二）依据关系推测法

需求预测的另外一个范畴是:从假设为既定的关系出发去推测未来。这里,隐含的前提是过去存在的各种关系将会延续下去。属于这一类的预测方法主要有:

1.时间序列预测法。时间序列预测法是根据历史资料,找出预测对象随时间推移的变化规律,通过趋势外推进行预测的方法。市场的变化总是随着时间的推移,由衰及盛又由盛至衰周而复始,不断延伸,不断替代的过程,但这一过程并不停留在同一水平之上,它受社会、经济、人文等诸多因素的影响。经济变量时间序列数据的这种变动通常包含着随机变动、周期性变动和体现长期发展趋势的线性和非线性变动。其中随机变动是不规则的,应设法消除,而周期性和长期趋势性变动是有规律性的。时间序列预测法就是要找出预测对象的这种规律性,建立相应的预测模型据以预测的方法。其预测的具体方法有很多种,如移动平均法、指数平滑法、趋势直线法和趋势曲线法等,在此不一一赘述。

2.回归分析法。回归分析法是从事物变化的因果关系出发,利用数理统计学中的回归分析来找出事物变化的规律,从而进行预测的一种方法。回归预测方法的形式有线性回归预测和非线性回归预测。线性回归预测通常分为一元线性回归预测和多元线性回归预测。非线性回归预测通常是采用变量变换的方法,使非线性方程转换为线性方程,然后利用线性回归预测的方法得到线性回归模型,再经过变换,求出所需要的非线性回归模型,并据此预测。前面在需求估计一节中,较详细地叙述了利用一元线性回归法估计需求函数的参数问题,应该说用回归法估计模型参数是回归预测的一部分内容。

3.气压计技术。气压计技术应用领先、滞后和同步指标进行预测,旨在预测一个数据系列的方向变化。图 13-1 中,资本品指数相对于汽车销售指标而言是一种领先指标。在具体预测中,还有滞后指标与同期指标。领先指标是指:先于商业周期高峰和低谷出现的经济活动。同步指标是指:与商业周期的高峰和低谷差不多同时发生的经

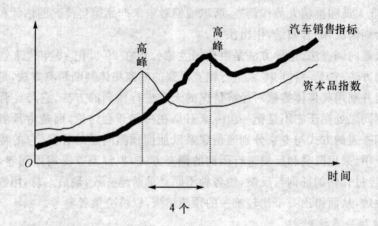

图 13-1　资本品指数领先汽车销售指标示意图

济活动。滞后指标是指在商业周期的高峰和低谷之后出现的经济活动。

4.不变增长率推测法。现实社会的经济特点可能会产生这种情况,就是销售量会按一定的变化率去发展。如果销售量在某一时期的变化率是正值,即每年比上一年度增长一定的百分数,则需求函数为:

$$Q_t = Q_0(1-k)^t$$

式中:

Q_t—— 需求量;

Q_0—— 初始年需求量;

k—— 平均年增长率;

t—— 初始年后的年序数。

根据上式可以预测 t 年的需求量。在具体方法上可对上式求对数,将幂函数变换为线性形式,再用最小二乘法估计其参数。

5.经济计量模型。经济计量模型预测法就是把经济理论和数学方法、统计方法结合起来,去分析各种经济关系,建立合理的经济计量模型据以预测的方法。它最重要的一个优点就是,能够较好地表示经济现象的基本特征。采用这种方法时,当一个方程不足以表示对需求量影响的因素时,可能要采用多方程的模型,即用一个方程组来说明影响需求量的因素之间的相互作用。然后,根据统计数据估计参数,进而进行预测。

6.组合预测。组合预测的基本思想是:作为复杂系统的社会经济现象是不可能被一个或几个数学模型所准确预测的,因为即使是最复杂、庞大的经济计量模型也只是对实际经济现象的简化和抽象,模型所反映的有限的自变量是经过挑选后所幸存的。从另一个角度看,伴随社会经济现象的信息可以说是无限的,其中只有一小部分能被所有的预测者所共享,而绝大部分却由不同的预测者所独有。每个预测者根据其独自掌握的信息,加上大家所共有的信息,选择其认为最合适的方法进行预测,因而同一问题预测结果就会有所不同,甚至差距很大。组合预测方法就是综合各种预测结果,在优中选优利用组合技术进行预测的一种预测方法。

　　预测的具体方法还有很多种,这里不一一介绍。当今潮流已趋向于多种方法的配合使用,特别是计算机的发展给定量预测提供了方便和更广阔的发展前景。

复习思考题

　　1.解释下列名词

　　需求估计　　经济预测　　需求预测　　相关系数　　置信区间

　　2.有人认为,定量技术,诸如多元回归分析法的用处不大,因为它们总是有错。你认为这种看法正确吗?

　　3.有人估计出一个需求方程,但收入的系数不显著。如果用这个方程预测需求量,是否应把收入变量略去?为什么?

　　4.为什么时间序列数据要比横断面数据的可决系数大?

　　5.在所估计的系数的符号与相应的 t 统计量的符号之间有什么关系?请解释之。

　　6.在一个需求函数中,怎样从经济上解释价格变量的系数在统计上显著?

　　7.在把幂方程转换为线性方程的过程中,如果使用自然对数而不是对 10 为基数的对数,对价格变量的系数的估计有什么影响?

　　8.根据过去 12 个月中的平均价格和交易量数据作图,并声称这个图代表一个需求函数。你认为这种说法对吗?为什么?

　　9.在一个待估计的方程中增加自变量的数目会使 R^2 的值增加。试问:增加变量可能会引起什么问题?

　　10.在估计需求函数时,选择线性方程还是幂方程应根据什么?

　　11.假定已知下面 5 个数据点:

X	-1	0	1	2	3
Y	-1	1	2	4	5

请解答:

（1）用回归分析法并用手算来估计方程 $Y = B + aX$ 的系数。

（2）计算 X 的系数的标准差和 t 统计量。

12.假定下列 5 个数据点为已知：

X	-1.0	0.0	1.0	2.0	3.0
Y	-1.0	1.0	1.0	2.5	3.5

请解答：

（1）用回归分析法并用手算估计方程 $Y = B + aX$ 的系数。

（2）计算它的可决系数。

（3）如果 $X = 1.0$，Y 的预测值是多少？如果 $X = 3.5$，Y 的预测值是多少？

第十四章　　用 Excel 进行回归分析

本章学习目的

在学完本章以后,你应该掌握以下内容:

1. Excel 的一般方法与运用原理;
2. 用 Excel 建立线性回归模型的方法;
3. 确定回归参数的统计意义、非线性模型转变为线性模型;
4. 多元回归的方法及其应用。

管理经济学理论为推测各种经济变量之间的关系提供了逻辑基础,比如,一种产品的价格上升,需求量下降;平均生产成本随着生产量的增加开始下降,然后上升;等等。不过,在应用这些推测关系之前,必须检验其一般的有效性,还要对其具体性质加以量化。确认有效性及量化的常用方法之一就是被称为回归的统计方法。尽管这种方法可采用多种形式,具有不同程度的复杂性,但回归基本上可视为一种拟合过程,即用最恰当的数学方程去拟合一组由一个因变量和一个或多个自变量所组成的原始数据。

第一节　　线性模型回归分析

最简单的形式是线性回归模型,它带有一个因变量和一个自变量,因此可以用一个线性方程

$$y = a + bx$$

去拟合一系列对变量 x 和 y 的数据观察值的过程。

“回归”一词的文字含义是“向后移动”,但在此把它理解为“趋前移动”或“拟合”可能更确切。用这种观点可以把进行线性回归理解为寻找直线方程的过程,使直线方程最大程度地(即以可能最佳的方法)趋近于(拟合)观察数值。观察数据具有的 x 和 y 坐标很可能自动地(这是很自然的)与某一条直线的坐标准确对应。但更可能的是,有一个或多个异常观察值的坐标与一条直线的坐标并不一致,在这种情况下,可以把

回归方法理解为一种平均过程,以此拟合出一条穿过这些数据的"最佳"直线。

为了更清楚地理解这种情况,我们用一个例子来帮助说明回归方法,形成其逻辑结论。

一、线性模型

假设一位客户请你确定一种新牌子化肥的不同施用量对庄稼产量的影响。那么第一步必定要找出庄稼产量与化肥施用量之间存在什么关系,这样就必须首先界定模型及其变量。

正如你的预期,要使用的第一个模型是线性的。这是非常有效的一种方法,因为在 Excel 范围之内可以很容易而迅速地进行线性回归,但开始时要记住,在企业或其他领域内并非一定存在线性关系。后面将看到,简单的线性模型常常无法用数据来证实,因此,可能会被放弃而采用其他(非线性)模型。不过在此阶段,只要我们有一些方法可以确定其局限性,把简单的线性模型作为第一步将是合理的,因此推测的模型是线性形式:

$$y = a + bx$$

式中:

a—— 推测直线的截距项;

b—— 斜率项。

此方程中的 x 和 y 是什么?在此情况下,直观上看明显是化肥施用量影响产量,而不是相反,因此,可以确定庄稼产量是因变量(y),化肥施用量是自变量(x),推测的模型用文字可表述为:

因变量(庄稼产量)是自变量(化肥施用量)的一个线性函数。

线性回归的任务就是通过找出内含的截距和斜率数值来确定这种关系的准确性,从而得到类似下面的方程:

$$y = 5 + 0.9x \quad 或 \quad y = 10 - 1.2x$$

作为 x 和 y 之间关系的最佳说明。

此时还要指出的是,并非总能像上面那样,很容易地确定自变量和因变量,因为在很多实际生活应用实例中,因果方向(即哪些变量影响其他变量)往往不是很清楚的,从而造成未想到的困难。不过在我们的例子中,可以肯定此关系被恰当地界定为因果关系。

在定义模型之后,下一个任务就是通过收集有关庄稼产量与化肥施用量之间关系的数据来使模型更加准确。

标准的做法是进行一种可控试验,即把不同数量的化肥施用于种植作物,随后在一定时期之后记录其产量。虽然说起来这很简单,但存在一些问题需要考虑,主要包括下列几个方面:

● 试验者所选择的 x（化肥施用量）的数值应该包括零。这表现为一种"控制"，提供的信息说明在不施用任何化肥时可望达到的产量。

● 非零的 x 数值应涵盖一个"合理的"范围，增长的幅度也不应过大。当然，这就会产生什么是"合理的"范围和幅度多"大"的问题，因此试验者必须以原有的知识和现实情况为指导。

● 施用量必须能够完全在试验者的控制之下，在日常生活的例子中也是如此。但要记住衡量误差是试验中不可避免的事实。在大多数情况下，即使是在可控试验室内（更不用说变化的企业），我们必须接受的数据总会存在衡量误差，而且试验的结果将不可避免地反映出这种误差。我们所能做的就是尽最大努力保证误差最小，确保把相同数量的化肥施用于所有的对象上。

● 必须对试验的条件加以充分地控制，包括影响种植作物生长的所有其他因素（如水分、土壤条件和光照）。只有做到这一点，才有可能确定化肥施有量对产量的单独影响，而不是化肥与其他因素的综合影响。

虽然在试验室条件下，有可能控制上述其他因素，但在现实生活中是不同的，因为很多企业变量都要受到其他为数众多的完全不受公司控制的变量的影响。你必须考虑利率上升或汇率下降将对厂商计划实现利润率的影响，从厂商的角度来看，这些外部因素都是不可控的，它们会对经济环境产生重要影响。

此外还有问题：如果不了解哪些自变量影响因变量，那么怎样控制它们呢？例如，我们都会认为水分、光照和土壤条件影响种植作物的生长，因而认识到对它们进行控制的必要，但如果了解到磁性变化也起作用，而且与试验室的作用不一样时怎么办呢？

前面的试验并没有控制这个影响，现在由于这个发现也许会使结果部分无效，但通过控制那些当时的已知因素就有可能以充分的信心进行试验。社会知识不断增加这个事实对研究者没有什么益处，因为他们总是要努力控制其作用可能尚未发现的种种因素。

由于这个原因，要研究的关系应该总是反映出逻辑理由，期望存在一种要被发现的关系。采取一种"地毯"式方法也是不能接受的，这种方法是把你可能想到的每一个自变量都要在回归模型中进行试验，直至发现要"拟合"的一个为止，而不管有没有明显的理由表明可能存在一种关系。

只要在试验设计中充分考虑上述四点，就意味着拟合的自变量（x）可以真正被视为独立的。这一点很重要，因为没有这一点，要确定 x 和 y 之间因果关系的准确方向会更加困难。只有自变量完全置于试验者的控制之下，才能完全搞清楚是 x 而非其他因素导致 y 的变化。另外，这样的控制确保了 x 与其他外部因素无关。

我们牢记上述各点，就可以着手确定化肥施用量：

化肥施用量 x（克）：$0,1,2,3,4,5,6,7,8,9,10$

其中的 x 是每日化肥施用量(克)。一旦决定了化肥施用量,下一个问题就是决定施用化肥的方式。最理想的情况是应该得到若干片相同的种植作物,然后向它们各自施用选定的化肥量(即第一片种植作物施用 0 克,第二片种植作物施用 1 克,等等)。不过,此方法的问题在于要保证种植作物完全相同是极其困难的(即使按其实物特点,更不用说按其生长特点了)。我们必须承认明显相同的种植作物在其内在活力上也有区别,而且这将对(与接受化肥数量无关的)产量有影响。

要解决这个问题,应该把每一种(比如说11种,从 0 到 10)施用量用于各片(比如说 30 片)明显相同的种植作物上,然后把每一片种植作物在试验期内的平均产量记录下来。这就是说,第一批 30 片作物每片将得到 0 克化肥,第二批各片作物得到 1 克化肥,等等。在此期间内,平均收获谷物重量(即产量)要作为相对于 0 克化肥施用量、1 克化肥施用量等 y 的值来计算和被记录下来。假设我们按上述程序去做,会得到如图 14-1 所示的结果。现在建立图 14-1 中的工作表。

既使是一项不精细的试验,其数据也能表明化肥施用量较低时,对产量有明显的作用,但这种作用会(由于出现饱和)迅速递减,最终形成一种负作用,因为种植的作物会被化肥烧坏[①]。此时读者立刻会对我们的线性假设产生疑问,但我们此时可以把这个问题放一下,忽略这一点,先分析如何根据我们得到的数据进行一次线性回归,后面再回来讨论这个问题。

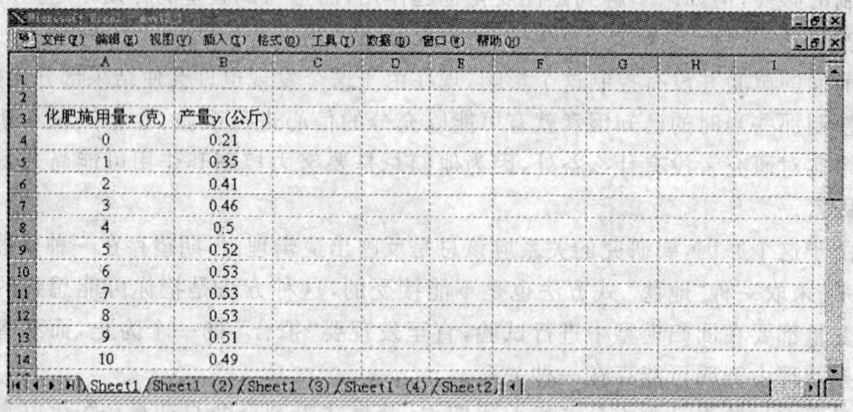

化肥施用量x(克)	产量y(公斤)
0	0.21
1	0.35
2	0.41
3	0.46
4	0.5
5	0.52
6	0.53
7	0.53
9	0.51
10	0.49

图 14-1

---

① 回忆前面对边际报酬递减原则的讨论。

二、散点图

第一步应该用得到的结果建立一张散点图,这将提供一个很有价值的可视图形,说明两个变量是如何相关的。为此使用"图形向导",选择一个 XY(散点)图,采用种类选项1,然后确定数据区域为A3:B14。再提供如图14-2所示的标题,选定"完成",结果应与图14-2相同。如出现图形,可以 MEW12_1A 存盘供以后使用,如果没有出现图形,就再试一次。

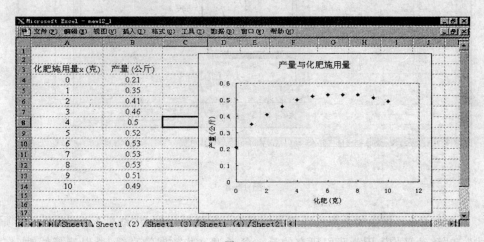

图 14-2

要注意此图形是如何证实前面的观察的。此关系看起来不是线性,尽管如此,我们还是用这些散布点力求拟合出一条穿过它们的直线。

Excel 可用不同方法完成此任务,主要的两种就是"趋势线分析"和"回归路径"。前者是最简单的,所以首先使用它,不过在使用之前还要说明几个定义。

实际观察到的 x 和 y 的值分别用符号 y_i 和 x_i 表示,下标是指观察次数,在此例中 $i = 1$ 到 11。把 x 的值应用于拟合直线所产生的 y 的值用符号 $\hat{y}$ 表示,符号 $\wedge$ 表示它是一个以拟合回归直线为基础的预测值。也就是说,如果拟合直线是 $2 + 3x$,那么若 $x = 6$,则 $y = 2 + 3 \times 6 = 20$。

三、趋势线分析

要了解如何运行趋势线,需要打开目前的 MEW12_1A,即包含数据散点图的文件,单击激活图形后,再单击任何一个散布点,所有的数据点将变成凸显。再从菜单栏中选择"图表",选择"添加趋势线",将出现趋势线类型选项卡,如图14-3所示。

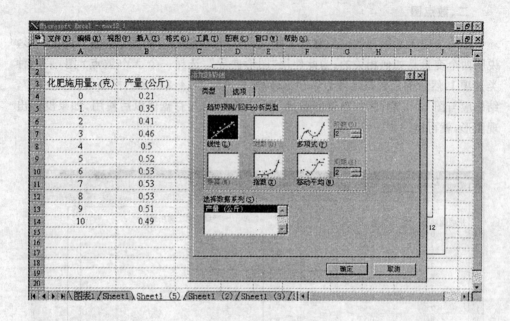

图 14-3

　　并非 Excel 提供的全部选项都是合适的,此例可用的有"线性"、"指数"、"多项式"和"移动平均"。因为我们研究的是一条通过这些数据的直线,所以选择线性(左上),点击选项类型后,再点击确定。在这里我们还能选择趋势线选项所提供的其他信息,所以选定"显示公式"和"显示 R^2 值"方框,并确认不选"确定截距",此时点击确定,结果应与图 14-4 一样。

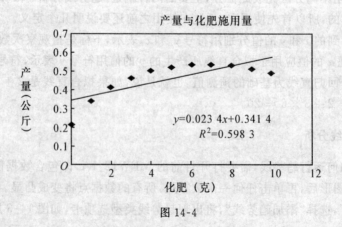

图 14-4

现在可以不考虑 R^2 的值,后面将会说明它的含义。

与目前讨论有关的重要信息包含在 Excel 所提供的"最佳拟合"直线的方程之中①,即

$\hat{y}=0.341\ 4+0.023\ 4x$(Excel 没有显示出 ˆ 符号,但假定它存在,因为实际应该如此)。

注意此方程使我们能从一种实际上没观察到的化肥施用量(比如 5.5 克)估计可预期的产量。我们需要做的就是把 $x=5.5$ 这个数值代入回归方程,得到:

$$\hat{y}=0.341\ 4+0.023\ 4(5.5)=0.470\ 1$$

这就是能拟合这些数据的最佳直线方程,"最佳"的含义是指没有其他直线将在总体上更接近于观察数据点。要了解这一点,考虑一下 x 任意值的误差(e)概念,它是 y 的每一个观察值与拟合直线相应数值之间的垂直距离,即 $e_i=y_i-\hat{y}_i$,我们开始可能认为所有这些误差项之和应该尽可能地小,即最小值。这种情况成立的条件是不存在以下事实:某些误差项为正值,而有些为负值。因此,从总体误差来看将有一个抵消过程。可是一个误差就是一个误差,不管它是正还是负,这仅是一个代数计算问题,它使整体误差看起来似乎比实际的情况要小。

要解决此问题,回归路径对每个误差项进行平方计算,从而使结果总是正值,然后再把这些平方后的误差加在一起。

Excel 拟合出来的方程是"最佳"的,在于所有观察值的误差平方之总和($\sum e_i^2$)尽可能的低,即被最小化。显而易见,这就是有时被称为"最小平方"回归方程的原因。

不过,尽管我们可以肯定 Excel 能拟合出这些数据的最佳直线,但还需要对这个最佳拟合的优点作一些说明。也就是说,说它有效地实现"最佳"能否使我们得出以下结论:拟合的线性方程是对原始数据点的行为所作的准确说明?

通过视觉检查,我们已经对此有了部分答案。在前面看到,在使用大约 8 克化肥之后,拟合情况看起来不是很好,我们能否把这种视觉观察加以量化,从而所有的观察者都能得到相同的衡量指标,而不是反映其自己主观的视觉形象?答案是肯定的,这就是要求 Excel 计算 R^2 值的十分重要的原因。

理解 R^2 值的最简单的方法就是把拟合的回归方程视为一个考试问题的答案。问题是"拟合方程对观察到的原始数据拟合得怎么样?"如果每一个观察点都落在拟合方程上,那么就会得到一个满分 100%。但随着越来越多的观察点偏离拟合直线,分数就会下降,这个分数就叫做 R^2,在我们的例子中表明拟合方程低于满分($0.598\ 3=59.83\%$)。

① Excel 采用 $y=bx+a$,而不是更规范的 $y=a+bx$,不过这是在各项顺序中的惟一区别,在讨论中我们将把所有的趋势线方程都转化为更规范的形式:$y=a+bx$。

　　这样,此时我们知道拟合直线拟合原始数据的准确率大约为60%,这立即产生了一个问题:其他方程能否提供更好的效果。对此回答是:如果拟合方程必须是线性的,那么就不存在改进的可能。我们在图14-3中看到,趋势线路径有一些关于拟合方程的形式选项。因此,我们应该研究其中哪一个能够提高对数据的拟合程度。

　　为此,打开MEW12_1A文件,然后点击图表,点击拟合直线,此时按删除键,最初的散点图将出现而没有任何拟合方程。现重复上述程序添加一条趋势线,但这一次选择多项式选项(右上边),保证选定第二行中的图标。这将对数据拟合出一个多项式二次方程。要记得选择"选项",要求在图形上显示方程和R^2值。结果应与图14-5一样。图形结果是很好的,因为从线性方程60%的拟合程度提高到二次方程97%的拟合程度,方程为:

$$y = -0.006\,6x^2 + 0.089\,7x + 0.241\,9$$

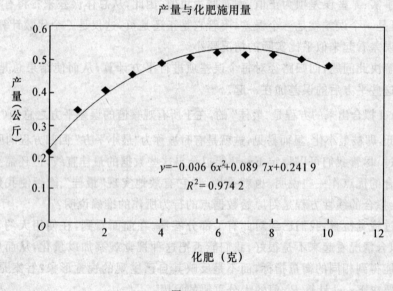

图 14-5

　　应该指出的是,与线性方程不同,拟合的二次方程成功地反映出前面观察到的饱和效果。这一点很重要,因为它表明我们不仅提高了用R^2来衡量的定量拟合程度,而且还得到了一个更满意的定性拟合。从整体上讲,我们为两个变量之间的关系提出了一个更全面(虽然不完善)的统计说明。

　　我们看到,在Excel最新版本中,趋势线提供的信息是全"新"的,也就是说,如果任何数据观察值要改变,那么拟合趋势线,以及显示出来的方程和R^2值都会自动地在图形上调整。

虽然 R^2 值是因变量和自变量之间统计相关性的衡量指标,但在形成一种因果问题时必须小心。为了解释这一点,只需分析一项试验。此试验是根据学生在大学里通过考试的次数来记录学生的年龄。毫无疑问,我们会在这两个变量(甚至允许成人学生和儿童天才存在)之间发现高度的统计相关性,但因果方向(如果存在的话)很不清楚。肯定不能说通过考试的次数决定一个学生的年龄,但学生的年龄能决定通过考试的次数吗?显然,后一个假设是成立的,因为如果通过考试,学生就会在此过程中趋于变老。不过,虽然这是一个必要条件,但绝不是充分条件,否则年龄就成了通过考试的惟一要求了。很明显,至少有一个变量在背后对年龄和通过考试的次数产生影响。我们可以认为学生的智商、激励程度、获得学校证书的数量甚至学习年限都应该包括在研究之中。

这些条件表明:虽然统计联系也许能建立起来,但把这种联系转换成一种因果关系所涉及的关键步骤是带有风险的。一种变量不仅影响第二个变量,而第二个变量所产生的数值又会对第一个变量的数值产生二次影响。例如,经常会有这种情况出现:增加投资将导致利润增加,但也有这种情况,这些增加的利润又为进一步投资提供了资金。这种情况称为"反馈",它对于最有经验的分析家也是一个统计"噩梦",因为永远搞不清楚哪个变量在影响另一个。显然,反馈模糊了因果方向。

只要记住这些警告,现在就可以使用导出的二次方程来研究统计分析的经济启示。例如,假设庄稼以每公斤 4 元的价格出售,化肥要以每克 0.2 元的价格购买。从这些参数,我们可以确定以下经济关系:

$$总收益 = (价格) \times (产量) = 4 \times (-0.006\,6x^2 + 0.089\,7x + 0.241\,9)$$

$$总成本 = (化肥成本) \times (化肥施用量) = 0.2x(元)$$

把这个信息加在 MEW12_A2 工作表中,现在应该装入此工作表,它与图 14-6 一样。

	A	B	C	D	E	F	G	H	I	J
1	$y = ax^2 + bx + c$									
2	a	-0.0066		x	6.80					
3	b	0.0897		产量	0.55					
4	c	0.2419		总收益	2.19					
5	每公斤价格	4		总成本	1.36					
6	每克成本	0.2		利润	0.83					

图 14-6

我们的任务将是找到能产生最大利润的化肥施用量,我们开始可能会认为最大利润将产生于最大产量,从散点图来看,这将要求施用大约 6.8 克化肥。

不过,这显然忘记了一点:所得利润不仅取决于产量和从产量得到的收益,而且还取决于达到该产量的成本。换句话说,虽然最大产量将肯定提供最大的收益,但并不存在一个必然的前提 —— 它将产生最大的利润。

因此,我们应该对模型使用规划求解,让目标单元格为 E_6(利润),目标单元格值为最大值,可变单元格为 E_2(化肥施用数量)。在确定了这些设置条件后,可找到最优的化肥施用量为 3.01 克,每片种植作物形成的最大利润为 1.21 元。现在可确认上述内容。

四、Excel 回归路径

尽管趋势线程序对回归分析提供了一个简单的介绍,但提供信息的程度有限,特别是对于拟合数据的方程存在潜在的局限性。因为这个原因,更详细的分析应该使用回归路径,它包含在"工具"、"数据分析"和"回归"选项中。要了解它如何运行,装入包含有化肥例子原始数据的 MEW12_A1 存盘内。现在启动回归路径,将出现如图 14-7 所示的界面。在此必须保证以正确的形式提供原始数据。包含因变量 y 的区域必须输入到上面第一个方框中,包含自变量 x 的范围必须输入到上面第二个方框中,还要选定其他一些选项。最终显示出来的界面应与图 14-8 相同。应该在出现此选项卡后才能进行下面的工作。如果是这样,点击确定。Excel 将按要求把回归结果放在从A16 开始的区域内,显示内容应与图 14-9 相同。

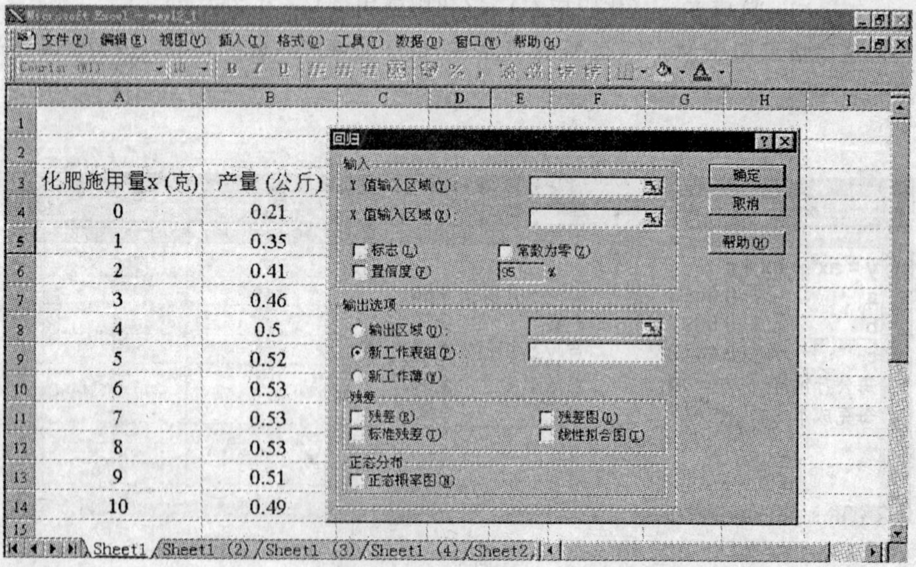

图 14-7

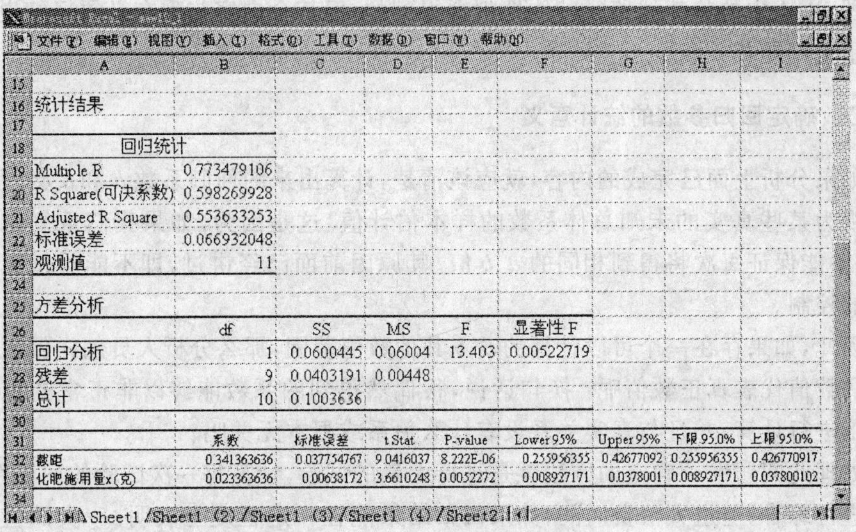

统计结果

回归统计	
Multiple R	0.773479106
R Square(可决系数)	0.598269928
Adjusted R Square	0.553633253
标准误差	0.066932048
观测值	11

方差分析

	df	SS	MS	F	显著性 F
回归分析	1	0.0600445	0.06004	13.403	0.00522719
残差	9	0.0403191	0.00448		
总计	10	0.1003636			

	系数	标准误差	t Stat	P-value	Lower 95%	Upper 95%	下限 95.0%	上限 95.0%
截距	0.341363636	0.037754767	9.0416037	8.222E-06	0.255956355	0.42677092	0.255956355	0.426770917
化肥施用量x(克)	0.023363636	0.00638172	3.6610248	0.0052272	0.008927171	0.0378001	0.008927171	0.037800102

图 14-8

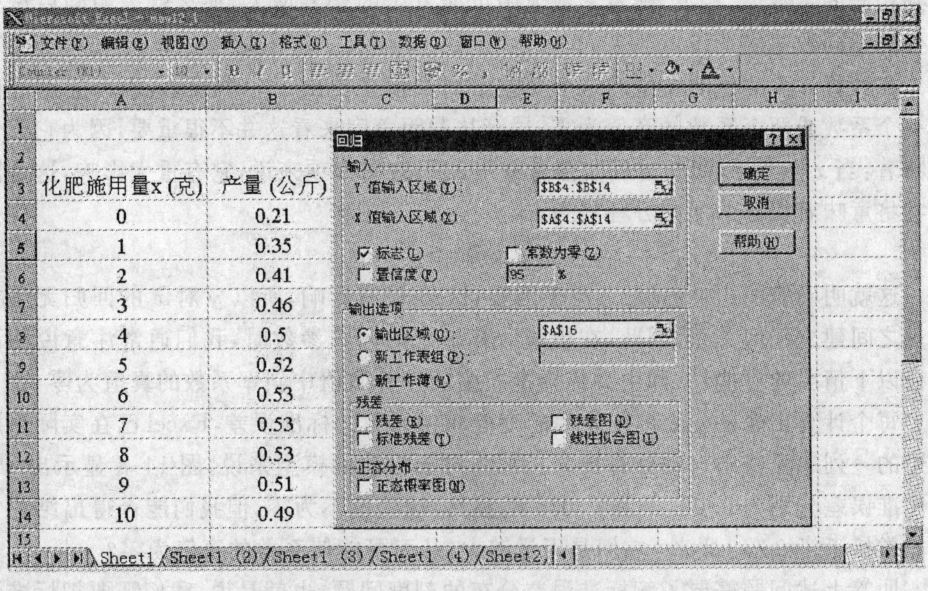

图 14-9

很明显，这里有一些不熟悉的内容和数值，但此刻我们将集中于产出区域底部已经产生的数值上,即32行和33行。B列中的内容是截距(a)和斜率(b)的系数,它们是通过图 14-4 中的趋势线路径的线性拟合得到的,但其余内容与现在必须仔细说明的一个重要问题相关联。

五、确定回归参数的统计意义

如果分析上面已完成的内容,就应该清楚,计算出来的回归系数 a 和 b 必须被正确地视为某些真实的未知总体系数的样本估计值。这是因为,如果我们重复试验多次,并不能保证每次将得到相同的 a、b 值。其原因前面已经讲过,即不能对试验实行完全的控制。

因此,如果存在一个可以计算的 a、b 其他数值范围,那么分析人员怎样保证实际计算的数值代表真正数值呢? 换句话说,很偶然得到的系数能够以非正常的观察值为基础进行计算,并且与真实关系没有什么关系或根本无关吗?

处理此问题惟一确定的方法就是进行大量的试验,计算每一次试验的回归系数,然后进行综合。但这太浪费时间,如果回归结果能在一定程度上表明:一次试验可以产生典型结果,显然这样会更好。为此,我们还要引入另外一些概念。

事实上很明显,计算回归系数要面对样本的变差,这是问题的根源。其原因在于:如果在计算 a、b 的值时存在可能的零变差,那么我们就可以肯定,每次重复试验都将得到相同的系数值。相反,随着参数值中可能发生的变差增大,那么就表明随后试验产生的不同数值的范围就会更大。

在计算 a、b 的值时发生的这个变差给回归模型提出了一个难题,因为它有可能使一个系数或两个系数的真值为零。尽管从截距角度来看这并不很重要,因为它仅仅意味着:当 $x = 0$ 时,回归方程才会有 $y = a$。但对斜率项来说,它有重大影响,这是因为它将意味着拟合的回归方程将为:

$$\hat{y} = a + 0x \Rightarrow y = a$$

这就明确表明:自变量(x)对于因变量(y)没有影响,所以 y 对 x 的回归无法在变量之间建立任何关系。因此,在检验计算出来的回归参数时,我们通常注意说明不存在以下情况的可能性:即由总体样本产生的计算数值中斜率系数的真值为零。

每个计算出来的 a、b 值中发生的变差叫做系数的标准误差,Excel 已在实际系数旁边的一列单元格中自动计算出来。因此,对于目前的模型来说,图 14-8 显示出 a、b 的标准误差分别为 0.037 7 和 0.006 3。显然,这些值不为零,但我们能否得出结论它们非常接近于 0 吗? 此外,它们是否足够大,从而可能使系数的真值为零?

回答上述问题需要了解标准误差分布的刻度问题,也就是说,我们需要把标准误差放在一个相同的刻度上,而不管产生误差的数据的性质是什么。为此,我们按照其标准误差划分每一个计算出来的回归系数,以此创建了一个称做 t 的统计量,这个统计量有一个已知分布,所以我们在任何回归模型中把计算的 t 值赋予一个统一的刻

度。例如,若进行两个回归过程并产生下列结果:

$$\hat{y}_1 = 6 + 0.1x$$
$$\hat{y}_2 = 4\,010 + 200x$$

b 的系数分别为 0.1 和 200,哪一个更接近零呢?答案需要每个系数的标准误差。假设分别为 0.01 和 150,因此 t 值是:$t_1 = 0.1/0.01 = 10$,$t_2 = 200/150 = 1.33$,这说明什么呢?当每个系数被放在相同标准的 t 刻度下,0.1 的数值等同于 10 的数值,而 200 的数值等同于 1.33 的数值,那么很明显,当用相同的 t 来衡量时,200 比 0.1 更接近于零。不过尽管这是一个有效的结论,但它仍然没有回答 1.33 和 10 是否离零足够远,使我们能得出结论真正的回归系数几乎不可能为零。为此,我们还需要知道 t 值是如何分布的。

根据约略规则,若观察次数超过 30,那么所有可能的 t 值中只有 2.5% 将超过 2,同样地 2.5% 会小于 −2。因此,任何计算出来的绝对大于 2 的 t 值代表一个极值,因为 t 的分布以零为中心,因此可把它视为与零差别显著。这样,如果我们研究一下图 14-8 中的回归产量,发现 Excel 已经在 D 列中计算出系数 a、b 的 t 值分别为 9.041 和 3.661。因此,利用约略规则我们可以得出结论:两个系数都显著不为零。但显著性有多大呢?Excel 在旁边 E 列中回答了此问题。在这里它为每一个回归参数计算出一个概率 P 值,它所衡量的是:若事实上真值为零,计算出来的 t 值等于或高于 1 的可能性。因此对于截距来说,当真值事实为零时,计算出来的 t 值为 9.041 或大于 9.041 的可能性是 $8.22E-06 = 8.22/10^6 = 8.22/1\,000\,000 = 0.000\,008\,22 = 0.000\,822\%$。由于这个概率非常小,所以我们认为在一个总体产生的样本回归方程中,真正的截距参数为零的可能性很小。

同样,对于斜率参数来说,当真值事实为零时,计算出来的 t 值为 3.661 或大于 3.661 的可能性是 0.005 27(即 0.527%)。再次说明真正的总体斜率参数为零的可能性极小。

最后,在 F 列和 G 列中,Excel 还为每个回归参数计算出所谓的 95% 置信区间,它表明所有可能系数中的 95% 有可能落在其间的上、下限。因此,所有可能的截距项的 95% 落在 0.255 3 和 0.426 7 之间,而所有可能的斜率参数的 95% 落在 0.008 9 和 0.037 8 之间。关键在于:这两个区域都不包括零,所以这也是确认前面结论的另一种方法:在 (100% − 95%) = 5% 的显著水平上,两个系数都显著不为零。

尽管 Excel 回归路径提供了用以评估拟合回归方程整体有效性的有用信息,但它只适合线性模型。这样就提出了一个问题:如果我们怀疑数据具有明显的非线性性质,如化肥例子,那么应该怎么办呢?

答案就是回到趋势线路径,拟合一种非线性趋势:如多项式、指数等,但正如我们看到的,趋势线没有提供必要的统计值来检验计算出来的回归系数的显著性,而且只能应用于只有一个自变量的简单模型。为此我们要问,是否能对原始数值进行修正,使得回归路径提供的线性拟合仍然可以使用呢？答案是可以的,条件是要对数据进行两种中的某一种对数转换。

第二节 非线性模型回归分析

要了解所涉及的过程,假设 x 和 y 之间不是线性关系,而是

$$y = ax^b$$

显然(因为此方程是一个多项式函数),除非 $b = 1$(此时 $y = ax^b$ 变成 $y = ax$),y 和 x 的关系将不是线性的。在所有其他情况下,y 和 x 之间的关系将为曲线(若 b 超过 1,曲线变得越来越陡;若 b 小于 1,曲线变得越来越平缓)。这显然是一种非线性形态,除了 $b = 1$ 的特殊情况。

如果我们对方程两边进行一种对数转换,那么将得到

$$\log y = \log a + b(\log x)$$

乍一看,这个转换过程的影响可能不明显,但仔细观察此表达式应该发现这是一个标准的线性方程,此时只要把变量看成是 $\log y$ 和 $\log x$,而不是 y 和 x；把截距视为 $\log a$,而不是 a 即可。也就是说,这条直线的截距是 $\log a$,斜率是 b(与前相同),变量是 $\log y$ 和 $\log x$。

我们现在需要做的就是让 Excel 完成对经过对数转换的变量而不是原先的 y 和 x 值进行回归分析。为此,装入 MEW12_A3 文件,它含有熟悉的产量与化肥施用量数据,此时进行下列补充：

在 C3 和 D3 中增加标识：

$\log x$ 和 $\log y$。

在 C4 和 D4 中,输入公式：

$$\log(A4) = \log(B4)$$

然后复制到 C5:D14 中,C 列和 D 列此时包含自变量($\log x$)和因变量($\log y$)。

现在发现 C4 中出现一个问题($\sharp$ NUM!),我们在 C4 中要求 Excel 计算 $\log 0$ 的值。从数学上来讲,这是不能确定的。为此必须消除包含 x 的零值的那一行(4 行)。确定删除此行：选定 4 行,选择"编辑"、"删除"、"整行"、"确定"。完成这些之后,应该使回归路径界面与图 14-10 相同。对数回归方程为：

$$\log y = -0.429\,58 + 0.167\,8(\log x)$$

这是假设多项式表达式的线性板,后一项可以确定：因为 $\log a = 0.429\,58$,得到

$$a = 10^{-0.429\,58} = 0.371\,8$$

另外,由于 b 不是对数形式,所以很容易确认内含的多项式表达式为：

$$\hat{y} = 0.371\,8x^{0.167\,8}$$

正如所见,R^2 的值从最初假定线性方程的 0.598 3 增加到对数方程(代表假定的

多项式函数）的 0.810 79。而且，每个回归系数都显著不为零，显著性低于 0.1%。

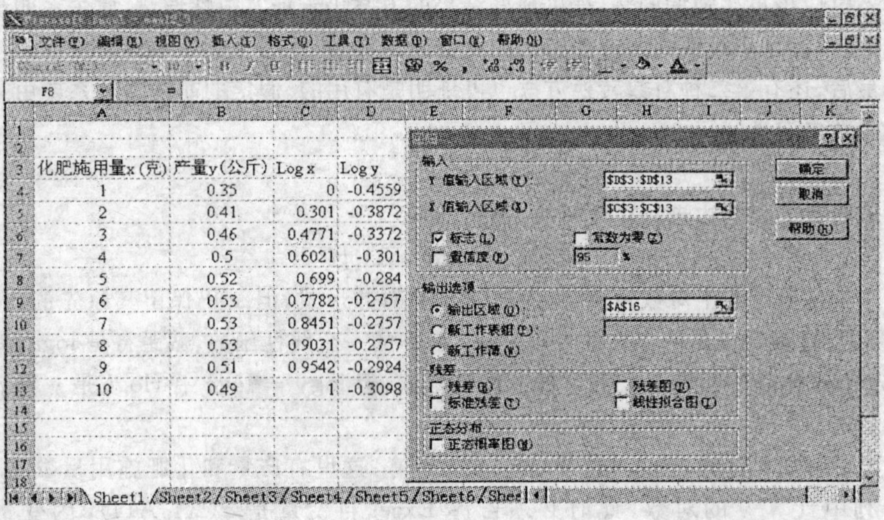

图 14-10

不过还应该指出，计算出来的 R^2 不如图 14-5 从二项趋势得到的那么高。我们据此可得出结论：由于 R^2 接近 1，所以多项式函数对数据的拟合好于简单的线性函数（见图 14-11）。

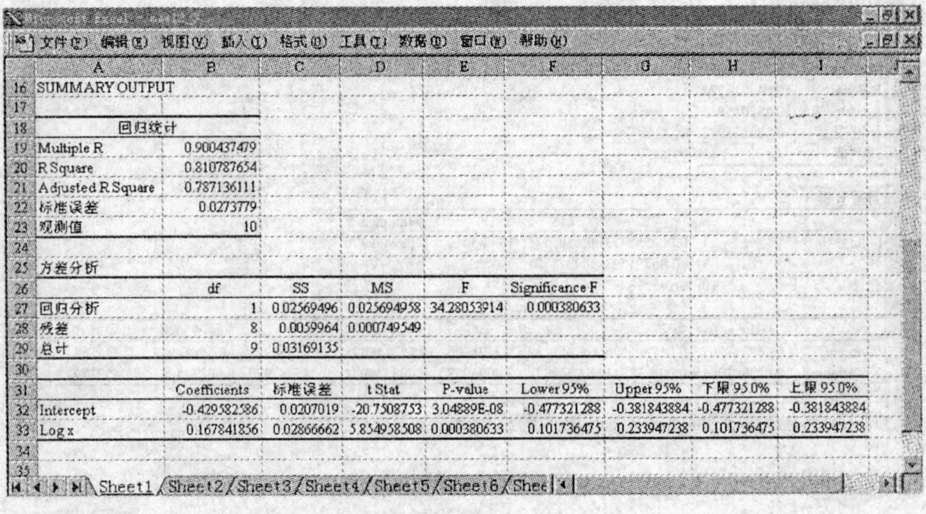

图 14-11

上述讨论的结果明显表明，就此特定数据而言，多项式方程 $\hat{y}=0.3718x^{0.1678}$ 要比简单线性方程 $\hat{y}=0.34136+0.02336x$ 提供了对原始数据的更好拟合。

不过应该再次强调的是，提供最好结果的方案仍未证实线性假设。此关系明显为曲线，但我们是用线性回归方法得出的此曲线的参数，这完全归于双对数转换。

最后，还有第二种对数转换方法也可证明是有用的。假定的非线性关系要由一个指数函数来定义：

$$y = ab^x$$

若对此方程两边进行对数转换，得到

$$\log y = \log a + x\log b$$

这就是所谓的半对数转换，因为尽管 y 是对数形式，但 x 仍保留其原先的（非对数）形式。转换后仍是一个线性方程，$\log y$ 是 x 的一个线性函数，截距将是 $\log a$，斜率为 $\log b$，这样，$y=ab^x$ 是 y 和 x 的非线性形式，但 $\log y=\log a+x\log b$ 是 y 和 x 的线性形式。

要了解如何计算，装入 MEW12_A4 工作簿，这里有产量和化肥施用量数据，并在 C 列中计算 y 的对数。此时必须告诉 Excel 自变量是 x(A4:A14)，因变量是 $\log y$(C4:C14)（注意在此转换时不会出现取 0 的对数的问题）。这将使用经半对数转换的数据作为回归的基础。

这些设置条件完成后，启动回归路径，结果应与图 14-12 相同。

	A	B	C	D	E	F	G	H	I
1	SUMMARY OUTPUT								
2									
3	回归统计								
4	Multiple R	0.736759338							
5	R Square	0.542814322							
6	Adjusted R2	0.492015913							
7	标准误差	0.086823972							
8	观测值	11							
9									
10	方差分析								
11		df	SS	MS	F	Significance F			
12	回归分析	1	0.080552773	0.0805528	10.685656	0.009699876			
13	残差	9	0.06784562	0.0075384					
14	总计	10	0.148398393						
15									
16		Coefficients	标准误差	t Stat	P-value	Lower 95%	Upper 95%	下限 95.0%	上限 95.0%
17	Intercept	-0.487359907	0.048975326	-9.951132	3.727E-06	-0.598149875	-0.37656994	-0.59814987	-0.37656994
18	X Variable 1	0.027061004	0.008278341	3.2688922	0.0096999	0.008334081	0.045787927	0.008334081	0.045787927

Sheet17 / Sheet1 / Sheet2 / Sheet3 / Sheet4 / Sheet5 / She

图 14-12

这就等同于 $y=ab^x$，要记住：

$$a = 10^{\log a} = 10^{-0.487\,36} = 0.328\,6$$
$$b = 10^{\log b} = 10^{0.027\,06} = 1.064$$

因此,对于半对数转换,我们有:

$$\hat{y} = 0.328\,6(1.064^x)$$

这个新的回归结果表明 R^2 降为 $0.542\,8$,因此,与双对数转换相比(甚至与简单的线性模型相比),半对数转换并未提高相关性的强度。

因此,我们可以得出结论:对于这个数据集,最佳的拟合方程若按 R^2 下降的顺序排列,应是二次多项式、一次多项式、线性,然后才是指数,而且,其中只有二次方程允许投入要素饱合后出现产量下降的情况。

上面的分析完全可以说明,有不同的方法能对原始数据进行转换,从而仍可使用线性回归模型。但如果上面介绍的方法没有一个是满意的,那么就只能承认简单的线性模型无法对观察数据建立模型。最明显的原因之一就是因变量并不取决于一个自变量,而是取决于两个或多个自变量之间的相互作用,这就使被称为多元回归的方法变得十分重要。

第三节 多 元 回 归

多元回归的基础在于不是假定一个简单模型的形式为:

$$y = f(x)$$

而是定义一个更为扩大模型,一般形式为:

$$y = f(x_1, x_2, \cdots, x_n)$$

式中的 $x_1, x_2, \cdots, x_n$ 代表 n 个不同的自变量。如果假定为线性,那么我们对此例建立一个多元回归模型,可具体写成:

$$\hat{y} = b_0 + b_1 x_1 + b_2 x_2 + b_3 x_3 + \cdots + b_n x_n$$

式中多元回归模型的系数 $(b_0, b_1, b_2, \cdots, b_n)$ 就是未知总体参数 $(\beta_0, \beta_1, \beta_2, \cdots, \beta_n)$ 的样本估计值,可解释如下:

b_0 项等同于简单模型中的截距 (a),因此当所有的自变量都取零值时,它会给出因变量的估计值,如同简单模型中所说明的,在一定环境下,对此数值可能没有明确的经济解释。

从 b_1 到 b_n 系数都被视为偏斜率系数,即若自变量 2 到 n 都不变,b_1 的值给出了由第一个自变量的一个单位变化所引起的因变量的数值变化。例如,若

$$\hat{y} = 65.2 + 0.45 x_1 + 0.8 x_2 - 0.1 x_3$$

那么,如果 x_2 和 x_3 保持不变,x_1 的数值增加一个单位将导致 $\hat{y}$ 增加 0.45 个单位。同样,如果 x_1 和 x_2 保持不变,那么 x_3 的数值增加一个单位将造成 $\hat{y}$ 下降 0.1 个单位(因为 b_3 系数为负值)。

由此可见,多元回归的任务就是得到 $b_0, b_1, b_2, \cdots, b_n$ 的最佳拟合估计值(回归模型的未知总体参数),这些估计值是由 $b_0, b_1, b_2, \cdots, b_n$ 提供的(样本回归参数)。

与简单情况一样,我们需要检测从 b_0 到 b_n 每个系数在一系列假设条件下(每个总体系数事实上为零)的显著性。从这个意义上讲,多元回归只不过就是在建立和检测一个简单线性回归模型所使用原则的逻辑扩展。不过,从一个自变量变为多个自变量会产生一些在简单模型中遇不到的潜在困难,最重要的是自变量本身之间的关系。特别是多元回归技术的集成要求每一个自变量都在很大程度上独立于其他变量。

为理解这一点,再次分析产量-化肥施用量模型,它所得到的线性拟合结果不是特别好($R^2 = 0.598\ 27$)。因此,假设研究人员决定增加第二个自变量,以求改进对此关系的拟合程度。还假设这个新的自变量就是以公斤为衡量单位的第一个自变量(化肥施用量的克数)。

显然,x_1 和 x_2 一定是相互完全线性相乘的关系($x_2 = x_1/1\ 000$),所以在模型中增加 x_2 并没有增加新的信息。因此,模型的解释能力并没有因为在分析中加进 x_2 而增加。y 对 x_1 和 x_2 的线性多元回归仍可进行,并且(有时)会产生 b_0, b_1 和 b_2 的数值。

应该很清楚,作为区别两个自变量相对影响的一种方法,结果会令人很不满意。从多元回归方法可能会得到 b_1 和 b_2 的系数数值,但 b_1 和 b_2 的数值完全是随意的,因此,没有充分理由表明某种具体的数值组合优于其他组合。由自变量高度相关的特点使多元回归方法产生的问题叫做多重共线性,若不对一般回归模型进行重新规定,常常很难消除这个问题。这就是要仔细地选择不同的自变量,分析假定关系数学形式的可能特点。

在此需要再次强调的是,仅仅是因变量和自变量之间的统计相关性常常很难以逻辑方式来说明。这是因为在回归分析中会遇到一系列的困难。统计相关性本身并不一定表明自变量与因变量两者之间的因果关系。也就是说,一个因变量与一个自变量密切相关,这个事实并不总能扩展为一种逻辑结论:是自变量的数值造成了因变量的某个数值。

例如,统计学中有一个著名的笑话,是说一位瑞典统计学家怎样力求在瑞典人的年出生率和每年迁徙到瑞典的白鹤(传说此鸟可带来婴儿)数量之间得到一个完全相关的结论。那么迁徙到瑞典的白鹤确实能给瑞典人带来婴儿吗?形成这个著名的但又明显值得怀疑的相关性的原因(可能)是偶然性,但在其他更重大的应用中,要从专业的胡说八道和偶然性中排除高度的相关性可能更为困难。

例如,在两个变量之间存在逻辑理由认为两者是高度相关的,很可能是追踪分析人员未能在模型中包含第三个变量。因此,我们几乎可以肯定发现在访问旅行社的客户数量与休假支出之间存在高度的相关性。但其中哪一个变量导致另一个变量呢?我们访问旅行社是因为打算把钱用于休假,还是我们决定把钱花在假日是因为我们访问了旅行社？两者都是看似合理的假设，但我们还是会怀疑访问旅行社和休假支出都可能与某些其他变量有联系，如家庭平均可支配收入。这更可能是真正的原因变量，根据事实都与其他因素有联系：如果你继续度假，就会去旅行社，如果你去旅行社，通常就会去度假。

另外，即使可观察到的高度相关性真正反映出一种因果关系，那么因果关系的方向可能很不清楚。例如，是广告支出导致销售量提高，还是高销售量可提供更多的资金用于广告，导致更高水平的广告，还是存在双向的因果关系？这些难题不太容易回答，一般建议就是回归模型总应该反映某些逻辑上"居先"的原因，因而期望在具体变量之间存在一种关系。另外，还有一些问题会造成多元回归而不是简单回归问题中更高的显著性，在分析这些问题之前，有必要研究一些多元回归的结果，搞清一些词汇。

一、多元回归路径

在进行以下讨论之前，装入 MEW12_A5 文件，里面有分析一个简单需求估计模型将要使用的销售量，销售支出和价格数据，形式为：单位销售量 $= b_0 + b_1$（销售支出）$+ b_2$（价格）。

从"数据分析"中进入"回归"，出现与图 14-13 一样的对话框。点击确定后，回归结果应与图 14-14 相同。

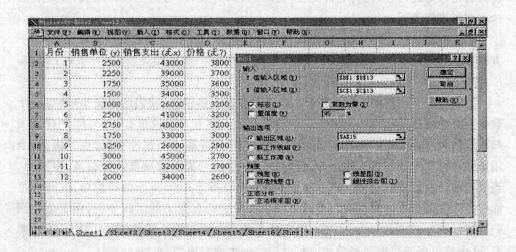

图 14-13

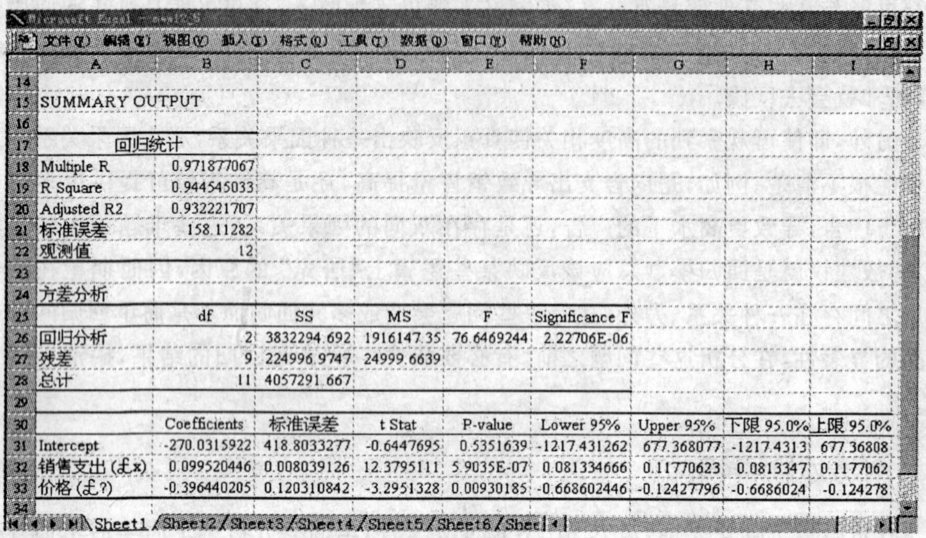

	A	B	C	D	E	F	G	H	I
14									
15	SUMMARY OUTPUT								
16									
17	回归统计								
18	Multiple R	0.971877067							
19	R Square	0.944545033							
20	Adjusted R2	0.932221707							
21	标准误差	158.11282							
22	观测值	12							
23									
24	方差分析								
25		df	SS	MS	F	Significance F			
26	回归分析	2	3832294.692	1916147.35	76.6469244	2.22706E-06			
27	残差	9	224996.9747	24999.6639					
28	总计	11	4057291.667						
29									
30		Coefficients	标准误差	t Stat	P-value	Lower 95%	Upper 95%	下限 95.0%	上限 95.0%
31	Intercept	-270.0315922	418.8033277	-0.6447695	0.5351639	-1217.431262	677.368077	-1217.4313	677.36808
32	销售支出 (£x)	0.099520446	0.008039126	12.3795111	5.9035E-07	0.081334666	0.11770623	0.0813347	0.1177062
33	价格 (£?)	-0.396440205	0.120310842	-3.2951328	0.00930185	-0.668602446	-0.12427796	-0.6686024	-0.124278
34									

图 14-14

正如以上所述，除了此时有三行单元格包含现已计算出来的三个回归系数估计的值，输出结果的结构与简单回归情况得到的结果非常相似。输出结果中还有一些被前面讨论忽略的内容，因为它们完全与多元回归有关，而与简单回归无关。在此将对这些内容进行说明。

从输出结果的上部开始，我们看到常被称为多元相关系数的乘数 R 就是 R^2 的平方根，这样，对此模型来说，$R^2=0.944\ 5$，所以乘数 R（多元相关系数）$=0.971\ 87$，即 R^2 的平方根。

下一行是经调整的 $R^2=0.932\ 2$，它需要进一步说明。我们已经提出，当每一个数据点都准确地落在直线上时，R^2 的值为 100%。尽管可以说带有 100%R^2 的任意回归模型作为一种说明手段都证明是高度可靠的，但并非总是这种情况。也是因为：当用于估计模型系数的样本过小时，任何回归方程的可决系数就被人为抬高。事实上，当模型估计系数的数量等于观察值数量时，R^2 总等于 100%，原因很简单，此时有可能把每个数据点正好放在回归平面上。因此，要进行有意义的回归分析，用于估计回归方程的样本必须足够大，才能准确反映出整个总体的重要特点。在实践中一般需要有 30 个或更多的数据观察值才能足以拟合一个回归模型。

例如，要计算截距项，至少需要两个观察值；要计算一个截距项加上一个斜率项，至少要有三个观察值，等等。经调整的 R^2 考虑到这些因素，因此应该是所有分析报告中引用的数值。对于目前的模型来说，经调整的 $R^2=0.932\ 2$，表示因变量变差中的

93.22％ 已被自变量采用数值的相互影响所解释。

　　输出结果的下一列是(估计值的)标准误差,这是一个衡量指标,衡量的是实际观察值 y 背离拟合回归方程预测值的程度。因此,若 $R^2 = 100％$,表示每一个 y 观察值都与拟合方程预测值相同,那么(估计值的)标准误差为零。但随着 R^2 从其最大值下降,标准误差也将增大。

　　在输出结果的下一部分中会看到标题 ANOVA,这是变差分析的缩写,也是本书没有详细介绍的一种统计方法,但要说明此输出结果的性质而无须深入讨论 ANOVA 技术也很容易。

　　要回忆的第一件事就是简单的和多元的回归技术都要使用 t 统计值来确定单个回归参数的显著性。因此,有可能出现这种情况:截距项和四个偏斜率参数中的两个都在所要求的显著性水平上显著不为零。这就立即产生一个问题:此回归方程作为一个整体显著性能否视为与上面两个参数不具备上述条件时相同?

　　ANOVA 技术有一个称为 F 的统计值,它能提供证明因变量中总变差的统计显著性是否已被说明。因此,对于目前的例子来说,$R^2 = 0.9445, n = 12, k = 3$,就有 $F = 76.65$。F 统计值用来表明因变量变差中的显著部分是否已被回归模型所解释。实际被检验的假设就是因变量与包含在模型中的所有自变量在统计上无关。如果这个假设没有被排除,那么模型中被解释的总变差就会很小,极端的情况是若 $R^2 = 0$,那么 F 统计值也会如此,回归方程完全没有解释因变量中的变差。

　　随着 F 统计值从零逐渐增加,因变量与一个或多个回归自变量在统计上不相关的假设就变得更容易被排除。在某些点上,F 统计值大到足以排除自变量假设,就能保证得出结论:模型中至少有一些自变量在解释因变量的变差中是重要因素。因此,计算出来的模型的 F 统计值(此例中为 76.65)一定要与可能出现的 F 值的分布相比较,才能决定计算出来的数值相对于可被计算的 F 值区域是大还是小。

　　幸运的是,不用查阅 F 表,F26 单元格中的数值给出一个概率值与计算出来的(相等或超过的)F 值一样高。这样,在本例中,事实上若回归模型自变量的共同作用没有说明自变量中的任何变差,那么获得这么大的 F 值的可能性小于 0.000 002 227。

　　最后,再移到从 A30 单元格开始的输出结果,我们看到两个偏斜率系数在至少 10％ 的显著水平上都显著不为零。但截距项并非显著不为零。实际上这不存在问题,因为一个具有高度显著性的截距项将表明,对因变量变差的大部分解释要表现为一个与自变量数值不相关的系数。因此,一个并非显著不为零的截距项仅仅表明存在一种很高的可能性:当所有的自变量为零值时,因变量也是如此。

二、多重共线性问题

　　前面的讨论已经指出,任意两个或多个自变量之间的高度线性相关会使多元回归方法难以区别每个高度相关的自变量对 $\hat{y}$ 值的相对影响。还指出这种高度或完全相关的自变量现象称做多重共线性。

　　我们再次分析一下产量－化肥施用量的例子,因为它可以作为由多重共线性产生问题的一个例子。

　　在此例子中,假设作物只施用一种化肥。显然,不同种类的作物对不同种类的化肥(氮肥、磷肥、钾肥或混合肥)有不同的反应。因此,假设决定给每种作物同时使用相同数量的(x_1 或 x_2)的两种化肥(A 和 B),然后把产量记录下来。这就明确表明自变量在数字上是相同的,但它们对作物产量的作用不一定相同。这就提出了一个问题:当在相同的时间以相同数量施用 A、B 两种化肥时,回归程序如何区分 3 克 A 和 3 克 B 的作用。

　　要得到这个由多重共线性造成的问题的生动说明,装入 MEW12_A6 文件,我们在这里把产量视为相同数量的两种化肥的一个函数。在此形成的条件下,每种化肥的施用量是相同的。

　　现在启动回归路径,把 A3：A14 区域作为因变量,把 B3：C14 区域作为自变量。还要选定标识框选项,要求把产量送到 A16 单元格中。最后将出现一条错误信息,说 LINEST() 函数发生错误。

　　简单地讲,Excel 回归路径完全知道这两个自变量是相同的,因此是完全相关的,把这两个变量都包括在模型之中没有用,只能满足这一个或另一个。但此路径并非十分完美,因为它不是使 B 列和 C 列的数值相同,而是使其各自形成一个不变的乘数,MEW12_6A 文件中就是这样做的,此刻应把它装入。

　　很明显,我们在此所做的就是用公斤而不是用克来衡量 B 的施用量。回忆一下前面有关多重共线性的讨论,它的一个来源就是相同的变量有可能用不同单位来衡量。

　　现在再次用与前例相同的设置条件运行回归路径,会发现原先的错误信息不再出现。不过,回归结果应表明变量 B 的公斤系数是零,两个变量的系数的大数值都变成了 ♯NUM,或者显示出来的数确实非常大。

　　这就是由多重共线性产生的问题的实质。多元回归方法仍然可以估计(一些)回归参数,但不能把一种完全相关的自变量的相对影响从其他自变量中区分出来。因此在这个极端例子中,此路径决定变量 B 的公斤估计参数为零,因而对因变量没有影响。不过,如果两个自变量进行列交换,那么对变量 A 的克估计也会有一个零系数。

　　回到要把两种不同化肥的作用分开的问题上。一种方法是重新规定模型,使我们得到每种化肥的一个施用量范围。因此,我们应该施用 0,1,2,3,…,10 克 A 化肥和 0 克 B 化肥,记录产量;然后施用 0,1,2,3,…,10 克 A 化肥和 1 克 B 化肥,再记录这一系列组合施用量所形成的产量。这个过程要一直持续到施用到 10 克 A 化肥和 10 克 B 化肥,记录下每一种中间的产量为止。

　　上述作法使我们有了 $11 \times 11 = 121$ 个观察值,每一个都是从 0～10 克 A 化肥与 0,1,2,3,…,10 克 B 化肥的一种组合。现在假设执行上述程序,结果装入在

MEW12_A7 文件中,现在装入此工作表,然后运行回归路径,用 C1:C122 区域作为因变量(产量),用 A1:B122 区域作为自变量(A 化肥和 B 化肥的克数),然后把产量放在从 D1 开始的区域内。形成的结果应该与图 14-15 相同。

统计结果

回归统计	
复相关系数 R	0.93325977
R 平方	0.87097379
经调整的 R 平方	0.86878691
标准误差	0.05383366
观测值	121

方差分析

	df	SS	MS	F	显著性 F
回归分析	2	2.308431541	1.154216	398.2714	3.39E-53
残差	118	0.341971451	0.002898		
总计	120	2.650402992			

	系数	标准误差	t 统计值	P-值	下限 95%	上限 95%
截距	0.26348347	0.011987727	21.97943	1.57E-43	0.239744533	0.28722241
销售支出 (x元)	0.04256033	0.001547609	27.5007	3.80E-53	0.039495647	0.04562501
价格 (元)	0.00981901	0.001547609	6.344631	4.28E-09	0.006754325	0.01288369

图 14-15

正如所见,两个自变量的系数已被确定,而且明显不为零。我们还有比只施用一种化肥简单模型更高的 R^2(0.870 9 > 0.598 27),形成这种情况的部分原因是增加了另一个自变量(不管其解释能力的真正重要性如何),但还会有其他原因。

回忆一下在简单模型中,在产量与 A 化肥施用量之间存在的明显的非线性性质归结为最终的施用过量。此时从我们刚建立的模型中观察到,如果更高的 R^2 值可证明,这种过度施用的作用似乎已被消除,或至少被减弱。为什么是这种情况呢?

一种答案可以用协同现象来说明,此概念认为,每种化肥若按过量施用的话,化肥本身最终将会毒害作物。但若同时施用,它们都会对另一种过度施用的化肥有减缓作用。几乎可以肯定的是:若两种化肥都施用过多,那么这种毒害作用最终将会重现。不过,在我们目前分析的施用量水平以上,综合施用两种化肥的效果就是使所有高施用量水平上的产量比不这样做(即只有一种或另一种化肥的施用量处于高水平)更高。

当然,是施用两种化肥还是只施用一种化肥(这种或另一种),这个问题具有经济意义。每一种化肥对种植者来说都有成本,根据这些成本,为了避免过多施用而必须两种都高水平施用可能会比简单地低水平施用一种化肥更昂贵。协同效应在企业和经济学的一系列领域中效果都很明显。例如,对高技术设备的投资与对员工培训的投资本身最终会出现报酬递减的现象(员工培训不足,不能操作设备或设备不足,不能充分地利用受过培训的员工)。可是放在一起,两种投资产生的高水平生产率的作用常常是协同性的,其本质就是"部分之和大于整体"。

作为最后一点考虑是要记住:由于产量-化肥施用量模型的可控性质,我们能够设计一种方法,它既能包括两个变量,又可避免多重共线性问题。不过在实际的经营活动中,实施这种控制的能力是很少存在的。有关通货膨胀率、家庭支出、汇率或房屋价格的数据都"是独立存在的",分析人员大多必须把它们视为既定的。这就产生了在实际中如何避免回归模型中的多重共线性问题,因为根据要衡量变量的自身性质,很多自变量必须是高度相关的。例如,所有支出类型的数据都要用价格来评估在购买量上的支出量,这就意味着这些数据将与某种通货膨胀指标高度相关。因此,如果零售价格指数或一个家庭名义支出指数都作为自变量被包括在一个回归模型之中,那么几乎可以肯定多重共线性会以某种形式存在。

处理多重共线性的一种实际方法就是平减自变量或对其进行转换。例如要从收入水平提高对某一具体商品需求水平的影响中找出价格水平上升的影响,必须要把名义数据转换成经过通货膨胀率调整的实际数据。其方法就是把名义数据除以选定的通胀指数(实际价格指数、消费价格指数等)。

另一种方法,如果认为年龄和经验构成了员工的生产率,就可以按某种方式把这两个变量放在一起,从而形成一种员工的年龄和经验"变量"。

作为另一种方法,有时会建议从回归模型中除去一种相关自变量以外的全部变量,但即便如此,余下变量形成的参数估计值最终还是不仅反映出它的直接影响,也反映出其他被排除变量的影响。因此,回归模型仍然不能确定相关变量的各自影响。

三、案例问题:估计一个柯布-道格拉斯生产函数

再次分析在图 14-15 中拟合出来的线性多元回归模型,显然这是一个典型的生产函数,因为它把产出(产量)与两种投入要素(两种化肥的施用量)联系起来,同样很明显,它是一个线性模型。回忆参考生产函数一章有关柯布-道格拉斯生产函数的讨论,它是一个非线性关系:

$$Q = AK^aL^b$$

假设现在把两种化肥的施用量看成变量 A 和变量 B(而不是 K 和 L),产量为 Q,假设要根据原始数据估计出最佳的柯布-道格拉斯生产函数,其形式为:

$$Q = CA^aB^b$$

式中的 C、a 和 b 是模型的参数。

因为这是一个有两个自变量的多项式函数,而且因为 Excel 回归路径适合线性方程,所以我们必须用对数形式来分析此函数:

$$\log Q = \log C + a\log A + b\log B$$

显然，必须把每一个变量转变为它们的对数形式，MEW12_A8 文件中已经完成此任务，所以现在应该把它装入。要注意我们已经除去了所有对变量 A 和 B 的零值观察值，以防止出现“#NUM!”的情况，这是减少可使用观察值数量的结果。

如果我们现在进行 $\log Q$ 对 $\log A$ 和 $\log B$ 的回归，那么把结果放在从 G1 开始的区域内，就会得到图 14-16 显示的结果。

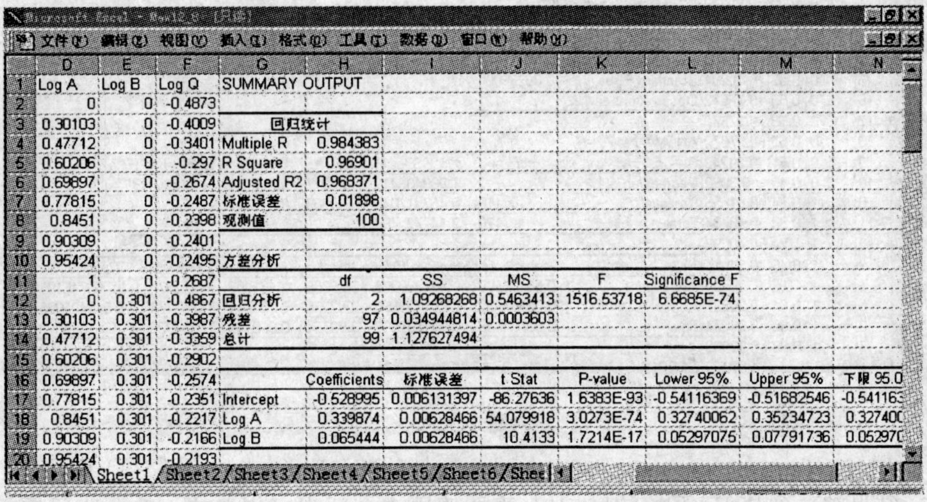

	D	E	F	G	H	I	J	K	L	M	N
1	Log A	Log B	Log Q	SUMMARY OUTPUT							
2	0	0	-0.4873								
3	0.30103	0	-0.4009	回归统计							
4	0.47712	0	-0.3401	Multiple R	0.984383						
5	0.60206	0	-0.297	R Square	0.96901						
6	0.69897	0	-0.2674	Adjusted R2	0.968371						
7	0.77815	0	-0.2487	标准误差	0.01898						
8	0.8451	0	-0.2398	观测值	100						
9	0.90309	0	-0.2401								
10	0.95424	0	-0.2495	方差分析							
11	1	0	-0.2687		df	SS	MS	F	Significance F		
12	0	0.301	-0.4867	回归分析	2	1.09268268	0.5463413	1516.53718	6.6685E-74		
13	0.30103	0.301	-0.3987	残差	97	0.034944814	0.0003603				
14	0.47712	0.301	-0.3359	总计	99	1.127627494					
15	0.60206	0.301	-0.2902								
16	0.69897	0.301	-0.2574		Coefficients	标准误差	t Stat	P-value	Lower 95%	Upper 95%	下限 95.0
17	0.77815	0.301	-0.2351	Intercept	-0.528995	0.006131397	-86.27636	1.6383E-93	-0.54116369	-0.51682546	-0.541163
18	0.8451	0.301	-0.2217	Log A	0.339874	0.00628466	54.079918	3.0273E-74	0.32740062	0.35234723	0.327400
19	0.90309	0.301	-0.2166	Log B	0.065444	0.00628466	10.4133	1.7214E-17	0.05297075	0.07791736	0.052970
20	0.95424	0.301	-0.2193								

图 14-16

发现的第一件事是：与图 14-15 显示的线性模型相比，经调整的 R^2 值明显增加。另外，在线性情况下，所有的回归系数都显著不为零。因此可以认为发现了一个看起来稳固的模型，用代数形式它可定义为：

$$\log Q = -0.528\,9 + 0.339\,8\log A + 0.065\,4\log B$$

要转换到熟悉的柯布－道格拉斯形式也很容易，可重写成以下表达式：

$$Q = 10^{-0.528\,9}A^{0.339\,8}B^{0.065\,4} = 0.298\,8A^{0.339\,8}B^{0.065\,4}$$

我们注意到，如果变量 A 或 B 的值为零，那么产量也为零，这正是柯布－道格拉斯生产函数产生的结果。不过，尽管这可能是在各种不同经济环境中可望出现的情况，但在此例中，我们可以认为，虽然它的拟合很好，但柯布－道格拉斯形式可能不是完全恰当的。这是因为，我们在进行双对数转换时已经排除掉的 A 和／或 B 的零值与零值产量没有关联。也就是说，一种正值数量的投入要素与另一种零值数量的投入要素相结合将会生产一定产量。因此，我们应该研究一次（即只有因变量）对数转换能否解决此困难。

我们可以按图 14-17 去做，它可以从 MEW12_A9 文件中装入。在此例中，变量 A

和 B 的零值并未被删除，进行的回归是以 D1:D122 区域为因变量($\log Q$)，以 A1:B122 区域为自变量(A 和 B)。

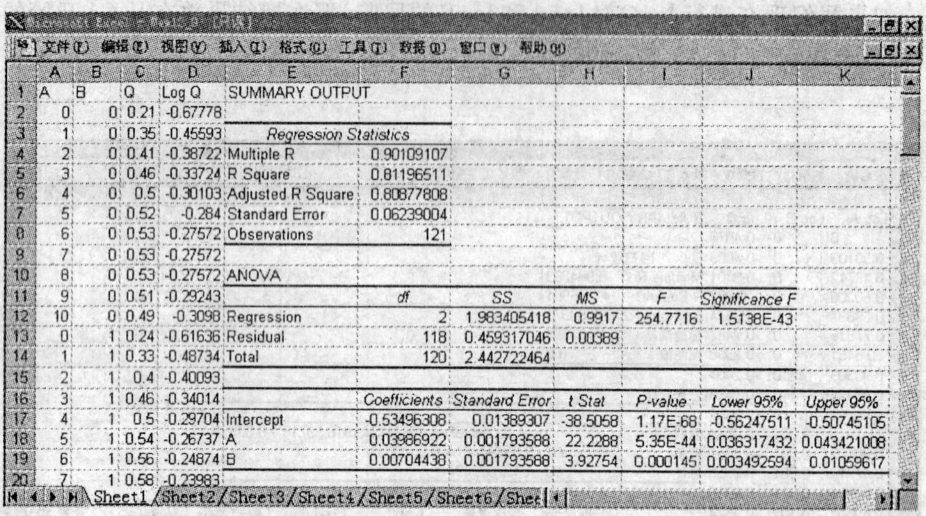

	A	B	C	D	E	F	G	H	I	J	K
1	A	B	Q	Log Q	SUMMARY OUTPUT						
2	0	0	0.21	-0.67778							
3	1	0	0.35	-0.45593	*Regression Statistics*						
4	2	0	0.41	-0.38722	Multiple R	0.90109107					
5	3	0	0.46	-0.33724	R Square	0.81196511					
6	4	0	0.5	-0.30103	Adjusted R Square	0.80877808					
7	5	0	0.52	-0.284	Standard Error	0.06239004					
8	6	0	0.53	-0.27572	Observations	121					
9	7	0	0.53	-0.27572							
10	8	0	0.53	-0.27572	ANOVA						
11	9	0	0.51	-0.29243		*df*	*SS*	*MS*	*F*	*Significance F*	
12	10	0	0.49	-0.3098	Regression	2	1.983405418	0.9917	254.7716	1.5138E-43	
13	0	1	0.24	-0.61636	Residual	118	0.459317046	0.00389			
14	1	1	0.33	-0.48734	Total	120	2.442722464				
15	2	1	0.4	-0.40093							
16	3	1	0.46	-0.34014		*Coefficients*	*Standard Error*	*t Stat*	*P-value*	*Lower 95%*	*Upper 95%*
17	4	1	0.5	-0.29704	Intercept	-0.53496308	0.01389307	-38.5058	1.17E-68	-0.56247511	-0.50745105
18	5	1	0.54	-0.26737	A	0.03986922	0.001793588	22.2288	5.35E-44	0.036317432	0.043421008
19	6	1	0.56	-0.24874	B	0.00704438	0.001793588	3.92754	0.000145	0.003492594	0.01059617
20	7	1	0.58	-0.23983							

图 14-17

结果被放到从 E1 开始的区域内，表明使用这个新规定创造的一个两难问题，这是因为经调整的 R^2 与双对数模型相比明显地下降了($0.809 < 0.968$)，这意味着我们得到的结果对数据拟合不好，但此模型的确是按我们要求的方式去做的，即变量 A 或 B 为零时，产量不为零。此拟合模型可准确地写为：

$$\log Q = \log C + \log a\, A + \log b\, B = -0.5349 + 0.0399A + 0.007B,$$

这是一个指数模型，可重写为：

$$Q = 10^{-0.5349} \times 10^{0.0399A} \times 10^{0.007B} = 0.2914 \times 1.096^{A} \times 1.016^{B}$$

由此可见，若变量 A 和 B 都为零，那么 $Q = 0.2917$(因为我们知道任何底的零次幂为 1)。

结论是：若需要把模型中的因变量估计为非零值(此时自变量都为零)，同时模型为非线性，那么应采取半对数转换而不应该采取双对数转换。

复习思考题

1. 从配套光盘中装入 MEW12_A10 文件，其中的数据是一家大公司进行的下列市场研究结果。该公司的整个市场区域被分为 40 个人口相等的市场地区，每个市场地区确定相同的产品价格，每个市场地区中的每周广告支出数(x 元) 按 B 列中数字确定,每个市场地区中的每周销售量记录在 C 列中。

请解答:

(1) 应用线性回归估计出一个线性方程,说明销售量(y) 如何随广告支出水平(x) 变化。

(2) 评估此拟合方程的有效性。

(3) 如果产品按 100 元的价格出售,单位生产成本为 70 元,根据广告支出(x) 对该公司的每周利润估计出一个线性方程。

2. 装入 MEW12_A11 文件,其中的数据是某种商品在 35 个地区市场中的销售量、索取的价格、广告支出量和该地区市场中的家庭收入指数。

请解答:

(1) 用价格、广告支出和家庭收入对销售量建立一个多元回归模型。

(2) 对得到的结果提供一个简单的解释。

3. 装入 MEW12_A12 文件,其中的数据是某一小厂商的总生产成本和产量之间的关系。请你确定一个三次多元回归模型的方程,使之能对总成本和产量之间关系的数据提供最佳拟合,并对回归系数的显著性加以评论。

主要参考书目

杨君昌主编:《管理经济学》,上海财经大学出版社,1997。

袁志刚主编:《管理经济学》,复旦大学出版社,1999。

张维迎著:《博弈论与信息经济学》,上海三联书店,1996。

李宝山主编:《管理经济学》,企业管理出版社,1997。

郁义鸿、高汝熹编著:《管理经济学》,上海三联书店,2004。

[美]平狄克·鲁宾菲尔德著:《微观经济学》(第四版),中国人民大学出版社,2000。

Managerial Economics(Sixth Edition), S. Charles Maurice & Christopher R. Thomos McGraw-Hill,1999.

Managerial Economics (Sixth Edition), Lila J. Truett & Dale B. Truett South-Western College Publishing,1998.

Managerial Economics (9th Edition), James R. McGuigan R. Charles Moyer & Frederick H. Harris China, Machine Press,2002.

图书在版编目(CIP)数据

管理经济学/胡志强,何国华,张焱,肖卫国编著.—2版.—武汉:武汉大学出版社,2005.9

21世纪经济学管理学系列教材

ISBN 978-7-307-04577-4

Ⅰ.管…　Ⅱ.①胡…　②何…　③张…　④肖…　Ⅲ.管理经济学

Ⅳ.F270

中国版本图书馆 CIP 数据核字(2005)第 053210 号

责任编辑:沈建英　　　责任校对:王　建　　　版式设计:支　笛

出版发行:**武汉大学出版社**　　(430072　武昌　珞珈山)

　　　　　(电子邮件:wdp4@whu.edu.cn　网址:www.wdp.com.cn)

印刷:武汉凯威印务有限公司

开本:787×980　1/16　印张:25.625　字数:510 千字

版次:1998 年 6 月第 1 版　　2005 年 9 月第 2 版

　　　2007 年 1 月第 2 版第 2 次印刷

ISBN 978-7-307-04577-4/F·918　　　定价:30.00 元